Hans Weichselbaum
Georg Trakl

Hans Weichselbaum

Georg Trakl

Eine Biographie

OTTO MÜLLER VERLAG

www.omvs.at
ISBN 978-3-7013-1219-1
© 2014 OTTO MÜLLER VERLAG, SALZBURG-WIEN
Alle Rechte vorbehalten
Satz: Media Design: Rizner.at, Salzburg
Druck und Bindung: Druckerei Theiss GmbH, A-9431 St. Stefan
Cover: Leo Fellinger

Vorwort

Ausgangspunkt für die Beschäftigung mit einem Dichter kann ein Interesse für bestimmte Themen oder der Reiz eines Textes sein, der die Frage nach Person und Lebensumständen des Autors aufkommen lässt. Eine Biographie sollte eine Antwort darauf geben. Das frühere geisteswissenschaftliche Ideal, dass eine Biographie die *Darstellung der einzelnen psycho-physischen Lebenseinheit* bieten und *die ganze Wirklichkeit eines Individualdaseins* (Wilhelm Dilthey) ausbreiten soll, ist schon längere Zeit in eine Krise geraten. Die literarische Form des Verstehens von fremdem Leben führt häufig zu Versuchen, Zusammenhänge zwischen Resten eines Lebens herzustellen, die ins Fiktive münden.

Dem gegenüber hat Roland Barthes den Begriff der *Biographeme* entwickelt, worunter er *ein paar Details, einige Vorlieben und Neigungen (...), deren Besonderheit außerhalb jeden Schicksals* stünden, verstand. Der Blick richtet sich nicht so sehr auf die Einheit eines Autors, sondern mehr auf die Spuren eines vergangenen Lebens, auf die *zerstreuten Splitter der Erinnerung* (Sigrun Weigel).

In diesem Sinne ist die folgende Darstellung, hundert Jahre nach dem Tod Georg Trakls, keine Lebensbeschreibung – wie ließe sich ein solches Leben auch „beschreiben"? –, sie ist weniger um ein abgerundetes Porträt bemüht, sondern will fassbare biographische Daten und Abläufe in einer überschaubaren Form vermitteln, an denen der Leser sein Trakl-Bild entwickeln oder überprüfen kann. Sie folgt in weiten Bereichen der Biographie von 1994, enthält aber eine Reihe der seither entdeckten oder bekannt gewordenen Dokumente und berücksichtigt Ergebnisse der Trakl-Forschung der letzten 20 Jahre, die manche Sichtweisen bestärken oder auch in Frage stellen.

Ein besonders Augenmerk gilt den Widersprüchen in Trakls Leben, den Prägungen durch menschliche und literarische Begegnungen und den gesellschaftlichen und geistesgeschichtlichen Strömungen, an denen er teilhatte. Schließlich gibt es immer wieder Hinweise auf den Zusammenhang von Leben und Dichtung, auch wenn es sich bei Trakl trotz der vielen aus der Biographie ableitbaren Motive gewiss nicht um Erlebnislyrik handelt. Wer sich auf Grund der Lektüre von Gedichten Trakls mit Rainer Maria Rilke die Frage stellt: *Wer mag er gewesen sein?* wird in diesem Buch hoffentlich manche Antworten finden.

Salzburg, April 2014
Hans Weichselbaum

Hineingeboren (1887–1901)

Herkunft und Kindheit

Was wäre Salzburg ohne Fremde? Die Frage lässt zunächst an das touristische Geisterhaus denken, als das die Stadt heute beinahe das ganze Jahr hindurch erscheint. Ansätze dazu hat Georg Trakl noch mitbekommen: *Fremde lauschen auf den Stufen,* heißt es im Gedicht „Die schöne Stadt", das in einer Folge verträumter Bilder eine bedrohte Idylle entwirft. *Und langsam gehn die Fremden wieder fort,* registriert der dichterische Blick „In einem alten Garten", in dem sich die Zeichen des Herbstes eingenistet haben. Für Trakl gehörten Fremde zum gewohnten Bild des sommerlichen Salzburg. Was wäre aber diese Stadt ohne die Fremden, die geblieben sind? Die Namen der vorübergehend oder ganz zugezogenen Politiker, Wissenschaftler und Künstler ergeben eine erstaunlich lange Liste. Ohne die Zuwanderung ihrer Väter wären sowohl bei Mozart als auch bei Trakl alle Überlegungen darüber hinfällig, wie weit ihre Werke mit den kulturellen Traditionen dieser Stadt zu tun haben. Georg Trakl ist zwar in Salzburg geboren und in seiner Poesie begegnen uns immer wieder Elemente der Stadt und ihrer Umgebung, doch führen die Spuren seiner Herkunft in andere Räume des alten Österreich.

Als der Dichter 1887 in Salzburg zur Welt kam, war in der einflussreichsten Zeitung zu lesen, dass im ungarischen Abgeordnetenhaus darüber gesprochen wurde, ob das deutsch-österreichische Bündnis ein immer noch *freundschaftliches und intimes* sei, ob der Friede gesichert und die Unabhängigkeit der Balkanvölker erhalten werde könne. Kálmán Tisza, Ministerpräsident des ungarischen Reichsteils, beruhigte die Abgeordneten und versicherte ihnen, dass alle Gerüchte über Rüstungsanstrengungen höchstens auf *Maßnahmen der Vorsicht* zurückzuführen seien und nicht als Kriegsvorbereitungen missdeutet werden dürften.[1] In einer weiteren Meldung hieß es jedoch, Kaiser Franz Joseph habe den Gesandten einer Großmacht wissen lassen, dass die Monarchie *zum Schwerte greife,* falls Russland Bulgarien besetze.[2] Heute weiß man, dass sich damit eine Interessenslage in großen Zügen abzeichnete, die die Mächtigen schließlich allen Friedensbeteuerungen zum Trotz tatsächlich *zum Schwert greifen* ließ. Die Stützen ihrer Macht brachen im Ersten Weltkrieg ein, und am Rand der ersten Niederlagen fand das junge Leben Georg Trakls, dem politische Zusammenhänge zeitlebens fremd geblieben sind, ein trauriges Ende.

In der Geschichte der Herkunft des Dichters spiegeln sich die Lebensbedingungen und die politische und wirtschaftliche Entwicklung der Österreichisch-Ungarischen Monarchie in der zweiten Hälfte des 19. Jahrhunderts. Die Vorfahren mütterlicherseits stammten aus dem böhmischen Raum, die väterlicherseits aus der deutschsprachigen Bevölkerung Westungarns. Es war der rasche wirtschaftliche Aufstieg des Wiener Zentralraumes, vor allem des Gebietes um Wiener Neustadt, der beide Zweige zusammenführte.

Väterlicherseits gehen die Wurzeln der Familie ins Dorf Harkau (ungarisch: Magyarfalva) in der Nähe von Ödenburg (ungarisch: Sopron) zurück. Im 18. Jahrhundert heiratete ein Spross in eine deutschsprachige, protestantische Ödenburger Bürgerfamilie ein, aus der Großvater Georg stammte. Er wurde 1795 in Ödenburg geboren[3] und heiratete 1833 nach dem Tod der ersten Frau Theresia, geb. Kremszner, die ebenfalls aus Ödenburg stammende Katharina Tremmel, verwitwete Laitner.[4] Die Trauzeugen kamen aus dem kleinstädtischen Bürgertum: ein Steuereinnehmer, ein Gerichtsadvokat und ein Bäckermeister. Als Nachname des Großvaters ist „Trackel" eingetragen. Diese Schreibweise ist der Hauptgrund dafür, den Namen des Dichters mit kurzem *a* auszusprechen. Varianten in der Schreibweise hatte es früher bereits gegeben.[5] Die Variante „Trackl" wurde auch in der Salzburger Zeit noch mehrfach verwendet. Sie findet sich im Taufbuch der evangelischen Gemeinde[6], der Halbbruder Wilhelm gebrauchte sie bis 1934, der Dichter selbst zeichnete sein Manuskript „Don Juans Tod" in dieser Form, und auch im Leichenbuch der Stadt Salzburg ist der Name des Vaters so geschrieben.[7]

Als Standesbezeichnung des Großvaters ist „Wirtschaftsbürger" zu finden.[8] Damit waren üblicherweise Stadtbewohner gemeint, die außerhalb einen Landbesitz, häufig einen Weingarten, hatten. Die städtischen Wohnhäuser lagen an der Straßenfront, dahinter schloss sich ein Wirtschaftsgebäude an. Nach Aussage von Friedrich Trakl, einem Bruder des Dichters[9], gab es in der großväterlichen Familie 13 Kinder. Tobias, der Vater des Dichters, soll das jüngste gewesen sein. Er wurde am 11. Juni 1837 in Ödenburg geboren und am nächsten Tag in der evangelischen Kirche getauft. Zwei der drei Trauzeugen übernahmen die Aufgabe der Taufzeugen, was ein Hinweis auf stabile gesellschaftliche Bindungen ist, denen man auch später großen Wert beimaß. Eine berufliche Laufbahn als Kaufmann scheint Tobias von dieser familiären Umgebung vorgegeben gewesen zu sein. Die Geburtsurkunde des Dichters verzeichnet als Beruf des Vaters „Kaufmann von Ödenburg".

Während seiner beruflichen Ausbildung übersiedelte Tobias als Kommis eines Handelsgeschäftes nach Wiener Neustadt, wo die beruflichen Möglichkeiten erfolgversprechender waren. Nach einem großen Brand 1834 wurde die Stadt wiederaufgebaut, dafür benötigte man nicht nur Arbeiter, sondern auch Handwerker und

Kaufleute, die großteils aus Böhmen und Ungarn zuzogen. Der Wiederaufbau ging rasch voran, die Zugewanderten blieben, da die bald einsetzende Industrialisierung ebenfalls Arbeitskräfte benötigte. Motor der Entwicklung waren der Eisenbahnbau und die Schwerindustrie.[10] 1841 wurde die Bahnstrecke von Wien nach Wiener Neustadt eröffnet; die Hauptstadt war damit in nicht ganz eineinhalb Stunden erreichbar. Eine andere private Gesellschaft baute die Strecke nach Ödenburg und verband damit die Reichsteile Cis- und Transleithanien; 1847 – Tobias Trakl war gerade zehn Jahre alt – fand die feierliche Eröffnung statt.[11] Der Bau der Semmeringbahn brachte der Eisenwarenindustrie einen gewaltigen Aufschwung; so beschäftigte allein eine 1852 gegründete Drahtfabrik 300 Arbeiter.[12] Erfolgreich produzierte auch die „G. Sigl'sche Lokomotivfabrik" für das In- und Ausland. Um die Nachfrage nach technischen Fachkräften zufriedenstellen zu können, wurde 1863 eine Oberrealschule eingerichtet.[13] Konfessionelle Unterschiede verloren daneben an Bedeutung. An Stelle einer ehemaligen Synagoge, die nach der Judenvertreibung im 18. Jahrhundert zunächst in eine Kapelle, später in ein Warenlager umgewandelt und 1834 durch ein Feuer vernichtet worden war, errichtete ein wohlhabender Eisenhändler ein evangelisches Bethaus. Es gab nämlich in der Mitte des 19. Jahrhunderts eine *beachtliche Zahl von Wiener Neustädtern, die sich, wie es damals hieß, zum „Akatholizismus augsburgischer Konfession"* bekannten.[14] Meist waren es zugezogene Facharbeiter und Taglöhner. 1860 wurde eine selbstständige evangelische Gemeinde mit einem Pfarrer und einem Schullehrer bewilligt. Die Schule war bald so angesehen, dass auch katholische und jüdische Eltern ihre Kinder dorthin schickten.[15]

Aus der Schicht der Zugewanderten kam Tobias Trakls erste Frau: Mit 31 Jahren heiratete er am 23. Februar 1868 Valentine Götz, die Tochter eines aus Cistá in Böhmen stammenden Schneidermeisters, die gut zwei Monate später, am 7. Mai 1868, einen Sohn gebar; wenige Tage darauf wurde er in der evangelischen Pfarre auf den Namen Wilhelm Maximilian getauft. Ob und wann die katholische Mutter die Konfession gewechselt hat, ist unbekannt. Glaubensfragen scheinen bei Verbindungen in dieser Gruppe der Neusiedler nicht gerade entscheidend gewesen zu sein. Als Trauzeugen sind ein Restaurantbesitzer namens Dohnal und ein Bierversilberer angeführt; ersterer stellte sich auch als Taufpate zur Verfügung. Dieser Halbbruder des Dichters war der Reisefreudigste in der Familie und hat nach dem Tod des Vaters das Geschäft geführt. Seine Mutter Valentine starb aber schon 1870 im Alter von 29 Jahren an Wochenbettfieber[16] bei der Geburt eines zweiten, wahrscheinlich tot geborenen Kindes.[17] Nach zweijähriger Ehe war Tobias Trakl damit Witwer; sein Alter und der zweijährige Sohn legten es nahe, dass er sich erneut um eine Frau umsah. Er fand sie wieder im Kreis der Zugewanderten.

Großvater August Halick.

Die zweite Frau namens Maria Halik, die Mutter des Dichters, hatte böhmische Vorfahren. Ihr Vater, Augustin Mathias Halik, wurde am 5. April 1809 in Prag geboren und am selben Tag in der Pfarre St. Stephan nach katholischem Ritus getauft. Als dessen Eltern werden Jakob Halik und Theresia, geb. Othmarin, genannt. Sowohl der Urgroßvater des Dichters als auch die Taufpaten des Großvaters mütterlicherseits waren Bürger der Stadt Prag. Von daher ist es nicht verwunderlich, dass Bezüge zu Böhmen in der Familiengeschichte immer wieder auftauchen. In einer Dienstbeschreibung aus dem Jahr 1845[18] wird der Großvater Halik als Korporal des Infanterieregiments Nr. 28 angeführt; es werden ihm eine *gute Gesundheit*, eine *heitere Gemütsart* und *gute natürliche Talente* zugesprochen; er könne gut lesen und schreiben und spreche böhmisch und deutsch; insgesamt sei er *im Dienst brauchbar und verläßlich*. Diesen Dienst scheint er aber dann quittiert zu haben, denn bei der Eheschließung mit der um zwölf Jahre jüngeren Anna Schod 1846 in Wiener Neustadt[19] ist als Beruf „Fabriksbeamter" angegeben.[20] Als Mutter der in der Wiener Alservorstadt geborenen Anna Schod ist die Fabriksarbeiterin[21] Katharina Schod zu finden;[22] der Name des außerehelichen Vaters ist nicht bekannt. Die Trauzeugen von August und Anna kamen aus dem bürgerlichen Mittelstand: ein Tischler und ein Schlossermeister. Auch diese Ehe soll kinderreich gewesen sein.[23]

Großmutter Anna.

Maria Halik kam am 17. Mai 1852 in Wiener Neustadt zur Welt und wurde am nächsten Tag katholisch getauft. Taufpatin war Katharina Gerle, beruflich als Wäschersfrau in der k.k. Militärakademie tätig. Sie wuchs in der Geburtsstadt auf und heiratete mit 23 Jahren einen aus Mähren zugewanderten Müller namens Maximilian Schallner. Dieser scheint mit Tobias Trakl näher bekannt gewesen zu sein, denn er lud ihn zu seiner Hochzeit am 29. Mai 1875 ein und übertrug ihm die Aufgabe eines Trauzeugen und „Beistandes" – genau fünf Jahre nach dem Tod seiner

Der junge Tobias Trakl.

ersten Frau Valentine. Dieses Zusammentreffen erwies sich jedoch als verhängnisvoll, denn die Ehe wurde bald aufgelöst, und Maria Halik, geschiedene Schallner, gebar am 22. Mai 1878 einen Sohn, zu dem sich Tobias Trakl als Vater bekannte. Die Eltern gaben dem Kind den Namen Gustav. Kurz zuvor war Maria von der katholischen zur evangelischen Kirche übergetreten.[24] Das war wohl auch im Sinne einer Vorbereitung der Eheschließung im August, die aufgrund der damals gültigen Ehegesetzgebung nicht im österreichischen Teil der Donaumonarchie vollzogen werden konnte.[25] Die liberaleren Bestimmungen im ungarischen Transleithanien erlaubten wegen der dort bereits eingeführten Zivilehe die Wiederverheiratung einer geschiedenen Frau. Das Paar verlegte aus diesem Grund den Wohnsitz vorübergehend offiziell in die Heimatgemeinde des Mannes, nach Ödenburg. Dort fand am 22. August 1878 in der evangelischen Pfarre die Trauung statt. Vom dreimaligen Aufgebot hatte der Pfarrer das Paar dispensiert. Trauzeugen waren ein Eisenhändler und ein Kürschnermeister. Als Wohnsitz ist das Elternhaus, Grabenrunde 32, angegeben. Das gemeinsame Kind

Trauschein der Eltern Tobias und Maria.

Gustav, das der Anlass zur Eheschließung gewesen sein dürfte, wurde nach der Rückkehr in Wiener Neustadt getauft und für ehelich erklärt;[26] es starb aber ein gutes Jahr später[27] an einem Gehirnödem und wurde am folgenden Tag auf dem Friedhof in Wiener Neustadt begraben.

Unmittelbar darauf hat der Vater einen vielleicht schon längere Zeit bestehenden Plan verwirklicht und ist mit der Familie nach Salzburg übersiedelt, denn ab 14. November 1879 sind die Trakls in der Hauptstadt dieses kleinen Kronlandes der Monarchie polizeilich gemeldet.[28] Die Frage nach den Gründen für den Weggang ist nicht eindeutig zu beantworten. Ein Grund mag die nicht gerade günstige wirtschaftliche Entwicklung im Jahr 1879 gewesen sein. Das „Wr.-Neustädter Wochenblatt", das „Organ der Fortschrittspartei", berichtete jedenfalls von einer allgemein düsteren Stimmung in der Region: *Aber selbst auch die gewöhnliche Geschäftslust scheint unter dem Drucke der Consequenzen, welche eine mißlungene Ernte, fehlgegangene Export Hoffnungen, politische Experimente im Innern und die Aussicht auf eine neue Occupation (Novi – Bazar)*[!] *nach sich ziehen könnten, sichtlich gelähmt.*[29]

Einiges legt jedoch den Schluss nahe, dass der Ortswechsel nicht nur wirtschaftliche Gründe hatte, sondern auch – und möglicherweise vor allem – gesellschaftlich und psychisch bedingt war. Die besonderen Umstände der Eheschließung legten einen solchen Schritt ebenso nahe wie der Tod des Kindes Gustav. In der Familientradition sind die Vorgeschichte der Ehe und das erste Kind als Familiengeheimnis gehütet worden. Dass dem ersten in Salzburg geborenen Sohn ebenfalls der Name Gustav gegeben wurde, sollte die Erinnerung an den Frühverstorbenen wohl überdecken. Ob Georg von diesem Geheimnis erfahren hat, ist mit Sicherheit nicht nachzuweisen, doch muss bedacht werden, dass der Halbbruder Wilhelm bei der Übersiedlung bereits elf Jahre alt war, sodass er ein Wissen über diese Ereignisse mit nach Salzburg genommen und es seinen Geschwistern auch nicht vorenthalten haben wird. Auch manches in seinem Werk macht es wahrscheinlich, dass Trakl von diesem Geheimnis wusste: So heißt es in der mit autobiographischen Bildern durchsetzten Prosa „Traum und Umnachtung": *Ein Wolf zerriß das Erstgeborene und die Schwestern flohen in dunkle Gärten zu knöchernen Greisen.* (I/149) Im „Dramenfragment" spricht der Pächter: *Mein Weib ist gestorben, das Erstgeborne verdorben erblindet des Greisen Gesicht.* (I/458) Im Gedicht „Der Spaziergang" ist die einzige nennenswerte Variante in Zeile 20 zu finden; sie lautet: *Ein Bruder stirbt dir in verwunschnem Land* (I/44). Statt *verwunschnem Land* überlegte Trakl zweimal *Ungarland* und einmal *Schwabenland*. Dies ist ein schönes Beispiel für die Mehrschichtigkeit von Bildern bei Trakl: Der *Bruder* kann eine Erinnerung an den früh verstorbenen Gustav sein; die Variante *Schwabenland* ist entweder eine Anspielung auf die angeblich schwäbische Herkunft der Vorfahren, wie sie in der Familie überliefert wurde, oder ein Hinweis auf den von ihm verehrten Friedrich Hölderlin; dann wäre der *Bruder* aus *Ungarland* allerdings Nikolaus Lenau. Trakl hat mehrfach Dichter, denen er sich nahe fühlte, in seinen Texten als *Bruder* angesprochen. Die zuletzt gültige Formulierung *in verwunschnem Land* überdeckt klare Zuordnungen. Die Spuren sind verwischt.

Warum aber gerade Salzburg? Dafür sprachen wohl in erster Linie wirtschaftliche Gründe. Die Salzachstadt spielte eine wichtige Rolle als Umschlagplatz für steirisches und kärntnerisches Eisen ins Deutsche Reich,[30] sie war seit 1860 durch die Westbahn an das internationale Eisenbahnnetz angeschlossen und man diskutierte bereits den Bau einer Nord-Süd-Verbindung nach dem wichtigen Hafen Triest. Das alles mag für den Eisenhändler Tobias Trakl aufgrund seiner Erfahrungen ausschlaggebend gewesen sein, an diesem Ort einen neuen Anfang zu machen. Wahrscheinlich hatte er auch Informationen über eine günstige Gelegenheit dazu, denn bereits am 26. November 1879 schloss er mit dem Inhaber der renommierten Eisenhandlung Carl Steiner, der selbst aus Linz zugezogen war und in die begüterte Goldschmiedfamilie Scheibl eingeheiratet hatte, einen Vertrag ab, der die Übernahme der Firma in der Judengasse mit 1. Jänner 1880 für zehn Jahre vorsah. Aus gesundheitlichen Gründen konnte Carl Steiner die Firma nicht selbst führen.[31] Damit begann der wirtschaftliche Aufstieg Tobias Trakls, der bald zu den angesehenen Bürgern dieser Stadt gehörte und dem 1898 das Bürgerrecht verliehen wurde.[32]

Den Dokumenten nach scheint die Übersiedlung nach Salzburg einen beinahe überstürzten Charakter gehabt zu haben, aber es wurden damit nicht alle Verbindungen zur alten Heimat abgebrochen. An den Namen der Kinder lässt sich das nachweisen. So kamen die Taufpaten der Kinder Gustav Mathias, Maria Margarete, Hermine Aurelia und Margarete Jeanne aus Wiener Neustadt: Das Kaufmannsehepaar Mathias und Margarete Seiler, das bereits bei der Taufe des früh verstorbenen Gustav diese Aufgabe wahrgenommen hatte, war bei den ersten drei Taufen selbst anwesend, bei der letzten im Jahr 1891 ließ es sich durch eine Erzieherin mit dem Vornamen Jeanne vertreten, die mit der für zwei Jahre im Haus Trakl tätigen „Mademoiselle" Jeanne Saillard identisch sein wird;[33] das Kind erhielt deswegen als zweiten Vornamen Jeanne. Mathias Seiler scheint ein Vorbild für Tobias Trakl gewesen zu sein: Er war Vater von sieben Kindern und kam aus dem ungarischen Grenzgebiet, aus Rust, von wo er nach Wiener Neustadt zugewandert war. Dort betrieb er in der Ungargasse eine „Handelsagentie"[34], nützte also wahrscheinlich die Handelsmöglichkeiten zwischen den Kronländern mit Erfolg. Fritz Trakl erhielt seinen Vornamen offenbar nach dem aus Ödenburg stammenden Taufpaten Friedrich Hermann, der von Beruf ebenfalls Kaufmann war. Eine weitere Verbindung war durch die Großmutter mütterlicherseits gegeben, die später nach Salzburg übersiedelte und bis ins hohe Alter hier lebte; ebenso die unverheiratet gebliebene Tante Agnes Hallick[!], die im Familiengrab bestattet wurde. Diese verwandtschaftlichen Beziehungen über längere Zeiträume hinweg waren Anlass für gegenseitige Besuche. In den Schulferien reisten die Kinder in die Heimat ihrer Eltern, und von dort kamen Ansichtskarten mit Motiven aus Westungarn.

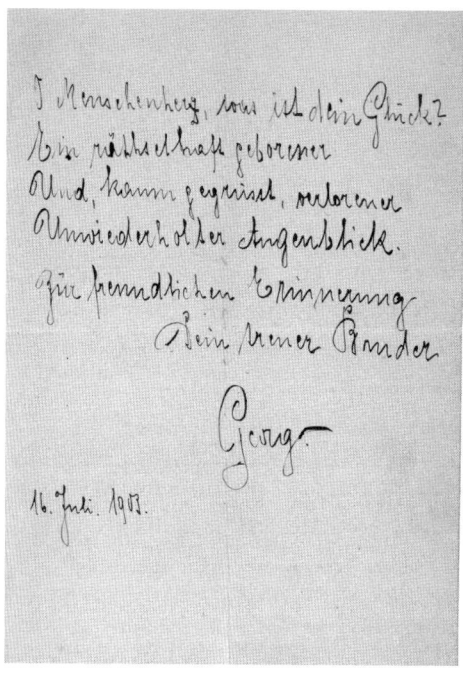

Abschrift des Gedichtes „Frage" von Nikolaus Lenau.

Einer der vielen literarischen Einflüsse, die bei Georg Trakl wirksam geworden sind, mag hier seinen Ursprung haben: Nikolaus Lenau gehörte zu den Dichtern, die in den deutschen und ungarischen Literaturkreisen Ödenburgs verehrt wurden.[35] Das früheste Dokument der Beschäftigung mit Lenau ist die Abschrift des Lenau-Gedichtes „Frage" am Schluss eines Briefes, der sonst verloren gegangen ist. Der sechzehnjährige Schüler Georg hat ihn im Juli 1903[36] vermutlich an seine Schwester Grete geschrieben, die sich seit Herbst 1901 im Internat der Englischen Fräulein in St. Pölten (N.Ö.) befand – angeblich auf Betreiben der Mutter.[37] Er scheint jedenfalls mit dem Briefempfänger die Trauer über die Flüchtigkeit des Glücks, das Gefühl des Hinsinkens ins Ungewisse geteilt zu haben.

1906 wurde der erste literarische Text veröffentlicht. Die Prosa „Traumland" (I/189)[38] enthält ein Echo auf einen Besuch in der Heimatstadt seines Vaters. Es ist dies der einzige Text, in dem Trakl das Wort „Glück" mehrfach verwendet und mit Lenau übereinstimmt, wenn er den Erzähler feststellen lässt: *Vielleicht waren diese Stunden, da wir zwei beisammen saßen und schweigend ein großes, ruhiges, tiefes Glück genossen, so schön, daß ich mir keine schöneren zu wünschen brauchte.* (I/191) Der *unwiederholte Augenblick* des Lenau-Gedichtes „Frage" gleicht dem unwiederholbaren Glücksmoment in Trakls „Traumland". Diese Geschichte von der Liebe eines Knaben zu einem sterbenden Mädchen namens Maria lässt im Erzähler das Gefühl einer Schuld gegenüber seinem eigenen Dasein aufkommen. *Deine Seele geht nach dem Leiden, mein Junge,* sagt sein Onkel zu ihm. Dieser Satz könnte auch dem Leben

Georg Trakls gelten. Das Leiden an der Vergänglichkeit war bereits in diesem frühen Text als Thema vorhanden, es hat ihn, ebenso wie Gestalt und Dichtung Lenaus, nicht mehr losgelassen.³⁹

Dass die Trakls aus einem Raum mit rasch fortschreitender wirtschaftlicher Entwicklung nach Salzburg übersiedelten, musste als ungewöhnlich erscheinen, da der Zuzug aus anderen Kronländern an der Salzach gegen Ende des 19. Jahrhunderts geringer war als im hektischen Wiener Zentralraum. Im ersten Jahrzehnt des 20. Jahrhunderts war die Wachstumsrate in Wien sogar doppelt so hoch wie in Salzburg.⁴⁰ Der Zuwachs in der kleinen Stadt kam sowohl aus der gestiegenen Zahl der Geburten wie aus der Zuwanderung – beides also doch Zeichen für eine günstige Wirtschaftsentwicklung. Nach Salzburg zogen in erster Linie Männer und Frauen aus dem benachbarten Oberösterreich, insbesondere aus dem von Veränderungen wenig berührten Innviertel.

„Traumland" – Georg Trakls erste Veröffentlichung einer literarischen Prosa.

Viele der Zugewanderten hatten Mühe, eine annehmbare Unterkunft zu finden, denn die Wohnsituation in der Stadt war katastrophal.⁴¹ Ein Drittel der Familien hatte nicht mehr als zwei kleine Wohnräume zur Verfügung. Die Infrastruktur war teilweise noch mittelalterlich, beispielsweise wurden die städtischen Sickergruben nur alle zehn Jahre geräumt. Diesen hygienischen Verhältnissen entsprechend war die Tuberkulose die häufigste Todesursache.[42] Zwei für Georg Trakl wichtige Freunde erkrankten daran und starben jung.[43] Der Katholizismus war herrschende Religion, 98% der Bevölkerung bekannten sich zu ihm oder waren zumindest katholisch getauft.

Salzburg. Blick vom Mönchsberg auf evangelische Kirche, Pfarrhaus und Schwarzstraße. Im Hintergrund Kapuzinerberg und Gaisberg. Um 1890.

Die Familie Trakl zählte jedoch zu den Ausnahmen: Sie gehörte, abgesehen von der Mutter, zu den etwa 1200 Mitgliedern der evangelischen Kirchengemeinde aus Stadt und Umgebung, die seit 1867 ein eigenes Gotteshaus besaß. Dass in wirtschaftlich bewegteren Zeiten, wie gegen Ende des 19. Jahrhunderts, die konfessionelle Zugehörigkeit an Bedeutung abnahm, konnte für die protestantische Minderheit nur von Vorteil sein. Der Liberalismus, der in Wien bereits seinen politischen Höhepunkt überschritten hatte, wurde hier erst mit zeitlicher Verspätung wirksam. Er kam vor allem denen zugute, die mobil waren und sich auf geänderte Verhältnisse rascher einstellen konnten.

Die zweite Hälfte des 19. Jahrhunderts brachte für Salzburg – nach der Eingliederung in das Habsburgerreich im Jahr 1816, die einen spürbaren Niedergang zur Folge hatte – einen deutlichen Zuwachs an wirtschaftlicher und politischer Bedeutung, bedingt vor allem durch die Nähe zum Deutschen Reich. Der bereits erwähnte Anschluss an das europäische Eisenbahnnetz sowie der Bau der Tauernbahn (fertiggestellt 1909) und mehrerer Lokalbahnen durch Stadt und Land waren Motor einer Entwicklung, von der auch der Geschäftsmann Trakl profitieren sollte. In den verschiedenen Adressen ihrer Wohnungen spiegelt sich der wirtschaftliche Aufstieg der Familie Trakl wider: Nach einer sehr kurzen Unterbringung während der ersten fünf Monate in der Sigmund-Haffner-Gasse[44] wohnte sie in einem Haus an der Schwarzstraße, die im Zuge der Regulierung der Salzachufer neu angelegt worden war. Dort wurde am 25. Juni 1880 der Sohn Gustav Mathias geboren und zwei Monate später in der nahegelegenen evangelischen Christuskirche getauft. Zwei Jahre danach ist bei der Geburt von Maria Margarete am 21. Dezember 1882

Blick auf die Altstadt um 1880. Rechts hinter der Stadtmauer das Schaffnerhaus (heute „Trakl-Haus"), links der Garten. Der Mozartsteg existierte noch nicht.

als Wohnadresse Platzl 5 angegeben, Hermine Aurelia, genannt Minna oder Mia, ist am 7. Juni 1884 ebenso dort geboren.

1885 zog die Familie in eine Wohnung auf der Altstadtseite. Sie lag im Haus Waagplatz 2 (heute Waagplatz 1a), das damals nach dem Besitzer „Schaffnerhaus" genannt wurde; dieser betrieb eine „Handelsfaktorei", eine Art Handelsniederlassung.[45] Der Eingang vom Waagplatz führte damals direkt zu den Arkaden im Hof, von wo man über eine enge Treppe in den 1. Stock gelangte; auf der Kaiseite lag die Wohnung der Trakls.[46] Von dort aus waren es für den Vater nur wenige Schritte zu seinem Arbeitsplatz bei der Firma Steiner in der Judengasse. Die Sicht auf den Kapuzinerberg, dessen herbstliche Farbenpracht auf den jungen Georg einen besonderen Eindruck gemacht hat, prägte die Lage ebenso wie die nahe Salzach, deren Wasser trotz der Uferverbauung nach der Mitte des 19. Jahrhunderts oft noch zu einer bedrohlichen Höhe anschwoll. Hochwasser war für Salzburg damals eine häufig drohende Katastrophe.

Der Hof wurde von den Hausbewohnern als Wirtschaftshof genutzt. Auf der Ostseite befand sich ein alter Ziehbrunnen; die Arkaden waren teilweise abgeschlossen und dienten der Erweiterung des Wohnraumes.

Blick durch die Judengasse zum Rathaus. Rechts die Eisenhandlung Carl Steiner, deren Leitung der Vater 1880 übernahm.

17

Der Hof des Geburtshauses vor der Renovierung. Die Trakl-Wohnung lag im 1. Stock.

Dieser schattige Ort könnte – neben der bäuerlichen Welt – den lebensgeschichtlichen Hintergrund für das von Trakl mehrfach verwendete Motiv der Ratten bilden; eines seiner Gedichte nennt es im Titel.[47] Es beschäftigte ihn noch in der Innsbrucker Zeit.[48] In dem stark autobiographischen Prosatext „Traum und Umnachtung", der im Jänner 1914 entstanden ist, heißt es: *Manchmal erinnerte er sich seiner Kindheit, erfüllt von Krankheit, Schrecken und Finsternis, verschwiegener Spiele im Sternengarten, oder daß er die Ratten fütterte im dämmernden Hof.* (I/147) Darin fängt sich aber auch der Schall der vielen Glocken von den Türmen der Altstadt, und über den schmalen Ausschnitt des Himmels ziehen Vogelschwärme – damals wie heute.

In dieser Wohnung kam Georg Trakl am 3. Februar 1887 um 6.30 Uhr abends zur Welt.[49] Hebamme war, wie bei den Geschwistern auch, Gertraud Schinagl. Fünf Tage später wurde er nachmittags um 3.30 Uhr von Pfarrer Aumüller in der Wohnung getauft.[50] Die Paten kamen ausnahmsweise aus Salzburg: Der k.k. Hofjuwelier Georg Beck samt Gattin Anna Maria waren darum gebeten worden. Diese Wahl weist auf das Standesbewusstsein und den Aufstiegswillen der Eltern hin. Vom Taufpaten wird der Dichter seinen Vornamen haben; er erinnert zugleich an seinen Großvater. Drei Jahre später wurde am 27. Februar 1890 der jüngste Sohn Friedrich, genannt Fritz, geboren. Als letztes der Ge-

Taufschein Georg Trakls.

Hineingeboren (1887–1901) | *Kapitel 1*

Die Geschwister Gustav, Maria, Hermine, Georg und Fritz (von links).

Georg Trakl (rechts) als Zweijähriger mit seiner Schwester Hermine.

schwister kam die für Georg bedeutsame Schwester Margarethe Jeanne, genannt Gretl, am 8. August 1891 zur Welt. Im Kreise dieser Geschwister hat Georg seine Kindheit verbracht. Etwas entfernter stand sein Halbbruder Wilhelm, der 19 Jahre älter war als Georg und daher als Spielgefährte nicht mehr in Frage kam.

Als Ort für Kinderspiele stand zunächst der kühle und meist düstere Hof im Haus Waagplatz 2 zur Verfügung, der vom Hausbesitzer als Wirtschaftshof verwendet wurde. Später konnten die Kinder einen hellen, freundlichen Garten benützen, der nur wenige hundert Meter entfernt zwischen Pfeifergasse und alter Stadtmauer lag.⁵¹ Der Weg dorthin führte quer über den Mozartplatz. Der Garten ist ein Ort erstaunlicher Ruhe und Abgeschiedenheit, in den der städtische Lärm nur gedämpft vordringen kann. Zum Schutz vor Regen und praller Sonne gab es ein Gartenhäuschen, ein „Salettl", das bis heute

Das „Salettl" im Garten in der Pfeifergasse.

erhalten geblieben ist. In dieser Idylle haben sich die Kinder häufig aufgehalten, betreut und beaufsichtigt von Gouvernanten aus Frankreich, von denen die Elsässerin Marie Boring am längsten im Dienst der Familie Trakl gestanden ist.[52] 1906 wurde der Garten, vermutlich aus wirtschaftlichen Gründen, verkauft. Dass der Dichter das Motiv des Gartens häufig verwendet und es in Zusammensetzungen variiert hat („Abendgarten", „Dämmergarten", „Kindergarten", „Sommergarten"), geht sicher auf diesen Schauplatz seiner Kinderjahre zurück, insbesondere dort, wo es im Zusammenhang mit dem Thema Kindheit vorkommt, wie zum Beispiel im Gedicht „Kindheitserinnerung" (I/271) oder im Prosatext „Erinnerung" (I/382). Auch in „Schwesters Garten" (I/317) klingt dieses Motiv aus der Erlebniswelt des Kindes an.

Eisenhandlung und Wohnhaus auf dem Mozartplatz.

1893 stand der Familie ein weiterer Umzug bevor: Der Vater hatte im Jahr davor um 32.000 Gulden ein großes Gebäude auf der südlichen Seite des Waagplatzes erworben.[53] Es bestand aus einem vierstöckigen Wohnhaus und einem einstöckigen Vorbau zum Mozartplatz hin, der als Verkaufsraum genutzt werden konnte. Vom renommierten Architekten und Baumeister Jacob Ceconi ließ er die notwendigen Adaptierungen, die vor allem die Geschäftsräume betrafen, planen und durchführen.[54] Als Wohnung war der erste Stock vorgesehen, der aber dann, ebenso wie der zweite, teilweise als Magazin genutzt wurde.[55] Mangelnde Lager- und Verkaufsräume bewogen Tobias Trakl dazu, einen Keller neu anzulegen und 1894 auch noch das anschließende Gebäude zum Residenzplatz hin, das Haus „Conser", zu kaufen. In diesem weitläufigen Gebäude mit einer verbauten Grundfläche von 494 m² konnte ein gehobener Lebensstil mit Dienstboten und Gouvernanten entfaltet werden. Im Erdgeschoß eröffnete Tobias Trakl 1894[56] eine Eisenhandlung und beendete damit seine Mitarbeit in der Firma Carl Steiner. Die Hauptfront des Geschäftes lag zum Mozartplatz hin, der Zugang zu den Magazinen und zur Wohnung war auf der Seite des Waagplatzes, daher auch die Adresse „Waagplatz 3". Als Firmenadresse verwendete der Vater meist „Mozartplatz

2 u. 3". Das Angebot der Firma Trakl orientierte sich am Aufschwung im Baugewerbe; der Handel mit Haus- und Küchengeräten spielte daneben eine untergeordnete Rolle. Der Mangel an Lagerraum veranlasste ihn später, im nördlich des Mozartplatzes gelegenen Imhofstöckl Räumlichkeiten anzumieten. Dieses Geschäft war die solide materielle Grundlage für die Familie, jedenfalls solange der Vater lebte. In der neuen Wohnung hatte Georg zunächst mit seinem Bruder Fritz zusammen ein Zimmer, später erhielt er als Gymnasiast ein eigenes Kabinett mit Ausblick auf den Mozartplatz.[57] Trakls Kindheit scheint also frei von materiellen Zwängen verlaufen zu sein.

Einige Elemente des Elternhauses sind in Trakls Bildvorrat eingegangen. So werden in der Nachlassbeschreibung[58] beispielsweise der steinerne Hausflur, die steinerne Treppe, das steinerne Vorhaus, dunkle Zimmer und ein Magdkabinett erwähnt. Aus den Umbauplänen ist ersichtlich, dass drei Stockwerke mit einer gewendelten Treppe verbunden waren. Das Wort „Zimmer" gebrauchte Trakl mit Vorliebe, mehrmals in Verbindung mit „steinern" oder „kühl": *In kühlen Zimmern ohne Sinn / Modert Gerät, mit knöchernen Händen / Tastet im Blau nach Märchen / Unheilige Kindheit* („Vorhölle", I/132), *in dunklen Zimmern versteinerte das Antlitz der Mutter* („Traum und Umnachtung", I/147), *Wenn in befleckten Zimmern jegliches Schicksal vollendet ist* („Traum und Umnachtung", I/149), *Es sind Zimmer erfüllt von Akkorden und Sonaten.* („Psalm", 1. Fassung, I/366), *Was zwingt so still zu stehen auf verfallener Wendeltreppe im Haus der Väter* („Erinnerung", I/382), *Auf der Wendeltreppe / rauscht dein Kleid.* („Sommer", I/136)

Wie mag sich das Leben in diesem Haus für den jungen Georg abgespielt haben? Außer den Daten über den äußeren Rahmen gibt es nur spärliche Dokumente. In erster Linie sind es Erinnerungen von Familienmitgliedern, die uns ein wenig Einblick in die Verhaltensweisen des Kindes Georg geben. Das Thema Kindheit ist vom Dichter mehrfach poetisch gestaltet worden; es ist aber problematisch, daraus direkte Rückschlüsse auf Trakls Kindheitserleben zu ziehen. Darüber hinaus gibt es vereinzelt Mitteilungen, die schon zum Bereich der über Trakl verbreiteten Legenden gehören.

Die Familienmitglieder waren bei ihren Äußerungen in erster Linie bestrebt, das Ansehen der Familie zu wahren; ihre Aussagen verflüchtigen sich daher rasch ins Unspezifische. So berichteten die Geschwister Maria und Fritz, die ihren mittlerweile bekannten Bruder am längsten überlebt haben, etwa gleichlautend: *Georg war ein Kind wie wir anderen auch.*[59] Fröhlich, wild und gesund sei er gewesen, ja fast noch ausgelassener als die anderen, da er körperlich besonders robust war. In einer Unterhaltung mit Fritz Trakl im Jahr 1952 erfuhr Barbara Bondy ein wenig von den

Kapitel I Hineingeboren (1887–1901)

Postkarte aus Amoy (Xiamen) in der Kunstsprache Volapük: „Mit Grüßen und Dank als ferner Freund. Dein ergebener Diener Chen Lin."

Vorlieben des Kindes Georg:[60] Er spielte demnach gerne mit Freunden an Turngeräten im Garten und sammelte später Briefmarken. Als junger Gymnasiast hat er mit einem Chinesen namens Chen Lin in der Kunstsprache Volapük Mitteilungen ausgetauscht. Zwei Antworten des Briefpartners aus Amoy (heute Xiamen) sind tatsächlich erhalten. Die „Korrespondenz" scheint sich aber auf die damals in Mode gekommene Zusendung von Ansichtskarten und Briefmarken beschränkt zu haben, denn Trakls Partner bedauert, dass ihm die Karten ausgegangen seien und dass er mit österreichischen Briefmarken, die er aus Salzburg erhalten hatte, nichts anfangen könne. Briefmarkensammeln gehörte also nicht zu den Freizeitbeschäftigungen des Chinesen. Diese Episode hat sicher viel Kindlich-Verspieltes an sich, zeigt aber doch Trakls Interesse für das Ungewöhnliche, Fremde. Die Post, die sein Halbbruder Wilhelm von weiten Reisen nach Hause schickte, unter anderem aus New York oder Mexiko[61], war ihm dazu sicher eine Anregung. Seiner Schwester Maria berichtete er ganz erfreut nach Hannover, dass er von „Willi" schon fünf Karten bekommen habe, und beklagte sich über ihre Schreibfaulheit. Diese Karte vom April 1899 mit einem Porträt von Richard Wagner[62] unterschrieb er in Kurrentschrift mit *Schorschl*, seinem Rufnamen in der Familie. Er beherrschte sowohl die lateinische als auch die deutsche Schrift, auch Kurrentschrift genannt.

Ruhender Pol in der Familie scheint der Vater gewesen zu sein. Alle Äußerungen[63] deuten darauf hin, dass er ein tüchtiger Kaufmann war, dessen aus-

Der Vater.

geglichene Natur Frau und Kindern Halt bot. Seine beruflichen Verpflichtungen haben ihn stark in Anspruch genommen, Erfolge haben ihn zufriedengestellt. Darüber hinaus hatte er keine größeren Ansprüche an das Leben als beispielsweise *ein Tarockspiel im Café oder ein Glas Wein des Abends.*[64] Das heißt freilich auch, dass er sich mit der Erziehung der Kinder kaum näher befassen konnte, sondern in erster Linie als *Respektsperson mit unbeschränkter Autorität*[65] auftrat, die durch eine Bereitschaft zur Güte in der Wirkung auf die Kinder gemildert gewesen sein soll. Es mag mit dieser Rolle des Vaters zusammenhängen, dass der Sohn Georg später dazu neigte, sich an recht unterschiedlich geartete Vaterfiguren anzulehnen, wie an Gustav Streicher, Karl Hauer und Ludwig von Ficker. Ein nennenswertes Verständnis des Vaters für die literarischen Bestrebungen des Sohnes hat sicher nicht bestanden.

Politisch tendierte der Vater in die gemäßigt deutschnationale Richtung, die ihm aufgrund seiner Erfahrungen im kulturell gemischten Ödenburg und als Protestant am ehesten entsprach. Diese Tendenz stellte aber die kaisertreue Gesinnung, von der sein Sohn Fritz berichtete, nie in Frage.[66] Es gilt als sehr wahrscheinlich,[67] dass im Hause Trakl das „Salzburger Volksblatt" gelesen wurde, dessen Redaktion sich unmittelbar gegenüber im Haus Waagplatz 1, 2. Stock, befand. Dieses Blatt war damals die Zeitung der Intelligenz mit antiklerikaler, liberaler und später auch deutschnationaler Ausrichtung.[68] In dieses Umfeld passt auch, dass Georg um 1900 Postkarten an die auswärts befindlichen Schwestern oder an Mitschüler schrieb, die mit Motiven wie Richard Wagner bzw. Bismarck versehen waren oder zu Spenden für ein „Deutsches Studentenheim" in Marburg (heute Maribor/Slowenien) aufriefen.[69] Die „Erste Salzburger Ansichtskarten-Zentrale" befand sich ganz in der Nähe im Haus Waagplatz 6. Solche Karten vertrieb aber auch der Deutsche Schulverein, der nach 1900 in Salzburg einen steilen Aufstieg erlebte.[70]

Die Eltern im Garten.

In der Dichtung erscheint die Figur des Vaters häufig im Zusammenhang mit dem Motiv des Hauses und des „alten Gerätes"; sie ist verbunden mit Begriffen wie „Stille" und „Härte", strahlt aber nichts aus, was auf ein spannungsvolles Verhältnis zwischen Georg und ihm schließen ließe.[71] Er hat mit seiner Orientierung an praktischen Anforderungen und seiner toleranten Einstellung den Familienmitgliedern gegenüber einen Halt dargestellt, dessen Wegfall im Jahr 1910 die Familie tief getroffen und Risse im familiären Gefüge offenkundig gemacht hat.

Die Mutter.

Wesentlich problematischer scheint das Verhältnis zur Mutter gewesen zu sein. Dass sie nicht imstande war, Wärme und Geborgenheit zu vermitteln, war selbst für den an einem harmonischen Familienbild interessierten Fritz im Nachhinein klar: *Die Mutter kümmerte sich mehr um ihre Antiquitätensammlung als um uns*, beantwortete er die Frage nach der Erziehung. Und weiter: *Sie war eine kühle, reservierte Frau; sie sorgte wohl für uns, aber es fehlte die Wärme. Sie fühlte sich unverstanden, von ihrem Mann, ihren Kindern, von der ganzen Welt. Ganz glücklich war sie nur, wenn sie allein mit ihren Sammlungen blieb – sie schloß sich tagelang in ihre Zimmer ein, die vollgestopft waren mit Barockmöbeln, Gläsern und Porzellan. Wir Kinder waren etwas unglücklich darüber, denn je länger ihre Leidenschaft dauerte, desto mehr Zimmer wurden für uns tabu.*[72] Nach außen hin führte sie den bürgerlichen Haushalt ohne besondere Auffälligkeiten, sie scheint aber davon rasch überfordert gewesen zu sein und reagierte mit häufigem Rückzug in die Welt der schönen Dinge, die eine jugendliche Besucherin folgendermaßen in Erinnerung hatte: *Zog sie dann etwas zögernd eine ihrer Kommodenladen auf, so entstieg ihnen das unbeschreiblich sanfte Duftgemisch von Weihrauch und leichtem Modergeruch, der den alten Brokaten, die lange in selten gelüfteten Sakristeischränken aufbewahrt werden, eigen ist. [...] Eine Fülle unbeschreiblich schöner gold- und silberdurchwirkter Seidenstoffe und Stickereien lag hier eingebettet. [...] Hier war alles gleich Strandgut des Lebens geborgen worden.*[73] An der Hand der Mutter war Georg in der Altstadt unterwegs; besonders beeindruckt haben ihn dabei die Gänge durch den Friedhof von St. Peter, wo in der Margarethenkapelle die Toten aufgebahrt wurden.

Die zweite Ehe mag für die Mutter eine ähnliche Enttäuschung gewesen sein wie die erste, doch war sie nun sowohl materiell wie – besonders als geschiedene Frau – auch moralisch abhängig.[74] Der Umstand, dass sie von 1878–1891 sieben Kinder, im Durchschnitt also jedes zweite Jahr eines, zur Welt brachte, wird das Eheleben nicht gerade gefördert haben. Ungeklärt ist bis heute die Herkunft von zwölf Briefen und Briefkarten aus Ungarn bzw. Wien, die die Mutter in einem Kuvert

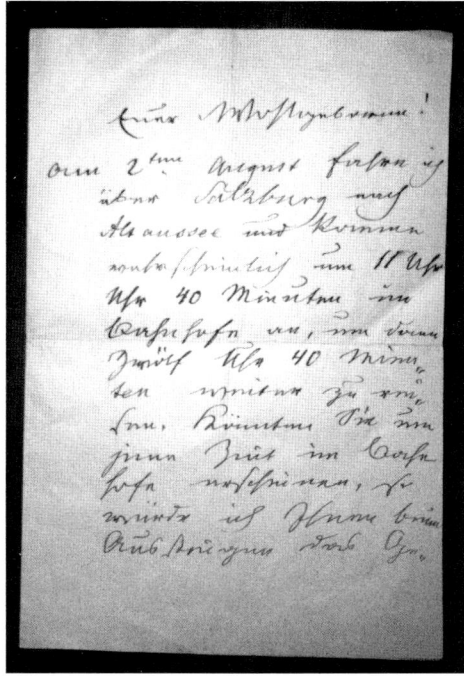 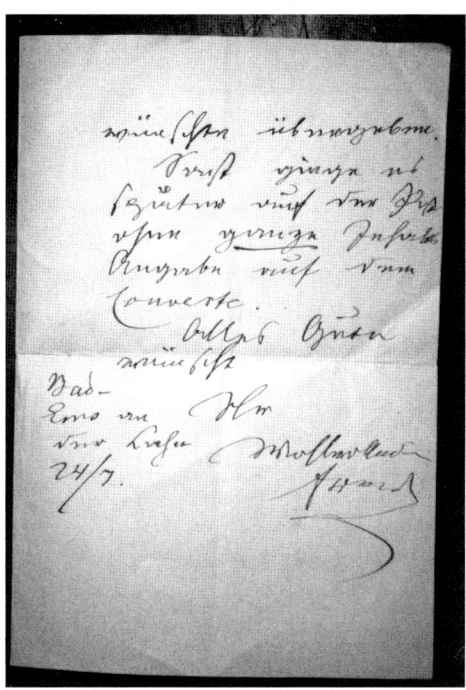

Brief eines unbekannten Gönners an die Mutter

Euer Wohlgeboren!
Am 2ten August fahre ich über Salzburg nach Altaussee und komme wahrscheinlich um 11 Uhr 40 Minuten im Bahnhofe an, um dann 12 Uhr 40 Minuten weiter zu reisen. Könnten Sie um jene Zeit im Bahnhofe erscheinen, so würde ich Ihnen beim Aussteigen das Gewünschte übergeben.
Sonst ginge es später auf der Post ohne ganze Inhaltsangabe auf dem Couverte.
Alles Gute wünscht
Ihr Wohlwollender
N. N. Bad-
Ems an
der Lahn 24/7

mit Siegel bis zu ihrem Tod aufbewahrt hat; verfasst wurden sie in den 1880er Jahren. Der Absender scheint ein Gönner gewesen zu sein, da es in den Mitteilungen meist um finanzielle oder sonstige Zuwendungen geht, deren persönliche Übergabe am Bahnhof oder Zusendung über Dritte vereinbart wurde. Die Rede ist von etwas *Versprochenem*, *Gewünschtem*, von *erwähnten Sachen*, einem *Wertpapier* oder einer *bedeutenden Summe*. Einmal sollte ein Teil *zu Ihrer Cur* verwendet werden. Ob die Kinder davon wussten, ist unklar.[75]

Möglicherweise reagierte die Mutter auf die sicherlich große Belastung durch Kinder und Haushalt auch mit der Flucht in die Betäubung, wenn man bedenkt, dass sie aufgrund einer Darstellung durch Georg als „Opiumesserin" und „nervenkrank" eingestuft wurde.[76] Dass Trakl seine Mutter so sehr gehasst haben soll, *daß er sie mit eigenen Händen hätte ermorden können,*[77] mag mit dieser Drogenproblematik zu tun haben.

Andererseits ist es ihm nicht gleichgültig gewesen, wie es seiner Mutter ging. In einem Brief aus dem Jahr 1913 erkundigte er sich, ob seine Mutter *sehr viel Kummer* (I/499) durch ihn habe. Als die Auflösung des Geschäftes in Salzburg bevorstand, erschien es ihm *leichtfertig, das Haus der Mutter zu verlassen.* (I/502) Dieses ambivalente Mutterbild beim erwachsenen Trakl ist eine der vielen Spuren aus seiner Kindheit. Er hat sicher unter der Gefühlsarmut gelitten, später mag er geahnt haben, wieviel er mit seiner Mutter gemein hatte: Auch er fühlte sich unverstanden, neigte zu Isolation und Depression, und es fiel ihm schwer, sich den Anforderungen des Alltags zu stellen. Der Sinn der Mutter für das Schöne, der in der – nach ihrem Tod 1925 von den Kindern großteils verkauften – Antiquitätensammlung seinen Ausdruck fand, hat eine Entsprechung in der Empfänglichkeit des Sohnes für eindrucksvolle Bilder und Klänge.

Georg (Dritter v. r.) mit seinen fünf Geschwistern.

Als nach dem Tod Georgs die Mutter 1915 bei Cissi v. Ficker in Innsbruck zu Besuch war, stellte die Gastgeberin fest: *Sie gefällt mir so gut. Der Georg finde ich ist ihr sehr ähnlich. Besonders wie ich die Alte bei den Antiquitätenhändlern sah, und ihr Ausdruck wie sie schöne Sachen anschaute.*[78]

Im Werk verbindet sich mit der Muttergestalt immer die Kälte: Ihr Antlitz ist *ernst* (I/114), *versteinert* (I/147), *weiß* (I/150); sie erscheint als *Klagegestalt* (I/121), als *bleiche Gestalt* (I/382), und über den Sankt-Peters-Friedhof geht „Sebastian im Traum" an der *frierenden Hand der Mutter* (I/88). In „Traum und Umnachtung" erscheint die *nächtige Gestalt seiner Mutter* (I/148) wie ein bedrohlicher Geist, als eine Frau, der *unter leidenden Händen das Brot zu Stein ward.* (I/150). Nicht bewusst und absichtsvoll führt sie Unglück herbei, es entspringt vielmehr ihrem Wesen. Sie ist eine fluchbeladene, tragische Figur. Die gefühlskalte, zurückgezogene Art der Mutter ist aus psychoanalytischer Sicht der Hauptgrund dafür, dass Georg Trakl die *Ausbildung von Ich-Stärke und psychischer Stabilität*[79] versagt blieb. Seine Verletzbarkeit, Reizbarkeit und auch die Neigung zur Aggressivität könnten hier ihre Wurzeln haben: *Mimosenhafte Empfindlichkeit auf der einen Seite, fehlendes Einfühlungsvermögen und rücksichtslose Härte auf der anderen – diese Charakterzüge Trakls bilden sich keimhaft schon im frühen Austausch mit der Mutter.*[80]

Als Frau Marie Boring als zweisprachige Gouvernante ins Haus kam und in vielerlei Hinsicht an die Stelle der Mutter trat, war Georg bereits drei Jahre alt; entscheidende Prägungen waren also nicht mehr rückgängig zu machen. Die geborene Elsässerin lebte ab 1890 vierzehn Jahre lang mit nur einer Unterbrechung in der Familie Trakl und war für die Erziehung der Kinder zuständig. Als diese halbwegs abgeschlossen war, kehrte sie wieder in ihre Heimat zurück.[81] Sie ist dort, im Dorf Avolsheim im Unterelsass, 1940 im Alter von 78 Jahren gestorben, ohne je vom späteren Ruhm ihres Schützlings erfahren zu haben.[82] Die Kinder hatten sie offenbar gern. Fritz meinte: *Wir hingen sehr an ihr.*[83] Sie war streng katholisch, was für ihre Tätigkeit in einem protestantischen, in Religionsfragen aber sicher eher tolerantem Haus Probleme mit sich brachte. Ein strenger Franziskanerpater soll sie als ihr Beichtvater beraten haben.[84] Ob wegen dieser Gewissenskonflikte oder aus Heimweh: In den Jahren 1891/92 unterbrach sie ihre Tätigkeit; in dieser Zeit kam Grete zur Welt. Man darf davon ausgehen, dass Frau Boring versucht hat, ihre Schützlinge im katholischen Sinn zu prägen. Ebenso hat aber sicher auch das kirchliche Leben, das sich in der unmittelbaren Umgebung der Trakl-Wohnung entfaltet hat, Spuren im Gedanken- und Bildvorrat Georgs hinterlassen, die nicht unbedingt als Zeichen für eine tatsächliche Religiosität gelesen werden dürfen; denn die katholische Szenerie hat eben auch den Protestanten Trakl beeindruckt. Die Dichtung liefert dafür eindrucksvolle Beispiele. Dazu gehören Elemente der Marienverehrung, die Verarbeitung biblischer Motive in der frühen Kurzprosa oder das Gottesbild im Dramenfragment und mehreren Gedichten bzw. Prosatexten („An die Verstummten", „Winternacht", „Traum und Umnachtung"). Dass ihn religiöse Fragestellungen schon als Kind beschäftigt haben, geht aus Berichten von Freunden hervor. So erzählte er

Marie Boring.

einmal seinem Freund Moritz bei einem Spaziergang, als vom Wesen der Seele die Rede war, *daß er als Kind sich die Seele als ein silbernes Stäbchen vorgestellt habe, das den Körper durchzog.*[85] Und Minnich, ein anderer Freund, notierte, dass er bei einer ähnlichen Gelegenheit mit Trakl überlegt habe, ob Gott eine Kugel oder eine Spirale sei, *bis wir uns lachend eingestanden, da habe wieder ein allzu leidenschaftlicher Verstand einen Possen gespielt.*[86] Auch Erhard Buschbeck, der zusammen mit Trakl den evangelischen Religionsunterricht besuchte, stellte Überlegungen hinsichtlich der Existenz einer Seele an.[87] Der Begriff beschäftigte Trakl sein weiteres Leben hindurch und ist in seinen Gedichten häufig zu finden.

Unterrichtsbehelf: Der frühe französische Comic „La Famille Fenouillard".

Entsprechend der Nachahmung aristokratischer Lebensformen im gehobenen Bürgertum gehörte es sicher zu den ersten Aufgaben der „Mademoiselle", den Kindern Französisch beizubringen. Sie besprach mit ihnen Aufsätze aus dem „Magasin des Enfants" und las ihnen Märchen vor.[88] Außerdem verwendete sie das Buch „La Famille Fenouillard" von Christophe (= Marie-Louis-Georges Colomb), einen frühen französischen Comic, in dem provinzielle Manieren kritisch-humorvoll dargestellt werden und phantasievolle Reisebilder, vor allem aus den damaligen französischen Kolonien, zu finden sind.[89] Beide Aspekte kann man beim späteren Trakl ausmachen: den kritischen Blick auf die bürgerliche Lebensform und das Interesse an fernen Weltgegenden.

Wie es mit Trakls Kenntnissen in der französischen Sprache tatsächlich stand, ist schwer genau festzustellen. Der Behauptung, dass die Kinder untereinander fast ausschließlich französisch gesprochen haben sollen[90], steht die Tatsache gegenüber, dass im Werk nur eine einzige französi-

Ausflug mit Verwandten in das Salzbergwerk Berchtesgaden. Links Grete, Fritz und Georg.

sche Formel zu finden ist: *Mauvaise music*, wobei *music* orthographisch falsch geschrieben ist.[91] Es gibt einige Postkarten, die Georg seinen in Pensionaten untergebrachten Schwestern auf Französisch geschrieben hat. So berichtete er im November 1897 an Maria und Minna in der Schweiz unter anderem, dass man wegen des starken Nebels das gegenüberliegende Haus nicht sehen könne: *Aujourd'hui il fait un brouillard qu'on ne voir pas la maison visavis de la notre.*[92] Einige Wendungen auf dieser Karte – zugleich das erste schriftliche Dokument – sind typisch für das elsässische Französisch, wie *encore une fois* und *vous font saluer*. Der Zehnjährige unterschrieb mit „Georges", ebenso auf einer Ansichtskarte von Maria Plain anlässlich eines Familienausfluges mit den Eltern, der Tante Agnes Halik, der Gouvernante und Bekannten.[93] Die

Georg mit den Geschwistern Fritz und Grete.

Gouvernante wird ihm beim Verfassen des Textes wohl behilflich gewesen sein. Zwei Jahre später schrieb Grete ihren Schwestern einige formelhafte Wendungen auf Französisch und unterschrieb mit *Marguerite Trakl*.[94] Es ist anzunehmen, dass Frau Boring den Kindern mehr Französisch beigebracht hat, als sich aus dem falsch geschriebenen *music* ableiten lässt. Sie hat damit die Grundlage für Trakls Interesse an französischer Literatur gelegt, wenn auch nicht anzunehmen ist, dass er durch sie auf die „poètes maudit" hingewiesen wurde. Diese lernte er später durch Übersetzungen kennen, was im Fall der Rimbaud-Übertragung von K. L. Ammer eindrucksvoll belegt ist. In der Schule hat er sich offenbar nicht mit Französisch beschäftigt. In der gymnasialen Oberstufe wurde es als Freifach angeboten: Trakl hat es nie gewählt.[95] Bei der militärischen Musterung („Assentierung") im April 1908 wurde jedenfalls festgehalten, dass er Deutsch und Französisch sowohl spreche als auch schreibe.[96]

Im Sinne einer möglichst guten Ausbildung hielten sich die Schwestern Maria und Hermine im Schuljahr 1897/98 im Institut Petér in Neuveville nahe Neuchâtel in der französischen Schweiz auf. Anschließend verbrachten beide ein Jahr in Hannover. Sie hatten dabei Gelegenheit, Freundinnen aus anderen Ländern, zum Beispiel aus Holland oder England, zu finden. Die erhaltenen Postkarten zeigen, dass es nicht wenige Verehrer gab.⁹⁷ Ihr ansprechendes Äußeres und die vergleichsweise weltoffene Erziehung scheinen sie bei manchem jungen oder auch gereifteren Herrn zu Hause begehrenswert gemacht zu haben. Sie suchten sich ihre Lebenspartner jedoch auswärts. Dass keine von beiden dabei letztlich Glück hatte, gehört zu den tragischen Aspekten der Familiengeschichte.⁹⁸

Zur Erziehung in einem bürgerlichen Haus gehörte auch die musikalische Ausbildung. Die Kinder erlernten daher – mit Ausnahme von Wilhelm – alle das Klavierspiel. *Übrigens spielte er ganz gut Klavier; mit Mozart konnte Georg allerdings nie viel anfangen, aber er liebte die russische Musik,*⁹⁹ erinnerte sich sein Bruder Fritz. Wie gut er es nun tatsächlich konnte, ist unbekannt. Seine Schwester hat es jedenfalls in der Ausbildung ziemlich weit gebracht. Ihr Verlobter Arthur Langen wies später auf positive Stellungnahmen mehrerer Kapazitäten auf diesem Gebiet hin, um die Notwendigkeit der Fortsetzung dieser Ausbildung zu unterstreichen.¹⁰⁰ Wenn man bedenkt, wie stark Trakl Kompositionselemente in seine Dichtung miteinbezogen hat, so wird man die Bedeutung seiner musikalischen Ausbildung nicht unterschätzen können.

August Brunetti-Pisano

An seinem Klavierlehrer August Brunetti-Pisano interessierte ihn auch dessen Entscheidung zur Existenz eines Künstlers; umgekehrt nahm dieser Anteil an den literarischen Bestrebungen seines Schülers.¹⁰¹ Dass Musik für Trakl zu den ganz wichtigen Ausdrucksformen zählte, merkte Ludwig Ullmann in seinen Erinnerungen an: *Er lehnte es grimmig ab, mehr als einige Takte großer Musik auf einmal hören zu können.*¹⁰² Als ihn Anton Moritz einmal während der Sommerferien zu Hause besuchte und seine Schwester Grete nebenan Klavier spielte, sagte Trakl, dass er *Musik hörend nicht aufmerksam sein könne.*¹⁰³ Zunächst bedeutete ihm Musik vor allem ein *Aufklingen von Harmonie und Wohllaut in einer disharmonischen Welt.*¹⁰⁴

Hat es in Trakls Kindheit also nichts gegeben, was ihn von seinen Geschwistern oder Spielgefährten unterschieden hätte? Ist die Sprachregelung vom *Kind wie wir anderen auch* demnach zutreffend? Die äußeren Bedingungen waren geradezu ideal, erst bei näherem Hinsehen werden problematische Nischen im familiären Gefüge erkennbar. Schon früh fielen seine Scheu und Introvertiertheit auf. Sein wichtigster

Freund aus Kindheitstagen, Erhard Buschbeck, erinnerte sich an die Volksschulzeit: *Ich sehe ihn noch vor mir, wie er am Salzach-Quai vor der protestantischen Schule, die ich besuchte, stand, um dort mit seiner Schwester den Religionsunterricht zu haben. (…) ein kleiner, gutgepflegter Bub, mit langen, blonden Haaren, von einer französischen Bonne begleitet. Für uns Normalschüler hatten diejenigen, die bloß an manchen Nachmittagen zum Religionsunterricht kamen, wohl immer etwas besonderes „Feines", aber bei Trakl trat überdies noch ein Sichfernhalten von den anderen, ein scheues Absonderungsbedürfnis zutage.*[105] Die Tendenz zur Isolation war also bereits beim Kind auffallend; später wurde sie zu einem zentralen Problem der Existenzbewältigung.

Einige Vorfälle sind ohne Angabe näherer Umstände überliefert; sie können jedoch als Hinweise auf ein eigenwilliges Verhältnis zur Realität gedeutet werden: Einmal sei er geistesabwesend in einen Teich hineingegangen, aus dem er nur noch mit Mühe gerettet werden konnte. Trakl selbst hatte diesen Vorfall als frühen Selbstmordversuch in Erinnerung (II/729), was für einen Fünfjährigen jedoch sicher außergewöhnlich wäre. Eine Verkennung der Wirklichkeit dürfte auch dem überlieferten Vorfall zugrunde liegen, bei dem er sich als Kind einem herangaloppierenden Pferd in den Weg geworfen haben soll, um es zum Stehen zu bringen. Ähnliches soll er bei der Eisenbahn versucht haben.[106] Gemeint ist möglicherweise die Tramway, die damals die Stadt als öffentliches Verkehrsmittel durchquerte. Ein Unglück in der Hellbrunner Station, bei dem der Lokomotivführer unter den Trümmern der Maschine auf einem Haufen Glut starb bzw. seine Qualen selbst beendete, erregte in der Stadt großes Aufsehen und hat die Phantasie des Knaben sicher stark beschäftigt.[107] Trakls Abneigung gegen heftige Bewegungen – so könnte man sein Verhalten deuten – wird auch von Buschbeck erwähnt: *Als den Feind erkennt er am Grunde überall die Bewegung. So lernt er alle Bewegung hassen. Indem sie vorwärts kommt, nimmt sie ihm immer wieder etwas weg.*[108] Dem steht die Sehnsucht nach Stille, Ruhe und Auflösung – letztlich auch des eigenen Ich – gegenüber. In der Dichtung erscheint sie als Gestaltung von vorbewussten Stufen der Existenz, wie Kindheit, Traum und Tod. Als poetisches Bild findet sich der Gegensatz von Ruhe und Bewegung beispielsweise in der dritten Strophe von „Sebastian im Traum": *Also dunkel der Tag des Jahrs, traurige Kindheit, / Da der Knabe leise zu kühlen Wassern, silbernen Fischen hinabstieg, / Ruh und Antlitz; / Da er steinern sich vor rasende Rappen warf, / In grauer Nacht sein Stern über ihn kam"* (I/88). Diese Textstelle enthält auch ein Echo auf eine Kindheitserfahrung, von der Trakl mehrfach berichtet hat: Er habe *bis zu seinem zwanzigsten Lebensjahr überhaupt nichts von seiner Umgebung bemerkt […] außer „dem Wasser".*[109] Auch einem Innsbrucker Freund hat er davon erzählt, *wie ihn Wasser magisch anzog.*[110] Als Kind war ihm beim Blick aus der Wohnung die Salzach nahe; später erlebte er sie bei seinen häufigen Spaziergängen den damals noch nicht regulierten Fluss entlang, hinaus in die Auen nördlich und südlich der Stadt. Man kann darin auch einen Zusammenhang mit Vorstellungen von der Aussetzung auf dem Wasser und dem Geburtsvorgang sehen, wie er aus den Mythen der Völker bekannt ist. Demnach wären Trakls Äußerungen als Ausdruck einer *Sehnsucht nach Verschmelzung mit einer archaischen Urmutter* zu interpretieren, wie die Psychoanalyse meint[111]. Die in dem Satz: *Ich bin ja erst halb geboren!*[112] enthaltene Selbsteinschätzung stützt diese Annahme ebenso wie der Hinweis von Karl Kraus auf die Siebenmonatskinder, zu denen er Trakl zählte: *Sie sind mit dem Schrei der Scham auf eine Welt gekommen, die ihnen nur das eine, erste, letzte Gefühl beläßt: Zurück in deinen Leib, o Mutter, wo es gut war!*[113] Bekannt ist Trakls zustimmende Reaktion darauf in einem Brief aus dem Jahr 1912: *Ich danke Ihnen einen Augenblick schmerzlichster Helle* (I/492). Dass diese Sehnsucht nach Verschmelzung in der Lebensrealität keine Verwirklichung finden konnte, war demnach Ursache eines meist spannungsvollen Zustandes und eine Quelle melancholischer Stimmungen.

Nach außen war aber dem Kind Georg davon nicht viel anzumerken. Ab Herbst 1892 besuchte er die fünfjährige Übungsschule der k.k. Lehrerbildungsanstalt im Studiengebäude am Universitätsplatz, eine allgemein zugängliche Staatsschule, die im katholischen Geist geführt wurde. Es war eine Eliteschule, an der fünf Lehrer 153 Schüler unterrichteten.[114] Zweimal in der Woche besuchte er den Religionsunterricht in der protestantischen Schule am Salzachkai bei Pfarrer Aumüller, *einem wunderbar gütigen Menschen, dem Trakl sehr anhänglich war,* wie sich Buschbeck, der ebenfalls protestantisch war, erinnerte[115]. Die Kenntnis der Bibel, die als Bildquelle für seine Gedichte von Bedeutung war, dürfte hauptsächlich auf diesen Unterricht zurückzuführen sein. Sie weckte in ihm auch die Vorliebe für die Zahl Sieben, der man in seinem Werk in vielfältiger Weise begegnen kann.[116]

Pfarrer Heinrich Aumüller.

Seinen vom Bruder Fritz später erwähnten sportlichen Interessen entspricht die „Freiprobe" im Schwimmen, abgelegt im Leopoldskroner Bad, wofür er ein „Certifikat" erhalten hat (II/639). Ein Mitschüler berichtete freilich, dass Trakl wegen seiner damals fülligen Figur unter den Hänseleien der anderen zu leiden hatte: *Er war ein dicker, kleiner Kerl. Deswegen wurde er viel verfolgt, und es ist ihm oft übel mitgespielt worden. Häufig rief man* ihm zu: „Dickerling, geh her!" Denn er war dick und feist, besonders sein Hintern sah so rundlich, fett und weiß aus. Darob hatte er vieles zu erdulden.[117] Solche Verletzungen und Demütigungen werden das negative Bild von sich selbst mitgeprägt haben. In den Zeugnissen der späteren Zeit ist im Fach „Turnen" häufig die Note „lobenswert" oder sogar „vorzüglich" zu finden; 1903 ließ er sich aber – wie viele seiner Mitschüler – von diesem Gegenstand befreien.

Bei einer vormilitärischen Übung. Georg Trakl in der mittleren Reihe links.

Der Erfolg in der Volksschule konnte sich sehen lassen, soweit sich das aufgrund der nur teilweise erhaltenen Zeugnisse sagen lässt. Die „Schul-Nachricht" für das Schuljahr 1894/95 (II/639) enthielt hauptsächlich die Noten 1 und 2, eine 3 nur in wenigen Ausnahmen. Im letzten Volksschulzeugnis vom 10. Juli 1897 sind ausnahmslos die Noten 1 und 2 zu finden, wobei die 1 überwiegt. Als Anmerkung ist hinzugefügt: *Dieser Schüler hat seinen Übertritt an eine Mittelschule gemeldet* (II/640).

Die Wahl fiel auf das im selben Gebäude untergebrachte k.k. Staatsgymnasium, für das Trakl im September 1897 eine Aufnahmsprüfung in den Fächern Religion, Deutsch und Rechnen erfolgreich ablegte. Dieses ausschließlich für die männliche Jugend zugängliche humanistische Gymnasium war die Schule des gehobenen Bürgertums aus Stadt und Land Salzburg, einzelne Schüler kamen auch aus anderen Kronländern der Monarchie. Der Abschluss berechtigte nicht nur zum Studium an der Universität, sondern auch zur Absolvierung des prestigeträchtigen Einjährig-Freiwilligen-Jahres in der k.u.k. Armee anstatt des sonst vorgeschriebenen dreijährigen Militärdienstes.

Trakls Schulweg blieb derselbe, nur fünf Minuten von zu Hause, über Residenzplatz, Ludwig-Victor-Platz (heute Alter Markt) durch den dunklen Ritzer-Bogen zum Universitätsplatz, vorbei an mehreren Buchhandlungen, Cafés und Konditoreien. Die erste Klasse besuchte er zusammen mit 65 Schülern, von denen die meisten aus der Stadt, manche aus Oberösterreich kamen.[118] Dass er der einzige Protestant war, gab ihm eine gewisse Sonderstellung. Es ging gleich kräftig los mit acht Stunden Latein in der Woche, was schließlich nur 37 Schüler schafften, darunter auch Trakl, der dieses Fach im ersten Jahr mit „genügend" abschloss.[119] Heinrich Benedikt, später ein bekannter Wiener Historiker, war ein Mitschüler Trakls in der zweiten Klasse und hatte ihn als *blassen*, *stillen Knaben, der bescheiden und verschlossen im Hintergrund blieb* in Erinnerung.[120] Zum Nachteil Trakls war die Situation an der Schule wegen häufigen Direktorenwechsels unruhig; nicht nur die Direktoren, auch die Ordinarien und Lehrer in den gefürchteten klassischen Sprachen wechselten. Der Umgangston zwischen Lehrern und Schülern war sehr distanziert: Man redete einander schon in der Unterstufe mit „Sie" an, womit das gehobene Selbstverständnis auf beiden Seiten zum Ausdruck gebracht werden sollte. Trakl hat sich in der Unterstufe an Übungen mit militärischem Charakter beteiligt, die wahrscheinlich im Rahmen der Schule organisiert worden sind.[121] Ab der dritten Klasse kam als neues Fach Griechisch dazu, das Trakl zunächst ebenfalls mit „genügend" bewältigte. Dieser Gegenstand hatte für ihn insofern Bedeutung, als er darin mythologischen Motiven begegnete, die später in seinem Werk eine Rolle spielen sollten. Am Ende des Schuljahres erhielt er nach Ablegung einer Prüfung von Pfarrer Aumüller die Konfirmation in der evangelischen Kirche.[122]

In der vierten Klasse, in die wohl der Anfang der Pubertät fiel, konnte er den Ansprüchen der Schule nicht mehr genügen: Ihm wurden im Jahreszeugnis in Latein und Mathematik nicht genügende und in Griechisch ganz ungenügende Leistungen bescheinigt, weswegen er die Klasse wiederholen musste. Es ist durchaus möglich, dass dieses erste schulische Versagen auf eine erwachende Kritikfähigkeit gegenüber den von der Schule vermittelten Inhalten und Werten zurückzuführen ist. Mit dem Weggang der langjährigen Gouvernante fehlte zu Hause außerdem eine wichtige Stütze. Dass er einen negativen Abschluss bewusst riskiert hätte, ist aufgrund seiner Reaktion auf eine ähnliche Situation vier Jahre später nicht anzunehmen. Es scheint an der Schule üblich gewesen zu sein, am Ende der vierten Klasse besonders strenge Maßstäbe anzulegen, da die Schülerzahl in den Klassen der Oberstufe meist geringer war: Von den 41 Schülern aus Trakls vierter Klasse stiegen 22 in die fünfte auf, fünf wiederholten, die übrigen gingen von der Schule weg; 14 von ihnen machten 1905 die Matura.

Mit einem Onkel und Bruder Fritz auf dem Volksfest.

Die Erfahrung, „sitzenbleiben" zu müssen, scheint für den empfindlichen Vierzehnjährigen nicht leicht verkraftbar gewesen zu sein, denn in der Folge reagierte er *auf alles, was die Schule betraf, mit völliger Gleichgültigkeit und zynischer Reserve*[123] – womit die Selbstverständlichkeit des eigenen Tuns verloren und seine Kindheit untergegangen war.

Aufgebrochen (1901–1908)

Die Jugend

Ob Trakls erster schulischer Misserfolg im erwachenden Protest gegen den Schulbetrieb seine Ursache hatte oder umgekehrt, ist heute nicht mehr zu klären. Dass damit Entwicklungen einsetzten, die Trakls weiteres Leben entscheidend bestimmen sollten, zeigt sich auf verschiedenen Ebenen.

Zunächst einmal in der weiteren schulischen Laufbahn, die er in einer großen Klasse mit 47 Schülern fortsetzte. Einige von ihnen konnten sich später noch an ihren ehemaligen Mitschüler erinnern, so Franz Grimm, der für mehrere Jahre, nur durch den Gang getrennt, neben ihm saß: *Nicht daß er nachlässig gekleidet gewesen wäre, aber er hatte etwas Besonderes an sich – er war anders als wir. Auch ging er meist vorgeneigt, wie gebeugt, und sein Blick war nachdenklich und grüblerisch, manchmal auch forschend oder verloren. In der Schulbank saß er gewöhnlich unbewegt wie eine Statue, brütend, die Nase mit geblähten Nüstern auf die Hand gestützt. [...] Niemand in der Schule hat ihn je ernst gesehen – immer lag ein stiller, obstinater Spott in seinen Mienen.* Grimm fasste seinen Eindruck in dem Satz zusammen: *Trakl ist genau das gewesen, was wir einen Wurschtikus nannten.*[1] Dass die äußere Form seiner schriftlichen Arbeiten in der Oberstufe durchwegs mit „minder sorgfältig" oder „minder ordentlich" eingestuft wurde (wie bei Buschbeck auch), entspricht diesem Eindruck (II/642). Die Mitschüler empfanden ihn allerdings als überlegen, was sie auch respektierten: *Er ist viel vifer gewesen als wir alle und uns weit voraus.*[2] Was für die Mitschüler offenkundig war, beeindruckte die Lehrer wenig. Er musste in den Problemfächern Latein, Griechisch und

Klassenfoto 1901 (mit Prof. Klose). Georg Trakl in der letzten Reihe, Dritter v. l.

Mathematik weiterhin um positive Abschlüsse kämpfen, kam über ein „genügend" nie hinaus und war in den Semesterzeugnissen mehrfach von negativen Einstufungen bedroht. Nach der Wiederholung der vierten Klasse mit positivem Abschluss wurde er von der Schule abgemeldet; offenbar sollte er seine Ausbildung anderswo fortsetzen.[3] Im Herbst begann er aber dann doch mit der Oberstufe. Die Schule empfand er als langweilig, Schulbücher ödeten ihn an, und die Lehrer hatten es mit dem *schwierigen, verschlagen wirkenden Jungen, von dem es hieß, er dichte,* nicht leicht.[4] Insbesondere das Vokabellernen in Latein und Griechisch war ihm verhasst. Der Unterricht wurde für ihn dann interessant, wenn er zu oppositionellen Äußerungen herausforderte: Wenn er beispielsweise in Griechisch einen Text aus einer deutschen Übertragung in die Originalsprache rückübersetzen sollte, schrieb er nur die erste und letzte Zeile hin – was ihm ein „ganz ungenügend" eintrug.[5] In der siebten Klasse wählte er als Thema des freien Vortrages das in seiner Grundstimmung düsterpessimistische Schauspiel „John Gabriel Borkmann" von Henrik Ibsen, wohl auch im Wissen darum, dass dieser Autor in den

Auf einem Wandertag. Georg Trakl in der 2. Reihe, Dritter v. l., neben Erhard Buschbeck.

Augen mancher Lehrer zu den Verderbern der Schuljugend gehörte. Mit der Wahl dieses Autors war Trakl in der Klasse allerdings nicht allein: Sein Freund Karl Minnich, Sohn eines Primararztes vom Mozartplatz, wählte ebenfalls ein Drama Ibsens („Die Kronprätententen"), und ein anderer Mitschüler sprach allgemein über den Autor. Einer der bekanntesten Lehrer an der Schule, Camillo Huemer, meinte über Ibsen, dass er die Gesellschaft *verjauche.*[6] Er war es auch, der vor der Lektüre Nietzsches warnte, die damals unter den Schülern stark verbreitet war. Der Philosoph war für ihn ein *Verderber des deutschen Geisteslebens.*[7] Auch die katholische Presse wetterte gegen solche Zustände an der Schule, als deren Ursache sie „deutschnationale Umtriebe" ansah. Dass Trakl in dieser Zeit zu den Nietzsche-Verehrern gehörte, belegt ein Vorkommnis in einem Kreis literarischer Freunde, von dem noch die Rede sein wird. Der Aphorismus Trakls: *Nur dem, der das Glück ver-*

achtet, wird Erkenntnis (I/463) aus dem Jahr 1908 entsprang Nietzsches Gedanken, dass nur abseits vom alltäglichen Getriebe Großes entstehen könne – auch in der Kunst. Drei Bücher des Philosophen finden sich auf der Bücherliste Trakls aus der Innsbrucker Zeit (II/727).[8] Er hatte aber zu dessen Weltbild ein durchaus ambivalentes Verhältnis, das sich zwischen einer ebenso radikalen Bejahung wie Verneinung bewegte.[9] Die Einsicht, dass das Leben Leiden sei, führte beide Pole zusammen. Seine letzte Äußerung über den Dichter-Philosophen war eindeutig ablehnend.[10] In einem Gespräch im Jänner 1914 soll er ihn als *wahnsinnig* bezeichnet haben.[11]

Der Deutschunterricht war, dem Bildungsauftrag entsprechend, ganz an der deutschen Klassik orientiert. Österreichische Autoren kamen nur in geringer Zahl, die Moderne gar nicht vor. Trakls Mitschüler lasen gerne – seine Klasse verzeichnete im Schuljahr 1902/03 die meisten Entlehnungen aus der Schülerbibliothek[12] –, doch Trakl hat sich die literarischen Identifikationsmöglichkeiten außerhalb des Unterrichts gesucht. Dass er ein eifriger Leser war, hatte sein Bruder Fritz noch gut in Erinnerung: *Er war manchmal scheu und still, er las auch sehr viel; mein Vater wunderte sich immer wieder über die hohen Rechnungen aus den Buchläden, die ihm ins Haus geschickt wurden. Er liebte Nietzsche leidenschaftlich – das heilte ihn von Wagner. Dann kamen die Russen, Dostojewsky [!] vor allem, dann Verlaine und Rimbaud.*[13] Buschbeck meinte, dass Trakl Dostojewski *sehr früh und mit vollem Einsatz zu lesen begann und bald ganz kannte*.[14] Die Romane des russischen Schriftstellers haben ihn tief beeindruckt, sie scheinen eine zentrale Rolle in den *unzähligen Literaturfragen und -diskussionen* gespielt zu haben, mit denen sich Trakl und sein engerer Freundeskreis befassten. Neben Buschbeck, der sich wenig später allerdings ablehnend über die *russischen Roman-Barbaren* äußer-

In der Oberstufe. Georg Trakl in der letzten Reihe (Mitte).

te[15], gehörten dazu noch Karl Minnich, Franz Bruckbauer, Karl von Kalmár, Franz Schwab, Adolf Schmidt und Anton Moritz. Es war wohl in erster Linie das Antibürgerliche in Verbindung mit einer radikalen christlichen Religiosität und das Gefühl des Mitleids mit den Erniedrigten, was Trakl an Dostojewski fasziniert hat.

Sonja, eine Figur aus „Raskolnikov", gab später einem Gedicht den Titel (I/105). Diese Lektüre war für ihn eine Möglichkeit, seiner als ungenügend empfundenen Existenz eines unbedeutenden Schülers in der Phantasie eine andere, erstrebenswertere gegenüberzustellen und daran sein Weltbild zu orientieren.

Trakls Klasse war im Schuljahr 1904/05 mit 38 Schülern ungewöhnlich groß. Sie war auch nicht die einfachste – gemessen an den damaligen steif-rigiden Erziehungsprinzipien, wie mehrere „Vorfälle" verdeutlichen. So reichte es für eine achtstündige Karzerstrafe, eine Art Schulhaft, wenn ein Schüler einen Lehrer vor dem Tor der Schule *nicht ordentlich* grüßte.[16] Als daraufhin Trakls Klasse, der *Herd des Aufruhrs*, durch *Murren auf dem Gang* ihr Missfallen an dieser harten Entscheidung zum Ausdruck brachte, wurde das als *Demonstration* eingestuft, was wiederum eine Reihe anderer disziplinärer Maßnahmen zur Folge hatte.[17] Die Klasse verhielt sich solidarisch, was von einem Lehrer den Kollegen gegenüber auch als positives Zeichen gewertet wurde. Trakl trat bei solchen Aktionen nicht in den Vordergrund, sondern scheint ohne besondere Anteilnahme mitgemacht zu haben. Die ständigen schulischen Misserfolge setzten ihm derart zu, dass er sich sogar mit dem Gedanken trug, sich das Leben zu nehmen, und darüber in äußerster Bedrängnis mit seinem Freund Franz Bruckbauer sprach. Dieser äußerte sich zunächst spöttisch dazu (*Das haben schon viele gesagt und es nicht getan*), informierte dann aber doch Trakls Vater auf dessen abendlichem Weg ins Kaffeehaus, was schließlich das Ende der Freundschaft zur Folge hatte.[18] In einem Gedicht bezeichnete Bruckbauer später den ehemaligen Freund als *Sonnenkind im Schatten*, der *im Kreis der Trunkenen der Überlegene*[19] war.

Den Durchschnitt der Lehrer, mit dem es Trakl offenbar zu tun hatte, überragte Eugen Müller, der in seinen Deutschunterricht der siebten Klasse den Naturalismus einbezog und für Theater und Musik aufgeschlossen war.[20] Trakls Deutschnote stieg auf „lobenswert"[21], doch war das der ein-

Im Garten der Pfeifergasse.

zige Lichtblick im Zeugnis des Schuljahres 1904/05; in den drei Problemfächern Latein, Griechisch und Mathematik war die Note „nicht genügend" zu finden; ein Aufstieg in die letzte Klasse war damit nicht möglich.[22] Trakl hätte die siebte Klasse wiederholen müssen. Der Versuch dazu dauerte im Herbst nur eine Woche, dann verzichtete er darauf und verließ die Schule. Am 26. September 1905 meldete er sich endgültig ab.[23]

War es Überdruss, was Trakl seine Schullaufbahn knapp vor dem Ende abbrechen ließ? Oder war es Überforderung? Beide Erklärungen sind für sich allein unzureichend. Aus einem Brief vom August 1905 an den Freund Karl von Kalmár, der ihn in den Ferien nach Wien eingeladen hatte, spricht ein Mensch in Bedrängnis (I/469): *Die Ferien haben für mich so schlecht als es nur möglich ist, begonnen. Seit acht Tagen bin ich krank – in verzweifelter Stimmung. Ich habe anfangs viel, ja sehr viel gearbeitet.* Welche Arbeit hat bei ihm eine *nachträgliche Anspannung der Nerven* verursacht? Arbeiten für die Schule sind es sicher nicht gewesen. Half er etwa dem Vater? Mit ihm hatte er *gleich zu Anfang der Ferien eine Partie von 5 Tagen nach Gastein und Umgebung gemacht*. Tobias Trakl hatte mit dem aufstrebenden Hotelgewerbe in diesem Kurort öfter geschäftlich zu tun; durch die Eröffnung der Tauernbahn-Nordrampe im Jahr 1905 erlebte das Gasteiner Tal einen enormen wirtschaftlichen Aufschwung. Der Vater nahm bei seinen Geschäftsreisen manchmal

Brief an Kalmár in Wien.

Kinder mit. Dass ihm der Sohn zu Hause bei der Arbeit half, ist höchst unwahrscheinlich. Am ehesten hat der Achtzehnjährige literarisch gearbeitet, denn ein Jahr später berichtete er seinem Freund Kalmár in einem Brief: *Ich habe in diesem Jahr sehr, sehr wenig gearbeitet! Vollendet nur kleine Geschichten.* (I/470) „Arbeit" war für ihn bereits in diesem Alter gleichbedeutend mit „Schreiben" und blieb es auch später, wie aus einigen Briefen hervorgeht (I/476, I/479). Aber er habe, so berichtete er Kalmár 1905, *leider wieder zum Chloroform* seine Zuflucht genommen: *Die Wirkung war furchtbar.* Hier erwähnte Trakl erstmals etwas von seinem Umgang mit Drogen, ermahnte sich aber gleich selbst: *Ich widerstehe [!] der Versuchung, mich durch solche Mittel wieder zu beruhigen, denn ich sehe die Katastrophe zu nahe.* Solche Sätze setzen eine größere Vertrautheit mit der Wirkung von Chloroform voraus. Zu dieser Zeit kämpfte er aber noch mit einiger Zuversicht dagegen, den Gebrauch zur Sucht werden zu lassen. Er unterlag letztlich; die Geschichte seiner Sucht endete mit der in der Krakauer Krankengeschichte dokumentierten tödlichen Kokainvergiftung.

Trakl war *ein starker Trinker und Drogenesser,* sagte Ludwig von Ficker,[24] der sicher nicht leichtfertig in seinen Äußerungen war. Was ist über die Anfänge und möglichen Ursachen bekannt? Sein Bruder Fritz meinte, dass Georg schon *sehr früh* mit Rauschgiften in Berührung kam: *Ich erinnere mich, daß er als Junge seine Zigaretten mit Opiumlösung bestrich.*[25] Schon vor den Erfahrungen mit Rauschmitteln hatte sich Trakl zu einem starken Raucher entwickelt, was damals ein grober Verstoß gegen die Schuldisziplin war. Das Oberlippenbärtchen des Siebzehnjährigen soll ständig bräunlich verfärbt gewesen sein. Opiumtinktur sollte die Wirkung noch verstärken. Aber auch sein Hang zu Süßigkeiten, die er immer bei sich gehabt hat, hatte Züge eines Suchtverhaltens. Er soll sogar gedroht haben, sich zu erschießen, als ihm ein Zuckerbäcker keinen Kredit mehr geben wollte[26] – zugleich pubertäre Attitude und Zeichen für eine gewisse Abhängigkeit.

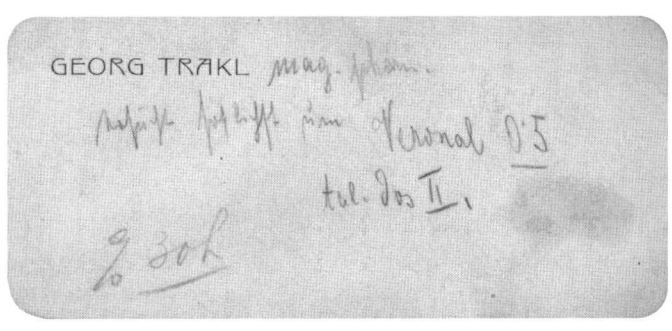

Bitte um Veronal.

Gegen Ende seiner Schulzeit wurde er wiederholt von Freunden auf dem Kapuzinerberg oder von Familienangehörigen auf dem Kanapee in schwerer Chloroformbetäubung aufgefunden.[27] Ein ungefähr gleichaltriger Apothekersohn soll ihn nach *verläßlichen Mitteilungen*[28] mit Rauschmitteln vertraut gemacht und versorgt haben. Bis

Georg Trakls Stammbuchhandlung M. Morawitz (Eugen Richter's Nachflg.) am Residenzplatz.

zur vierten Klasse war Gustav Müller, Sohn eines Apothekers aus Oberndorf, sein Mitschüler; als Lieferant kommt am ehesten er in Frage. In der Nähe der Schule, hinter dem Neutor, hatte er ein Privatquartier und fiel in denselben Gegenständen durch wie Trakl, wiederholte aber nicht. Er studierte später in Prag Pharmazie und wurde Apotheker in seinem Heimatort. Im Februar 1913 hat Trakl dort kurz gearbeitet. Auszuschließen ist aber auch nicht, dass durch die Beobachtung der Mutter sein Interesse an Rauschmitteln geweckt wurde.[29] Dazu kamen literarische Vorbilder, die von Rauschdrogen entweder selbst starken Gebrauch machten oder das Rauscherleben literarisch feierten, wie Nietzsche und Baudelaire. Ein Hinweis auf Trakls Beschäftigung mit diesem französischen Dichter ist das um 1905 entstandene provokante Gedicht „Der Heilige", das an Baudelaires „La Prière d'un paien" erinnert: Wollust und Ekstase werden aus unterschiedlicher Perspektive thematisiert; eine direkte Parallele sind die Ausrufe *Diva, supplicem exaudi!* bei Baudelaire und *Exaudi me, o Maria!* bei Trakl. (I/254) Der französische Dichter war Trakls Wegbegleiter von einer *romantischen Melancholie zu einer viel ätzenderen und Schwindel erregenden Form des „Zeitschmerzes". Trakl lebt den „Verfall" wie Baudelaire den Spleen. Beide sind besessen vom Gefühl der Heillosigkeit, das in ihnen unaufhörlich das geschärfte Bewußtsein des Bösen lebendig hält [...].*[30]

Die Lebenssituation machte Trakl ebenfalls für den Drogenkonsum anfällig. Das Interesse an der Schule war gering, Buschbeck war bereits Ende des Schuljahres 1903/04 ausgeschieden[31], der Bruder Fritz beendete die Schule mit der Unterstufe und wurde im Juli 1905 abgemeldet. Seine Schwester Maria war nach einem gescheiterten Anlauf zu einer Ehe von Graz wieder zurückgekehrt, und Grete wurde nach drei Jahren Internat (1901–1904)[32] in St. Pölten von den Eltern im Heim „Notre

Dame de Sion" in Wien untergebracht.[33] Kontakte zu dem Schriftsteller Gustav Streicher, der selbst eine bewegte Schullaufbahn hinter sich hatte, könnten bis in die Schulzeit zurückreichen. Der Neigung zur Selbstinszenierung in dieser Zeit kam der Konsum von Rauschdrogen ebenfalls entgegen. Die Äußerung, dass der Tod im Ätherrausch herrlich sein müsse,[34] ist auf dem Hintergrund seiner Neigung zu Experimenten mit Chemikalien verständlich; sie übten gerade wegen der damit verbundenen Gefahren auf ihn einen gewissen Reiz aus.

Der erwähnte Brief von 1905 spricht aber schon eine andere Sprache: Hier wird nichts verherrlicht, die Droge ist bereits ein *Vehikel zur Flucht aus einer aktuell unerträglichen Lebenswirklichkeit*[35] geworden. Ihr Konsum schafft für kurze Zeit eine Erleichterung, nach deren Ende die seelischen Spannungen umso deutlicher zutage treten. Diese Funktion eines Fluchthelfers aus schmerzhaften inneren Zuständen haben die Drogen für Trakl beibehalten. Es ging ihm nicht um innere Erlebnisse, um Bewusstseinserweiterung oder um Rauscherleben in der Gruppe. Er hat Drogen, ausgenommen am Anfang, immer allein genommen. Sein Ziel war, das Bewusstsein zu dämpfen. Später hat er vor allem Veronal genommen, das seit 1903 als erstes Schlafmittel der Barbituratreihe für medizinische Zwecke genutzt wurde.[36] Veronal eignet sich nicht für eindrucksvolle Rauscherlebnisse, sondern führt, besonders in höheren Dosen genommen, zu lang andauerndem Schlaf. In einem Brief Trakls heißt es: *Das Veronal hat mir einigen Schlaf vergönnt* (I/499). Gefährlich ist es dann, wenn es über einen längeren Zeitraum missbräuchlich verwendet wird, da es eine ausgeprägte Langzeitwirkung hat. Folgende Mitteilung könnte dadurch verursacht sein: *Ich habe jetzt 2 Tage und 2 Nächte geschlafen und habe heute noch eine recht arge Veronalvergiftung.* (I/526) Dass sich Trakl dabei in einer tödlichen Gefahr befand, wird ihm vielleicht nicht zur Gänze bewusst gewesen sein. Angeblich soll er auch noch Curare besessen haben, vor dem Grete die Verwandten nach Georgs Tod warnte.[37]

Schließlich wurde ihm die Rauschdroge Alkohol zur Gewohnheit. Trakl trank Wein, später auch Schnaps, hauptsächlich zusammen mit Freunden, wobei die inneren Spannungen gemildert und die Selbstsicherheit gesteigert werden konnte. Er vertrug große Mengen davon, ohne dass es nach außen hin unangenehme Folgen hatte: *Er heiterte sich im Gegenteil in solchen Momenten, sprach sehr viel und ging durchaus nicht aus die Nerven [sic!], durch ein eisernes Schweigen.*[38]

Der jugendliche Trakl war nicht nur ein interessierter Leser, die Lektüre regte ihn bald zu eigener literarischer Tätigkeit an. Schon in der Schule soll er in den Pausen vom Katheder aus Gedichte vorgetragen haben, was die Mitschüler aber nur belustigt hat.[39] Anton Moritz erinnerte sich an den oft gemeinsam mit Trakl zurückgelegten Schulweg. Gegenüber vom Café Tomaselli habe dieser einmal einen Zettel aus der

Brusttasche gezogen und ihm ein Gedicht vorgelesen, das sich von seinen späteren Texten stark unterschieden hat.[40] Mit 15 Jahren soll er seine ersten Verse geschrieben haben, die von Familienmitgliedern registriert wurden.[41] Sein Mitschüler Grimm und Franz Bruckbauer erinnerten sich an das bereits erwähnte Gedicht „Der Mönch", wahrscheinlich eine Vorstufe von „Der Heilige" (I/254). Bruckbauer äußerte sich über die literarischen Anfänge so: *Trakl und mehrere literarisch interessierte junge Leute bildeten um 1904 bis 06 einen literarischen Zirkel. Sie versammelten sich monatlich einmal im Berger-Bräu in der Linzergasse. Jeder las sein Geschaffenes vor. Unter den sieben Teilnehmern war Trakl der fruchtbarste und sonderlichste. Zu der Zeit schrieb Trakl hauptsächlich Prosa; sehr gewählte allerdings. Aus den Erzählungen, eigentlich waren es Kurzgeschichten, sprach schon ein Eigener.* (II/518) Die Gründung dieses Zirkels erfolgte in einem kulturellen Klima, das für Autoren *zumindest anregend* gewesen sein soll.[42] Adelige Damen, Vertreter der bürgerlichen Bildungsschicht und Dialektautoren traten mit einer quantitativ nicht unerheblichen Produktion von Liebesgeschichten, historischen Romanen und Beiträgen im Sinne der „Heimatkunst" hervor. Alte Muster und neue Formen stießen oft heftig aufeinander. 1897 wurde von Vertretern der jüngeren Generation die Literatur- und Kunstgesellschaft „Pan" gegründet, in der Literaten und Musiker vertreten waren. Trakl verkehrte später dort. In Anlehnung daran dürfte sich die Gruppe der jüngsten Literaten, von der Bruckbauer berichtete, den Namen „Apollo", später „Minerva" gegeben haben. Sie hat sich auch im Garten der Trakls getroffen; der Hintergrund des Gruppenfotos lässt das „Salettl" erkennen.

Der Dichterzirkel „Minerva", 1906. Stehend v. l.: Josef Goldbrunner, Franz Bruckbauer, Adolf Schmidt, Hermann Pfeffer; sitzend v. l.: Georg Trakl, Michael Wieland.

Der Zirkel gab eine handgeschriebene Zeitung mit dem Titel „Literarische Versuche" heraus. Bruckbauer war der erste Redakteur, und Trakl sei *öfters verschnupft* gewesen, wenn ein Gedicht von ihm nach einer Abstimmung unter den anwesenden Mitgliedern nicht angenommen wurde. Als er einmal den Text „Vom häßlichsten Menschen"[43] aus Nietzsches „Zarathustra" als angeblich eigenen vortrug und damit die anderen aufs Glatteis führte, war er bei ihnen offenbar unten durch, da sie wegen der Ablehnung des Textes die Blamierten waren. Sie misstrauten ihm, und nach etwa drei Monaten verabschiedete sich Trakl aus der Runde mit der Bemerkung: *Und überhaupt will ich nun für mich sein, und ich dichte künftig nur noch für mich, nicht mehr für andere. Und kümmere mich nicht mehr darum, ob es euch und überhaupt ob es anderen gefällt; bloß mir selbst muß es gefallen.*[44] Ob der Wortlaut dieses trotzigen Bekenntnisses, aus der Erinnerung aufgezeichnet, stimmt, ist nicht mehr überprüfbar; dem Sinne nach sind diese Sätze jedenfalls richtig, denn Trakl hat seine Texte später nicht mehr in dieser Form publik gemacht und zeigte insgesamt ein erstaunliches Desinteresse an der Veröffentlichung seiner Arbeiten. In der Runde erschien er nicht wieder. Welchen Eindruck er bei manchen in der Runde hinterlassen hat, lässt ein späteres Gedicht von dem Mitglied Karl Schoßleitner erkennen, in dem es über Trakl heißt: *Du Georg, sicherlich / nicht ein Gewöhnlicher, / dem Mittelmaß / der Vielen solcherweis / entsprechend, / daß sie dich hätten lieb / gewinnen können…*[45] Die Exemplare der „Literarischen Versuche", die Bruckbauer noch aufbewahrt hatte, fielen 1944 den Bomben zum Opfer. Die anderen Mitglieder der Runde gaben entweder das Schreiben bald auf oder blieben literarisch erfolglos. Ihre Äußerungen haben das Bild vom vergleichsweise erfolgreichen Konkurrenten Trakl sicher mitgeprägt.

Der „poète maudit" Georg Trakl. Um 1907.

Mit der dramatischen Form soll er sich ebenfalls bereits in dieser Zeit beschäftigt haben: *Als er siebzehn war, schrieb er ein Theaterstück und wollte es aufführen lassen. Aber er war noch Gymnasiast, und so ging das nicht. Da verließ er die Schule, ein Jahr vor der Matura.*[46] So sah Fritz den literarischen Werdegang des Bruders. Das ist sicher eine vereinfachende Darstellung, aber reine Erfindung zur Beschönigung von Georgs Schulversagen werden diese Sätze auch nicht sein. Denn ein halbes Jahr nach dem Abgang von der Schule wurde am damaligen Stadttheater ein Einakter von Trakl aufgeführt, dessen Entstehung durchaus noch in die Schulzeit zurückreichen könnte.

Man darf aufgrund des bisher Dargestellten annehmen, dass Trakls erste Schreibversuche, mit denen er im Kreis seiner Freunde offenkundig Anklang fand, in die ausgehende Schulzeit fallen – eine für sein weiteres Leben höchst bedeutsame Entwicklungsphase. Innerhalb von zehn Jahren entstanden dann, mit einem deutlichen Schwerpunkt im letzten Drittel, seine literarischen Arbeiten, die ihn zum weltweit bekannten Dichter gemacht haben. Adolf Schmidt, ebenfalls Mitglied des Zirkels, war in dieser Zeit *fast täglich* mit Trakl zusammen und besprach mit ihm *alle möglichen dichterischen Probleme*. Er berichtete von einer „lyrischen Skizze", die ihm von den vielen impressionistischen Texten, die ihm Trakl damals vorlas, besonderen Eindruck gemacht hat: *Er zeichnete darin die scheidenden Sonnenstrahlen, die sich durch ein Geranke von wildem Wein vor einer Glasveranda strahlen. Ich glaube heute noch das Spiel der Sonnenstrahlen zu sehen, die das gewürfelte Tischtuch und den Wein in den Gläsern auf dem Tische vergoldeten.* (II/519)

Trakl bevorzugte Autoren, die jene Ideale des bürgerlichen Erwerbslebens radikal in Zweifel zogen, die seine Erziehung bestimmten, und begann auf dem Hintergrund der unbefriedigenden Situation eines ständig gefährdeten Schülers ein Gegenbild von sich selbst zu entwerfen: das Bild eines dichtenden Bohemiens, mit dem er seine Auflehnung gegen die Lebensform der Erwachsenenwelt, gegen die Welt der glatten Bürgerlichkeit zum Ausdruck brachte. Buschbeck, sonst voll Verständnis für den Freund, erwähnte diese Phase mit leicht ironischem Unterton, der ihm sonst bei Trakl fremd war: *Die Haare wachsen ihm lang. Zigarettenhauch hüllt er um sich und spricht von Stil.*[47] Zur Selbststilisierung gehörten pomadisiertes Haar, lange Koteletten und modische Anzüge. Diese Opposition gegen die als spießbürgerlich empfundene Erwachsenenwelt wurde auch von anderen Mitgliedern der Runde zur Schau gestellt: *Exaltiertheit war anscheinend die erste Aufnahmebedingung.*[48] Gemeinsam besuchte man demonstrativ Bordelle, angeregt durch die Lektüre der Zeitschrift „Die Fackel" von Karl Kraus, in der die bürgerliche Doppelmoral heftig kritisiert wurde. Der Hauptgrund war freilich der, dass es Jugendlichen damals nicht möglich war, ein freies, natürliches Verhältnis zum anderen Geschlecht zu entwickeln, ein Problem, das viele Autoren um 1900 literarisch gestaltet haben, man denke an Arthur Schnitzler. Seine Stücke „Marionetten", „Liebelei" und „Reigen" standen noch 1913 auf einer Bücherliste Trakls. Schnitzler gehörte auch zu den von Buschbeck verehrten Autoren. In dessen Stücken begegnete er den eigenen Problemen – wie seine Mitschüler auch. In einem Brief an den Schulfreund Anton Moritz schrieb der 17-jährige Buschbeck: *Ich bin immer gegen jene falsche, philisterhafte und vielleicht auch gemeine Prüderie aufgetreten. Warum soll man von solchen Dingen nicht reden können, die doch für unser ganzes Leben von großer Wichtigkeit sind? Doch das ist eine von den vielen Unsinnigkeiten, die uns das Christentum anerzogen.*[49] Ein Mitglied der Runde soll sich *aus religiösen Gründen*[50] selbst entmannt haben. Wenn das zutrifft, könnte der Vorfall ein Hinweis darauf sein, dass Otto Weiningers Buch „Geschlecht und Charakter", erschienen 1903, in diesem Kreis bekannt war und die darin vorgetragenen rigid-idealistischen Thesen zur Sexualität die Probleme der Jugendlichen auf diesem Gebiet noch verschärften. Trakls angeblich platonische Neigung zu einer älteren Prostituierten[51] könnte Weiningers Forderung nach Verzicht auf Sexualität, um das Weib von ihrem Fluch zu erlösen, als Hintergrund haben. Weininger nennt in seinem Buch Dostojewski *einen der größten Geister* und weist auf die Figur der Sonja hin[52], was Trakl in seiner Vorliebe für den Russen bestätigt haben mag. Das *spinnerte Kretzl*, wie die Dichterrunde von den Salzburgern genannt wurde, erregte Aufsehen, und Trakl galt auch innerhalb der Familie zunehmend als *Sonderling* und *Spinner*. Sein angestrebtes Bild von sich selbst lief den Erwartungen des Elternhauses zuwider, die Vorstellung vom Dichterdasein musste vor allem in der nüchternen Geschäftswelt des Vaters befremdend wirken. Man wusste zu Hause um den Drogenkonsum, und die Selbstmordäußerungen des Sohnes werden die Ratlosigkeit verstärkt haben. Aber auch für Trakl selbst war damit eine schwierige Situation entstanden, denn auf die Absicht, Dichter zu werden, konnte er keine reale Existenz gründen; das schulische Scheitern machte aber eine rasche Entscheidung für einen Brotberuf notwendig. Der Konflikt zwischen den beiden Lebensformen war damit vorprogrammiert, er erwies sich als unlösbar.

Trakl entschied sich, ohne von jemandem dazu gedrängt worden zu sein, für die Laufbahn eines Apothekers. Das war aus mehreren Gründen naheliegend: Es war ein akademischer Beruf, der auch mit sechs Gymnasialjahren erreichbar war und den vom Aufstiegswillen getragenen Vorstellungen der Familie, insbesondere des Vaters, gerade noch entsprach. Weiters konnte damit das Privileg des Einjährig-Freiwilligen-Jahres bei der k.u.k. Armee in Anspruch genommen werden. Außerdem war auch Henrik Ibsen, eines der literarischen Vorbilder des jungen Trakl, Apotheker gewesen. Dass sein Interesse am leichteren Zugang zu Reizmitteln und Drogen bei dieser Entscheidung eine Rolle gespielt hat, ist anzunehmen. Der damals 69jährige Vater scheint

Apotheke „Zum weißen Engel" in der Linzergasse.

Keller der Apotheke „Zum weißen Engel".

deswegen auch besorgt gewesen zu sein; er hätte seinen Sohn lieber als Beamten gesehen.[53]

Vor dem zweijährigen Studium der Pharmazie, über dessen Reform von der Standesvertretung bereits diskutiert wurde, musste Trakl drei Jahre lang in einer Apotheke praktizieren.[54] Am 18. September 1905, also noch vor der offiziellen Abmeldung von der Schule, begann er diese Praxis, eine Art Lehre, in der Apotheke „Zum weißen Engel" in der Linzergasse auf der rechten Salzachseite. Der Besitzer, Magister Carl Hinterhuber, war in der Erinnerung von Buschbeck ein *alter, [...] im Rufe eines Trinkers stehender Mann*.[55] Er gehörte verschiedenen deutschnationalen Vereinen an, stand jahrelang dem Deutsch-Österreichischen Alpenverein vor, kommandierte die freiwillige Feuerwehr und war Chef der Burschenschafter.[56] Damit entsprach er dem Typus des Vereinsmeiers, wie er in der Zeit vor dem Ersten Weltkrieg stark vertreten war. Ludwig Ganghofer, mit dem er persönlich bekannt gewesen sein soll, war sein Lieblingsautor. Von der literarischen Produktion seines Praktikanten kann er daher nicht allzu viel gehalten haben. Im Rückblick hat er ihn einen „Traumulus" genannt, einen versonnenen, dem Leben abgekehrten Menschen.[57] Diese Bezeichnung hatte er allerdings als eifriger Besucher des Stadttheaters dem Programm der Saison 1904 entnehmen können, in der ein Stück mit diesem Titel aufgeführt wurde.[58] Einem umtriebigen Menschen wie Hinterhuber mag sein Praktikant so erschienen sein.

Der tägliche Weg zur Arbeit führte Trakl nun durch die Judengasse, über die Staatsbrücke in die dunkle Linzergasse am Fuß des Kapuziner-

Magister Carl Hinterhuber.

bergs, wo er in den noch dunkleren Gewölben der seit 1805 bestehenden Apotheke seinen Dienst versah. Dieser war zwar nicht anstrengend, dauerte aber von halb acht am Morgen bis mindestens sieben Uhr abends.⁵⁹ Die Mittagspause betrug maximal eine Stunde, einen Nachmittag in der Woche hatte er frei. *Es gab nur etwa zwei Dutzend Spezialarzneimittel, die der Apotheker kennen mußte.*⁶⁰ Trakl hatte also genügend Zeit, seinen Gedanken nachzugehen und sich mit literarischen Plänen zu beschäftigen. Den Dienst hat er jedoch, soweit bekannt, zuverlässig erfüllt. Ein kleiner, fensterloser Nebenraum, „Stübl" genannt, war sein liebster Aufenthaltsort für dienstfreie Minuten. Einige seiner Mitschüler haben ihn, wie Buschbeck berichtete, wegen seiner Tätigkeit in der Apotheke von oben herab angesehen, was ihn tief gekränkt hat.⁶¹ Buschbeck hat sich weiter mit ihm verbunden gefühlt, vielleicht auch deswegen, weil er selbst ebenso in der Schule durchgefallen war und nun als Privatschüler die Matura erreichen wollte.

Trakl war in dieser Zeit viel mit dem Dramatiker Gustav Streicher zusammen, der ihn nicht unwesentlich beeinflusst hat. Es ist nicht genau festzustellen, wann diese Freundschaft begonnen hat. Da aber Streicher seit dem 9. September 1904 zusammen mit Mutter und Schwester in Salzburg gemeldet war,⁶² ist es sehr wahrscheinlich, dass Trakl seinen ersten Förderer bereits im letzten Schuljahr kennengelernt hat, und vielleicht haben seine frühen dramatischen Versuche und der vorzeitige Abgang von der Schule auch mit Streicher zu tun. Dieser stammte aus einer Lehrerfamilie in Auerbach bei Uttendorf im nahen Innviertel. Er führte seinen Namen auf Andreas Streicher, den Fluchthelfer Friedrich Schillers, zurück und war ein schlechter Schüler *nicht aus Mangel an Talent, sondern aus Widerwillen gegen die Methode des Lehrens und die Art des Lehrstoffes.*⁶³ In den Jahren 1890–1892 hielt er sich an verschiedenen Adressen in Salzburg auf, zuletzt arbeitete er in der Dreifaltigkeitsgasse.⁶⁴ Mit 22 Jahren absolvierte er dann doch die Handelsakademie in Linz, wollte aber nie einen kaufmännischen Beruf ausüben, sondern wandte sich zunächst dem Journalismus zu. Sein Leben bewegte sich zwischen den Städten Linz, Salzburg und Wien. Bald begann er ernsthaft literarisch zu arbeiten, zunächst in Salzburg. Hier wollte ihn der Vater einer von ihm ver-

Gustav Streicher.

ehrten jungen Künstlerin als Voraussetzung für eine Heirat zum Bankbeamten machen, was Streicher aus Angst um die Verwirklichung seiner literarischen Pläne ablehnte. In den stark autobiographischen Roman „Das Märchen vom Glück" ist einiges von diesem Erlebnis eingegangen: Die Hauptfigur ist Sohn eines Lehrers aus Uttendorf und hat sich einer „brotlosen Kunst", der Malerei, verschrieben.[65] Nach einem Zusammenbruch – Streicher trug die damals tödliche Krankheit Tuberkulose in sich – ging er nach Linz und war dort als Dramatiker mit den in der oberösterreichischen Landschaft und Geschichte angesiedelten Volksstücken „Am Nikolotage" und „Stephan Fadinger" erfolgreich. Letzteres wurde in der Saison 1903 auch am Salzburger Stadttheater aufgeführt und von Trakl in einer Rezension unter die *mustergiltigen Inszenesetzungen* (I/205) eingereiht. In einem Berliner Verlag war bereits vorher sein an Ibsen orientiertes Drama „Menschwerdung" erschienen.[66] Da es nicht nur biographisch interessante Parallelen zu Trakl gibt, sondern auch in Themen und Denkmustern seiner Werke Bezüge erkennbar sind, sei das Motto dieses Dramas, das „den neuen Menschen" gewidmet ist, angeführt: *Ist das alte Geschlecht verdorben, / mit seinen Normen abgestorben / Sammt Sündenvererbung; / Dann muß sich das neue erproben, / das auf den Schild gehoben / „Die reine Menschwerdung"*[67] Wenn Trakl später vom *verwesend*[en] *Geschlecht* (I/159) und vom *verfluchten Geschlecht* (I/149) schrieb, so ist ein gedanklicher Zusammenhang nicht auszuschließen.[68]

Carl Astner, den Streicher aus Linz kannte, übernahm 1903 die Leitung des Salzburger Stadttheaters; dieser Posten gehörte nicht gerade zu den begehrten unter den städtischen Bühnen der Monarchie und war für einen der zeitgenössischen Literatur gegenüber aufgeschlossenen Direktor eine Herausforderung. Streicher kam bald nach, auch wenn er in Salzburg nicht den besten Ruf hatte. Es kursierten über ihn *Klatschgeschichten*[69], die möglicherweise mit der erwähnten Liebesaffäre zu tun hatten. Trakl fühlte sich von ihm angezogen. Für seine eigene krisenhafte Situation sah er in ihm einen Halt gegen die Kränkungen seitens der ehemaligen Mitschüler und das mangelnde Verständnis des Elternhauses für seine literarischen Bestrebungen. Ludwig v. Ficker, der sich zu dieser Zeit in Innsbruck ebenfalls als Schriftsteller zu profilieren versuchte und mehrere Abende mit Streicher verbrachte, meinte später über ihn, dass er ein *lustiger, stets zu Späßen aufgelegter Mensch* war, und er konnte gut verstehen, *daß ihn Trakl als Zechgenossen und auch sonst sehr geschätzt hat.*[70] Streicher war bereits ein lokal erfolgreicher Autor und mit dem Kulturbetrieb vertraut. Sein Plan war es, sich auch in Wien durchzusetzen, was ihm in Ansätzen gelang: *War das ganze liter. Wien bei meiner Premiere vertreten!* berichtete er nach einer Aufführung von „Stephan Fadinger" im „Deutschen Volkstheater" voller Stolz dem befreundeten Edward Samhaber, sonst Briefpartner in „völkischen" Angelegenheiten, nach Linz. Er hoffte, *in einem halben Jahr [...] alle Schwierigkeiten überwunden zu haben und mit an der Spitze der österreichischen Literatur zu stehen.*[71] Diese Hoffnung ging zwar nicht in Erfüllung, aber immerhin hatte er an dem Ort Fuß gefasst, dessen Kultur- und Geistesleben die wachen Gemüter in Salzburg am meisten beschäftigte. Buschbeck hat davon berichtet, wie wichtig für ihn die Wiener Zeitungen als eine Art Umschlagplatz für *die neuen Theater- und Literaturerscheinungen* und die *Auseinandersetzungen auf dem Gebiete der bildenden Kunst und Musik*[72] waren. Es gehörte zu seinen bleibenden Eindrücken der Schulzeit, auf der bis 2013 bestehenden „Hohen Brücke" über dem Bahnhofsgelände in Salzburg den Zug aus Wien mit den neuesten Nachrichten zu erwarten. Es ist also nicht verwunderlich, dass Trakl von Streichers Entscheidung zum Beruf des Schriftstellers beeindruckt war und sich wenig um das Gerede kümmerte, das über ihn im Umlauf war.

Befreit von den Fesseln des Schulbetriebs konnte er freier und – soweit dies der Dienst in der Apotheke zuließ – intensiver seiner literarischen Tätigkeit nachgehen. Streicher nützte seine persönlichen Beziehungen, um Arbeiten seines jungen Freundes an die Öffentlichkeit zu bringen. Nicht immer mit Erfolg. So schickte er einen Text an die Linzer „Tages-Post". Eine Nachfrage Trakls bei der Redaktion im Mai 1906 blieb erfolglos (I/470); weder die von Streicher noch die von ihm selbst eingereichte Arbeit ist dort jemals erschienen. Das bereits erwähnte Interesse Trakls an der dramatischen Form wurde zunächst durch den Besuch von Aufführungen im Stadttheater geweckt. Sein Bruder meinte auf die Frage, ob sie als Kinder viel ins Theater gegangen seien: *O ja, meine Schwestern hatten ihre Abonnements und wir Jungen gingen auf die Stehplätze.*[73] Die Vorliebe für Ibsen weist auch auf ein solches Interesse hin. Zweifelsohne wurde es durch Gustav Streicher verstärkt. Das gemeinsame journalistische Auftreten zu Beginn des Jahres 1906 ist ein deutlicher Hinweis: Streicher veröffentlichte im „Salzburger Volksblatt" vom 8. Jänner 1906 einen Beitrag mit dem Titel „Der Dichter der 'Familie'", in dem er Karl Schönherr, dessen Drama „Familie" zwei Tage später im Stadttheater aufgeführt wurde, als wichtigen modernen Autor vorstellte und auf dessen Nähe zu Ibsen hinwies.[74] Einen Tag später erschien in der „Salzburger Zeitung" Trakls Aufsatz „Familie"[75], der ebenfalls die Erstaufführung am nächsten Tag vorbereiten sollte. Beide Aufsätze sind einander ähnlich in Aufbau und Inhalt. Diese offensichtliche Zusammenarbeit wiederholte sich zwei Monate später anlässlich der Erstaufführung von Oscar Wildes Drama „Salomé"[76] am 3. März 1906. Wieder reservierte sich Streicher das einflussreichere „Salzburger Volksblatt"; Trakls Beitrag erschien in der „Salzburger Zeitung", einem Amtsblatt der Salzburger Regierung mit kultureller Beilage. In diesem Fall ging Trakl

– im Unterschied zu Streicher – über die neutrale Darstellung des Inhalts hinaus und wollte dem Leser die Grundstimmung des Dramas vermitteln, ähnlich wie er es später in der Rezension einer Lesung von Gustav Streicher versucht hat (I/207f.). Mit einer an das Gefühl appellierenden Wortwahl im Stil des Wiener Feuilletons wollte er die Leser bewegen.

Streicher hat damit taktisch geschickt die Theaterdirektion auf Trakl aufmerksam gemacht; Direktor Astner nahm dann im selben Jahr dessen dramatisches Stimmungsbild „Totentag" in den Spielplan auf; am 31. März war die erste und einzige Aufführung. Am 15. September desselben Jahres stand ein weiterer Einakter, die tragische Szene „Fata Morgana", auf dem Programm. Zwei Stücke eines Neunzehnjährigen waren auch für die damalige Spielplangestaltung ungewöhnlich. Für die Annahme hat sicher die Bekanntheit der Familie Trakl in der Stadt eine Rolle gespielt. *Das Theater als Privatunternehmen, mit nur geringen Subventionen von der Stadtgemeinde, war auf die Gunst des schmalen bürgerlichen Publikums angewiesen. Dessen Interesse war gering.*[77] Ein Stück aus dem Haus einer angesehenen Kaufmannsfamilie mochte diesem Desinteresse entgegenwirken. Ob freilich von der Familie selbst jemand unter den Zuschauern war, ist unbekannt.

Die damals noch übliche Theaterzensur hatte gegen „Totentag" keine nennenswerten Einwände.[78] Die Aufführung wurde am 30. März im „Salzburger Volksblatt" angekündigt[79], am nächsten Tag ging die „Novität" über die Bühne. Mit auf dem Programm stand eine weitere Uraufführung, „Die Si-

Theaterzettel zur Trakls „Totentag".

rene" des ehemaligen Regimentsarztes Heinrich von Schullern und „Die Hochzeit bei Laternenschein", eine Operette von Jacques Offenbach, mit der die Risikobereitschaft des Publikums nicht überfordert werden sollte. Dieses Genre bildete die wirtschaftliche Grundlage des Theaterbetriebs. Die Aufführung leitete Carl Friedheim, der bereits das dritte Jahr als Oberregisseur in Salzburg tätig war und dem Trakl kurz danach im „Salzburger Volksblatt" mit einer Würdigung ein Denkmal setzte.[80] Die weibliche Hauptrolle (Grete) spielte die ebenfalls aus Linz zugezogene, mit Gustav Streicher befreundete Anna Rubner, von der die jüngeren Theaterbesucher, darunter auch Trakl, schwärmten.[81] „Totentag" wurde demnach in erster Besetzung gespielt.

Da Trakl nach dem Misserfolg des zweiten Stückes alle Textbücher vernichtet hat, auch die Zensurexemplare, wissen wir über Personen und Inhalt nur etwas aus dem Theaterzettel und den Besprechungen in den Zeitungen. Von den vier Besprechungen zu „Totentag" sind zwei kritisch-neutral, eine positiv, eine negativ. Letztere erschien in der katholischen „Salzburger Chronik",[82] sie ist moralisierend abwertend, ja bösartig: *Unser Ensemble hätte spielen müssen, so schlecht als möglich, dann wäre dem Macher vielleicht doch für absehbare Zeit die Lust vergangen, ein Stimmungsbild zu schreiben.* Bei solchen Tönen darf es nicht verwundern, dass Trakl diese Zeitung im Kaffeehaus lautstark unter dem Namen „Stinkbombe" verlangt hat, wie eine Anekdote berichtet.[83] Das „Salzburger Volksblatt", in unmittelbarer Nachbarschaft des Elternhauses redigiert und gedruckt, wies auf Herkunft und Jugend des Autors hin, lobte seine bisherigen Arbeiten[84], *recht hübsch geschriebene Feuilletons, die ihn als gewandten Stilisten erkennen lassen*[85], und bestätigte ihm *dramatisches Talent*. Die Abhängigkeit von Vorbildern wie Ibsen und Maeterlinck wurde aber ebenso erwähnt wie das *Fehlen jedweder Handlung, die teilweise nicht sehr glückliche Charakteristik* und *Unklarheiten in der logischen Entwicklung des Stoffes*. Gelobt wurde die Sprache, in der sich *ein schönes und vielversprechendes Talent* äußere. Insgesamt war es eine mit Einschränkungen ermunternde Besprechung, die der Neuem gegenüber im Allgemeinen aufgeschlossenen Haltung dieses Blattes entsprach.[86] Ein Erfolg war sie für Trakl insofern, als das „Volksblatt" mit einer Auflage von 5000 Stück die meistgelesene Zeitung in der Stadt war; sie war damit fünfmal stärker als die „Chronik".[87]

Über den Inhalt von „Totentag" gab die Besprechung in der „Salzburger Zeitung" am wenigsten wertend Auskunft: *Peter, der blinde Sohn der Eheleute Kajetan und Christine Asmus, philosophiert zu Beginn mit seiner Gesellschafterin über Bibelstellen. Er liebt Grete, die ihn lange Zeit liebevoll gepflegt hat und nunmehr das Haus verlassen soll, um an der Seite des geliebten Mannes hinaus ins Leben zu gehen. Dieser „Ruf des Lebens", der an Peters Ohr hallt, zerstört sein bißchen Lebensfreude, rüttelt mächtig an seinem* durch Krankheit geschwächten Körper – es droht geistige Umnachtung –; wenn Grete fort ist, wird es einsam werden, ganz einsam in Peters Seele. Der finstere Plan, Grete zu töten, wird durch das rechtzeitige Erscheinen ihres Bräutigams verhindert. Grete geht wirklich – Peter bleibt mit seiner Mutter allein zurück. Der Schluß blieb mir unverständlich – jedenfalls ist der Phantasie des Hörers genügend Spielraum gelassen.[88] Dem Autor wird noch empfohlen zuzuwarten, bis er etwas Eigenes schaffen könne; die Vorbilder (Ibsen, Nietzsche) seien allzu deutlich, es seien Lesefrüchte: Mit dem Mut der Jugend wandert man damit zur Direktion – bald prangt der Name auf dem Theaterzettel. Die Zeitung erwähnt auch den Applaus des jugendlichen Publikums, den der Rezensent der „Chronik" geradezu als rufschädigend empfand: Die kunstsinnige Mozartstadt kommt in gewaltig schlechten Ruf, wenn ein Fremder, Ortsunkundiger, den gestrigen Beifall gehört.[89]

Was ist an diesem Einakter, von dem wir nur das Handlungsgerüst, nicht aber den Text kennen, so bemerkenswert? Vor allem die darin angeschlagenen Themen, die uns in Trakls Werk immer wieder begegnen und zu seiner inneren Lebenswirklichkeit gehören: Askese und Sinnlichkeit, Eifersucht und Wille zur Unterwerfung sowie Wahnsinn und Todesgedanken.[90] Im 1914 entstandenen „Dramenfragment" (I/455 ff.) tritt wieder eine Figur namens Peter auf, die im Dialog mit dem Pächter, der Züge des Vaters trägt, in der ersten Szene eine Reihe von Bildern mit deutlich biographischem Bezug entwickelt. In der zweiten Szene erscheint Peters Schwester mit dem Namen Johanna; der zweite Taufname von Trakls Schwester Grete war Jeanne. Wie der Kritiker der „Chronik" dazu kam, Grete aus dem „Totentag" als Schwester Peters zu bezeichnen, ist unklar, da das weder aus dem Personenverzeichnis des Theaterzettels hervorgeht, noch die anderen Zeitungen davon etwas erwähnten. Möglicherweise wusste der Rezensent um Trakls Schwärmerei für seine jüngste Schwester, die jedenfalls unter Freunden kein Geheimnis war: Bruckbauer berichtete, dass sie für Georg bereits in der Gymnasialzeit das schönste Mädchen, die größte Künstlerin, das seltsamste Weib gewesen sein soll; über sie habe er aus innerer Notwendigkeit hymnisch gesprochen.[91] Nach Aussage des Bruders Fritz war Grete ein vergnügtes junges Mädchen, bis sie später ganz unter seinen [d. h. Georgs] Einfluß geriet. Sie las alle seine Bücher mit, und sie steckten viel zusammen.[92] Zwischen ihnen herrschte früh ein grundlegendes Einverständnis und Vertrauen, begleitet von einer Tendenz zur Überhöhung des

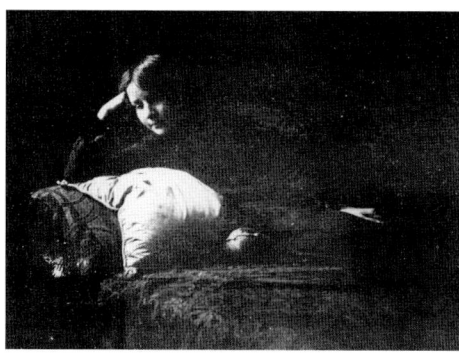

Margarete Jeanne (Grete, Gretl) Trakl.

*anderen.*⁹³ Beide waren sich nicht nur äußerlich ähnlich, sie entwickelten Wunschbilder voneinander: Georg als Dichter, Grete als Pianistin. Sie hatte eine große musikalische Begabung, die durch den Klavierlehrer August Brunetti-Pisano gefördert wurde. Dieser verstand sich in erster Linie als Komponist und setzte darauf trotz einer langen Reihe von Misserfolgen letztlich seine ganze Existenz. Er soll Grete zum Komponieren angeregt haben. Ab 1901 kam Grete für drei Jahre in das katholische Internat der Englischen Fräulein nach St. Pölten;⁹⁴ dort waren Mädchen aus adeligen und großbürgerlichen Familien der k.u.k. Monarchie, insbesondere aus Wien, untergebracht. So waren zugleich mit Grete die Freifrau von Handel-Mazzetti und Paula von Preradovic als „Zöglinge" im Institut. Im Schuljahr 1903/04 besuchte dort die Schwester Minna als Internatsschülerin einen Sprachkurs. Ab Herbst 1904 war Grete im ebenfalls katholischen Erziehungsheim für junge Mädchen „Notre Dame de Sion" in der Burggasse in Wien.⁹⁵ 1908 ging sie zugleich mit Georg nach Wien, um die musikalische Ausbildung an der Musikakademie fortzusetzen.⁹⁶ Dass Georg sie mit Drogen bekannt gemacht hat, verstärkte ihre Bereitschaft zu Selbsttäuschungen, bei Georg führte es zu Schuldgefühlen.

Manche sehen es als erwiesen an, dass das Verhältnis der Geschwister eine starke erotische Komponente hatte, die zum Inzest führte.⁹⁷ Es gibt darüber keine direkten Aussagen Trakls, der in dieser Hinsicht *die Verstummtheit selbst* war, doch soll sich Grete nach dem Tod ihres Bruders Ficker *darüber einmal anvertraut* haben.⁹⁸ Die oft schwankende Haltung Gretes relativiert allerdings diese (uns wörtlich nicht bekannte) Äußerung.⁹⁹ Dass die Schwester nicht nur im Leben, sondern auch in der Dichtung eine zentrale Rolle gespielt hat, lässt sich allerdings schon daraus ersehen, dass sie als literarische Figur 60mal vorkommt (ohne bedeutungsgleiche Wörter wie „Jünglingin", „Fremdlingin" usw.), von Trakls frühem Einakter „Totentag" als Figur Grete bis zum letzten Gedicht „Grodek" als *der Schwester Schatten*. In den Gedichten bis 1910 scheint sie allerdings überhaupt nicht auf, gehäuft erst ab 1912.¹⁰⁰ Man könnte daraus den Schluss ziehen, dass Trakl sie umso nachdrücklicher im poetischen Bild beschworen hat, je weiter sie von ihm entfernt war, vor allem nach ihrer Heirat in Berlin. Ob diese Bilder jedoch unmittelbar auf einen realen Inzest schließen lassen,¹⁰¹ sei dahingestellt. Vieles spricht dagegen: So steht das frühe Gedicht „Blutschuld" (I/249), das häufig als Inzest-„Beweis" angeführt wird, *in einer Kette literarischer Bearbeitungen des Inzest-Motivs, das [...] in der deutschen Literatur zu Anfang des 20. Jahrhunderts häufig zu finden ist.*¹⁰² In der Phase der Wagner-Verehrung hat sich Trakl aus einer jugendlichen Protesthaltung heraus für den Inzest in der Oper „Walküre" begeistert. Gustav Streicher hat sich ebenso mit diesem Thema auseinandergesetzt wie Brunetti-Pisano in der Oper „Das klagende Lied", in der – einer

Tradition der Romantik folgend – ein tragisches Geschwisterverhältnis gestaltet wird. Die Literatur ist immer sowohl Verarbeitung von Lebenserfahrungen wie auch Wunscherfüllung: *In Trakls Dichtung [...] kommt der Wunsch zur Sprache, in symbolischen Szenen schafft er sich Erfüllung.*[103] Der Dramenerstling „Totentag" wäre demnach eine angst- und aggressionsgeladene Szene, die ihre Wurzeln in Trakls Innenwelt hatte. Seine Schwärmerei für die Schwester in der Pubertät mag von anderen, besonders seinen Mitschülern, als Hinweis auf eine verbotene Geschwisterliebe gedeutet worden sein. Trakl wird sich dazu nicht geäußert haben.

Der insgesamt mäßige Erfolg war für das „Salzburger Volksblatt" aber doch ein Anlass, Arbeiten Trakls zu drucken. Am 12. Mai 1906 erschien als literarische Erstveröffentlichung die lyrische Szene „Traumland. Eine Episode" (I/189–192), die in neuromantischer Manier das Sehnsuchts- und Todesmotiv aufgreift.[104] Es ist offenkundig, dass neben Lenau Oscar Wildes „Salomé" Pate gestanden hat. Auch der Prosatext „Barrabas. Eine Phantasie" und der dramatische Dialog „Maria Magdalena" erinnern daran. Die Verwendung einiger Motive (Abend, Stille, Mond) und die Darstellung einzelner Szenen (Gelage, Tanz) verweisen teilweise wörtlich auf Trakls „Salomé"-Aufsatz in der „Salzburger Zeitung".[105] Beide verarbeiten biblische Stoffe und wurden unter dem Sammeltitel „Aus goldenem Kelch" den Lesern vorgestellt[106].

In „Maria Magdalena" treten gegensätzliche Charaktere auf: Agathon ist der lebensfrohe Einheimische aus Jerusalem: *Wir wollen leben und nicht fragen. Das Leben ist voll des Schönen* (I/197). Marcellus ist als Römer fremd im Land, ihn *verwirren die Dinge und die Menschen* (I/197), er denkt über die *unlösbaren Rätsel* der Götter und weiß um sein Schicksal: *Mir geziemt es, im Dunkel zu wandern.* (I/198) Er ist, neben Blaubart, Sebastian und Kaspar Hauser, eine der Fremdlingsgestalten im Werk Trakls. Dieses Denken in Gegensätzen ist ein Versuch Trakls, die inneren Spannungen in szenische Bilder umzusetzen. „Maria Magdalena" ist aber auch ein Beispiel dafür, wie die Thesen Otto Weiningers in seinem Jugendwerk wirksam geworden sind: Marcellus berichtet von der Verwandlung der Dirne Magdalena (die *herrlichste Hetäre*) in eine asketische Dienerin Christi – herbeigeführt allein durch einen Blick des stumm vorbeigehenden Christus. Er „erlöst" sie damit, sie verzichtet auf ihre weibliche Rolle – im Verständnis Trakls nur eine scheinbare Erlösung.[107] Denn Marcellus ist zwar von diesem Vorfall stark berührt, er bleibt ihm aber doch fremd und rät daher Agathon, seine Geliebte nicht warten zu lassen. Mit diesem Schluss wäre Weininger sicher nicht einverstanden gewesen; Trakl misstraute seiner asketischen Unbedingtheit.

Diese Veröffentlichungen haben Trakl ermuntert, einen weiteren dramatischen Text auf die Bühne zu bringen. Als Vermittler war wieder Streicher aktiv, der ein Exemplar der tragischen Szene „Fata Morgana" zunächst an Hugo Greinz, damals Redakteur der Wiener „Zeit" und mit Streicher schon lange bekannt,[108] zur Begutachtung schickte. Als dieser nicht reagierte, bat ihn Trakl am 19. August um die Rücksendung der Abschrift und bei dieser Gelegenheit um ein Urteil, *da dies für mich von großem Werte ist.*[109] Wie schon bei Görner, dem Redakteur der Linzer „Tages-Post" (I/470), war ihm die Kritik eines Außenstehenden wichtig. Erst nachdem sich dieser Versuch als nicht zielführend herausgestellt hatte, ging das Manuskript an die Salzburger Theaterdirektion, die es vorschriftsgemäß der Zensurbehörde vorlegte. Aus deren Protokoll erfahren wir etwas über den Inhalt des Stückes und auch darüber, was die Zensurbehörde beschäftigte.[110] In der Anmerkung P. d. (= pro domo) heißt es: *Ein Wanderer, welcher aus der Wüste in cultiviertes Land strebt, wird durch die Schönheit der auf einem Felsen im Mondlichte sich zeigenden Kleopatra-Erscheinung verführt, verzichtet auf den Weiterweg, umarmt die Erscheinung, welche entschwindet, und stürzt sich bei Tagesanbruch aus Verzweiflung über den Felsen hinab. – Der Verfasser war h.a. anwesend und hat ausgesagt, daß die Kleopatra – Erscheinung für die Darstellung nicht mit gänzlich nacktem Oberkörper – wie man besonders nach einer Stelle des Stückes schließen mußte – sondern mäßig dekolletiert geplant sei. Der Verfasser hat sohin die diesbezügliche Stelle selbst gestrichen.* Mag sein, dass der Zensurbeamte Trakls Darstellung der Maria Magdalena in der Zeitung gelesen hatte, die *hüllenlos, nur von ihren Haaren überflutet* (I/196) zu Füßen des Publikums niedersinkt, und ähnliches auf der Bühne bei Kleopatra unterbinden wollte; jedenfalls musste Trakl sich selbst zensurieren, um die Aufführung zum Ende der Sommersaison am 15. 9. 1906 nicht zu gefährden. Neben „Fata Morgana" standen noch eine weitere „Novität" („Der Lebensretter" des Wiener Autors von Feldegg) und ein Schwank aus dem Militärleben („Im Zivil" von Gustav Radelburg) auf dem Programm, womit eine andere wichtige Publikumsschicht, die gehobenen militärischen Ränge, angesprochen werden sollte. Auch viele ehemalige Mitschüler sollen diese Inszenierung gesehen haben. Drei Salzburger Zeitungen – die „Chronik" fehlte diesmal – und die Linzer „Tages-Post" nahmen die Aufführung wahr. Die inhaltlichen Hinweise decken sich mit den Angaben der Zensurbehörde: Trakl beschäftigte sich wieder mit dem Thema der Geschlechterbeziehung. Diesmal erscheint die Frau als anziehende Täuschung,[111] der Mann verfällt ihr und bereitet sich damit sein Ende.[112] Manches erinnert wieder an den „Salomé"-Aufsatz vom März, in dem bereits von *übergroßen rätselhaften Götterstandbildern Egyptens* und dem *unvergleichlichen Mondnachtzauber* zu lesen war.[113] Diese „tragische Szene" wurde allgemein abgelehnt. Der Stoff sei *zu zart, um dramatisch wirken zu können,*[114] es werde in diesem Zwei-Personen-Stück viel philosophiert und auf der Bühne gehe *ein gut Teil der stilistischen Feinheit*[115] verloren. Die vergleichsweise freundliche „Salzburger Zeitung" hoffte, der Beifall *mag ihn anspornen, ein „Eigener" zu wer-*

den; wir bieten ihm dann gerne treue Gefolgschaft.[116] Eine schroffe Ablehnung kam von dem Salzburger Lehrer Hans Demel, der unter dem Pseudonym Hans Seebach teilweise als provokant empfundene Theaterstücke schrieb – Erhard Buschbeck attestierte ihm *ein gewisses Talent für derbe Gesellschaftssatire*[117] – und in der Linzer „Tages-Post" für die Spalte „Salzburger Theaterbrief" verantwortlich war: *Georg Trakl besitzt auch nicht die leiseste Ahnung, was zu einer Bühnenszene nötig ist,* lautete sein ablehnendes Urteil und empfahl: *Diese Idee reicht für ein lyrisches Gedicht, aber nicht für eine dramatische Szene.*[118] Diese Kritik hat nicht nur Trakls Bemühungen um Veröffentlichungen in dieser Zeitung endgültig zunichte gemacht, sie muss ihn auch wegen seiner Bekanntschaft mit Seebach besonders getroffen haben, der später meinte: *Ich habe seinerzeit sehr viel mit Trakl verkehrt, sind uns aber nie so recht nahe gekommen.*[119] Möglicherweise hat er ihn als Rivalen empfunden. Diese durchgehende Ablehnung ließ Trakl die Textbücher vernichten. Ob er Seebachs Hinweis auf das *lyrische Gedicht* als bedenkenswert empfunden hat? Es ist durchaus vorstellbar, dass diese Kritik zu seiner dichterischen Selbstfindung beigetragen hat. Jedenfalls hat er keine dramatischen Texte mehr veröffentlicht, obwohl er noch mehrere geschrieben hat. Aus dem Nachlass kennen wir drei davon, mehr oder weniger fragmentarisch.

Am bekanntesten davon wurde durch mehrere Aufführungen seit den sechziger Jahren „Blaubart" (I/435 ff.), ein Fragment gebliebenes Puppenspiel, das in den Jahren 1909/10 entstanden ist. Darin sind aggressive, erotische und religiöse Elemente eng miteinander verknüpft, was für manche der frühen Texte Trakls nicht untypisch ist. Aber auch in „Traum und Umnachtung" aus dem Jahr 1914 sind sie anzutreffen. Buschbeck berichtete außerdem noch von einem nicht erhaltenen Puppenspiel „Kaspar Hauser", dessen *verzückte, frühlingswarme Primitivität* von eigentümlichem Reiz gewesen sein soll.[120] Diese historisch-legendenhafte Gestalt aus dem 19. Jahrhundert war für Trakl wichtig als Identifikationsfigur. Er bezog sich auf sie in einem Brief an Buschbeck (I/487) und gestaltete sie mehrfach literarisch, darunter auch im „Dramenfragment", wo die *Erscheinung* in einer Vorstufe den Namen *Kaspar* trägt (II/500). Allein an diesen dramatischen Entwürfen zeigt sich ein charakteristisches Merkmal von Trakls Dichtungen: das Kaleidoskopartige von manchen Themen und Motiven.

Der Misserfolg des Dramatikers Trakl traf auch seinen Förderer Streicher. Wenn die „Salzburger Chronik" schrieb: *Eine oberflächliche Lektüre hätte doch gezeigt, daß im Ganzen kein Sinn und Verstand enthalten sind,*[121] so mussten sich davon nicht nur Autor und Theaterdirektor, sondern auch Streicher betroffen fühlen. Er setzte sich in der Folge nicht mehr nennenswert für Trakl ein. In einem Brief berichtete er von seinem *zurückgezogenen Leben in Salzburg.*[122] Er arbeitete an einem Drama „Liebesopfer",[123] in dem er das Thema der Geschwisterliebe gestalten wollte. Nach einem ersten Ausbruch der Tuberkulose reiste er zur Erholung nach Dalmatien. Dabei entwarf er das Doppeldrama „Die Macht der Toten", das aus den beiden in der Renaissance spielenden Einaktern „Monna Violanta" und „Hofnarr und Fürst" besteht.[124] Im Februar 1908 las er den ersten im Marmorsaal des Salzburger Schlosses Mirabell vor. Trakl nahm diesen Abend, der etwa fünfviertel Stunden dauerte, zum Anlass, ein umfangreiches Porträt seines Freundes im „Salzburger Volksblatt" zu veröffentlichen.[125] Damit trat Trakl erstmals in lokalem Rahmen als Kritiker auf. In seinem Beitrag, der in erster Linie als Freundschaftsdienst verstanden werden kann, wies er auf Streichers künstlerische Herkunft aus der Heimatkunst, einer österreichischen Variante des Naturalismus, hin und skizzierte seine Wendung zur Neuromantik. Trakls Mitgefühl galt der Gestalt der verwitweten Violanta, die von alptraumhaften Erinnerungen an ihren Mann gequält und gefangen gehalten wird.[126] Die eheliche Sexualität erscheint als gewalttätig und zerstörerisch, als *ruchbare Lust* (S. 26). Trakl schrieb in seiner Rezension vom *toten Gatten, der mit senilen Perversionen ihren blütenjungen Leib begeifert hat*. (I/208) Diese Wortwahl lässt daran denken, was über das Schicksal der Schwester Maria in ihrer kurzen Ehe bekannt war.[127] (In ihren negativen Erfahrungen im Bereich der Sexualität konnte Trakl das Modell Otto Weiningers bestätigt finden.) Als Gegenbild wird das *frohlockende, jauchzende Leben* (S. 26) angedeutet, in das Violanta von einem Condottiere entführt wird: *Das Leben ist es, Violanta, Komm!* (S. 69) Trakl lobte dann vor allem den Stil, der seinen literarischen Vorstellungen zu dieser Zeit offenbar entsprach: *Der Mollklang dieser Sprache stimmt die Sinne nachdenklich und erfüllt das Blut mit träumerischer Müdigkeit.* (I/208) So ähnlich könnte man auch die Wirkung der frühen Gedichte Trakls beschreiben. Am 3. März 1910 las Streicher „Monna Violanta" in Wien vor.[128] Vergleicht man die dazu erschienene Rezension in der „Neuen Freien Presse", aus der über den Inhalt nur zu erfahren ist, dass aus den Versen *sehr fesselnde, zuweilen stark dramatisch aufblitzende Gedankengänge* zu hören gewesen seien,[129] so wird klar, wie sehr Trakl die Stellen betont hat, die ihm nahe gegangen sein müssen. Er war auch bei dieser Wiener Lesung unter den Zuhörern, denn er schrieb eine ausführliche Würdigung.[130] Streicher

Die Schwester Maria vor der Hochzeit 1903.

war sehr bemüht, eine Zeitung für diesen Beitrag zu interessieren, blieb dabei aber erfolglos.[131] Dies war die letzte Zusammenarbeit mit dem Innviertler Dramatiker nach dessen Übersiedlung nach Wien im Herbst 1908. Streicher inskribierte als außerordentlicher Hörer und besuchte philosophische Vorlesungen. Mit Trakl scheint er sich öfters getroffen zu haben. In einem Brief vom Spätherbst 1908 bedauerte es Trakl, dass er einen Abend mit ihm und Herrn Glaser, wahrscheinlich den Miteigentümer des „Salzburger Volksblattes", versäumt habe (I/548 f.). Streicher war voller Pläne; er erhoffte sich den literarischen Durchbruch, damit das Ende aller Sorgen ums Dasein und die Möglichkeit, seine vielfältigen Ideen noch zu verwirklichen.[132] Die Hoffnung erfüllte sich in Ansätzen – Volkstheaterpreis, Interesse des berühmten Schauspielers Josef Kainz –, die Krankheit hinderte ihn aber immer mehr an der Arbeit. Für einen engeren Kontakt zu Georg Trakl gibt es nach 1910 keine Belege mehr. 1913 subskribierte Streicher allerdings noch Trakls ersten Lyrikband „Gedichte" und mahnte dessen Zusendung bei ihm ein (I/522).

Streichers Bedeutung für Georg Trakl ist nicht zu unterschätzen: Er repräsentierte für ihn eine mögliche Existenz als Dichter am Rande bürgerlicher Normen, er hatte mit ihm das Interesse für die Ideenwelt Nietzsches, Ibsens und Weiningers gemeinsam, er bestärkte ihn in seinen Versuchen als Dramatiker und unternahm erste Schritte, die Arbeiten des jungen Freundes an die Öffentlichkeit zu bringen. Dass er mit einer tödlichen Krankheit zu kämpfen hatte, wird nicht ohne Eindruck auf den jüngeren Freund geblieben sein. Literarisch orientierte sich Trakl später anders, und den Weg zu weiteren Publikationen hat ihm in den folgenden Jahren zunächst Erhard Buschbeck geebnet.

Trakls erster Versuch im Jahr 1906, sich als Dichter der Salzburger Öffentlichkeit zu präsentieren und damit sein schulisches Versagen in den Augen der ehemaligen Lehrer und Mitschüler wettzumachen, war also gescheitert. Der Misserfolg muss ihn sehr getroffen haben. Da er trotz seiner Ausbruchsversuche eingebunden blieb in das soziale Geflecht der Kleinstadt, war er angewiesen auf die Anerkennung derer, gegen die er innerlich rebellierte. Trakls Antwort auf deren Ablehnung war ein beinahe vollständiger Rückzug. Die „Salzburger Zeitung", die anlässlich der Aufführung von „Fata Morgana" am wenigsten schroff mit ihm umgegangen war, veröffentlichte im Dezember 1906 noch die Prosa „Verlassenheit" (I/199 f.), eine Skizze in neuromantischer Manier mit einem von Trakls „traumgeschaffnen Paradiesen". Die Szenerie erinnert an das Schloss Anif südlich von Salzburg, einer Gegend, in der auch das Schloss Hellbrunn liegt. Dort ging Georg Trakl häufig spazieren und ließ sich manchmal nachts im Schlosspark einschließen, um den Stimmungen nachspüren zu können; Eindrücke davon nahm er in seinen Bildvorrat auf. Sieben Jahre später gab er einem Gedicht den Titel „Anif", dessen erste Verse lauten: *Erinnerung: Möven, gleitend über den dunklen Himmel / Männlicher Schwermut.* (I/114)

Im Jahr 1907 ist dann außer einer kurzen journalistischen Arbeit, einer negativen Kritik des im Stadttheater gespielten Erfolgsdramas „Alt-Heidelberg" von Wilhelm Meyer-Förster,[133] keine Veröffentlichung zu finden. Buschbeck deutete diese Zeit als Phase der Selbstkritik: *So lernt er Bescheidenheit mit sich und erwirbt die Stille, Künftiges reifen zu lassen.*[134] Hinter dieser etwas betulichen Formulierung steht sicher die Tatsache, dass Trakl seine Kenntnisse in der Lyrik und sein eigenes dichterisches Instrumentarium zu erweitern versucht hat. Dazu gehörte die Beschäftigung mit weiteren Autoren, zu denen Trakl in Dichtung und Leben Anknüpfungspunkte finden konnte. Die Jugenddichtungen mit neuromantisch-impressionistischen Inhalten und Elementen des Jugendstils, *von denen manche möglicherweise bis in die letzte Schulzeit Trakls zurückreichen* (II/28), wurden 25 Jahre nach dem Tod des Dichters von Buschbeck veröffentlicht.[135] Der Herausgeber meinte im Vorwort, Trakl sei in seinen frühen Gedichten *manches unterlaufen, was nicht aus der eigenen Tiefe, sondern von außen dazugekommen war, Fremdes, das irgendwie und doch auch ursächlich hängengeblieben war.*[136] Er verwies damit auf die mittlerweile bekannten Einflüsse, die im Werk des jungen Dichters wirksam waren und teilweise bis ins reife Werk nachweisbar sind.[137] Dass sich junge Autoren an literarischen Vorbildern orientieren, gilt eher als Regel denn als Ausnahme. Was aber Trakls Umgang mit Vorbildern auszeichnet, ist, dass sein Interesse ebenso der Dichtung wie dem Leben galt. Auf Baudelaire wurde bereits hingewiesen.

Mit einem anderen französischen Dichter, Paul Verlaine, dürfte Trakl während seiner Praktikantenzeit durch die Lektüre einer kleinen, 1905 erschienenen Monographie Stefan Zweigs bekannt geworden sein. Seine antibürgerliche Protesthaltung konnte daraus weitere Nahrung beziehen. Verlaine war durch die Vermittlung Hermann Bahrs zu einer Leitfigur der Wiener Fin-de-siècle-Literatur geworden; seine Gedichte sind zwischen 1900 und 1906 in mehreren Übersetzungen erschienen. Stefan Zweig hatte bereits 1902 eine „Anthologie der besten Übersetzungen" herausgebracht. In der Monographie war manches zu lesen, was Trakl *ansprechen konnte und dazu beitrug, Verlaine schon früh zur Identifikationsfigur zu erheben.*[138] Er erfuhr von der Zerrissenheit Verlaines, von seinem Mythos der „reinen Kindheit", der Flucht in den Alkoholrausch und seiner Hassliebe zur Mutter. (Verlaine wurde wegen lebensgefährlicher Drohungen gegen seine Mutter zu einer Geldstrafe verurteilt.) Auch Verlaines Madonnenkult ist darin erwähnt, seine Rückkehr zum *heiligen sanften Taufnamen Marie.*[139] Dieser Name begegnete Trakl mehrfach auch in seiner engsten Umgebung: Mutter, älteste Schwester und Gouvernante hießen so. Er kommt auffallend häufig in seinen Jugenddichtungen vor („Traumland", „Blutschuld", „Metamorphose", „Blaubart"). In „Metamorphose" (I/252) entwarf Trakl ein „oszillierendes Marienbild",[140] das von der Gebetsformel *Gegrüßet seist du, o Maria!* bis zum erotisch geladenen Bild *In süßen Qualen brennt dein Schoß* reicht. Erst 1973 wurde noch ein titelloses, vom Dichter verworfenes Gedicht gefunden, in dem *Marie im weißen Kleide* (II/834) in naiver Frömmigkeit als Heilsgestalt besungen wird. Von welcher Vorstellung mag der Dichter dabei geleitet gewesen sein? Vom Bild der Mutter? der Gouvernante? vom Ideal asketischer Reinheit? von Verlaine? Eine Festlegung ist letztlich nicht möglich. Wenn Trakl in dieser Figur seine Phantasien gestaltet hat, so schwanken sie zwischen Erlösungshoffnung und triebhafter Wunscherfüllung.

Verlaine sah sich selbst, so wie andere seiner Generation, als „poète maudit", als verfemten Dichter – und das entsprach dem vagen Selbstverständnis, das Trakl um diese Zeit von sich haben mochte. Er bezog sich ausdrücklich auf ihn: Seinem ehemaligen Mitschüler Anton Moritz las er in seiner studentischen Unterkunft in Wien Gedichte Verlaines in deutscher Übersetzung und eigene Gedichte vor, darunter „Drei Träume", die er ihm als Typoskripte mitgab.[141] Noch Jahre später wurde von Außenstehenden zwischen ihm und dem Franzosen ein Bezug hergestellt: Carl Dallago zog in Innsbruck im Rahmen einer schriftlich geführten Auseinandersetzung über Trakl folgenden Vergleich: *Und eher ist Trakl eine Art Verlain* [!] *(deutsch slawischer Prägung), aber immer weniger Hölderlin,*[142] und meinte damit einen Typus des Verfalls.

Die Betonung der Musik als poetisches Gestaltungsprinzip hat er bei dem Franzosen ebenfalls vorgefunden (*De la musique avant tout chose*) und es mit dem romantischen Verständnis der „wahren Poesie", wie es Novalis formuliert hatte, verbinden können: *Gedichte – bloß wohlklingend und voll schöner Worte – aber auch ohne allen Sinn und Zusammenhang.* (Novalis-Fragment) Man erinnere sich an Trakls Lob für Streichers Dichtung: *In diesen Versen ist etwas von der süßen, frauenhaften Überredungskunst, die uns verführt, dem Melos des Wortes zu lauschen und nicht zu achten des Wortes Inhalt und Gewicht.* (I/208)

Die Spuren Verlaines im Werk Trakls sind vielfältig und bereits in den frühen Gedichten, zum Beispiel in „Schweigen", erkennbar. Parallelen gibt es in verschiedenen Bildbereichen (der alte Park, die Statuen, der Faun, die Masken, usw.), weil *die Verlaine-Szenerie zugleich eine Salzburger Szenerie bildete,*[143] weiters in einzelnen Wörtern und Wendungen, in der Anrufung des Schicksalsplaneten Saturn und in der Beschäftigung mit der bereits erwähnten Fremdlingsfigur des Kaspar Hauser im Sinne einer Selbst-Repräsentanz.[144] Trakl konnte sich mit ihm im als *Moll-Ton*[145] bezeichneten Weltempfinden und im poetischen Verfahren ebenso treffen wie in der

Vorliebe für die Sonettform; die Spuren sind am ehesten als *Einklänge* (frz. „correspondences") zu verstehen. Sie begleiteten Trakl bis in die letzten Lebenstage, wo er an der russischen Front in einem Gespräch mit einem Tiroler Arzt Verlaine und Rimbaud, *der nur wenig geschrieben*, als lesenswerte Dichter bezeichnete.[146] Nach und neben Verlaine hat sich der Salzburger „poète maudit" später vor allem mit Arthur Rimbaud beschäftigt.

Ähnliche Einklänge in den frühen Gedichten Trakls kamen von Hofmannsthal, von dem er mehrere Bücher besaß (II/727). Er teilte mit ihm die Vorliebe für das Wort „Abend" in Verbindung mit der Schwermut der Vergänglichkeit und siedelte diese gerne in der Szenerie des abgeschlossenen, sterbenden Parks oder in der Umgebung eines Schlosses an. Wieder sind es Bilder,

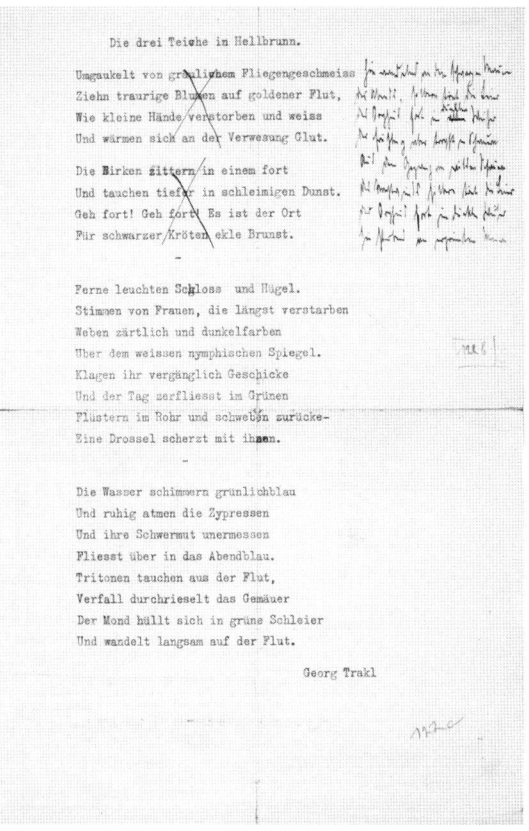

Typoskript der 2. Fassung mit handschriftlicher Korrektur der 1. Strophe.

Der Park von Schloss Hellbrunn. Um 1900.

die wie Impressionen von Spaziergängen an der Salzburger Peripherie wirken, so in der zweiten Fassung des Gedichtes „Die drei Teiche in Hellbrunn" (I/178): *Hinwandelnd an den schwarzen Mauern / Des Abends // Ferne leuchten Schloß und Hügel // Und ihre Schwermut unermessen / Fließt über in das Abendblau.* Was Trakl jedoch von

Hofmannsthal unterscheidet, ist die stärkere Betonung des Verfalls. Es ist keine ungetrübte ästhetische Landschaft, die er in poetische Bilder umsetzte, die dunklen Bilder weisen auf den Seelenzustand des Dichters hin. *Die noch intakten traditionellen Formen und die farbigen Reflexe der Salzburger Umwelt täuschen nicht darüber hinweg, daß die Glocke gesprungen ist.*[147] In den späteren Gedichten folgte Trakl noch stärker Hofmannsthals Vorstellung vom Gedicht als *Gewebe aus Worten*,[148] wovon die verschiedenen Fassungen einzelner Gedichte zeugen. So hat Trakl das Gedicht „Drei Teiche in Hellbrunn" – insbesondere die erste Strophe – in größeren Abständen mehrfach bearbeitet; die letzten Änderungen stammen aus seinem letzten Lebensjahr.

Nach dem Schweigen im Jahr 1907 schien Trakl zu Beginn des nächsten Jahres wieder Mut gehabt zu haben, mit literarischen Arbeiten an die Öffentlichkeit zu gehen und seinen Anspruch auf eine dichterische Existenz zu untermauern. Das „Salzburger Volksblatt" veröffentlichte zunächst seine Rezension der Streicher-Lesung und brachte zwei Monate später als Trakls erstes Gedicht „Das Morgenlied"(I/175), ein deutliches Beispiel dafür, dass Trakl neben den bereits genannten Autoren auch Hölderlin gelesen haben muss. Er hat in diesem Gedicht dessen Stil bewusst nachgeahmt, scheint aber von diesem Versuch wenig befriedigt gewesen zu sein[149] und hat den darin angeschlagenen pathetischen Ton nicht weitergeführt.

Schon Ende 1907 begann Trakl, sich auf den Abschluss seiner Praktikantenzeit vorzubereiten. Er suchte bei der Landesregierung um eine Bewilligung zur vorzeitigen Ablegung der Tirocinalprüfung, einer Art Vorexamen, an. Diese erhielt er am 16. Dezember 1907 (II/657); die Prüfung legte er am 26. Februar 1908 vor einer Kommission „mit Erfolg" ab und erhielt dafür ein vorläufiges Zeugnis (Interimszeugnis). Das eigentliche Tirocinalzeugnis wurde ihm in lateinischer Sprache erst nach offizieller Beendigung des Probedienstes am 20. September 1908 ausgestellt, unterschrieben auch von „Carolus Hinterhuber, pharmacopoeus ad angelum album". Die vorzeitige Ablegung dieser Prüfung war für Trakl deswegen wichtig, weil damit die Berechtigung zum Einjährig-Freiwilligen-Jahr in der k.u.k. Armee nach Abschluss des Studiums und damit der Offiziersrang verbunden waren. Am 27. April musste Trakl nämlich zur Musterung, damals „Assentierung" genannt, und wurde für „tauglich" befunden. Aus der „Personsbeschreibung" im Grundbuchblatt erfährt man auch, dass Trakls Haare und Augen braun gewesen sind, sein Gesicht wurde als „länglich" eingestuft, das Kinn als „spitz" und die Größe ist mit 1,71 m angegeben.[150] Am Tag darauf wurde ihm die Begünstigung des einjährigen Militärdienstes schriftlich bestätigt (II/657). Das mochte auch für die Familie eine gewisse Beruhigung sein, denn der Offiziersrang gehörte offenbar zu den Statuspflichten der männlichen Mitglieder.

Der Halbbruder Wilhelm war bereits seit 1889 Leutnant,[151] Fritz hat nach dem Abgang von der Schule bald die militärische Laufbahn eingeschlagen,[152] und auch Gustav zeigt sich auf einem Foto aus dem Jahr 1910 als „Bosniakenleutnant".[153] Beim Militär war Trakl am längsten beruflich tätig; der dort vorgegebene Rahmen hat seiner häufig schwankenden Existenz einen gewissen äußeren Halt zu geben vermocht. Selbst Buschbeck war Trakls Musterung eine Mitteilung an den gemeinsamen Freund Anton Moritz in Attersee wert: *Den Trakl haben sie beim Militär behalten* (II/658).

Die letzten Monate des Probedienstes in der Apotheke, den er insgesamt ohne äußere Schwierigkeiten bewältigt hat, waren wegen der bereits abgelegten Schlussprüfung von täglichen Pflichten kaum belastet. Allerdings beschäftigte ihn sicher die bevorstehende Übersiedlung nach Wien, über die er mit Bekannten und Freunden sprach. Es ist nicht bekannt, ob Trakl während seiner Probezeit einmal nach Wien gefahren ist. Die Einladung Kalmárs im Sommer 1905, ihn dort zu besuchen, hat er aus finanziellen Überlegungen abgelehnt (I/469); außerdem scheint er bereits damals eine gewisse Scheu und ein Unsicherheitsgefühl gehabt zu haben: *Ich weiß mir nicht zu raten – da ich ja mit den Großstadtverhältnissen nicht vertraut bin.* (I/469) Etwa ein Jahr später schrieb er demselben Freund in einem sehr herzlich formulierten Brief aber doch wieder: *Vielleicht komme ich mal einige Tage nach Wien. Es wäre schon lange mein Wunsch.* (I/471) Ein Gefühl der Unsicherheit bemerkte auch Buschbeck an seinem Freund, wenn er dessen Sicht von Wien damit charakterisierte, dass ihm die Stadt als ein *großes Nichts* erschien, *das ihn mit Knochenarmen erwartet, sie glotzt ihn fremd und kalt aus der Ferne an.*[154] Etwas weniger pathetisch bestätigte diesen Eindruck Bertha Murska, eine Bekannte seines Bruders Gustav aus Wien, mit der Trakl eine „Bergpartie", wahrscheinlich eine Wanderung auf den Gaisberg oder Untersberg, unternommen und dabei auch über seine beruflichen Pläne gesprochen hatte. In einem Brief vom 19. Juni aus Wien beneidete sie ihn um das schöne Salzburg und fügte hinzu: *Bedaure nur, daß Sie nicht mehr lange dieses Glück genießen werden. Es wird Ihnen wol [!] in der ersten Zeit bange sein.* (II/782) Die Briefe Trakls aus dem herbstlichen Wien gaben ihr recht.

Im Sommer 1908 war Trakl als einziger von den Söhnen zu Hause in Salzburg. Wilhelm und Gustav waren aus beruflichen Gründen auswärts,[155] Fritz reiste, vermutlich angeregt durch Wilhelm, Ende Juli von Genua nach New York.[156] Aus dieser Zeit stammt eines der wenigen Dokumente, das einen kleinen Hinweis auf die Art der Beziehung zwischen Georg und Grete gibt. Er schenkte ihr ein Exemplar der „Madame Bovary" von Gustave Flaubert mit folgender Widmung: *Meinem geliebten kleinen Dämon, der entstiegen ist dem süßesten und tiefsten Märchen aus 1001 Nacht. in memoriam! Georg. Salzburg, im Sommer d. J. 1908* (I/466). Aus diesem Satz spricht

65

einerseits zärtliche Nähe, aber auch das Doppelgesicht des Dämonischen, wie es von Grete auf ihn ausgestrahlt haben muss.[157] Ein Bild aus „Traum und Umnachtung" lautet: *Aber da er Glühendes sinnend den herbstlichen Fluß hinabging unter kahlen Bäumen hin, erschien in härenem Mantel ihm, ein flammender Dämon, die Schwester* (I/149). 1908 gingen beide einer ungewissen Zukunft entgegen: Grete konnte ihr Studium an der Musikakademie in Wien beginnen,[158] Georg musste seine Berufsausbildung an der Universität fortsetzen.

Unterwegs (1908–1912)

Lehrjahre

Ende September 1908[1] zog Georg Trakl in die Reichshaupt- und Residenzstadt Wien, wo er innerhalb von drei Jahren Studium und Militärdienst absolvierte und später mehrere Anläufe zu einer beruflichen Existenz unternahm. Die Begegnung mit Tendenzen und Exponenten der Wiener Moderne blieb nicht ohne Auswirkung auf seine poetische Produktion. Er bezog ein Zimmer in der Nähe der Universität[2] und blieb dort für ein Studienjahr; später wechselte er wie viele der in die Großstadt gezogenen Studenten mehrmals die Unterkunft.[3]

Als außerordentlicher Hörer[4] immatrikulierte er an der philosophischen Fakultät der Universität und zahlte eine Einschreibegebühr von fünf Kronen; der Aufnahmeschein galt für die beiden Jahre des Pharmaziestudiums. Die pharmazeutische Ausbildung war zwischen der philosophischen und medizinischen Fakultät auf-

Universität Wien.

geteilt. Zur philosophischen gehörten die Fächer des ersten Studienabschnittes: Physik, Allgemeine Chemie, Zoologie, Botanik und fakultativ Mineralogie; zur medizinischen die pharmazeutische Chemie, Pharmakognosie und die dazugehörigen praktischen Übungen. Der Studiengang war vergleichsweise genau festgelegt und im Vorlesungsverzeichnis für das Wintersemester 1908/09 nachzulesen. Trakl inskribierte die Fächer Experimentalphysik, Chemie und Botanik (je fünfstündig) und bezahlte dafür am 9. Oktober 31,50 Kronen Kollegiengeld in der Quästur. Im ersten Semester hatte er von 8–10 und von 12–13 Uhr Lehrveranstaltungen. Die Studienbedingungen waren nicht gerade ideal. Vor allem im Bereich der Chemie war der Platzmangel drückend; im II. Chemischen Laboratorium standen für 69 Studenten nur acht Arbeitsplätze zu Verfügung. 1908 wurde deswegen von den pharmazeutischen Hörern dem Unterrichtsminister eine Denkschrift überreicht.[5]

Aus der ersten Zeit der Wiener Jahre stammen zwei Briefe Trakls an seine Schwestern Minna und Maria, die sich wie Hilferufe eines Bedrängten lesen. Er musste sein Leben erstmals ohne den gewohnten Rückhalt des Elternhauses organisieren, und das in einer Stadt, die damals zu den fünf größten auf der Erde zählte. Doch von Alltagsproblemen oder vom Studium ist den Briefen kaum die Rede, vielmehr geht es um Heimweh und um seine innere Befindlichkeit. Am 5. Oktober beschrieb er Minna die Wirkung der Großstadt folgendermaßen: *Als ich hier ankam, war es mir, als sähe ich zum ersten Male das Leben so klar wie es ist, ohne alle persönliche Deutung, nackt, voraussetzungslos, als vernähme ich alle jene Stimmen, die die Wirklichkeit spricht, die grausamen, peinlich vernehmbar. Und einen Augenblick spürte ich etwas von dem Druck, der auf den Menschen für gewöhnlich lastet, und das Treibende des Schicksals.* (I/471f.) Trakl fühlte sich von der Reizflut des großstädtischen Lebens bedroht. Der Schutzmantel seiner gewohnten Umgebung – so dünn er auch gewesen sein mag – war weggefallen, die *grausamen Stimmen* kamen ihm bedrohlich nahe und lösten in ihm triebhafte Visionen aus, die die äußere Bedrohung von innen her noch verstärkten: *Ich glaube, es müßte furchtbar sein, immer so zu leben, im Vollgefühl all der animalischen Triebe, die das Leben durch die Zeiten wälzen. Ich habe die fürchterlichsten Möglichkeiten in mir gefühlt, gerochen, getastet und im Blute die Dämonen heulen hören, die tausend Teufel mit ihren Stacheln, die das Fleisch wahnsinnig machen. Welch entsetzlicher Alp!* (I/472) Solche Wahrnehmungen belasteten Trakl und ängstigten ihn; er fühlte sich von seinen Triebimpulsen bedroht und machte sie zu einem wichtigen Thema seiner Lyrik: *Diese Zeilen machen klar, dass Trakl in seiner Dichtung nicht autobiographische Tatbestände beichten, sondern die „animalischen Triebe" thematisieren will, „die das Leben durch die Zeiten wälzen. […] Nicht lebensgeschichtliche Realitäten sind also das Thema seiner Dichtung, sondern bloße „Möglichkeiten"*[6] Er gestaltete diese „fürchterlichsten Möglichkeiten", auch wenn es ihm nicht leicht fiel, sich *bedingungslos dem Darzustellenden unterzuordnen*, aber er fühlte sich verpflichtet, *der Wahrheit zu geben, was der Wahrheit ist*, wie er sich in einem späteren Brief an Buschbeck ausdrückte (I/486). In dieser Situation war ihm die Flucht in eine träumerische Innenwelt eine Hilfe, in der statt der *Dämonen des Blutes* der *unendliche Wohllaut* zu vernehmen war: *Vorbei! Heute ist diese Vision der Wirklichkeit wieder in Nichts versunken, ferne sind mir die Dinge, ferner noch ihre Stimme und ich lausche, ganz beseeltes Ohr, wieder auf die Melodien, die in mir sind, und mein beschwingtes Auge träumt wieder seine Bilder, die schöner sind als alle Wirklichkeit! Ich bin bei mir, bin meine Welt! Meine ganze, schöne Welt, voll unendlichen Wohllauts.* (I/472) In dieser ungetrübten Traumwelt, zu deren

Darstellung er sich einiger Wendungen aus Hölderlins „Hyperion" bediente,[7] fühlte er sich geborgen.[8] Sie kann im Sinne der Psychoanalyse als die *Welt der ozeanischen Gefühle im Schoße der archaischen Mutter* verstanden werden,[9] aber auch als Eintauchen in die Welt des schönen Scheins der Kunst im Sinne Nietzsches.

Zu dieser ästhetisch verklärten Welt der Harmonie gehörten für ihn die Schwestern im heimatlichen Salzburg. Den Brief an Hermine schloss er mit dem Satz: *Und also bist auch Du mir wieder nahe und kommst zu mir, daß ich Dich recht ernst und aus tiefstem Herzensgrund grüße und Dir sage, daß, Dich glücklich zu sehen, mein bester Wunsch ist.* (I/472) Minna lebte zu dieser Zeit noch im Elternhaus, war aber sicher schon mit Vorbereitungen auf die Hochzeit beschäftigt, die dann im Februar 1909 stattfand.[10] Die Sorge um das Glück Minnas mag durch das Wissen um die gescheiterte Ehe Marias verstärkt worden sein. Dieser schrieb er einen Brief, der, wie die meisten von Trakl, nicht datiert ist und daher nur indirekt zeitlich einigermaßen zugeordnet werden kann,[11] und zwar in einem Ton, der ebenfalls von Anhänglichkeit und Heimweh zeugt. Salzburg ist darin eine Stadt, die er *über alles* liebt, jede Zeile von dort sei *eine Erinnerung an die wenigen, denen meine Liebe gehört.* (I/472) Nach der elegischen Beschreibung einer herbstlichen Szenerie, wie sie sich seinem Blick vom Fenster des Elternhauses über den Mozartplatz hin dargestellt haben wird, äußerte er voller Sehnsucht: *Könnt' ich doch inmitten all' dieser Herrlichkeit bei Euch weilen, mir wäre besser. Ich weiß nicht, ob jemand den Zauber dieser Stadt so wie ich empfinden kann, ein Zauber, der einem das Herz traurig von übergroßem Glücke macht!* (I/473) Dieser Bilderbogen enthält Elemente der „schönen Stadt", wie er sie erweitert im später ebenfalls in Wien entstandenen Gedicht verarbeitet hat, das diesen Titel trägt (I/23 f.). Der wehmütige Blick zurück richtet sich auch auf die Produkte der Kochkünste seiner Schwestern: *Schickt nur Manna!* setzte er als Bitte ans Ende des Briefes und unterzeichnete mit *Euer ganz getreuer Georg*.

In dieser Gemütsverfassung erschienen ihm die Wiener als *ein Volk, das eine Unsumme, dummer, alberner und auch gemeiner Eigenschaften hinter einer unangenehmen Bonhomie verbirgt.* (I/473) Dass in Wien *alles seine Trinkgeldtaxe hat,* hob er als besonders widerwärtige Erfahrung hervor. Sein Bruder Fritz meinte, dass bei dieser Wien-Schelte neben dem Heimweh auch der Einfluss von Karl Kraus eine Rolle gespielt haben könnte (II/529). Wenn man bedenkt, dass gerade die Doppelbödigkeit der Wiener Gesellschaft von Kraus immer wieder kritisiert wurde und das Wien-Bild Trakls durch die Lektüre der Zeitschrift „Die Fackel" vorgeprägt war, hat diese Vermutung einiges für sich. Dieses Bild hat sich kaum verändert; noch 1913 schrieb er einen Brief an Ludwig von Ficker in Innsbruck aus *Wien, dieser Dreckstadt.* (I/528) Möglicherweise hat er sich aber mit diesen Wertungen der Erwartung des jeweiligen Empfängers angepasst. Denn unmittelbar nach dem Ende der drei Wiener Jahre schrieb er im Oktober 1911 aus Salzburg an Irene Amtmann, dass er ungeduldig sei, wieder nach Wien zurückzukehren, *wo ich mir wieder selbst gehören darf, was mir hier nicht verstattet ist.* Seine beruflichen Pläne hatten meist Wien als Ziel, und er sah in dieser Stadt die besseren Möglichkeiten, seiner Losung *Vorwärts zu Dir selber!* zu folgen, als in der *vollendeten Schönheit* Salzburgs, *davor einem nichts erübrigt als ein blödes Schauen.* (I/551)

Wie ein Hilferuf wirkt das Gedicht „Traumwandler", das am 7. 11. 1908 im „Salzburger Volksblatt" abgedruckt wurde (I/176): *Wo bist du, die mir zur Seite ging, / Wo bist du, Himmelsangesicht?* fragt das lyrische Ich, das sich selbst *in Nacht und Verlassenheit* sieht und vom Wind verhöhnt wird: *O Narr! O Tor".*[12]

Grete wird in den Briefen nie erwähnt, obwohl sie zu dieser Zeit in Wien gewesen sein muss. Möglicherweise wohnte sie in einem Internat und hatte wenig Gelegenheit, Georg zu treffen. Für das Schuljahr 1908/09, das um den 10. September 1908 begonnen hat, war sie in der k.k. Akademie für Musik und darstellende Kunst in die Ausbildungsklasse für das Hauptfach „Klavier, II. Jg." (bei Paul de Conne) eingeschrieben[13] und hat die Lehrveranstaltungen „Klavier-Kammermusik, II. Jg." (bei Wilhelm Bopp), „Chorschule" (bei Richard Stöhr) und „Harmonielehre für Schülerinnen" belegt. Sie konnte sich jedoch, wie es im Jahresbericht heißt, *wegen Erkrankung oder sonstiger Ursachen der Uebertritts- oder Reifeprüfung nicht unterziehen.*[14] Ab März 1909 folgte sie nicht mehr dem offiziellen Unterricht; vielleicht nahm sie Privatstunden oder kehrte nach Salzburg zurück.

Einige Freunde Trakls waren bereits in Wien oder kamen mit ihm dorthin. Sie konnten ihm ein wenig die Angst vor dem Unbekannten nehmen. *Daß Streicher nach Wien kommt, freut mich sehr!* schrieb er seiner Schwester Maria (I/473); dieser dürfte kurz nach ihm dorthin übersiedelt sein.[15] Buschbeck musste erst die Matura machen. Ohne Trakl, meinte er, werde er *in ganz tiefer Einsamkeit in Salzburg sitzen müssen.* (II/659) Von den ehemaligen Mitschülern studierten in Wien bereits Karl Minnich Jus[16] und Franz Schwab Medizin.[17] Mit ihnen – und später Buschbeck – war Trakl am häufigsten zusammen. Vor allem Minnich versuchte Trakl mit den Umständen zu versöhnen oder in schwierigen Situationen wenigstens einen für ihn gangbaren Weg zu finden.[18] Mit der Feststellung: *Du brauchst wie keiner ein äußerlich ruhiges Leben,* schloss er im Jänner 1913 einen längeren Brief,

Karl Minnich.

in dem er die prekäre berufliche Situation des Freundes erörtert hatte (II/780). Minnich wurde von Streicher um Vermittlerdienste zu Trakl gebeten, die er gewissenhaft erledigte (II/778 f.). Auch die Mutter Trakls wollte über den Freund auf ihren Sohn einwirken und suchte ihn deswegen in der Nachbargemeinde Eugendorf auf, wo er mit seiner Frau lebte.

Literatur spielte bei den Treffen mit Freunden, die immer mit reichlichem Weingenuss verbunden waren, keine nennenswerte Rolle. Meistens suchte man Lokalitäten der näheren Umgebung auf. Besonders beliebt scheint der Urbani-Keller im I. Bezirk gewesen zu sein; auch der Rathauskeller, ein Gasthaus „Zum silbernen Brunnen" und der Zetkeller werden erwähnt. In das bekannte Café Central in der Herrengasse ging Trakl nur, wenn er von Buschbeck zu einem Treffen mit Freunden oder Bekannten aus dem Kulturbetrieb mitgenommen wurde, oder er schrieb mit diesen zusammen dem „Jogel", so der Spitzname Buschbecks, scherzhafte Karten.[19] Dieser meinte im Rückblick: *Mit Literaten oder irgendwelchen Gesellschaftsmenschen verkehrte er niemals.*[20] Die Kontakte mit Künstlern und Kulturjournalisten hat in erster Linie Buschbeck her-

Der Urbani-Keller in Wien. Am Hof.

gestellt, denn Trakl mied von sich aus den Umgang mit fremden Menschen aus Scheu und der Angst vor Missverständnissen. Nur wenn er das Gefühl hatte, dass ihm jemand wohlwollend gegenüber trat, konnte er sich ein wenig öffnen und sein Misstrauen ablegen. Wer ihm jedoch zu nahe trat, wer vor allem das Gefühl der Unberührbarkeit seines Körpers verletzte, wie es bei einer nächtlichen Auseinandersetzung einmal der Fall gewesen zu sein scheint, konnte *Riesenkräfte* in ihm wecken, die ihm wieder Angst vor sich selber machten.[21] Von dieser Schwierigkeit, mit Menschen umzugehen, berichtete später Franz Zeis, der die folgenden Informationen entweder von Trakl selbst oder dessen langjährigem Freund Schwab hatte: *Er kann z. B. in der Eisenbahn nicht sitzen, nie, das Vis-á-vis eines Menschen verträgt er nicht. Er steht, und wenn er stundenlang fährt – auch in der Nacht – immer am Gang. Er kann nicht telefonieren, kann einfach nicht. Er kann nicht allein sich einem Aufzug anvertrauen* (II/714). Dass Trakl für klaustrophobe Angstzustände anfällig war, bestätigte auch

Ficker: Er konnte ihn nicht dazu bewegen, die Hungerburgbahn in Innsbruck zu besteigen.[22] Eisenbahnfahrten müssen demnach für Trakl besonders anstrengend gewesen sein, und er war oft unterwegs: Zunächst zwischen Salzburg und Wien (Fahrzeit eines Schnellzuges etwa 6, eines Personenzuges 10–12 Stunden), später zwischen Innsbruck und Salzburg (6–8 Stunden). Von Wien aus fuhr er regelmäßig zu Ferienzeiten nach Salzburg.

Vom offiziellen Wiener Kulturangebot scheint er kaum Gebrauch gemacht zu haben. Streicher hat ihm sicher nahegelegt, die Vorstellungen von Burgtheater und Hofoper, von denen er schwärmerisch berichtete,[23] zu besuchen, doch wissen wir über Trakls Verhalten außer der Erwähnung eines Opernbesuches auf einer Karte an Gustav Streicher[24] im ersten Semester nur noch, dass er zusammen mit Anton Moritz von einem Stehplatz auf der Galerie der Hofoper aus Wagners Musikdrama „Tristan und Isolde", das er wegen der Verklärung des Todes besonders geliebt haben soll, unter dem Dirigenten Gustav Mahler angehört hat. Möglicherweise bezieht sich auch der erstgenannte Hinweis darauf. Buschbeck und Minnich schwärmten von dieser Aufführung, vor allem wegen der Dekoration von Alfred Roller und der Sängerin Anna Mildenburg[25]. Sonst scheint ihm die Welt des großen Kunstbetriebes so fremd geblieben zu sein wie die des eingespielten Literaturbetriebes. *Durch Vorstadtzimmer, kleine Beiseln, Heurigengärten zieht er sein Leben,* erinnerte sich Buschbeck. *Nur nachts manchmal, wenn er sich im Weine sicher geworden spürt, streift er in die innere Stadt und starrt mit bösen Augen durch ein großes Café. Er schreit seinen Ekel in die Straße, stampft zornig durch die schlafende Großstadt – hinaus, wo es Frühe wird.*[26]

Das Studium war für ihn eine unvermeidliche Notwendigkeit. Er zählte es zu den *komunen Sorgen* (I/477), die ihn nicht weiter interessierten. Gegen Ende des 1. Semesters meldete er sich zur pharmazeutischen Vorprüfung an,[27] brachte Physik noch im März hinter sich und bestand Botanik und Chemie mit genügendem bzw. ausgezeichnetem Erfolg im Juli. Gesamtnote: genügend.[28] Mit diesen drei Vorprüfungen, die laut Vorschrift je 15 Minuten dauern sollten, waren die Fächer an der philosophischen Fakultät abgeschlossen.

Das Gedichte-Schreiben verlor er daneben nicht aus den Augen. Nur gezwungenermaßen hat er sich „nebenbei" damit beschäftigt. Im April 1909 druckte das „Salzburger Volksblatt" wieder zwei Gedichte von ihm: „An einem Fenster"[29] und „Die drei Teiche in Hellbrunn",[30] die wohl wegen ihres jahreszeitlichen bzw. lokalen Bezugs von der Redaktion angenommen worden sind. Sie passten zu den in diesem Blatt vorherrschenden literarischen Mustern. In den Osterferien war Trakl in Salzburg und wünschte Kalmár in Wien *Fröhliche Ostern aus einer f r e u d i g e n Stadt von einem der es gerne wäre* (I/473). Zu dieser Zeit dürfte er Buschbeck noch andere als die veröffentlichten Gedichte gezeigt haben. Der Freund äußerte sich anerkennend darüber: *Trakl hat jetzt wundervolle Gedichte* (II/659). Welche das waren, wissen wir nicht. Man muss davon ausgehen, dass Trakl über die heute bekannten Texte hinaus manches geschrieben hat, was er vernichtet hat oder was verloren gegangen ist. Franz Bruckbauer erinnerte sich an eine solche Aktion: *Das Großartigste und bei weitem Beste, was er überhaupt geschrieben, war sein „Don Juan". […] Aber als er den III. Akt fertig hatte, machte er die Ofentür auf und verbrannte ihn. Ihm genügte er nicht.*[31]

Buschbeck war schon früh von der Qualität der Gedichte Trakls überzeugt[32] und plante nun offenbar, eine Auswahl in einem Verlag herauszubringen.[33] Er unternahm schon von Salzburg aus einiges, um dem Freund eine Öffentlichkeit zu verschaffen. So schickte er, zwar mit Trakls Namen, aber zu dessen Beruhigung unter Angabe der eigenen Adresse, das Gedicht „Melusine" (I/259) an „Westermanns Illustrierte Deutsche Monatshefte"[34], wo es abgelehnt wurde. Ein Versuch mit demselben Gedicht bei der Wiener Tageszeitung „Die Zeit" blieb ebenso erfolglos (II/802). Buschbecks Vorschlag, Trakl möge sich doch mit dem Hinweis auf die bereits aufgeführten Dramen in den Kürschner'schen Literaturkalender aufnehmen lassen, da sich die Zeitungsredakteure daran orientierten (II/748), zeigt sein taktisch versiertes Denken in Fragen des Literaturbetriebs. Trakl bedankte sich zwar dafür, hat den Rat aber offenbar nie befolgt. Mit der Ermunterung: *Du mußt doch wirklich auch einmal für Dich etwas Reklame machen*, schätzte Buschbeck den Freund nicht ganz richtig ein, denn für diesen war es schon eine Überforderung, eines seiner Gedichte an eine Zeitung zu schicken; er konnte sich selbst *ja doch nie dazu aufraffen* (I/474) – was kein Ausdruck von Bequemlichkeit, sondern Folge seines Bildes vom weltabgewandten Dichter, seines geringen Selbstwertgefühls und vermutlich auch seiner Kontaktschwierigkeiten war.

Buschbeck war bemüht, die Freunde in Wien auf ihm wichtig erscheinende Ereignisse aufmerksam zu machen. Nachdem sie ihm im April aus dem Wiener Rathauskeller, der von den Salzburgern anscheinend bevorzugt aufgesucht wurde,[35] eine sichtlich alkoholgeschwängerte Blödlkarte geschrieben hatten (I/474), riet er ihnen in einem Brief: *Geht doch einmal in die Kunstschau, schon damit ihr für Eure besoffenen Karten mehr zu künstlerischer Produktion angeregt werdet, in der Richtung Kokoschka!* (II/748) Buschbeck war zuvor (noch als Gymnasiast zwischen schriftlicher und mündlicher Matura) nach Wien gereist und hatte sich neben einigen Opern auch die Internationale Kunstschau 1909 angesehen, von der er begeistert schrieb: *Das schönste was ich erlebte aber ist die „Kunstschau" gewesen: […] die Indianerbücherillustrationen von Kokoschka.*[36] Die Freunde sind der Aufforderung gefolgt, und die

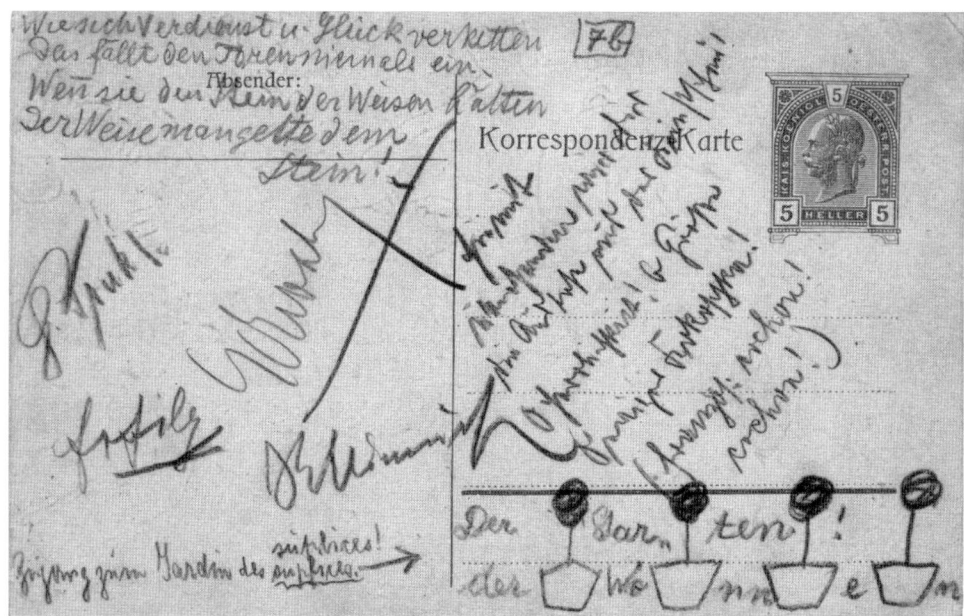

Karte an Erhard Buschbeck mit verschiedenen Verfassern, darunter auch Georg Trakl; nach dem Besuch von Oskar Kokoschkas Drama „Mörder, Hoffnung der Frauen" im Gartentheater der Internationalen Kunstschau, Wien 1909.

Karte, die sie in einem Brief Buschbeck zukommen ließen (I/475), spricht dafür, dass sie sich nicht nur die Ausstellung, sondern auch die wegen Schlechtwetters mehrmals verschobene Uraufführung von Kokoschkas sadomasochistischem Drama des Geschlechterkampfes „Mörder, Hoffnung der Frauen" am 4. Juli 1909 im Gartentheater der Kunstschau angesehen haben. Trakls Reaktion war im Ton abweisend, fast aggressiv, was vor allem in der auch ein wenig wortspielerischen Gleichsetzung von Kokoschka mit französisch „cochon" zum Ausdruck kommt.[37] Auf das Gartentheater verweisen die dargestellten Kübelbäumchen; der Vermerk: *Zugang zum Jardin des sulpices* ist eine Variation von „Garten der Qualen"; so lautet der deutsche Titel eines sadomasochistischen Romans von Octave Mirbeau. Darin wird das Naheverhältnis von Geschlechts- und Tötungstrieb behauptet.[38] Trakl begegnete in Kokoschkas Drama einer Literatur, die sich nicht im abgegrenzten Garten der schönen Welt *voll unendlichen Wohllauts* (I/472) bewegte, sondern die nackte Triebhaftigkeit, die Welt der *fürchterlichen Möglichkeiten* auf die Bühne brachte, von der er sich selbst immer bedroht fühlte. Das Inzest-Thema wird darin angesprochen, wenn es über den Mörder heißt: *Seine Schwester erstach sich, weil er sie nicht berührte.*[39] Stellte sich Kokoschka schon in den „Träumenden Knaben" (1908) als Werwolf dar, der nachts in den *friedlichen kraal* einbricht, so verschärfte das Drama das zerstörerische

Element: *Die erschreckende leidenschaftliche Natur mit ihrer Fähigkeit zu erleben erscheint als unser eigenes Erlebnis,* war später Kokoschkas Kommentar dazu.[40] Es ist denkbar, dass Trakls Beschäftigung mit dem Blaubart-Stoff, die in der folgenden Zeit eingesetzt haben muss,[41] ein Versuch war, sich mit diesen Kräften erneut literarisch auseinanderzusetzen – wie schon vorher in Gedichten wie „Der Heilige", „Ballade III" oder im „Don-Juan"-Drama, von dem uns nur Fragmente bekannt sind. Den „Blaubart"-Stoff dürfte Trakl aus dem Werk Maurice Maeterlincks gekannt haben, aus dem er sich in Sprache und Motivik vor seiner Rimbaud-Lektüre auch sonst manches entlehnt hat.[42] Karl Schoßleitner aus der Dichterrunde „Minerva" beschäftigte sich etwas später mit diesem Thema.[43]

Der Frühling 1909 war für Trakl literarisch ergiebig. Davon zeugt nicht nur Buschbecks bereits erwähnte bewundernde Bemerkung, sondern auch ein Bericht des jungen Dichters von einer beglückenden Erfahrung in einem Brief vom 11. Juni an den Freund in Salzburg:

Du kannst Dir nicht leicht vorstellen, welch eine Entzückung einen dahinrafft,

Karte aus dem Café Central mit Unterschrift Georg Trakl.

wenn alles, was sich einem jahrelang zugedrängt hat, und was qualvoll nach einer Erlösung verlangte, so plötzlich und einem unerwartet ans Licht stürmt, freigeworden, freimachend. Ich habe gesegnete Tage hinter mir – o hätte ich noch reichere vor mir, und kein Ende, um alles hinzugeben, wiederzugeben, was ich empfangen habe – und es wiederempfangen, wie es jeder Nächste aufnimmt, der es vermag. Es wäre doch ein Leben! (I/475)

Nur dieses eine Mal hat Trakl in derart lichten Sätzen aus einer geradezu euphorischen Stimmung heraus vom Glück seiner schöpferischen Tätigkeit berichtet. Wodurch diese Produktivität ausgelöst wurde, ist unklar. Das Ergebnis war eine erste Zusammenstellung von Gedichten, die „Sammlung 1909". Trakl übergab sie im Sommer, wahrscheinlich im Laufe des August, an Buschbeck.[44] Sie war *für den Druck bestimmt und sollte das Interesse eines Verlegers wecken.*[45] Die meisten Gedichte sind in der Zeit des ergiebigen Schreibens im Frühling und Frühsommer entstanden,[46] woraus sich erklärt, dass etwa die Hälfte der Gedichte aus der Sammlung auf unterschiedlichen Ebenen miteinander verwandt sind.[47]

Buschbeck versuchte nun, durch die Einschaltung von Hermann Bahr das literarische Wien auf Trakl aufmerksam zu machen, um dann leichter einen Verleger finden zu können. Trakl war damit einverstanden, da er Bahr für einen *bedeutsamen Kritiker* hielt, dessen Urteil, wie es auch ausfallen mochte, ihm wertvoll war: *Alles, was ich von ihm erhoffe ist, daß seine geklärte und selbstsichere Art, meine ununterbrochen schwankende und an allem verzweifelnde Natur um etliches festigt und klärt* (I/476). Ende September/Anfang Oktober legte dann Buschbeck dem befreundeten Bahr, dem er kurz zuvor als Trauzeuge bei der Verehelichung mit Anna Mildenburg beigestanden war,[48] entweder die ganze Sammlung oder Teile daraus vor. Bahr wählte für das liberale „Neue Wiener Journal", wo er Theaterkritiker war, die Gedichte „Einer Vorübergehenden", „Vollendung" und „Andacht" aus. Sie erschienen dann mit einem floskelhaften Vorspann (*schöne Begabung*) am 17. Oktober 1909,[49] vermischt mit Sensationsnachrichten.[50] Dies war die erste Publikation Trakls außerhalb seiner Geburtsstadt, wo man wegen des Erfolges eines *Sohnes unserer Stadt* stolz war. Das „Salzburger Volksblatt", das im Sommer zwei weitere Gedichte Trakls gebracht hatte,[51] druckte die in Wien erschienenen Gedichte eine Woche später nach,[52] versehen mit einem Kommentar, in dem Trakl als *Talent von eminenter Bedeutung* gefeiert und dessen *Sehnen nach einem fernen, schönen Ziel, [...] weit weg von dieser grauen, materialistischen Welt* als besonderes Merkmal hervorgehoben wurde. Diese Einschätzung deckte sich mit Trakls Selbstverständnis, wie er es in dem erwähnten Brief an Minna etwa ein Jahr zuvor beschrieben hatte. Er strebte zu diesem Zeitpunkt noch ein Leben in der Kunst jenseits der bürgerlichen Alltagswelt an. Dass Trakl mit dieser heimatlichen Würdigung einverstanden war, belegt eine Karte an seinen ehemaligen Klavierlehrer, den Komponisten August Brunetti-Pisano, der für sich die Bezeichnung „Tondichter" bevorzugte. Offenbar unmittelbar nach der Veröffentlichung im „Volksblatt" hatte ihm dieser Glückwünsche nach Wien geschickt, für die sich Trakl nun bedankte: *Es sind die einzigen, die ich empfangen habe – desto teurer sind sie mir nun!*[53] Daraus ist ein wenig Enttäuschung zu hören; er hatte sich anscheinend ein stärkeres Echo erwartet. Die darauf folgenden Zeilen sprechen von Trakls Bedürfnis nach menschlicher Nähe: *Der Menschen sind so wenige, daß sie sich in der tat [!] immer nur freuen sollten wenn sie sich finden.* Drei Jahre vorher hatte er sinngemäß ähnlich in einem Brief an Kalmár gemeint: *Und soll man sich denn wirklich nicht so oft es nur angeht, die Hand reichen und sich sagen „Ich bin es"!* (I/470) Welch menschenfreundliche Art des Umgangs musste er dabei vor Augen gehabt und wie oft muss sie sich als Illusion herausgestellt haben!

Es gelang nicht, für die Gedichtsammlung einen Verleger zu finden, wie Buschbeck es erhofft hatte. Das Interesse Hermann Bahrs, den er einmal mit seinem Freund in

Ober St. Veit aufsuchte,[54] war nicht anhaltend, und bald scheint sich Trakl selbst mit dieser Auswahl nicht mehr identifiziert zu haben. Im Juni 1911 erwähnte er in einem Brief an Buschbeck *Abschriften, die ich Dir einmal in einem Anfall von Kritiklosigkeit überlassen.* Er untersagte es ihm, davon etwas aus der Hand zu geben, schon gar nicht seiner Schwester Grete: *Am Liebsten wäre es mir allerdings wenn Du diese verfluchten Manuskripte mir zurückerstatten möchtest – Du könntest mir keine größere Liebe tun.* (I/483) Dazu ist es dann aber offenbar nicht gekommen. Der Freund veröffentlichte sie 1939 im Band „Aus goldenem Kelch". Die Manuskripte wurden 1945 beim Brand des Burgtheaters, wo Buschbeck in leitender Stellung tätig war, vernichtet.

Nach den Sommerferien 1909 in Salzburg war Trakl zur Fortsetzung des Studiums wieder nach Wien gefahren.[55] Minnich hatte ihm ein neues Quartier im VIII. Bezirk, Langegasse 60/III/18 (Ecke Florianigasse), bei Frau Trummer besorgt (I/476), das er während des zweiten Studienjahres benützte. Am 16. Oktober inskribierte er eine Vorlesung über Pharmakognosie (fünfstündig) und chemische Übungen (15stündig), die ihn im Wintersemester am stärksten beanspruchten. Das pharmakognostische Institut war das einzige, das beinahe ausschließlich für die Ausbildung der Apotheker eingerichtet worden war. Insgesamt studierten in diesem Semester 183 Hörer und drei Hörerinnen Pharmazie.[56]

Ab Herbst 1909 war auch Buschbeck als Jusstudent in Wien; er benützte verschiedene Quartiere in der Nähe Trakls, wie seine Freunde Moritz und Minnich meist im VII. oder VIII. Bezirk, zunächst in der Kupkagasse 6/I/10. Grete war seit 23. Oktober in der Margaretenstraße 27/I/7 im IV. Bezirk gemeldet;[57] sie wollte ihre Musikstudien fortsetzen. Da sie aber nicht mehr an der Musikakademie eingeschrieben war, dürfte sie Privatstunden genommen haben.[58] In einem ihrer Briefe an Buschbeck aus der Wiener Zeit – die meisten ohne Datum – bat sie ihn, er möge ihr die Adresse eines Meisterschülers verschaffen.[59] Sie hatte also offenbar selbst keine Gelegenheit, an sie heranzukommen – oder wollte Buschbeck eifersüchtig machen. Grete und Buschbeck kannten sich zumindest flüchtig schon von Salzburg, und während der sieben Monate gleichzeitigen Aufenthaltes in Wien scheint das Verhältnis enger geworden zu sein, wenn es auch in den Briefen Gretes aus dieser Zeit bei der Anrede mit „Sie" geblieben ist. Ihr Interesse an einer Intensivierung der Beziehung wird aus den Briefen deutlich. In einem „Begrüßungsbrief" heißt es: *Lieber Herr Buschbeck, ich war sehr angenehm überrascht Sie hier zu sehen – ich hoffe Sie besuchen mich eines Nachmittags?? Wann haben Sie Zeit für mich!! Auf bald – Herzlichst G. Trakl.* Buschbeck scheint von ihrer Spontaneität ein wenig überrascht gewesen zu sein und verhielt sich reserviert. Grete klagte: *Sie wissen daß ich Ihre Freundin bin u. trotzdem besuchen Sie mich wie wenn man ein Pensum der Höflichkeit erledigt.* Ein gewisser „K." (möglicherweise Karl von Kalmár) habe sie daran gehindert, miteinander ins Gespräch zu kommen. Und dann recht direkt: *Sagen Sie mir das Losungswort mit dem man in ihre Festung eindringen kann. Sie wagen gar nichts.* Grete fürchtete, von ihm zurückgewiesen oder von oben herab behandelt zu werden, und hatte Angst vor Ironie. Sie trafen sich meist bei ihrem Bruder Georg (Grete: *Ich mag keine Rendezvous auf der Straße*), dem die Entwicklung nicht verborgen blieb. Er hat ihren Bemühungen jedenfalls nichts in den Weg gelegt und ihre Gefühle dem Freund gegenüber offenbar respektiert. Eine Briefstelle lautet: *Mein Bruder ist sehr traurig – er hat Sie auch den ganzen Abend vorwurfsvoll angesehen – nur weil Sie meine Liebenswürdigkeit so schroff abgewiesen haben. Man sollte dem ein für alle mal ein Ende machen.* Sie bedauerte selbst ihre *Launenhaftigkeit* und entwarf von sich folgendes Bild, das angesichts der weiteren Entwicklung gespenstisch wahr wirkt: *Zu meinem Karakter würde eine knochige Hand mit langen spitzen Nägeln passen. Ich zerstöre mir selbst alles.* Buschbecks Gegenbriefe sind nicht erhalten; dass es welche gegeben hat, ist den Äußerungen Gretes zu entnehmen (*Herzlichen Dank für Ihren Brief; ich habe Ihren Brief vom 9. unbeantwortet gelassen;* u. Ä.) Buschbeck, der zu dieser Zeit von „geistiger Liebe" wenig hielt,[60] ging die Angelegenheit jedenfalls so nahe, dass er während der stärksten inneren Spannungen im Februar in eine nervliche Krise geriet, von der er seinem Freund Moritz berichtete.[61]

Es gilt als wahrscheinlich, dass Georg seine Schwester in dieser Zeit mit Drogen bekannt gemacht hat. In einem Brief Gretes an Buschbeck heißt es: *[...] ich komme nicht Sie wegen des Opiums zu belästigen – obwohl ich von ganzer Seele hoffe daß Sie es mir in den nächsten Tagen beschaffen werden.* Worauf sich der nächste Satz bezieht, ist unklar: *Mir ist etwas Entsetzliches geschehen. An Georg's Gesicht u. Laune sehen Sie einen ganz schwachen Abglanz eines Teiles meiner Schmerzen.* Möglicherweise war das *Schreckliche* eine Drogenerfahrung mit schlimmen Auswirkungen. Grete war mit ihrer schwächlichen Konstitution weitaus stärker gefährdet als der körperlich robuste Georg. Und sein Umgang, besonders mit Veronal, war manchmal nicht ohne unmittelbares Risiko. Weiter heißt es in diesem Brief: *Bei mir darf ich Sie nicht mehr sehen – warum will ich Ihnen schon erklären. Schreiben Sie mir ob Sie mich Freitag treffen wollen – bei meinem Bruder od. sonst wo – ich muß eine Stunde mit Ihnen zusammen sein.* Die vertrauensvolle Zuneigung, wie sie hier zum Ausdruck kommt, hielt an, und Buschbeck wusste sicherlich am besten über Grete und ihr Verhältnis zum Bruder Bescheid. Er beschrieb es mit der Wendung von der *zärtlichen oder zornigen Sorge*,[62] mit der Georg seine Schwester umgeben haben soll. Dass es eine inzestuöse Geschwisterliebe gewesen sein könnte, hat er aus langjähriger und guter (im Fall Gretes auch intimer) Kenntnis beider strikt zurückgewiesen: *Zwischen Trakl und sei-*

ner Schwester Grete hat es niemals so etwas wie eine Blutschuld gegeben, was diesbezüglich in den Gedichten steht ist lediglich ein Aufrücken von Gedankensünde, die niemals in die Realität herübergegriffen hat.[63]

In den sechs Briefen, die Buschbeck zu dieser Zeit seinem Freund Moritz nach Attersee geschrieben hat, kommt Grete ebensowenig vor wie in den vier Mitteilungen Trakls an Buschbeck. Moritz erfuhr hauptsächlich etwas über die gemeinsamen Unternehmungen der Freunde in Wien und Salzburg, zu deren Charakterisierung Buschbeck öfter das Wort „wüst" gebrauchte oder ihm mitteilte: „Trankl[!] läuft zum Kruge"[64] Als wüst empfand er einen „Salzburger

Anton Moritz.

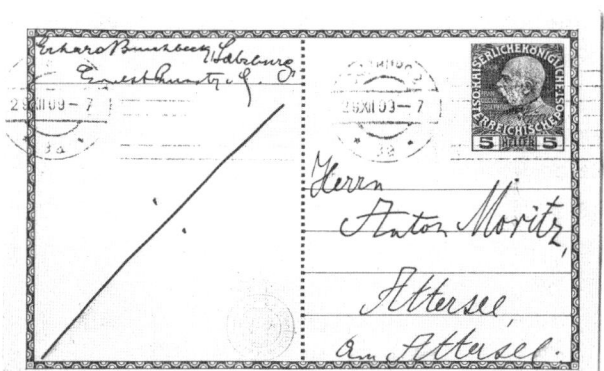

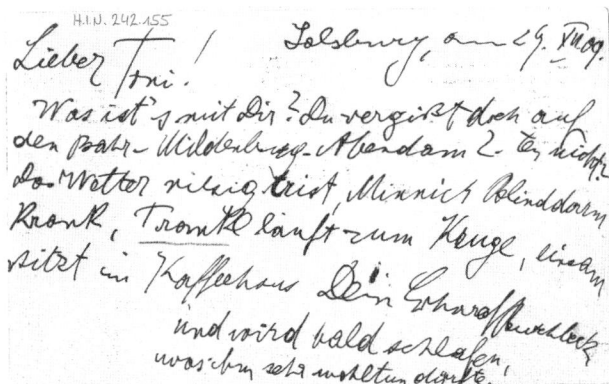

Jugendliche Problemlagen. Karte Erhard Buschbeck an Anton Moritz.

Abend" und ein Treffen in Wien-Hernals, von dem er erst um 6 Uhr morgens nach Hause kam (II/661). Neben solchen alkoholischen Symposien veranstalteten sie Ausflüge nach Schönbrunn-Tivoli und in den Prater, wo sich sowohl Trakl wie auch seine Schwester von einem Silhouettenschneider ein Bild anfertigen ließen. Ende April – Grete war eben nach Salzburg abgereist – fuhren Buschbeck, Trakl und Minnich auf einem Schiff die Donau abwärts nach Preßburg und in der Nacht mit der Bahn wieder zurück. *Die Gegend hat da einen ganz einzigartigen Charakter*, schwärmte Buschbeck,

Scherenschnitt Georg Trakl.

Preßburg selbst ist unerwartet groß, überragt von einer riesigen, ganz zerfallenen Burg, und hat schon einen ganz asiatischen Charakter. 99% scheinbar Juden, daher gefiel es mir natürlich dort ausnehmend![65]

Der Versuch Trakls, sich mit einer Besprechung der Lesung von Gustav Streicher am 3. März wieder publizistisch zu betätigen und seinem ehemaligen Förderer damit einen Gegendienst zu erweisen, scheiterte.[66] Die nächste Publikationsmöglichkeit konnte Buschbeck vermitteln, und zwar bei der Zeitschrift „Der Merker", mit deren ständigem Kritiker Ludwig Ullmann er befreundet war. Diese Zeitschrift erschien seit Oktober 1909 halbmonatlich und war bestrebt, die einzelnen Kunstgattungen unter der Betonung einer „Aristokratie des Geistes", abseits von gesellschaftlichen und sozialen Problemen, miteinander zu verbinden.[67] In der Aufmachung war sie dem Jugendstil verpflichtet und wandte sich an das ästhetizistisch orientierte Bildungs- und Großbürgertum. Für den Sommer 1910 war eine Doppelnummer zum Thema „Salzburg" geplant; Anlass war die Mozartfeier vom 29. Juli bis 6. August, in deren Rahmen der Grundstein für das neue Mozarteum gelegt werden sollte.[68] Für Buschbeck, der schon im Mai nach Salzburg zurückgekehrt war, ergab sich damit eine günstige Gelegenheit zu erfolgreicher Vermittlertätigkeit. Er wurde von den *leitenden Herrn* [!] um *Auskunft und Rat für die Ausgestaltung dieser Sondernummer namentlich über die heutigen Salzburger Verhältnisse und über die heutigen Salzburger Persönlichkeiten* angegangen.[69] Von Trakl erbat er Gedichte, die ihm dieser nach dem 20. Juni 1910 von Wien nach Salzburg schickte; er bezeichnete sie als seine *jüngsten Arbeiten* (I/476). Buschbeck leitete sie an die Redaktion des „Merker" bzw. an Ullmann weiter.[70] Anfang Juli wusste Buschbeck noch nicht, ob ein Gedicht angenommen wurde (II/749), und etwa Mitte Juli interessierte es Trakl aus einer düsteren Stimmung heraus nicht mehr, *was mit ihnen geschehen wird* (I/477). Bei der Auswahl von Repräsentanten der Musik wandte sich Buschbeck an den Direktor des Mozarteums, Josef Reiter, dessen Lieder er allerdings bereits früher einmal als *meistens recht nett, aber altmodisch-melodisch* bezeichnet hatte,[71] und an August Brunetti-Pisano, bei dem er um einen Beitrag für die Musikbeilage anfragte und sich dabei auf Trakl berief: *Wäre es Ihnen vielleicht möglich zu diesem Zweck Ihr wundervolles „Klagendes Lied"*[72] *oder das Lied „An eine Aeolsharfe" von dem Trakl so begeistert ist und das ich aufrichtig bedaure nicht zu kennen – auszuwählen?* Der Komponist suchte dann zwar ein anderes Beispiel aus seinem Werk, die Vertonung des Hebbel-Gedichtes „Der junge Schiffer", aus, entsprach aber Buschbecks Bitte um ein Porträtfoto und einen Beitrag über sich selbst: Bruno Sturm (= Burghard Breitner) beschrieb ihn als *Einsamen unter den Tondichtern unserer Tage*[73] und ging auf seine Oper „Peter Schlemihl" näher ein. Die Freundschaft Burghard Breitners mit Brunetti-Pisano bewährte sich auch, als Breitner später sechs Jahre als russischer Kriegsgefangener in Sibirien war.[74] Der Kontakt zwischen dem „Merker" und Brunetti-Pisano hielt dann noch etwas an, denn ein Jahr später wurde er zur Mitarbeit an einer musikpädagogischen Beilage eingeladen.[75]

Zur Vorbereitung des Heftes hielt sich Buschbeck in Salzburg auf. Grete war ebenfalls seit Ende April zu Hause. Mehrere Briefe zeugen davon, dass sie sich weiter um ihn bemüht hat: Sie lud ihn mit der Begründung zu sich nach Hause ein: *Meine Schwester möchte mit Ihnen sprechen;* sie schlug ihm eine Radpartie nach Hellbrunn, einen Lieblingsort auch Buschbecks, vor: *ich komm beinah gar nicht an die Luft;* oder sie suchte in bedrückender Lage einen Gesprächspartner: *Mein Vater ist schwer krank; ich erhoffe mir von einem Spaziergang mit Ihnen ein wenig Erheiterung. Ist es Ihnen möglich Samstag um 10 vorm. beim Mozartsteg (auf unserer Seite) zu warten.*[76] Buschbeck wohnte weiter flussabwärts auf der anderen Salzachseite in der Ernest-Thun-Straße 9. Wir wissen nicht, wie der Umworbene auf diese Einladungen reagiert hat. Er war mit der Korrektur des „Merker"-Heftes beschäftigt. Gerade noch rechtzeitig zur „Mozartfeier" erschien es am 27. Juli (II/664), mit Datum 25. Juli, und enthielt von Trakl die erste Fassung des Gedichtes „Die drei Teiche in Hellbrunn" (I/177), das später noch mehrere Bearbeitungen erfahren hat. Trakl war das Thema anscheinend doch wichtig genug; die Szenerie hat sich ihm nachdrücklich eingeprägt. In

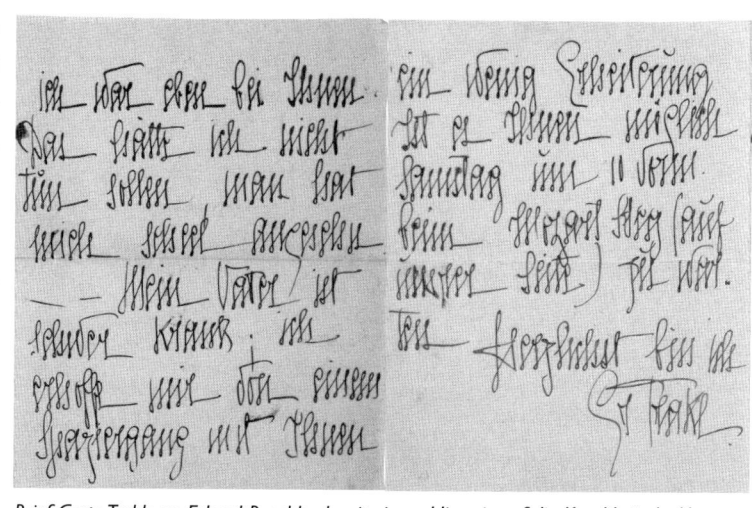

Brief Grete Trakls an Erhard Buschbeck mit einem Hinweis auf die Krankheit des Vaters.

die erste Buchveröffentlichung hat er dieses Gedicht mit Zustimmung Buschbecks dann nicht aufgenommen, da vielleicht *zu viel und in zu viel verschiedenen Jahren daran herumgemeißelt* worden sei (II/751). Im „Merker" folgte Buschbecks Aufsatz über „Salzburgs Kultur aus Vergangenheit und Gegenwart",[77] in dem er Trakl zu den Schöpfern einer *nachdenklich-verträumten Lyrik* zählte[78] und auf dessen (verlorengegangenes) Puppenspiel „Kaspar Hauser" hinwies. Ein halbes Jahr später druckte der „Merker" noch das im Juni 1910 entstandene Gedicht „Frauensegen" (I/22).[79] Es gibt keine Reaktion Trakls auf diese beiden Veröffentlichungen.

Heftig reagierte er allerdings, als er sich vom gleichaltrigen Ludwig Ullmann in seiner Art zu dichten recht plump nachgeahmt sah. Dieser war seit 1909 im „Akademischen Verband für Literatur und Musik" tätig, zunächst als Bibliothekar, dann als literarischer Leiter. Er hatte Trakl einen Text vorgelesen, den dieser als Plagiat seines eigenen Gedichtes „Der Gewitterabend" empfinden musste und davon *peinlich berührt* war. An Buschbeck schrieb er darüber folgendermaßen: *Nicht nur, daß einzelne Bilder und Redewendungen beinahe wörtlich übernommen wurden (der Staub, der in den Gossen tanzt, Wolken ein Zug von wilden Rossen, Klirrend stößt der Wind in Scheiben, Glitzernd braust mit einemmale, etc. etc.) sind die Reime einzelner Strophen und ihre Wertigkeit den meinen vollkommen gleich, vollkommen gleich meine bildhafte Manier, die in vier Strophenzeilen vier einzelne Bildteile zu einem einzigen Eindruck zusammenschmiedet(,) mit einem Wort bis ins kleinste Detail ist das Gewand, die heiß errungene Manier meiner Arbeiten nachgebildet worden.* (I/478) Trakl beschrieb hier ein poetisches Verfahren, das er seit 1909 anwandte. Bekannte Beispiele dafür sind die Gedichte „Musik im Mirabell" (letzte Strophe), von dessen erster Fassung er unter dem Titel „Farbiger Herbst" am 2. August 1909 eine Reinschrift hergestellt hatte, und „Die schöne Stadt", das kurz vor dem angeführten Brief entstanden ist.[80] Dieses Verfahren machte

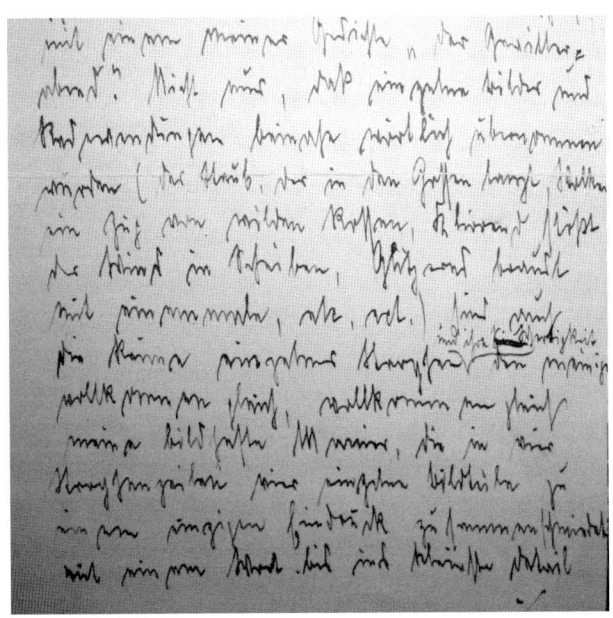

Der „Plagiatsbrief".

es ihm möglich, den direkten Bezug zwischen poetischem Bild und außersprachlicher Wirklichkeit zu lockern und ein „Gewebe aus Worten" zu bilden. Worte und Verse sind dann keine Symbole mehr, sondern *Zeichen, die auf etwas hinweisen, das in keiner Anschauung verfestigt werden soll und das sich der direkten Darstellung entzieht.*[81] Trakl entfernte sich damit von den traditionellen Formen des symbolischen Gedichtes, wie er sie in seinen frühen Gedichten verwendet hatte. Dieser Vorfall zeigt auch, dass sich Trakl seiner poetischen Mittel bewusst war und seine Arbeiten mit Distanz betrachten konnte. Er hat Ullmann, der sich bei dem befreundeten Stefan Zweig – ohne Echo – für ihn einsetzte, bald verziehen (I/479). Das Verhältnis zu ihm und besonders zu seiner Braut Irene Amtmann gestaltete sich bald freundschaftlich, wie ein Brief vom Herbst 1911 an „Fräulein Amtmann",[82] der in einem gelockerten Tonfall gehalten ist, zeigt. (I/551) Ähnliche, von Sympathie getragene Schwingungen sind auch umgekehrt im „Regenbrief" Irene Amtmanns an Trakl in Innsbruck spürbar (II/747).

Aus dem fernen New York, wohin er sich vor dem Nationalsozialismus flüchten konnte, erinnerte sich Ullmann an seine Bekanntschaft mit Trakl: *Er war ein Salzburger Patriziersohn, von Kraus ungemein geschätzt, ein stiller Spaziergänger und Trinker aus einer Art Hölderlinschem Welt-Groll, versponnen in einen harten, unsentimentalen Traumkosmos, ein Mann aus dumpfem, aber dionysischem Bauernblut, der uns alle zweifellos auch durch die*

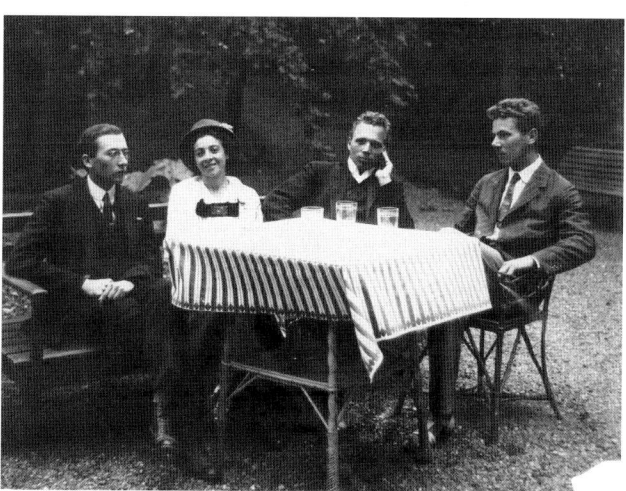

Ludwig Ullmann, Irene Amtmann, Erhard Buschbeck und sein Bruder Friedl im Garten der Buschbecks in Salzburg.

keusche Knappheit seiner Sprachschönheit beeinflußte. Und nicht minder durch seine vor Gläsern Tiroler oder Wiener „Heurigen-Weins" gesprochenen Dichtungen, ungestümen und verbissenen Schwärmereien, die in Kunstfragen von asketischer Geradlinigkeit waren.[83] Der letzte Satz mag in Erinnerung an Trakls Protest geschrieben worden sein. Dessen heftige Reaktion auf die „Plagiat-Affäre" (... *mich ekelt diese Gosse voll Verlogenheit und Gemeinheit*) ist auf dem Hintergrund einer doppelten Belastung in dieser Zeit leichter verständlich: Etwa einen Monat vorher war der Vater gestorben, und Trakl war eben dabei, sein Studium abzuschließen.

Tobias Trakl starb im 74. Lebensjahr am 18. Juni 1910 um 10 Uhr vormittags im Haus Waagplatz 3.[84] Als letzte Krankheit führt das Leichenbuch der Stadt „Herz-Degeneration" an.[85] Von einer längeren Krankheit ist nichts bekannt. Einzig Grete erwähnte in dem angeführten undatierten Brief an Buschbeck eine schwere Krankheit des Vaters. Den brieflichen Äußerungen Trakls ist über die Vorgeschichte und seine Reaktion auf dieses für ihn doch einschneidende Ereignis nichts zu entnehmen. Es hat jedoch einen Niederschlag in der Bilderwelt der Prosadichtung „Traum und Umnachtung" gefunden, in der er dreieinhalb Jahre später die Wirkung dieses Ereignisses auf die Familie eindrucksvoll gestaltete: *O, wie stille war das Haus, als der Vater ins Dunkel hinging. Purpurn reifte die Frucht am Baum und der Gärtner rührte die harten Hände; o die härenen Zeichen in strahlender Sonne. Aber stille trat am Abend der Schatten des Toten in den trauernden Kreis der Seinen und es klang kristallen sein Schritt über die grünende Wiese vorm Wald. Schweigende versammelten sich jene am Tisch; Sterbende brachen sie mit wächsernen Händen das Brot, das blutende. Weh der steinernen Augen der Schwester, da beim Mahle ihr Wahnsinn auf die nächtige Stirne des Bruders trat, der Mutter unter leidenden Händen das Brot zu Stein ward. O der Verwesten, da sie mit silbernen Zungen die Hölle schwiegen. Also erloschen die Lampen im kühlen Gemach und aus purpurnen Masken sahen schweigend sich die leidenden Menschen an. Die Nacht lang rauschte ein Regen und erquickte die Flur.* (I/150)

Der Leichnam des Vaters wurde am 20. Juni um 3 Uhr nachmittags durch den evangelischen Pfarrer eingesegnet und anschließend vom Bahnhof zur Kremation nach Ulm überführt,[86] da eine Verbrennung in Salzburg damals noch nicht möglich war.[87] Trakl war bei der Einsegnung in Salzburg, ist aber wegen der bevorstehenden Abschlussprüfungen kurz darauf wieder nach Wien gefahren. Buschbeck, der sich ohnehin in Salzburg aufhielt, überließ er einige Besorgungen im Zusammenhang mit dem Tod des Vaters, für die er sich in einem kurzen Brief (auf Papier mit Trauerrand) bedankte. Die Regelung der Erbschaft lag in den Händen der Mutter, denn Tobias Trakl hatte kein Testament hinterlassen. Es war ihre Absicht, den Stiefsohn Wilhelm mit der Geschäftsführung zu beauftragen. Um ihn von der Sorge für die minderjährigen Geschwister Georg, Fritz und Grete zu befreien, stellte sie

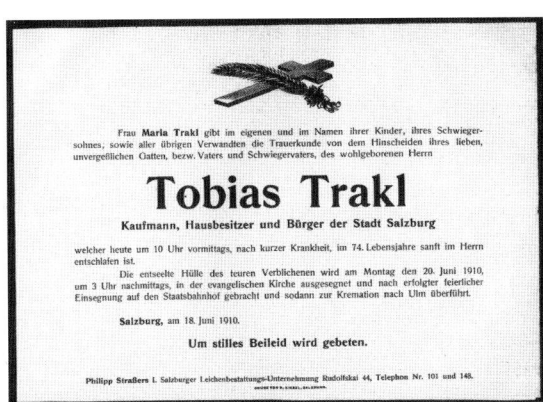

Partezettel des Vaters.

am 4. Juli bei Gericht den Antrag, wenigstens die beiden Söhne für großjährig zu erklären, da sie noch nicht 24 Jahre alt waren. Trakl fuhr wahrscheinlich trotz des Prüfungsdruckes zur Unterschriftsleistung nach Salzburg.[88] Für den 18. Juli lud ihn trotzdem das Bezirksgericht in Wien-Josefstadt vor, wo er sich mit dem Antrag einverstanden erklären musste. Amtlich wurde ihm noch bescheinigt, dass dafür die *nötige Eignung vorhanden sei*.[89] Wie er selbst darüber dachte, wissen wir nicht. Derselben Prozedur musste sich Fritz unterziehen. Für Grete übernahmen die Mutter und Wilhelm gemeinsam die Vormundschaft. Damit waren die von der Mutter geplanten Voraussetzungen gegeben, Wilhelm Trakl eine Vollmacht zur Vertretung der Erben auszustellen,[90] wozu Georg mit seiner Mutter und den anderen Geschwistern außer Grete wieder beim Bezirksgericht erschienen. Aufgrund der geschäftlichen Situation der Firma war die materielle Absicherung nicht mehr so selbstverständlich wie zu Lebzeiten des Vaters, denn bereits einen Monat nach dessen Tod befand sich Georg in einer *unsäglich peinlichen Verlegenheit*, aus der ihm Buschbeck mit 30 Kronen helfen sollte (I/478), doch war dieser dazu nicht in der Lage. (I/479) Es war ihm offenbar so unangenehm, seinen Stiefbruder um Geld zu bitten, dass er sich lieber an den Freund wandte. Geldsorgen ließen Trakl nicht mehr los.

Am 15. April 1910 hatte er die Lehrveranstaltungen für das letzte Semester belegt und dafür das höchste Kollegiengeld im Lauf seines Studiums (113 Kronen[91]) bezahlt. Der Schwerpunkt lag auf den Übungen in pharmazeutischer Chemie und Pharmakognosie, die dann auch Gegenstand der Abschlussprüfungen waren. Die erste davon legte er in Pharmakognosie am 28. Juni mit der Note „genügend" ab. Laut Prüfungsvorschrift musste er dabei *vorgelegte Objekte mit Hilfe des Mikroskops erkennen und auf ihre Güte und Reinheit prüfen*.[92] Die Prüfung aus Chemie absolvierte er am 7. Juli mit „ausgezeichnetem Erfolg". Sie umfasste die *qualitative Analyse eines Gemenges* und die *Untersuchung eines*

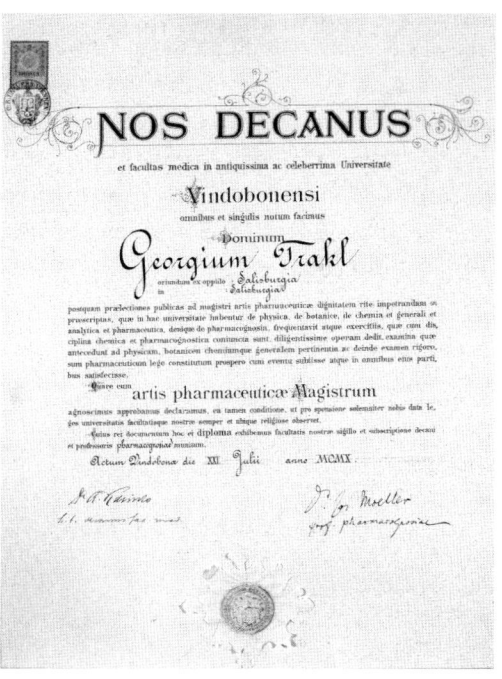

Magisterdiplom der Universität Wien, unterschrieben vom Dekan der medizinischen Fakultät, D. A. Kolisko, und dem Professor für Pharmakognosie, Dr. Jos. Möller.

chemischen oder pharmazeutischen Präparats auf Identität und Qualität nach den Vorschriften der Pharmakopöe. Den Abschluss bildete die theoretische Prüfung in diesen beiden Fächern am 21. Juli. Den Vorsitz führte dabei der Dekan der medizinischen Fakultät.[93] Trakl erhielt die Gesamtbeurteilung „genügend" und wurde am 25. Juli 1910 zum Magister der Pharmazie spondiert (II/663). Dabei wurde ihm das in lateinischer Sprache abgefasste Magisterdiplom, mit Datum 21. Juli 1910, überreicht.[94] Die Verleihung fand in feierlicher Form im Kleinen Saal des Universitätsgebäudes statt. Trakl reiste noch am selben Tag nach Salzburg, obwohl er wenig Lust dazu hatte (I/477). Er hatte aber den Termin für die Unterschriftsleistung beim Bezirksgericht am nächsten Tag wahrzunehmen. Den Sommer über blieb er dann in Salzburg.

Noch vor der Heimreise scheint etwas vorgefallen zu sein, was ihn zusätzlich belastete. *Nein, meine Angelegenheiten interessieren mich nicht mehr*, schrieb er um den 10. Juli an Buschbeck nach Salzburg und deutete ein gravierendes Ereignis an: *Ich bin ganz allein in Wien. Vertrage es auch! Bis auf einen kleinen Brief, den ich vor kurzem bekommen, und eine große Angst und beispiellose Entäußerung!* (I/477) Der Anlass kann nur vermutet werden: Entweder war es eine Verständigung im Zusammenhang mit den Erbschaftsangelegenheiten oder eine Mitteilung Gretes, dass sie zur weiteren Ausbildung nach Berlin gehen werde.[95] Trakl reagierte mit Fluchtphantasien: *Ich möchte mich gerne ganz einhüllen und anderswohin unsichtbar werden.* Die vielen Veränderungen machten ihn unsicher und verstärkten seine Schwermut: *Alles ist so ganz anders geworden. Man schaut und schaut – und die geringsten Dinge sind ohne Ende. Und man wird immer ärmer, je reicher man wird.* (I/477) In einem Brief zwei Wochen später beklagte er sein *sinnlos zerrissenes Leben* und berichtete über die Schwierigkeit des Schreibens: *Aber ich bin derzeit von allzu viel (was für ein infernalisches Chaos von Rythmen [!] und Bildern) bedrängt, als daß ich für anderes Zeit hätte, als dies zum geringsten Teile zu gestalten, um mich am Ende vor dem was man nicht überwältigen kann, als lächerlicher Stümper zu sehen, den der geringste äußere Anstoß in Krämpfe und Delirien versetzt.* (I/479) Dies ist eine der wenigen Bemerkungen darüber, was ihn immer wieder zum Dichten gebracht hat: Er sah darin eine Möglichkeit, dem, was ihn bedrängte, eine Form zu geben, einen Damm gegen das bedrohliche *infernalische Chaos von Rythmen und Bildern* zu errichten, ähnlich wie er sich 1908 vor den *Dämonen*, vor den *fürchterlichsten Möglichkeiten* in eine Welt *voll unendlichen Wohllauts* (I/472) geflüchtet hatte. Von einer solchen war aber jetzt nicht mehr die Rede, nur noch allgemein vom Gestalten, vom unbefriedigenden Versuchen und der ständigen Unsicherheit. Die Gewissheit, im ästhetischen Schaffen Erlösung zu finden, war brüchig geworden. Es mag verwundern, dass er sich darüber gerade in der anstrengendsten Prüfungszeit geäußert und das bevorstehende Ende der beruflichen Ausbildung ihm nicht die geringste Befriedigung bedeutet hat. Bürgerliche und dichterische Existenz waren für ihn eben zwei getrennte Welten; ausschließlich letztere hat er als seine Bestimmung angesehen.

Literarisch war der Frühsommer 1910 eine produktive Zeit. In der ersten Junihälfte entstanden 13 Gedichte, darunter neben dem erwähnten „Gewitterabend" so bekannte wie „Die Raben" (I/11), „Die Ratten" (I/52) und „Die schöne Stadt" (I/23 f.). Am einzigen balladenartigen Text „Die junge Magd" (I/12 ff.) arbeitete er ebenfalls in diesen Monaten höchster Anspannung. In „De profundis I" (I/262) entwarf er Bilder, die in einem bei Trakl sonst seltenen direkten Zusammenhang mit einem konkreten Ereignis – dem Tod des Vaters – stehen.[96]

Möglicherweise erhoffte er sich von Karl Kraus eine Stärkung seiner mangelnden Selbstsicherheit, nachdem Hermann Bahr nur oberflächlich und Stefan Zweig gar nicht reagiert hatten. Er schrieb ihm zu dieser Zeit einen Brief, *unpersönlich und kalt*, und dämpfte gleich selbst seine Erwartungen: *[…] werde von ihm wohl nichts zu erwarten haben*. (I/479) Die späteren Äußerungen zu Karl Kraus lassen den Schluss zu, dass er sich bereits in diesem Brief an ihn als moralisch-ethische Instanz gewandt hat, die ihm Orientierung bieten sollte.

Zur Mozartfeier im sommerlichen Salzburg waren Kulturjournalisten auch von auswärts angereist. Für Buschbeck war dies eine Gelegenheit, Kontakte zu pflegen, in die er Trakl miteinbezog. Mehrmals gab es ein Treffen mit Roman A. Mell, einem ehemaligen Mitschüler, jetzt Korrespondenten der „Münchner Neuesten Nachrichten" und geschätzten Gesprächspartner Buschbecks in Fragen des Kunst- und Kulturbetriebs (II/664).

Sonst ist über den Verlauf der Sommermonate wenig bekannt. Minnich war in München zu einer Blinddarmoperation, und Buschbeck musste wegen einer Kropfbehandlung Jodwasser trinken, wie Trakl in einem Brief an Moritz – offenbar mit Bedauern – feststellte (I/480). Wegen der damit zusammenhängenden Herzbeschwerden verkaufte Buschbeck sein Fahrrad, während sich sein Freund Weber ein großes Motorrad zulegte.[97] Seine eigene Lage scheint Trakl vergleichsweise gelassen gesehen zu haben, wenn er angesichts einer Gewichtsabnahme von fünf Kilo feststellte: *es geht mir aber dabei recht gut, die allgemeine Nervosität des Jahrhunderts abgerechnet*. Und etwas spöttisch stellte er dem anscheinend gesundheitsbewussteren Jusstudenten Anton Moritz ein Wiedersehen in Wien *bei Mineralwasser, Limonade, Milch und nikotinfreien Zigarren* (I/480) in Aussicht. Auf die Rückgabe von Geld, das Moritz Trakl geliehen hatte, musste dieser allerdings längere Zeit warten (I/484).

Die Erbschaftsangelegenheiten nach dem Tod des Vaters wurden in dieser Zeit insofern abgeschlossen, als nach einer viertägigen Bestandsaufnahme in Anwesenheit eines Gerichtskommissärs offenkundig wurde, dass das Geschäft überschuldet war.[98] Die Belastungen hatten seit 1901 größere Ausmaße angenommen. Vor allem das Bankhaus Spängler trat immer wieder als Gläubiger auf. Den letzten größeren Kredit (33.000 Kronen) hatte der Vater 1909 von der Wiener Creditgesellschaft für Industrie und Handel aufgenommen.[99] Im Prokoll der Verlassenschaftsverhandlung ist daher auch angeführt, dass auf die Erben kein Erbteil entfällt und die *Witwe, Frau Maria Trakl, den ganzen Nachlass an Aktiven und Passiven übernimmt.*[100] Sie wurde damit zur Besitzerin der Firma und des ganzen Hauses.[101] Wilhelm übernahm die Aufgabe eines Geschäftsführers.

Georg Trakl als Einjährig-Freiwilliger.

Am 1. Oktober 1910 trat Trakl seinen Militärdienst als Einjährig-Freiwilliger Pharmazeut an. Er wurde der k.u.k. Sanitätsabteilung Nr. 2 in der Rennwegkaserne im III. Wiener Bezirk zugeteilt. Während der ersten sechs Wochen scheint er sich zur Grundausbildung außerhalb Wiens befunden zu haben. Nach der Rückkehr, froh, den Strapazen entkommen zu sein, schrieb er seiner Schwester Maria in Salzburg eine Fotopostkarte, auf der er als einer unter 14 Aspiranten abgebildet ist. Er unterschrieb familiär-vertraulich mit „Schurcel" (I/480). Etwa zur gleichen Zeit schickte er den einzigen erhaltenen Brief an seinen Bruder Fritz, der als Fähnrich beim Landesschützenregiment Nr. 1 in Rovereto Dienst tat. Das militärische Leben schaffte eine Gemeinsamkeit, die es Georg ermöglichte, sich als interessiertes Familienmitglied zu zeigen, dem das Wohlergehen des Bruders und der Schwestern Grete und Maria – letztere hielt sich gerade in der Schweiz auf – ein Anliegen war. Er gedachte aller, die sich außerhalb Salzburgs befanden, denn enttäuscht stellte er fest: *Von daheim selbst, wie je, keine Nachrichten.* (I/481) Briefe seiner Schwester Grete aus Berlin erwähnte er seinem Bruder gegenüber mit Distanziertheit und bezeichnete sie etwas ratlos als *exzentrische Episteln.* Ihren Weggang hatte er als schmerzhaft erlebt, denn damit war ein Halt in seiner häufig als zerrissen empfundenen Lebenslage verlorengegangen, auch wenn Sorge und Zuneigung einander die Waage halten mochten. Nun hatte er nur noch ihre Briefe in einer übergroßen, ornamental-stilisierten Schrift vor sich. Der räumliche Abstand hat nach und neben der uneingeschränkten Schwärmerei auch kritische Töne zugelassen, wie sie in einem Brief an Buschbeck vom Juni 1911 ebenfalls anklingen (I/483). Je schwieriger und auswegloser sich das Leben Gretes gestaltete, desto stärker wurden seine Schuldgefühle ihr gegenüber; sie äußerten sich schließlich in einer vernichtenden Selbstanklage (I/519).

Vom Militärdienst erwartete sich Trakl nichts. Er fand es bedauerlich, *daß bei dieser Angelegenheit mein Popo das einzige ist, was strapaziert wird*. (I/481) Er wollte in seiner *beschaulichen Klause dieses Jahr abrollen* lassen. Den dienstlichen Anforderungen scheint er ohne Probleme nachgekommen zu sein. Seine militärische Laufbahn folgte den üblichen Gepflogenheiten: Am 24. 12. 1910 wurde er zum Gefreiten und am 28. 3. 1911 zum Korporal befördert. Erst nach Ende des Einjährig-Freiwilligen-Jahres wurde er mit 1. 12. 1911 zum „Landwehrmedikamentenakzessisten im nichtaktiven Stande" ernannt (II/668). Da er den Militärdienst *auf eigene Kosten* bewilligt erhalten hatte (II/665), musste er sich selbst um ein Quartier kümmern.[102] Das fiel ihm schwer genug, und das Ergebnis war bedrückend: *Ich habe kürzlich meine Wohnung gewechselt, und hause derzeit in einem Zimmerchen in der Josefstädterstraße, (Nr. 7. III. St. Tür 19) das die Größe eines Klosetts ausmacht. Im geheimen befürchte ich, darin idiotisch zu werden. Aussicht nehme ich auf einen finsteren, kleinen Lichthof – Wenn man zum Fenster hinaussieht, versteinert man vor Trostlosigkeit*. (I/481) Mitte Mai 1911 zog er in die Nähe seiner Dienststelle in den III. Bezirk (Klimschgasse 10/7); ob er dann im Sommer noch in die Stanislausgasse (ebenfalls III. Bezirk) übersiedelte, wie er es Buschbeck angekündigt hatte (II/666), ist offen, doch eher unwahrscheinlich. Mindestens zweimal war er während seiner Dienstzeit in Salzburg.[103]

In seiner Freizeit war Trakl mit seinen alten Freunden beisammen. Im Oktober unternahmen sie zu viert – Buschbeck, Minnich, Trakl und Schwab – eine kleine Wanderung von Mödling in die Vorderbrühl (II/665). Die Beziehungen differenzierten sich jedoch allmählich, die Freundschaften aus der Schulzeit begannen sich zu lockern. Zu Schwab wurde das Verhältnis jedoch noch enger: *wir haben so unsinnig wie noch nie gezecht und die Nächte durchgebracht. Ich glaube wir waren alle zwei vollkommen verrückt*. (I/482) Bei seinen späteren Wien-Aufenthalten hat Trakl mehrfach die Wohnung Schwabs benützt. Minnich war mit einer nicht näher bezeichneten *Angelegenheit* im Frühjahr stark beschäftigt und scheint für gemeinsame Unternehmungen vorübergehend ausgefallen zu sein. Buschbeck charakterisierte die Lage so: *Minnich jammert viel, Trakl trinkt viel, Schwab hat seine Prüfungen bestanden*. (II/666) Er selbst hatte sich von der Gruppe vorübergehend etwas entfernt. Andere Interessen, insbesondere die Aktivitäten im „Akademischen Verband für Literatur und

Musik", nahmen ihn stark in Anspruch. Über die drei Freunde meinte er Moritz gegenüber offenbar aus einer üblen Laune heraus: *Meine Zeit mit ihnen ist um. Wir sind uns einander doch zu verschieden geworden und kennen uns vielleicht schon zu gut.* (II/666) Das traf in der Praxis auf Trakl und Minnich nicht zu. Allerdings waren die Möglichkeiten, die er im „Akademischen Verein" vorfand, für ihn anziehender als die bekannten Touren: *Es ist sehr interessant und wertvoll, weil man viel [!] Leute damit kennen lernt.* (II/666)

Im ersten Jahrzehnt des 20. Jahrhunderts entstanden in Wien mehrere Vereinigungen mit avantgardistischen Zielsetzungen,[104] wie der 1903 gegründete „Wiener Ansorge-Verein", der 1907 in „Verein für Kunst und Kultur" umbenannt wurde. 1908 trat er mit einer Protestveranstaltung gegen die Ablösung Gustav Mahlers als Direktor der Hofoper durch Felix Weingartner hervor. Das „Intime Theater" nahm sich moderner Stücke in Privataufführungen an und umging damit die Zensur, musste aber wegen mangelnden finanziellen Erfolges 1907 seine Tätigkeit einstellen. Der „Akademische Verband für Literatur und Musik in Wien" bestand seit 1908 und verfolgte das Ziel, den Studenten einen *größeren Anteil am Kunstleben* zu ermöglichen und noch unbekannte oder vom offiziellen Kulturbetrieb ausgeschlossene Künstler zu fördern.[105] Ludwig Ullmann erinnerte sich an die Anfänge des Verbandes folgendermaßen: *Was hier von mittellosen Studenten vollbracht wurde, war nichts weniger als die „Vergeistigung" des üblichen Konzert- und Vortragswesens und dessen Plazierung unter eine avantgardistische Flagge.*[106] Buschbeck trat dem Verband 1910 bei. Im Arbeitsjahr 1911/12 leitete ihn Ludwig Ullmann, 1912/13 stand ihm Erhard Buschbeck vor, und 1913/14 hatte Emil Alphons Rheinhardt die Leitung inne. Die Mitgliederzahl war im Jahr 1911 von 80 auf 400 Personen gestiegen, was dem Verband in der Öffentlichkeit Respekt und Ansehen sicherte. Die Veranstaltungen fanden wegen der kostenlosen Hörsäle häufig in der Universität statt und bestanden in Konzerten mit Werken zeitgenössischer Komponisten wie Anton Webern, Alban Berg, Franz Schreker und Arnold Schönberg, weiters in Vorträgen, zum Beispiel von Adolf Loos und Oskar Kokoschka, und in Lesungen; Karl Kraus hatte dort seinen ersten Auftritt. Nur bei Veranstaltungen, die auch einen Kassenerfolg versprachen, wurden andere Räumlichkeiten, zum Beispiel der Große Musikvereinssaal, angemietet. Mit dem Eintritt des Schriftstellers Robert Müller, der nach Ullmanns Einschätzung die *entschiedenste und gedrängteste Begabung*[107] unter den führenden Mitgliedern war, wurde der innovative Charakter des Verbandes im Bereich der Literatur noch verstärkt, wenn auch die meisten der auftretenden zeitgenössischen Künstler *die Periode ihrer unmittelbaren Avantgarde bereits hinter sich hatten,*[108] wie Altenberg, Schnitzler oder Wedekind. Insgesamt war der „Akademische Verband" jedoch sicher ein Forum des

„anderen Wien", gerichtet gegen Jugendstil, Fin de siècle und das „Juste milieu": *Die Kunst sollte nicht mehr durch eine Welt des „schönen Scheins" für Augenblicke die Entsetzlichkeit des Daseins vergessen lassen, sondern durch eine adäquate Form die Disharmonien und unbewältigten Probleme der Gesellschaft artikulieren.*[109]

Ein Brief mit mehreren Verfassern an Buschbeck in Salzburg vom 27. Juni 1911 (I/482) legt nahe, dass Trakl während seiner Studien- und Militärdienstzeit mit Mitgliedern des Verbandes engeren Kontakt hatte: Ullmann kündigte darin Buschbeck einen ausführlicheren Bericht über die eben beendete Generalversammlung an – er bezeichnete sie als *Vereinsdreck* –, Franz-J. Obermayer, ein aktives Verbandsmitglied, beschwerte sich mit kräftigen Worten über Buschbecks Schreibfaulheit, und Trakl bat ihn, keine Manuskripte aus der Hand zu geben. Dass Trakl auch an Veranstaltungen des Vereins teilgenommen hat, ist schon wegen der freundschaftlichen Beziehungen anzunehmen und auch wegen seiner Reaktion auf einen Vorfall bei einem Schönberg-Konzert des Verbandes im Großen Musikvereinssaal,[110] bei dem es zu handgreiflichen Auseinandersetzungen im Publikum gekommen war, naheliegend. Buschbeck soll dabei dem Operettenkomponisten Oscar Straus eine Ohrfeige gegeben haben, was ein gerichtliches Nachspiel zur Folge hatte. Trakl, damals schon in Innsbruck, las von dem *pöbelhaften Skandal* in der Zeitung und schrieb dem Freund: *Welch eine trostlose Schmach für einen Künstler, den die Gemeinheit des Gesindels nicht abhält, noch vor das Werk seiner Schüler zu treten.* (I/508) Drei Tage später beglückwünschte er den Freund zu seinem Verhalten (I/509). Die Vorgänge im Verband waren ihm also nicht ganz einerlei, und er verteidigte einen von dieser Gruppe unterstützten Künstler, dessen radikale Ästhetik auch für Trakl eine Herausforderung sein musste. Ganz anders reagierte beispielsweise sein ehemaliger Förderer Gustav Streicher, für den diese Kunst *Genialitätswahnsinn* darstellte.[111]

Die ästhetische Neuerung im literarischen Bereich hat vor allem in den Beiträgen der Zeitschrift „Der Ruf", die vom Verband herausgegeben wurde, ihren Niederschlag gefunden. Grundtendenz war dabei die Abwendung vom Ästhetizismus und die stärkere Hinwendung zu konkreten Zuständen und Entwicklungen in der Gesellschaft. Trakls literarische Methode der *bildhaften Manier, die in vier Strophenzeilen vier einzelne Bildteile zu einem einzigen Eindruck zusammenschmiedet* (I/478), passte in dieses Konzept, das die Abbildfunktion der Kunst lockerte. Dieser Reihungsstil[112], der von verschiedenen Autoren zu dieser Zeit eingesetzt wurde, erlaubte Trakl einerseits eine dichterische Gestaltung der Reizflut, die ihn von außen und innen bedrängte, *all jene Stimmen, die die Wirklichkeit spricht* (I/472), das *Chaos von Rythmen und Bildern* (I/479), andererseits die Rücknahme des eigenen Ich, die Entwicklung des *unpersönlichen* Gedichts, wie er es in „Vorstadt im Föhn" verwirklicht sah (I/485).[113]

Diese Einstufung zeugt von einem gestiegenen Selbstvertrauen hinsichtlich seiner literarischen Techniken.

Die thematisch orientierten Nummern des „Ruf" wurden von verschiedenen Redakteuren zusammengestellt. Das Heft „Frühling", erschienen im März 1912, redigierte Ludwig Ullmann; er nahm Trakls Gedicht „Heiterer Frühling" in der zweiten Fassung (I/49) darin auf, das den traditionellen literarischen Erwartungen trotz einer Reihe von bekannten Bildelementen zuwiderläuft: Das werdende Leben wirkt bereits abgestorben und krank. Von der Idylle eines Stimmungsbildes ist nichts mehr übrig geblieben. Bildwelt des Gedichtes und Titel stehen in einem merkwürdigen Kontrast zueinander, der die im „Ruf" vor allem von Robert Müller vorgetragene Begeisterung für Aufbruch und Erneuerung, wie sie traditionell mit dem Frühling in Verbindung gebracht wird, in Frage stellt. Davon, dass Trakl diesen Kontrast bewusst gestaltet hat, zeugen nicht nur verschiedene Fassungen und Varianten, sondern in der Haltung auch ein Brief vom Herbst 1912, in dem er geläufige Wiener Stimmungsklischees als Phrasen

„Der Ruf", Heft 2 zum Thema „Frühling". 1912.

zitiert: *In Wien aber „strahlt" die Sonne am „heiteren" Himmel und die „weiche Melancholie" des Wienerwalds ist auch nicht „ohne". Beim Heurigen freut sich das „goldene" Herz und wenn dort die „schmachtenden Weisen" erklingen, so denke o Mensch daran, daß es bei den „wackeren Älplern" schneit und grimmig und kalt ist.* (I/491)

„Ruf"-Heft 3 vom November 1912, redigiert von Buschbeck, war unter dem Eindruck der Balkankriege dem Thema „Krieg" gewidmet. Dieser wurde darin im Allgemeinen als *unerhörtes, die Monotonie des Alltags sprengendes Ereignis gesehen und als Zeitenwende gefeiert.*[114] Trakls darin aufgenommenes Gedicht „Trompeten" (I/47) zeigt hingegen trotz der archaisierenden Wendungen den *Wahnsinn* des Krieges, der sich in der letzten Zeile *selbst übertönt,* wie Trakl Buschbeck gegenüber selbst gemeint hat (I/495).[115] Dies gelang ihm vor allem durch Wortwahl und Satzstruktur. Trakl bat den Freund, das Gedicht auf der letzten Seite des Heftes zu platzieren. Er wollte nicht, dass der Leser nach der Lektüre der letzten Zeile seines Gedichtes *auf die erste Zeile eines kriegerischen Gesanges von Paul Stephan hinübergleitet* (I/494).

Als letzter „Ruf"-Beitrag erschien im vierten Heft vom März 1913, das von Robert Müller gestaltet wurde, das Gedicht „Im Dorf" (I/63). Darin begegnet dem Leser eine von Verfall und Zerstörung bedrohte bäuerliche Welt, die von einem traditionellen Naturidyll, ähnlich wie „Heiterer Frühling", nur noch einzelne Bildelemente enthält, die ins Negative gewendet sind, wie: *Ein Hirt verwest auf einem alten Stein.*

Mit dem „Akademischen Verband" hatte Trakl auch nach seinem Weggang aus Wien bis 1913 einen lockeren Kontakt, der dann von den Beziehungen zum Innsbrucker „Brenner" überlagert wurde. Der Verband plante eine Trakl-Lesung,[116] die aber nicht zustande kam. Als Ersatz sollte ein Schauspieler Gedichte von ihm vortragen. Diese Veranstaltung war zunächst für den 2. April 1913 vorgesehen (I/506),[117] fand dann mit großer Wahrscheinlichkeit erst am 19. November 1913 an der Universität statt (I/529). Obwohl Trakl zu dieser Zeit in Wien war, blieb er dem Abend fern und besuchte eine Vorlesung von Karl Kraus. Bei der Entscheidung hat das mittlerweile konfliktgeladene Verhältnis zwischen Karl Kraus und dem Akademischen Verband eine Rolle gespielt, das schließlich auch zu einer Entfremdung Trakls vom Wiener Literaturbetrieb führte.[118]

Die literarische Produktion Trakls war während des Militärdienstes offenbar gering. Es gibt aus dieser Zeit keine Textzeugen. Das muss nicht unbedingt besagen, dass er nichts geschrieben hat. Viele seiner Entwürfe hat er später weggeworfen, sodass es oft nicht möglich ist, die genaue Entstehungszeit eines Gedichtes zu rekonstruieren. Nur selten hat er außerdem seine Niederschriften und Briefe mit einem Datum versehen. Neben der bereits erwähnten Veröffentlichung von „Frauensegen" im „Merker" wurde während des Militärjahres im Mai 1911 nur noch „Die schöne Stadt" (I/23) in der Zeitschrift „Ton und Wort" publiziert.[119] Diese war wie der „Merker" ebenfalls dem Ästhetizismus verpflichtet und seit März 1911 „Organ der Mozartgemeinde Salzburg".[120] Trakl bedauerte, dass das bereits im Juni 1910 entstandene Gedicht in der ersten Fassung erschienen war[121], freute sich aber doch über diese Veröffentlichung, da er von Wien aus Buschbeck in Salzburg bat, ihm in „seiner" Buchhandlung (Richters Nachflg./Morawitz) zehn Exemplare des Heftes zu bestellen. (I/481f.) Nachdem in seiner Geburtsstadt schon seit Herbst 1909 nichts mehr von ihm erschienen war, mag er es als Genugtuung empfunden haben, von einer Salzburger Organisation in Wien beachtet zu werden.

Mit 30. September 1911 endete Trakls Militärdienst. Er fuhr sogleich nach Hause und schrieb am 3. Oktober einen launig-ironischen Brief, wie er ihn wohl nur an Buschbeck schicken konnte, redete ihn darin mit *Hochverehrter Herr und Gönner* an und schwärmte vom *Honorar! O süßes, himmlisches Wort!* (I/484) Der Anlass dazu ist unbekannt, doch mag es ein Hinweis darauf sein, was Trakl von nun an immer mehr zum Problem wurde: die materielle Absicherung seines Lebens. Die Unvereinbarkeit von beruflicher und dichterischer Existenz wurde jetzt akut. Auf die Frage, wann Trakls Depressionen begonnen hätten, meinte sein Bruder Fritz: *Das war eigentlich erst nach seinem Jahr als Einjähriger. Da wurde es schlimm mit ihm.*[122] An Irene Amtmann in Wien berichtete er in dieser Zeit davon, wie er in Salzburg *tagelang herumvagabundiere, bald in den Wäldern, die schon sehr rot und luftig sind und wo die Jäger jetzt das Wild zu Tode hetzen, oder auf den Straßen in trostlosen und öden Gegenden, oder auch an der Salzach herumlungere und den Möven zuschaue [...]*. Er bezeichnete sich in diesem Brief[123] als *grantigen Sonderling, der lieber in einen Bauer fahren möchte, als im Schweiße seines Angesichtes Verse zu machen.* (I/551) Trakl deutete hier nur in Form einer sarkastisch-launig wirkenden Äußerung an, was später noch klarer werden sollte: dass ihn das Schreiben letztlich nicht zufriedenstellen konnte.

Wegen seiner beruflichen Zukunft war er keineswegs untätig: Innerhalb der nächsten beiden Jahre bewarb er sich viermal um eine Stelle bei Ministerien in Wien; zweimal bemühte er sich ernsthaft um einen Posten im Ausland. Die erste Bewerbung schickte er am 10. Oktober an das Ministerium für öffentliche Arbeiten und bat darin als *ergebenst Unterfertigter* um eine Stelle als Praktikant in der Sanitäts-Fachrechnungsabteilung *zwecks späterer Übersetzung in den Beamtenstand* (II/669): Er strebte damit eine berufliche Position an, die er 1905, nach dem Abgang von der Schule, abgelehnt hatte. Sie war jetzt allerdings mit der Aussicht verbunden, wieder nach Wien zurückkehren zu können, wonach er *mehr als ungeduldig* (I/551) bestrebt war. Die k.k.-Bürokratie reagierte – nicht gerade schnell, aber auf erprobte Weise: Die Landesregierung in Salzburg wurde seitens des Ministeriums ersucht, Erhebungen über das *sittliche und staatsbürgerliche Verhalten* und die *persönlichen Verhältnisse* des Bewerbers einzuleiten (II/670). Die Mutter Trakls verpflichtete sich in einem Revers, dass sie für dessen *standesgemäßen Unterhalt* bis zur *Erlangung von Dienstbezügen* aufkommen würde; der Bürgermeister musste bestätigen, dass sie aufgrund ihrer Steuerleistung dazu imstande sei (II/671). Denn ein reguläres Gehalt gab es erst nach dem Ende des Probedienstes; die Anfangsbezüge waren sehr gering und wurden als „Adjutum" bezeichnet. Ein amtsärztliches Zeugnis (*vollkommen gesund und ohne Gebrechen*), Geburts- und Heimatschein mussten vorgelegt werden, ebenso ein Leumundszeugnis, in dem amtlich bestätigt wurde, dass über das *sittliche Verhalten des Bittstellers* keine *ungünstigen Wahrnehmungen* gemacht worden seien (II/672). Vorläufiges Ergebnis: Trakl wurde am 24. November verständigt, dass er für eine Praktikantenstelle vorgemerkt sei (II/673). Das bedeutete: Er musste warten. Es dauerte dann fast ein Jahr, bis ihm diese Stelle *verliehen* wurde.[124]

Inzwischen war er, bedrängt von seiner schlechten finanziellen Lage, anderswo aktiv geworden und hatte am 15. Oktober als „Rezeptuarius" in der Apotheke „Zum weißen Engel" zu arbeiten begonnen, die nach wie vor von Magister Carl Hinterhuber geführt wurde. Trakl kehrte damit vorübergehend an seinen alten Arbeitsplatz zurück, wo er für sich allerdings keine Zukunft sehen konnte. Seine Kontaktscheu hat ihn sicher ungeeignet für den Umgang mit Kunden gemacht. Ob er deswegen gleich an einem Vormittag mehrmals das *von seinem Schweiß durchweichte Hemd*[125] hat wechseln müssen, sei dahingestellt. Nach zwei Monaten beendete er diese Arbeit und erhielt dafür von Magister Hinterhuber ein Zeugnis, in dem dieser seine *volle Zufriedenheit* ausdrückte (II/673). Am selben Tag (20. Dezember) schickte er sein zweites Gesuch ab, diesmal an das Kriegsministerium, um sich, nach seiner Ernennung zum Medikamentenakzessisten der Reserve (1. Dezember), als Militärmedikamentenbeamter aktivieren zu lassen. Mit dieser Entscheidung war die Familie, besonders die Mutter und der Halbbruder Wilhelm, die über das Geld verfügten, sicher einverstanden, da sein Bruder Fritz bereits Berufssoldat war. Sonst verleideten ihm die Spannungen in der Familie den Aufenthalt zu Hause. Dieses zweite Gesuch wurde vergleichsweise rasch erledigt, und der positive Bescheid führte Trakl schließlich mit 1. April 1912 nach Innsbruck. Bis dahin blieb er in Salzburg.[126]

In die Zeit zwischen Militärdienst in Wien und Probedienst in Innsbruck fiel Trakls Umgang mit Mitgliedern der „Salzburger Literatur- und Kunstgesellschaft Pan", insbesondere mit Karl Hauer. Diese Vereinigung entstand 1897, wahrscheinlich nach dem Vorbild der 1895 in Berlin gegründeten Kunstgenossenschaft gleichen Namens.[127] „Pan"-Gruppen gab es auch in Innsbruck, Linz und Graz; sie hingen zusammen mit der *Formierung der Provinzkultur*.[128] Zu den Gründungsmitgliedern gehörten der Regimentsarzt und Schriftsteller Heinrich von Schullern, der Lehrer Hans Demel, der unter dem Pseudonym Hans Seebach als Literaturkritiker, Dramatiker und Verfasser von Puppenspielen bekannt wurde, und August Brunetti-Pisano, der langjähriger Präsident war und Trakl in die Gruppe eingeführt hat.[129] Künstlerische Betätigung, vor allem im literarischen oder musikalischen Bereich, war Hauptbedingung für die Mitgliedschaft.[130] Die Gruppe bestand aus etwa 15 Mitgliedern; sie trafen sich jeden zweiten und vierten Freitag des Monats im Gasthof „Roter Krebs" am Mirabellplatz. Sie wollten, nach Hans Seebach, im *revolutionierenden Sinn künstlerisch tätig sein*.[131] Grundlage dafür sollte die *gemeinsame Aussprache über all die mannigfaltig auftauchenden Gedanken und Probleme*[132] bilden. In erster Linie beteiligten sich daran Lehrer, die mit dem konservativen Kulturklima in der Stadt unzufrieden und bestrebt waren, einerseits Kontakte zu neuen Kunstrichtungen herzustellen und andererseits die Eigenständigkeit der eigenen künstlerischen Tätigkeit hervorzuheben. Neben der deutschnationalen Richtung (z.B. Burghard Breitner, Pseudonym: Bruno Sturm) war seit 1902 mit Irma von Troll-Borostyáni eine Vorkämpferin der Frauenbewegung im „Pan" vertreten. Sie wandte sich sowohl gegen die idealistische Dichtung als auch gegen den Realismus, der ihr in seiner Einseitigkeit keine Perspektive bot.[133] Die Salzburger provozierte sie nicht nur durch ihr Äußeres – „Bubikopf" und Männerkleidung – und ihre Vorliebe für Zigarren, sondern auch durch die emanzipatorischen Tendenzen im literarischen Werk. Von ihr provoziert fühlen musste sich auch ihr Gegenüber in der „Pan"-Runde, der *schmächtige, morbide*[134] Karl Hauer. Er vertrat in seinen geschliffen formulierten Essays vor allem von Nietzsche beeinflusste Positionen. Dazu gehörte die Ablehnung der gesellschaftlichen Emanzipation der Frau, deren sexuelle Befreiung er hingegen befürwortete: *Die kulturelle Funktion des Weibes ist [...], dem Manne zur Erholung und Erquickung zu dienen, seinen Sinn zu beleben, ihn zur Strebsamkeit, zum Wettstreit des Lebens aufzustacheln, ihn kampffreudig und wohlgelaunt zu erhalten. Viel reiner als im Haremssystem würde sich diese Mission im Rahmen jener sexuellen Freiheit erfüllen, die dem Weibe selbst ein liberales Genußrecht gewährt. Jeder direkte kulturelle Einfluß aber muß ihm unbedingt entwunden werden.*[135] Es ist unbekannt aber wahrscheinlich, dass Trakl diese 1910 als Buch erschienenen Essays, *von gallischer Feinheit und Frechheit geschrieben* (Buschbeck), gelesen hat. Den darin vertretenen Ideen der dionysischen Sinnlichkeit wird er jedenfalls im Umgang mit ihm begegnet sein; dass er sie in dieser Form geteilt hat, ist auszuschließen. Dagegen spricht die mehrfach dokumentierte Ansicht Trakls, dass die Frau aufgrund ihres Geschlechts dem Leiden ausgesetzt sei. Er hatte dabei den Bereich der Prostitution vor Augen, mit der er schon früh Kontakt hatte, wenn auch eher in der Rolle des Beobachters.[136] Die durch den Bruder Fritz vermittelte Episode, bei der er wahrscheinlich 1911 zusammen mit Georg nach der Christmette im Dom vom Café Tomaselli aus den Freudenhausmädchen in der Judengasse Faschingskrapfen gebracht haben soll, *um deren freudloses Dasein etwas aufzuhellen,*[137] weist ebenfalls in diese Richtung. 1913 schrieb Trakl zwei Gedichte, die eine legendäre, bekehrte Dirne („Afra", I/108) bzw. eine literarische Prostituierte („Sonja", I/105) zum Thema haben. Auffällige Parallelen zum ebenfalls 1913 entstandenen Gedicht „An die Schwester" (I/57) machen es wahrscheinlich, dass Trakl in beiden Figuren Opfergestalten gesehen hat.[138] Vom *libe-*

Irma von Troll-Borostyáni.

ralen Genußrecht, wie es Hauer für die Frau forderte, ist hier nichts zu bemerken. Es stünde auch in direktem Gegensatz zu Otto Weiningers asketischen Thesen, die auf Trakl einen starken Eindruck gemacht haben dürften. Schon im 1910 entstandenen Gedicht „Die junge Magd" (I/12) hatte er das Hinsterben eines Mädchens nach einem als gewalttätig erfahrenen sexuellen Erlebnis mit einem Knecht gestaltet. Schließlich gibt es aus der späteren Zeit noch Trakls Kommentar anlässlich eines Gespräches über Dostojewskis „Schuld und Sühne", der gelautet haben soll: *Tot schlagen sollt' man die Hunde, die behaupten, das Weib suche nur Sinnenlust! Das Weib sucht ihre Gerechtigkeit, so gut, wie jeder von uns.*[139]

Was Trakl an Hauer anziehend empfand, war dessen Lebensstil eines bürgerlichen Außenseiters und seine Fähigkeit zur Kritik. Ähnlich wie er selbst entstammte Hauer dem Bürgertum; seine aus Gmunden zugezogenen Eltern führten in der Linzergasse eine bekannte, gute Bäckerei.[140] Als Mitarbeiter der „Fackel" genoss er in intellektuellen Kreisen ein gewisses Ansehen, das ihn der bürgerlichen Öffentlichkeit umso verdächtiger machte. Die Bestrebungen des „Pan" dürften ihm, ebenso wie Trakl, reichlich provinziell erschienen sein. Die Person Karl Kraus verband beide. *Ihr Blick richtete sich weniger auf die Untersuchung der die Gesellschaft aufbauenden Kräfte, als vielmehr auf das Unrecht, das diese Gesellschaft an gewissen Mitgliedern verübte, deren bloße Existenz eine Anklage gegen die Gesamtheit bedeutete.*[141] Die Folge war eine Art anarchistischer Ablehnung der gesellschaftlichen Mechanismen, des *Drucks, der auf den Menschen für gewöhnlich lastet* (I/472), wie ihm Trakl erstmals in Wien bewusst begegnet war. Während der Wartemonate war er, ausgenommen die kurze Zeit in der Engel-Apotheke, zwar keinen beruflichen Verpflichtungen unterworfen, doch belastete die Ungewissheit seine Nerven: *Wie lange werde ich noch in dieser verfluchten Stadt verziehen müssen?* (I/549) Es ist daher nicht verwunderlich, dass die Unternehmungen mit Hauer auch exzessive Formen angenommen haben sollen.[142] Eine dauerhafte Freundschaft entstand aber zu dem um zwölf Jahre Älteren ebensowenig wie früher zu Gustav Streicher. Trakl widmete ihm das in dieser Zeit entstandene Gedicht „Allerseelen" (I/34),[143] wofür Hauer sich bedankte, als er bereits Buchhändler und Antiquar in München war (II/767).[144] Hauer war Trakl 1913 noch beim Verkauf von Büchern behilflich – aus der Anrede *Lieber Freund* war allerdings *Lieber Herr Trakl* (II/767) geworden.

In dieser Zeit des Wartens auf die Praktikantenstelle traf Ludwig Praehauser, Lehrer und Mitglied des „Pan", bei Gruppenabenden mit Georg Trakl zusammen. Nach einem dieser Treffen sind sie noch, zusammen mit dem aus Galizien stammenden Schriftsteller und Bezirksrichter Hans Weber-Lutkow aus Wildshut / OÖ., in einem Café ins Gespräch gekommen, zu dem Trakl *Bekenntnisse* beigetragen habe, wie Praehauser berichtete. Damit meinte er wahrscheinlich den knappen, zum Monologisieren neigenden Gesprächsstil Trakls, der manchen – neben seiner schweigenden Zuhörerschaft – wegen seiner Heftigkeit in Erinnerung blieb. Hans Limbach schrieb von *abrupten Aussprachen*.[145] Der Innsbrucker Freund K. B. Heinrich erinnerte sich in einer verehrenden Würdigung so: *Er sprach wohl zu uns und sprach auch vertraulich, und doch war es Monolog; denn wo und worüber er sprach, konnte niemand mitsprechen oder dawider.*[146] Trakls Äußerungen haftete offenbar etwas Unbedingtes an. Er war kein verbindlicher Diskutierer, und heftige Auseinandersetzungen, vor allem wenn sie bereits den Charakter eines Streites hatten wie im Wiener „Akademischen Verband", waren ihm zuwider.[147] Sie störten sein grundsätzlich vorhandenes Harmoniebedürfnis. Praehauser erwähnte, wie Trakl, nervös Zündhölzer zerknickend, Goethes „Wahlverwandtschaften" als *stilles, sanftes* Buch gelobt und die *unsägliche häusliche Atmosphäre* angedeutet habe.[148] Als erstrebenswert erschien ihm im Kontrast dazu ein *einfaches Leben*; *eine Schale Milch mit einem Stück Brot* wäre ihm *das liebste Abendessen*.[149] Damit ist eines von Trakls Paradiesen der asketischen Einfachheit angedeutet, das sich von der in seinen Augen verfaulten Welt der Geschäftemacher abhob. Diesen Typus sah er besonders in Deutschland am Werk; die Orientierung an Russland erschien ihm hingegen als heilsam. Eine Notiz im Röck-Tagebuch aus der Innsbrucker Zeit enthält einen Reflex auf ein Gespräch mit Trakl und führt Tolstoi als *Brückenbogen von [...] Europa nach Nordasien* an; *den Deutschen wird empfohlen darüber zu gehen, denn nur der Weg der Askese, der Selbstüberwindung u. Tat, des Propheten, der in die Wüste (aufs Land, den Ackerboden) geht ist für Deutsche gangbar zu den Russen zu gelangen.*[150] Die Kritik an der materialistischen Lebenseinstellung, wie sie von Vertretern seiner Generation vorgetragen wurde, war für Trakl in der persönlichen Misere erfahrbar, die durch den wirtschaftlichen Abstieg der Firma Trakl mitbedingt war.

Praehauser berichtete, dass bei diesem Gespräch Hans Weber-Lutkow viel über seine polnische Heimat erzählt habe, die er zum Thema seiner Literatur gemacht hatte: Die Novellen „Schlummernde Seelen" und „Die schwarze Madonna" spielen im Milieu der polnischen Bauern in Galizien. Noch 1912 zog er dorthin auf sein Gut zurück.[151] Diese Begegnung dürfte auf Trakl Eindruck gemacht haben. Sein Plan, nach Galizien zu gehen, könnte damit zusammenhängen. Er wollte dort einer Tätigkeit nachgehen, für die er, nach Meinung seines Schwagers, nicht geeignet war. Am Ende eines Briefes vom November 1913, in dem es um eine erneute Bewerbung beim Arbeitsministerium ging, schrieb Erich von Rauterberg an Trakl nach Wien: *Galizien schlag Dir aus dem Kopf, das hältst Du nicht länger als 3 Monate aus, Universität wäre auch dann umsonst gewesen.* (II/784) Trakls *hohe Ehrfurcht*[152] vor Tolstoi wird die

Entstehung eines solchen Planes gefördert haben. Für diesen russischen Dichter soll er das Bild vom *Pan, unter dem Kreuze zusammenbrechend* geprägt haben. Die bereits erwähnte Äußerung, er wolle *lieber in einen Bauer fahren [...], als im Schweiße seines Angesichtes Verse zu machen* (I/551) weist ebenfalls in diese Richtung.

Das Echo der „Pan"-Gesellschaft in der Öffentlichkeit war gering. Sie blieb *mehr oder minder auf sich selbst beschränkt*.[153] Von einer Publikation erhoffte man sich größere Aufmerksamkeit. Im Jänner 1913 wurde von den jungen Mitgliedern der Gesellschaft das literarische Sammelwerk „Salzburg" herausgegeben. Es erschien in der Verlagsbuchhandlung „Eugen Richters Nachflg., M.Morawitz", der Stammbuchhandlung Trakls. 25 Autoren (21 männliche, 4 weibliche) waren darin auf 143 Seiten mit Beispielen aus ihrem Werk vertreten.

Den Abschluss bildete eine Komposition von Brunetti-Pisano. Damit folgten die Herausgeber der Praxis Wiener Zeitschriften, beispielsweise des „Merker". Unmittelbar auf Salzburg bezogen waren das Titelbild, das den flötenspielenden Hirtengott Pan auf dem Kapuzinerberg vor der Silhouette der Festung Hohensalzburg zeigt, der Eröffnungstext „Erinnerung" von Hermann Bahr und das Gedicht „Mein Salzburg" von Anton Pichler, der später die Salzburger Landeshymne verfasst hat. Neben zwei Dramatikern (Erhard Buschbeck und Heinrich von Schullern) waren acht Prosaautoren (darunter Hermann Bahr, Karl Hauer und Irma von Troll-Borostyáni) und 15 Lyriker (darunter Georg Trakl) vertreten.

Die „Pan"-Anthologie von 1913.

Mehrere Prosabeiträge waren von einer *trivialisierten Nietzsche-Rezeption*[154] geprägt, wie Karl Hauers Essay „Recht und Macht".[155] Bei den Gedichten überwog die Stimmungslyrik in traditioneller Form. Trakl war mit vier Gedichten am stärksten vertreten: „Der Spaziergang", „Die Raben", „In einem alten Garten" und „Drei Blicke in einen Opal", das Erhard Buschbeck gewidmet war.[156] In diesen Gedichten begegnen dem Leser Bilder einer abgestorbenen Idylle. Selbst die „Blicke in einen Opal", einem typischen Requisit der Jugendstildichtung,[157] fallen auf einen *Hauch von Grabgerüchen, / Spitälern, wirr erfüllt von Fieberschrein und Flüchen* (I/66). Die traditionelle Erwartung an die Lyrik als stimmungsvolle Verklärung der Wirklichkeit wurde nicht erfüllt.

Die Rezensenten des Sammelwerks in den Salzburger Tageszeitungen, die noch im Dezember mit Vorausexemplaren versorgt worden waren, reagierten dementsprechend. Das „Salzburger Volksblatt", in dem bis dahin die meisten Gedichte Trakls erschienen waren, meinte: *Sehr wenig Befriedigung kann diesmal Georg Trakls Poesie erwecken. Seine Stücke zeigen eine bedenkliche Verworrenheit der Gedanken, die kurz hingeworfen werden und in rascher Folge anderen Platz machen müssen, und zwar ohne inneren Zusammenhang. Die Vorliebe des Dichters für unästhetisch wirkende Vorstellungen lasse beim Leser keine rechte Stimmung aufkommen.*[158] Der Rezensent konnte die Bildteile nicht *zu einem einzigen Eindruck* (I/478) zusammenfügen, und die Auswahl aus der Wirklichkeit entsprach nicht seinem Geschmack. Eine positive Besprechung von Ludwig Ullmann in der Bücherrundschau der „Wiener Allgemeinen Zeitung" einen Monat später[159] veranlasste das „Salzburger Volksblatt", diese nachzudrucken.[160] Man war wieder einmal stolz auf den Erfolg eines Salzburgers in der Metropole.

Der Schulleiter und Feuerwehrhauptmann Franz Hlawna aus Lungötz im Lammertal (Land Salzburg) ließ sich in seinem Bild von Trakl durch diese Gedichte nicht stören. Er stellte in der „Salzburger Feuerwehr- und Veteranen-Zeitung" Trakl als *hoffnungsvollsten Musensohn* vor und brachte als Beispiel für dessen *überaus fein abgetönte Stimmungsbilder* in einer weiteren Nummer das Gedicht „In einem alten Garten" (I/181) ohne strophische Gliederung.[161] Hlawna verfasste nach dem Tod Trakls einen Nachruf im „Salzburger Volksblatt".[162]

Die Trakl immer noch missgünstige „Salzburger Chronik" empfahl ihm, seine *Studien* in der *verschwiegensten Tischlade zu verwahren*.[163] In der sozialdemokratischen „Salzburger Wacht" besprach Hans Seebach das Sammelwerk, das für ihn insgesamt ein *Produkt von bedeutungslosem Dilettantismus* war. Trakl war für ihn jedoch ein Ausnahmefall: *Ich bin persönlich kein Verehrer seiner Kunst, respektiere aber die Eigenart, den Mut dieser Eigenart und die ungewöhnliche Art des Ausdrucks. Jedenfalls hat Georg Trakl mit den übrigen Lyrikern des Buches gar nichts gemein und nimmt sich in deren Gegenwart umso sonderbarer aus.*[164] Als einer der wenigen hatte er einen Blick und ein Gespür für den literarischen Wert seiner Zeitgenossen. Im Sinne des Urteils von Hans Seebach lehnte es Trakl kurz darauf ab, dass Gedichte von ihm bei einem vom ehemaligen Mitschüler Karl Schoßleitner in Wien geplanten Salzburger Autorenabend vorgelesen werden: *Er möge meinen Wunsch verschwiegen zu werden respektieren.* (I/505) In einem epigonal-provinziellen Zusammenhang wollte er nicht mehr vorkommen – Zeichen für ein gestiegenes Selbstbewusstsein als Dichter. Außerdem hatte er mittlerweile Schoßleitner als Autor des Innsbrucker „Brenner" abgelöst; das Verhältnis zu ihm dürfte auch deswegen gespannt gewesen sein.[165]

Ein Jahr davor wartete er noch ungeduldig auf eine Entscheidung hinsichtlich seiner beruflichen Situation: *Meine Verhältnisse haben sich noch immer nicht geklärt und ich warte so zwischen Hangen und Bangen* (I/486), schrieb er an Buschbeck nach Wien, der zu dieser Zeit im „Akademischen Verband" besonders aktiv war. Salzburg erschien ihm als eine *verfluchte Stadt* (I/549),[166] und er beneidete Schwab in Wien, der dort seiner Ansicht nach *einen fröhlicheren Wein* trank (I/549). Drogen sollten diesen *widerlichen Zustand* (I/486) erträglich machen; Trakl wusste, dass er in dieser Situation dem suchtartigen Alkoholgenuss nicht entkommen konnte: *Ich wünschte ein paar Tage in Ruhe zu verbringen, es täte mir wahrhaftig not. Aber ich weiß schon: ich werde wieder Wein trinken! Amen!* (I/486) Das in einem Brief aus dieser Zeit erwähnte *Wüten gegen sich selbst* kann in diesem Zusammenhang durchaus wörtlich verstanden werden.

Georg Trakl mit Mittelscheitel.

Abgesehen von der Unsicherheit der beruflichen Zukunft verschlimmerten familiäre Auseinandersetzungen die Lage Trakls in diesen Monaten. Vielleicht waren sie auch die eigentliche Ursache für sein selbstzerstörerisches Verhalten. Denn es ging um die Schwester Grete. Diese hatte vom 1. Oktober 1910 bis Ostern 1911 die Hochschule für Musik in Berlin-Charlottenburg besucht. Hauptfach: Klavier, Lehrer: Ernst von Dohnány. Eine Abgangs- oder Reifeprüfung hatte sie, wie vorher in Wien, nicht abgelegt.[167] Sie lebte in einer Wilmersdorfer Pension, geführt von Frau Hansen.[168] Dort lernte sie deren Neffen Arthur Langen kennen, mit dem sie sich zu Ostern 1911 verlobte.[169] Da Grete noch minderjährig war, bedurfte es zur Eheschließung des Einverständnisses der Vormünder, also der Mutter und des Stiefbruders Wilhelm. Nach Arthur Langens Darstellung gaben diese die Erlaubnis unter der Bedingung, dass er seine bestehende Ehe auflöst und einen Nachweis erbringt, dass er seine künftige Frau auch erhalten kann.[170] Wilhelm ließ dann offenbar Nachforschungen anstellen und reiste selbst nach Berlin, wo er *vergeblich sich bemühte, Gretl aufzufinden*.[171] Es tauchte der Verdacht auf, Arthur Langen *verberge* Gretl vor der Verwandtschaft und bringe sie durch finanzielle Zuwendungen für die Ausbildung als Pianistin in seine Abhängigkeit. Wilhelm war daher strikt gegen eine Eheschließung; auch der Altersunterschied von 34 Jahren sprach nicht gerade dafür. Er ließ sie daher im Herbst 1911 nicht mehr nach Berlin reisen. Im Winter kam dann Langen selbst nach Salzburg, um eine Regelung in seinem Sinn herbeizuführen. Er hat deswegen mit der Mutter gesprochen.[172] Auch die Schwester Maria hat ihn offenbar gesehen, da sie sein Äußeres als *hühnenhaft* bezeichnete.[173] Die Auseinandersetzungen scheinen Wilhelm dann derart mitgenommen zu haben, dass er im Februar 1912 seine Teilvormundschaft zurücklegte: *Bei der tiefgehenden Differenz zwischen mir und dem Mündel [...] ist eine Fortsetzung der Mitvormundschaft durch mich völlig ausgeschlossen.*[174] An seine Stelle trat nun Georg. Wessen Vorschlag das war, ist nicht bekannt, aber er war sicher nicht im Sinne Wilhelms. Am 1. März erschienen die Mutter, Georg und Grete vor dem Bezirksgericht und beantragten die Einsetzung Georgs als Mitvormund.[175] Darüber wurde ein gerichtlicher Beschluss angefertigt.[176] Arthur Langen machte sich nun Hoffnungen, dass einer Eheschließung nichts mehr im Wege stehen werde, da sich die Mutter bis dahin offenbar nicht ablehnend geäußert hatte.[177] Dass Georg keine Einwände machen würde, wusste er wahrscheinlich von Grete. Arthur Langen interessierte sich für die Gedichte Trakls. Mehrere davon hat er abgeschrieben.[178] Nun war aber die Mutter keineswegs einverstanden. Langen klagte darüber: *Im Gegenteil, sie sträubt sich, ohne noch dazu einen Grund anzugeben, mit Allgewalt dagegen.*[179] Das veranlasste ihn, sich beim Vormundschaftsgericht in Salzburg in einem längeren Brief über die Mutter zu beschweren und das Gericht zu bitten, seine Verlobte und die beiden Vormünder zur Stellungnahme vorzuladen. Er verknüpfte das berufliche Fortkommen Gretes, ihre Ausbildung zur Pianistin, mit dem Einverständnis zur Eheschließung und brachte Georg und seine Mutter damit in eine Zwangslage.[180] Langen wollte Grete für großjährig oder ehefähig erklärt sehen und machte, sozusagen als letzten Ausweg, den Vorschlag, Georg zum alleinigen Vormund zu bestellen. Er legte ein Foto bei, das den Vorwurf entkräften sollte, er sei ein *alter, seniler Mann* und verteidigte sich noch gegen andere Gerüchte.[181]

Das Gericht lud zunächst Grete vor. In ihrer Stellungnahme vom 22. März bekräftigte sie die Absicht, Arthur Langen heiraten zu wollen, und meinte: *Ich werde auch niemals dem Vormundschaftsgerichte Vorwürfe machen, falls ich in der Ehe Unglück haben*

Grete Trakl.

sollte, was aber gar nicht zu erwarten steht. Sie bestätigte dem Gericht, dass Arthur Langen die Kosten ihrer Ausbildung *uneigennützig* getragen habe.[182] Die anwesenden Beamten äußerten in einem nachträglichen Vermerk Bedenken, dass Grete in der Lage sei, ihre Angelegenheiten selbst zu besorgen: *Sie macht den Eindruck eines nervösen Mädchens, das auch im körperlichen Wachstum etwas zurückgeblieben und schwächlich ist.*

Zwei Tage später erschienen Mutter und Georg als Teilvormünder bei Gericht und lehnten eine Ehebewilligung zu diesem Zeitpunkt mit dem Hinweis auf Gretes nervöse Verfassung und körperliche Schwäche ab.[183] Sie erbaten sich eine Frist von drei Monaten bis zur endgültigen Entscheidung. Der Antrag Arthur Langens war damit abgelehnt, das Gericht stellte ihm den Beschluss und Beilagen durch einen Gerichtsvollzieher zu.[184]

Schon nach zwei Monaten kam die Mutter zur Überzeugung, dass sich der Zustand Gretes derart gebessert habe, dass sie über einen Rechtsanwalt einen Antrag auf Großjährigkeitserklärung für Grete stellte.[185] Das Gericht war vom plötzlichen Sinneswandel überrascht und lud Mutter und Georg zur Aussage vor. Da Georg bereits in Innsbruck war, mussten sie getrennt erscheinen. Die Mutter meinte dabei über Grete: *Jetzt sieht sie gut aus und hat sich auch körperlich gekräftigt, weil die Verdrießlichkeiten in der Familie aufgehört haben.* Sie wies auf die Möglichkeit hin, dass Grete dann ihre Musikstudien leichter fortsetzen könne. Das Einkommen von Herrn Langen als *2. Direktor der Curfürstin-Oper in Berlin* sei ausreichend (6-8000 Mark), und da er und seine erste Frau Protestanten seien, bestehe auch kein Ehehindernis.[186] Die Mutter wird sich dabei wohl an die Umstände ihrer eigenen Eheschließung mit Tobias Trakl erinnert haben. Dass künftig der Ehemann für die finanzielle Absicherung einer musikalischen Ausbildung zuständig sein sollte, konnte ihr angesichts der wirtschaftliche Lage der Firma nur recht sein.

Georg Trakl musste am 10. Juni beim k.k. Bezirksgericht in Innsbruck zu einer Stellungnahme erscheinen.[187] Er konnte sich in Abwesenheit der Mutter direkter äußern und stellte fest: *Ich halte meine Schwester Margareta [!] Trakl für vollständig befähigt ihre eigenen Angelegenheiten selbständig zu ordnen. Sie war schon seit ihrem 12. Lebensjahr immer selbständig.* Er mag dabei Gretes frühen Internatsaufenthalt vor Augen gehabt haben. Ansonsten begründete er seine Zustimmung zur Großjährigkeit hauptsächlich mit dem Argument, dass eine Verehelichung *für ihre künstlerische Fortbildung nur von Vorteil sein kann.* Er bestätigte auch die aufreibenden Familienstreitigkeiten einige Monate vorher. Georg Trakl hätte also mit einer ablehnenden Stellungnahme die Eheschließung jedenfalls verzögern, wenn nicht verhindern können. Dass ihn die Schwangerschaft Gretes und die Fehlgeburt Ende März 1914

(I/533f.) besonders berührt haben, muss auch unter dieser Voraussetzung gesehen werden. Das Leitbild von seiner Schwester als Künstlerin hat ihm die Zustimmung erleichtert, wenn man nicht annimmt, dass er vorher ohnehin ausschließlich unter dem bestimmenden Einfluss der Mutter gehandelt hat.

Schließlich musste noch Grete die Aussagen ihrer Vormünder bestätigen. Sie bekräftigte dabei die Absicht, Arthur Langen zu heiraten, *welcher ein ordentlicher Mensch und bei seinem Einkommen von etwa 6000 Mark auch in der Lage ist, eine Familie anständig zu erhalten.*[188] Das Gericht erklärte sie daraufhin für volljährig, wenn auch von den Beamten wiederum Bedenken wegen ihrer körperlichen Konstitution geäußert wurden. Damit stand einer Eheschließung Gretes mit Arthur Langen nichts mehr im Weg; sie heirateten am 17. Juli 1912 in Berlin.

In den ersten Monaten dieses Jahres war Buschbeck gerade dabei, zusammen mit Ludwig Ullmann und Paul Stefan die ersten Hefte des „Ruf" vorzubereiten. Er teilte nicht die weitverbreiteten Vorbehalte gegen die jüdischen Intellektuellen Wiens (selbst im „Akademischen Verband" spielten sie eine Rolle) und musste sich von Freunden deswegen spöttische Bemerkungen gefallen lassen, so beispielsweise den Hinweis auf unterschiedliche Erfahrungen eines Christen bzw. Juden beim Geschlechtsverkehr, der ihm von Trakl auf einer Karte mitgeteilt wurde. Die Anregung dazu gab vermutlich Karl Hauer, der ebenfalls seine Unterschrift darunter setzte. (I/485) Einen ähnlichen Hintergrund hat auch Trakls schriftlicher Wunsch an Buschbeck, der sich im Jänner 1912 ein Bein gebrochen hatte (II/628) und über die Folgen noch im April klagte (II/749): *Hoffentlich kannst Du bald auch wieder mit 'die Füß' reden, hebräisch natürlich* (I/486). Trakl spielte damit auf die angeblich bei Juden besonders ausgeprägte Gestik beim Sprechen an; er wünschte ihm also, dass er sich bald wieder rasch fortbewegen kann. Der landläufige Antisemitismus hatte bei Trakl Spuren hinterlassen, auch wenn seine Hochschätzung für Karl Kraus dagegen sprechen mag. Doch die lag auf einer anderen Ebene. Rassistisch motivierten Urteilen konnte er sich aber nicht anschließen, selbst wenn sie von guten Bekannten kamen: Karl Röck notierte im Sommer 1913 in Innsbruck über Trakls Reaktion auf seine antisemitischen Ausfälle:[189] *Er machte trotz geduldigen und gewiß auch nachsichtigen Zuhörens dann Einwürfe, die rein menschlich waren und mich, ich möchte sagen liebevoll, zu beschämen geeignet waren. Ihm waren Rassenverschiedenheiten […] letzten Endes doch Nebensächlichkeiten.*

Während Trakl in der Zeit des Präsenzdienstes literarisch kaum produktiv war, nützte er die Wartezeit zu ersten Entwürfen oder zur Fertigstellung von Gedichten, die davon zeugen, dass er auf der Suche nach neuen poetischen Ausdrucksmöglichkeiten war. Es ist anzunehmen, dass dies eine Reaktion auf Kunsttendenzen war, wie sie der „Akademische Verband" in Wien präsentierte. Durch Buschbeck und den „Ruf" blieb die Verbindung dazu aufrecht. Fast programmatisch klingt es, wenn Trakl gleich nach seiner Rückkehr aus Wien an Irene Amtmann schrieb: *Man tut gut daran, sich gegen vollendete Schönheit zu wehren, davor einem nichts erübrigt als blödes Schauen. Nein, die Losung ist für unsereinen: Vorwärts zu Dir selber!* (I/551) Das bezieht sich zwar zuerst auf die heimatliche Umgebung, doch auch auf ein poetisches Programm, das ein harmonisches Zusammenklingen von Mensch und Natur zum Ziel hat. Trakl zog es in Zweifel und empfand es als ihm nicht mehr gemäß. Im Sinne des *Vorwärts zu Dir selber!* suchte er nach einer neuen *Wahrheit*, von der er Buschbeck im Zusammenhang mit der Übersendung des Gedichtes „Vorstadt im Föhn" schrieb: *Du magst mir glauben, daß es mir nicht leicht fällt und niemals leicht fallen wird, mich bedingungslos dem Darzustellenden unterzuordnen und ich werde mich immer und immer wieder berichtigen müssen, um der Wahrheit zu geben, was der Wahrheit ist.* (I/486) Er charakterisierte damit sein Verständnis von der ihm gemäßen Gedichtform: *unpersönlich; zum Bersten voll von Bewegung und Gesichten,* und in einer *universellen Form* (I/485) gestaltet. Sich dem *Darzustellenden unterzuordnen* bedeutete, *all jene Stimmen, die die Wirklichkeit spricht,* vor denen sich Trakl noch vier Jahre zuvor in die *schöne Welt, voll unendlichen Wohllauts* (I/472) zurückgezogen hatte, in Sprache zu fassen und sich dabei immer wieder zu *berichtigen* – eine Arbeit, die Trakl mit größtem Ernst betrieb und die ihm nicht leicht fiel. *Wahrheit* meinte also zunächst ein neues Verhältnis zur Wirklichkeit, aus der beispielsweise die großstädtische Geschäfts- und Warenwelt nicht ausgeschlossen blieb, wie das zu dieser Zeit entstandene Gedicht „Westliche Dämmerung" zeigt, und auch die Wahrheit der *fürchterlichen Möglichkeiten* (I/472), die er in seinem Inneren vorfand.

Als Vorbild besonders wirksam wurde in dieser Zeit der französische Dichter Arthur Rimbaud, dessen Dichtungen Trakl in der Übersetzung K. L. Ammers kennenlernte.[190] Es ist anzunehmen, dass er aufgrund seiner Französisch-Kenntnisse Rimbaud auch im Original hätte lesen können,[191] doch weisen die Übernahmen eindeutig auf die Ammersche Übersetzung hin. Zwar gibt es Belege für einen frühen Einfluss, doch die offenkundigsten Anlehnungen sind ab dem Jahr 1912 nachweisbar. Ein deutliches Beispiel sind die beiden Fassungen des *zweifellos im ersten Halbjahr 1912* entstandenen Gedichtes „Unterwegs"[192]: In der ersten Fassung gibt es fünf Stellen, die an Rimbauds Prosaskizze „Les Ponts" aus den „Illuminations" anklingen; in der zweiten sind sie alle ersetzt oder geändert. Zum Beispiel wurde aus: *Konzerte klingen. Grüne Kuppeln sprühn* (1. Fassung) *Ein Mohrenmädchen ruft in wildem Grün* (2. Fassung), oder aus: *Auf Brücken von Kristall Karossen ziehn* (1. Fassung) *Karossen abends durch Gewitter ziehn* (2. Fassung). Trakl war sich also der Übernahmen durchaus bewusst. Das bekannteste und deutlichste Beispiel für die Anlehnung an den französischen Dichter ist der im Herbst 1912 entstandene „Psalm I" (2. Fassung, I/55). Hier weist die überarbeitete Fassung sogar stärkere Rimbaud-Anklänge auf als die erste.[193] Rimbaud war ihm ein Lehrmeister in der Technik der distanzierten Bestandsaufnahme, und manche Übernahmen wurden, als „Einklänge" anverwandelt, Bestandteile seines poetischen Bildvorrates. In diesem Sinn blieb Rimbaud im Werk Trakls präsent bis zu den letzten Gedichten.

Im März 1912 ging die für Trakl schwer erträgliche Wartezeit ihrem Ende zu: *Das Schicksal scheint mir idiotisch, das mich nicht besser verwertet* (I/550). Das Kriegsministerium befürwortete seinen Antrag auf Übernahme als Militärmedikamentenbeamten *mit Rücksicht auf die vorzügliche Qualifikation* (II/675), als beim Garnisonsspital Nr. 10 in Innsbruck *wegen der Abtransferierung des zweiten Beamten* eine Stelle frei wurde. Als Nachfolger sollte ein Aspirant in den Dienst eingeführt werden. Vom Landwehrinfanterieregiment Nr. 2 in Linz, dem er als Medikamentenakzessist der Reserve zugeordnet war, erhielt Trakl mit Datum vom 27. März 1912 die Verständigung von der in Aussicht genommenen Übernahme in den Aktivstand und der Zuteilung zu einem sechsmonatigen Probedienst beim k.u.k. Garnisonsspital Nr. 10 in Innsbruck (II/676 f.). Dienstantritt: 1. April.

Ohne Weg (1912–1914)

„Im Dunklen enden"

Selbst die *unselige häusliche Atmosphäre* in Salzburg erleichterte es Trakl nicht, sich in einer fremden Stadt zurechtzufinden, die bedrückenden Szenen scheinen ihm gefolgt zu sein. Im Osten der Stadt, im Arbeiterviertel Pradl in der Nähe des Bahnhofs, das erst seit 1904 zu Innsbruck gehörte, bezog Trakl Quartier in einem *kommunen neuen Haus, das zwischen seinen Feuermauern allein, ohne Nachbarschaft dastand, mit Ausblick auf ein Maisfeld.*[1] Er wohnte in der Amraserstraße 51, 2. Stock, in Untermiete bei Frau Hanni Seichert, die ihn am 2. April polizeilich anmeldete.[2] Mahrholdt, der Verfasser der ersten Monographie über den Dichter, bezeichnete diese Gegend in seinem Tagebuch als *unsere Vorgroßstadt,* [...] *so voller Gesindel + Rauch + Fabrik ist es.*[3] Der Dienst in der nahen Heeresapotheke strengte Trakl an, und seine Stimmung war verzweifelt wie jedesmal, wenn er sich neuen Anforderungen stellen musste. Buschbeck: *Wenn ihn das Leben antritt – so fällt er – und er fällt in die Hölle.*[4]

Das Garnisonsspital Innsbruck, erbaut 1910/11. Im Vordergrund Maisfelder.

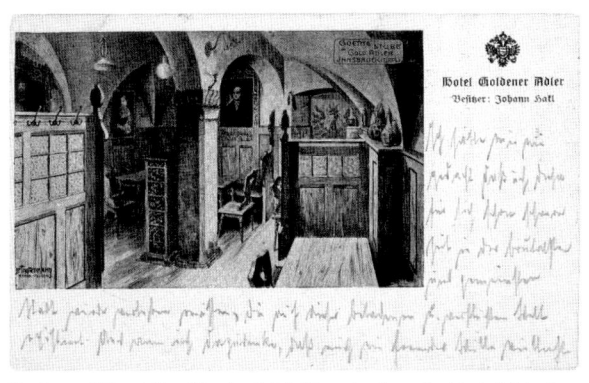

Karte an Erhard Buschbeck: „*Ich hätte mir nie gedacht, daß ich diese für sich schon schwere Zeit in der brutalsten und gemeinsten Stadt würde verleben müssen...*"

Die Innsbrucker Verhältnisse erschienen ihm allgemein in düsterem Licht. Gleich an einem der ersten Tage klagte er offenbar in einem Schreiben an Minnich über das schlechte Wetter und die Qualität der Weinstuben, da dieser ihn in seinem Antwortbrief mit dem Hinweis zu trösten versuchte, dass das keine Innsbrucker *Specialität* sei (II/779). Die Stadt in den Bergen gehörte für Trakl zu den *brutalsten und gemeinsten [...], die auf dieser beladenen u. verfluchten Welt* existieren. Er sah sich dem Zwang einer Macht ausgesetzt, die ihm unerbittlich schien: *Und wenn ich dazudenke, daß mich ein fremder Wille vielleicht ein Jahrzehnt hier leiden lassen wird, kann ich in einen Tränenkrampf trostlosester Hoffnungslosigkeit verfallen. Wozu die Plage. Ich werde endlich doch immer ein armer Kaspar Hauser bleiben.* (I/487)

Er litt unter dem Alleinsein, fühlte sich, wie diese Gleichsetzung mit der klassischen Fremdlings-Gestalt zeigt, bedroht und sah für sich dort keine Zukunft: *Ich glaube nicht, daß ich hier jemanden treffen könnte, der mir gefiele, und die Stadt und Umgebung wird mich, ich bin dessen sicher, immer abstoßen.* (I/488)

Nur Fluchtphantasien und Nachrichten von Freunden konnten ihm Erleichterung verschaffen. Er hoffte, bald wieder in Wien zu sein, oder: *Vielleicht geh ich auch nach Borneo.* (I/488) Zwei Jahre später unternahm er sogar ernsthafte Schritte in diese Richtung. *Irgendwie wird sich das Gewitter, das sich in mir ansammelt, schon entladen. Meinetwegen und von Herzen auch durch Krankheit und Melancholie.* (I/488) Buschbeck schickte ihm zur Aufmunterung das Frühlings-Heft des „Ruf" und versuchte ihn zu beruhigen: *Es hätte wirklich ärger sein können als Innsbruck. Hoffentlich lernst Du in Innsbruck bald angenehme Menschen kennen, dann wird Dir hoffentlich auch die Stadt und das Leben dort ein angenehmeres Gesicht zeigen.* (II/749) Trakl teilte diese Hoffnung nicht und tröstete sich ein wenig damit, dass er *all' dies Zerfahrene einigermaßen heiter und nicht ganz unmündig* (I/488) ertrage.

Buschbeck beließ es aber nicht bei gutgemeinten Zeilen. Er war bereits dabei, Trakl aus der bedrückenden Isolation herauszuholen. Robert Müller, Mitherausgeber des „Ruf", hatte er Gedichte Trakls zu lesen gegeben, darunter auch „Vorstadt im Föhn". Dieses Gedicht war Ende 1911 in Salzburg entstanden. Es enthält eine Reihe von Motiven aus der Gegend des damaligen städtischen Schlachthofes, zum Beispiel: *Das Donnern eines Zugs vom Brückenbogen // In Körben tragen Frauen Eingeweide // Und ein Kanal speit plötzlich feistes Blut / Vom Schlachthaus in den stillen Fluß hinunter* (I/51). Mitte Jänner hatte es Buschbeck von Trakl erhalten.[5] Robert Müller war seit kurzem Mitarbeiter der Innsbrucker Halbmonatsschrift für Kunst und Kultur „Der Brenner" und mit deren Herausgeber Ludwig von Ficker seit Februar in Briefkontakt.[6] Er schickte ihm in der ersten Aprilhälfte Trakls Gedicht und kündigte ihm dessen Besuch zweimal an.[7] „Der Ruf" und „Der Brenner" waren Außenseiter im Kulturbetrieb; die Herausgeber waren daher an einer gegenseitigen Verständigung interessiert. Trotz großer Unterschiede im Kultur- und Literaturverständnis verband sie die Gegnerschaft zur dekorativen bürgerlichen Kunstauffassung.[8] Ficker nahm „Vorstadt im Föhn" in die „Brenner"-Nummer vom 1. Mai 1912 auf[9] und begann damit eine Reihe von Veröffentlichungen, die 65 Gedichte zu Lebzeiten des Dichters umfassen

Ohne Weg (1912–1914) Kapitel 4

sollte. „Der Brenner" wurde damit zum beinahe ausschließlichen Publikationsorgan Trakls. „Vorstadt im Föhn" war dem Gedicht „Traurigkeit im Abend" gegenüber platziert, mit dessen Autor Karl Röck, der unter dem Pseudonym Guido Höld[10] veröffentlichte, Trakl dann häufig zusammen war. Röck führte über die Ereignisse in diesen Jahren unterschiedlich genau Buch; seine Tagebücher sind eine wichtige Quelle für Trakls Innsbrucker Zeit.[11] Erstmals ist er in der Eintragung vom 2. Mai im Zusammenhang mit der Veröffentlichung des Gedichtes „Vorstadt im Föhn" erwähnt.

Bis es zu einem Zusammentreffen mit Ludwig von Ficker kam, bedurfte es noch eines aufmunternden Briefes von Buschbeck.[12] Darin wies er den Freund darauf hin, wie sehr der „Brenner" in Wien geschätzt

Vorstadt im Föhn / von Georg Trakl

Am Abend liegt die Stätte öd und braun,
Die Luft von gräulichem Gestank durchzogen.
Das Donnern eines Zugs vom Brückenbogen —
Und Spatzen flattern über Busch und Zaun.

Geduckte Hütten, Pfade wirr verstreut,
In Gärten Durcheinander und Bewegung,
Bisweilen schwillt Geheul und dumpfe Regung,
In einer Kinderschar fliegt rot ein Kleid.

Am Kehricht pfeift verliebt ein Rattenchor.
In Körben tragen Frauen Eingeweide,
Ein ekelhafter Zug voll Schmutz und Räude,
Kommen sie aus der Dämmerung hervor.

Und ein Kanal speit plötzlich feistes Blut
Vom Schlachthaus in den stillen Fluß hinunter.
Die Föhne färben karge Stauden bunter
Und langsam kriecht die Röte durch die Flut.

Ein Flüstern, das in trübem Schlaf ertrinkt.
Gebilde gaukeln auf aus Wassergräben,
Vielleicht Erinnerung an ein früheres Leben,
Die mit den warmen Winden steigt und sinkt.

Aus Wolken tauchen schimmernde Alleen,
Erfüllt von schönen Wägen, kühnen Reitern.
Dann sieht man auch ein Schiff auf Klippen scheitern
Und manchmal rosenfarbene Moscheen.

841

Georg Trakls erstes Gedicht im „Brenner": 1. Mai 1912.

werde und dass er sich von der Mitarbeit des ehemaligen Mitschülers Vonwiller,[13] der Trakl offenbar unsympathisch war, in seiner Beurteilung des Blattes nicht beeinflussen lassen solle. Außerdem sei der Herausgeber interessiert, ihn kennenzulernen, da er ihn für einen Freund von Robert Müller halte. Trakl kannte diesen aber persönlich gar nicht, daher gab ihm Buschbeck noch eine knappe Beschreibung von dessen Äußerem: *2 mal so groß als ich und fünfmal so breit als ich […], dabei ganz schlank.* (II/750) Kurz darauf kam ein Gespräch im Café Maximilian an der Ecke Maria-Theresien-Straße/Anichstraße zustande. Dort befand sich im ersten Stock der „Brennertisch", ein Treffpunkt der Mitarbeiter dieser Zeitschrift. Röck notierte am 22. Mai in sein Tagebuch: *Georg Trakl zum erstenmal am „Brenner"-Tisch.*[14] Ficker erinnerte sich an diese erste Begegnung folgendermaßen: *Wieder einmal hatte ich mich,*

Kapitel 4

Ohne Weg (1912–1914)

Blick in die Anichstraße. Rechts das Café Maximilian („Max"), Treffpunkt der „Brenner"-Mitarbeiter.

bald nach Mittag, dort eingefunden, um am sogenannten Brenner-Tisch Freunde zu treffen. Kaum hatte ich mich zu ihnen gesetzt, als mir in einiger Entfernung ein Mensch auffiel, der zwischen zwei Fenstern, die auf die Maria-Theresien-Straße hinausgingen, allein auf einem Plüschsofa saß und mit offenen Augen vor sich hin zu sinnen schien. Die Haare kurz geschoren, mit einem Stich ins Silbrige, das Gesicht von unbestimmbarem Altersausdruck: so saß dieser Fremde da, in einer Haltung, die unwillkürlich anziehend wirkte und gleichwohl Distanziertheit verriet. Doch merkte ich schon, auch er sah, wenn auch scheinbar in sich gekehrt, mit prüfendem Blick wiederholt zu uns herüber, und, kaum war ich aufgetaucht, dauerte es nicht lange, daß mir der Ober seine Karte

Ludwig v. Ficker. Um 1909.

übergab: Georg Trakl. Erfreut stand ich auf – denn kurz vorher (Mai 1912) hatte ich sein Gedicht „Vorstadt im Föhn" veröffentlicht –, begrüßte ihn und bat ihn an unseren Tisch.[15] Damit hatte Trakl den Mann kennengelernt, der ihn als Dichter vorbehaltlos annahm und die Möglichkeit hatte, seine Arbeiten durch Publikation zu fördern. Darüber hinaus hat er ihm bei seiner bald immer verzweifelter werdenden Suche nach einer materiellen Existenzgrundlage für eine Reihe von Monaten bei sich oder seinem Bruder Unterkunft gewährt.

Wer war dieser ungewöhnliche Tiroler, der einer bürgerlichen Randexistenz ohne nennenswerte literarische Erfolge mit solcher Offenheit gegenübertrat? Seine eigenen Lebenserfahrungen mögen dazu beigetragen haben: Ludwig von Ficker war kein geborener Tiroler. Die ersten 15 Lebensjahre verbrachte er in München, wo er am 13. April 1880 als ältester Sohn eines in Innsbruck lehrenden Universitätsprofessors für Rechtsgeschichte geboren wurde. Seine Mutter war eine Lehrerin aus Bruneck in Südtirol. Erst nach dem Tod der kinderlosen ersten Frau des Vaters konnte diese Verbindung, aus der noch zwei Söhne und zwei Töchter hervorgingen, legalisiert werden. Die Familie übersiedelte nach Innsbruck. Ludwig hatte schon früh Pläne, Schauspieler zu werden und schrieb mit 17 Jahren seine ersten literarischen Texte. Sein Drang zu künstlerischer Betätigung brachte ihn zunächst mit der Provinzkunst in Verbindung. 1898, im Innsbrucker Gründungsjahr der Literatur- und Kunstgesellschaft „Pan", wurde er deren Mitglied. Auf Wunsch des Vaters begann er ein Jusstudium, interessierte sich jedoch mehr für die literarische Arbeit. 1900 wurde sein Stück „Sündenkinder" im Innsbrucker Stadttheater mit einigem Erfolg aufgeführt. Er lernte eine Reihe von Schriftstellern kennen, darunter 1901 auch Gustav Streicher, Trakls ersten Förderer, zu dem ein loser Kontakt bestehen blieb.[16] Dem Vater (gestorben 1902) erschien er wegen seiner Interessen als *ein anscheinend endgültig verlorener Sohn.*[17] Er betrieb verschiedene Studien (Kunstgeschichte, Germanistik) in Berlin, Wien und Rom. Im Jahr nach dem Tod der Mutter heiratete er 1908 die aus Schweden stammende Cäcilie (Cissi) Molander und bezog mit ihr eine Wohnung im Hochparterre der Rauch-Villa in Mühlau bei Innsbruck.[18] Im selben Jahr trat der katholisch Erzogene zum Protestantismus über (Rückkehr 1932).[19] Er versuchte als freier Schriftsteller zu leben und arbeitete an der 1909 gegründeten Halbmonatsschrift „Der Föhn" mit. Als ihm die Leitung der Redaktion angetragen wurde, veranlassten ihn Uneinigkeiten wegen der Kompetenzen zum Rückzug, ebenso den Maler Max von Esterle. Aus der

Mühlau bei Innsbruck.

ausführlichen Beschäftigung mit Person und Werk des in Südtirol lebenden Dichterphilosophen Carl Dallago entstand der Plan, eine eigene Zeitschrift herauszugeben. Das väterliche Erbteil sollte die materielle Grundlage bilden. Er gewann dafür mehrere Mitarbeiter des „Föhn", und am 1. Juni 1910 erschien das erste Heft der Halbmonatsschrift „Der Brenner", eröffnet mit dem Beitrag „Frühling als Wecker" von Karl Dallago.[20] Dieser blieb eine Leitfigur in der geistigen Ausrichtung der

Die Rauchvilla in Mühlau. Die Familie Ficker wohnte im Hochparterre. Links außen die „Loggia", in der Georg Trakl zeitweise Unterkunft fand.

Zeitschrift vor dem Ersten Weltkrieg. Ficker schrieb als Herausgeber unter mehreren Pseudonymen[21] Gedichte und Satiren. Er wollte sich nicht in den Vordergrund rücken, da es ihm nicht darauf ankam, *selbst Jahresringe anzusetzen, sondern darauf, andere zu sich selbst kommen zu lassen.*[22] In diesem Sinn ist er auch Trakl gegenübergetreten; in ihm konnte er einen weiteren „Brenner"-Mitarbeiter zumindest vermuten. Trakls Verhältnis zu ihm blieb – trotz der freundschaftlichen Nähe vor allem in den letzten Lebensmonaten – respektvoll distanziert. In der Anrede ist es bis zuletzt beim „Sie" geblieben.

Während des Probedienstes bis Ende September hat Trakl Innsbruck wahrscheinlich nur selten verlassen. In den Augen der Spitalsleitung lebte er *ziemlich zurückgezogen, für einen jungen Mann fast zu menschenscheu* (II/679). Er wird in dieser Zeit in erster Linie dem Dienst in der Heeresapotheke nachgegangen sein. Soweit ihm Zeit blieb, arbeitete er an Gedichten, wie an „Psalm I" (I/55f.); ein Typoskript der ersten Fassung wurde in Salzburg geschrieben, gegen Ende September lag es fertig vor und erschien in der ersten Herbstnummer des „Brenner" am 1. Oktober.[23] Röck notierte für den Sommer mehrmals in seinem Tagebuch, dass er sich entweder mit Trakl allein oder zusammen mit anderen Mitgliedern des „Brenner"-Kreises getroffen habe. Immer wieder wird das „Max" (= Café Maximilian) erwähnt, wo regelmäßig Besprechungen des Herausgebers mit Mitarbeitern über redaktionelle Angelegenheiten stattfanden.[24] Röck notierte dazu einmal: *Der Brennertisch ist nichts als eine mündliche Zeitung; Literaturzeitung.*[25] Daneben wurden aber auch andere Lokale in der Innsbrucker Altstadt aufgesucht.[26] Röck geriet bald in ein bewunderndes Abhängigkeitsverhältnis zu

Der Militärmedikamentenakzessist Georg Trakl.

Trakl, das von Neid nicht ganz frei war, da er sich selbst als Lyriker und Kritiker profilieren wollte. Das Gefühl der Unterlegenheit gab seinem Verhalten eine selbstquälerische Note. Kurz nach Trakls Tod notierte er in sein Tagebuch, *dass ich bin wie eine Pflanze von der ein Stein weggelupft wurde; nun erst vermag ich mich wieder aufzurichten. So ein gewaltiger Alp war er, u. war er mir.*[27] Mehrfach versuchte er, sich von Trakl loszusagen, ihm seinen Dienst aufzukündigen, aber es gelang ihm nicht. In einer zusammenfassenden Darstellung vom 17. Dezember 1912 charakterisierte er seine Beziehung zu Trakl: *Ich bin nur Auge. Ich fühle es wohl, und gewahre wohl, dass ich sonst ein Nichts bin und nur ein Dienendes: einem Herzen. Der Trakl ist so ein Herz. Und ich weiß, dass mir recht gut geschieht wenn er eines Tages, in einem Anfall wunderbarer Raserei, heiliger barbarischer Raserei ungeheurer Liebe, der rechte Liebe, diesem Auge flucht u. es ausreißt, weil es ihn ärgert.* Röck spürte das Zwiespältige in Trakls Wesen, und in dieser vertrackten Metaphorik mit Anleihen aus der Bibel deutete er bereits die Rolle an, die er später eingenommen hat: Dienst an Trakl durch die Zusammenstellung seiner Gedichte für einen Verlag. Die erste Gesamtausgabe von 1918 hat Röck besorgt. Trakls Bedeutung für den „Brenner" schätzte er besonders hoch ein; er meinte sogar, dass die „Brenner"-Runde durch die *mystische Anziehungskraft Trakls* zusammengehalten werde.[28] Das mag zu jener Zeit etwas überzogen gewesen sein, da es auch Mitarbeiter gab, die mit Trakls Auftreten ihre Schwierigkeiten hatten (Hugo Neugebauer, Ludwig Seifert, Bernhard Jülg u. a.).

Karl Röck.

Bedenkt man jedoch, welch bedeutende Rolle Person und Werk Trakls über seinen Tod hinaus bis zum Ende des „Brenner" (1954) gespielt haben, so ist diese Beobachtung nicht ganz unzutreffend.

Röck notierte mehrfach etwas über Trakls Art, zu einem Thema Stellung zu nehmen. Seine Unbedingtheit, seine „wunderbare Raserei" fand er anziehend und bedrohlich zugleich; er erschien ihm nicht selten als dämonisch: *Ich hatte nicht die Kraft, wenn er etwas mit Rasen vertrat oder gegen etwas raste, dieses zu verteidigen und ihn als Rasenden ganz zurückzuweisen.*[29] Dass ihn Trakl seiner Meinung nach deswegen mit Geringschätzung betrachtete, nahm er hin. Seine Tagebucheintragungen sind ein verzerrter, aber nicht blinder Spiegel der Themen, über welche im „Brenner"-Kreis gesprochen wurde. Die meisten gehen auf gemeinsam verbrachte Abende zurück, auf Spaziergänge oder Ausflüge. Trakl blieb manchmal auch über Nacht bei ihm. Da die abendlichen Treffen sich meist in Cafés und Gasthäusern, anschließend häufig in privater Runde abgespielt haben, ist der Einfluss des Alkohols mit zu bedenken. Denn Trakl war, worauf Röck von Buschbeck später in einem Brief hingewiesen wurde, *durchaus zu Confessionen geneigt und hat sie oft, namentlich in trunkenem Zustand, abgelegt.*[30]

Die Gestalten und Themen, die in der „Brenner"-Runde im Mittelpunkt standen, waren in der Mehrzahl für Trakl nicht neu. Einige Namen: Nietzsche, Weininger, Dostojewski (auf ihn hat vielleicht Trakl hingewiesen), Hölderlin; einige Themen: Beziehung der Geschlechter, Zeit- und Kulturkritik, Gegenbilder zur bürgerlichen Erwerbswelt. Trakl konnte sich ohne große weltanschauliche Probleme in diesem Umfeld bewegen. *Da Trakl Themen aufgreift, die im „Brenner" diskutiert wurden, konnten seine Gedichte als poetisches Korrelat zu den zeit- und kulturkritischen Ausführungen des „Brenner" gelesen werden.*[31] Er hatte freilich den Vorteil, dass er in der literarischen Methode den anderen Lyrikern im „Brenner" voraus war.

Ein Thema allerdings, das ihn seit seiner Kindheit begleitete und dem er in mehreren dichterischen Vorbildern begegnet war (Verlaine, Novalis, Hölderlin), trat nun in Gedichten und Gesprächen stärker in den Vordergrund: Christentum und Bibel. Die Spannung zwischen den sich daraus abzuleitenden ethischen Leitlinien und eigenen ästhetischen Zielsetzungen nahm zu. Sie äußerten sich beispielsweise in einer weiter zunehmenden Skepsis gegenüber dem dichterischen Schaffen: *Alle Dichter sind eitel und Eitelkeit sei widerlich*, meinte er in einem Gespräch mit Röck in der Stehbierhalle am Marktgraben Ende Juni 1912.[32] Es ging dabei um Goethe, den Trakl mit Ausnahme der „Wahlverwandtschaften"[33] als oberflächlich ablehnte, im Unterschied zu Mörike, *der sich daran gegeben habe.* In dieser Hinsicht setzte er ihn mit Jesus gleich: *Alles Gedichtemachen sei nichts; was brauche man Gedichte und Welt als Wille und Vorstellung,*[34] *wenn man das Evangelium habe. Ein paar Worte des Evangeliums haben mehr Leben und Welt und Menschenkenntnis als all diese*

Die Stehbierhalle am Marktgraben, wo sich Georg Trakl über Goethe, Christentum und Gedichtemachen äußerte.

Gedichte. [...] Mitteilen könne man sich auch nicht mit Gedichten. Man kann sich überhaupt nicht mitteilen. Das sei alles Ausspruch.[35] Die Überzeugung vom absoluten Wert der schöpferischen Arbeit, die er früher in Anlehnung an Nietzsches philosophische Schrift „Die Geburt der Tragödie aus dem Geist der Musik" geteilt hatte,[36] war nun geschwunden. Trakls letzter Aphorismus mit der Aussage, das Gedicht sei eine *unvollkommene Sühne* (I/463), zeigt diesen Wandel am deutlichsten. Als Lebensprogramm war der Beruf „Dichter" also fragwürdig geworden, das heißt aber nicht, dass er sich zu einer Abwendung vom Schreiben hätte entschließen können, etwa wie Rimbaud. Für ihn blieb es immer noch die Betätigung, die ihm am ehesten Befriedigung verschaffen konnte. Das beweisen nicht nur die vielen Gedichte aus dieser Zeit, sondern auch seine Sorgfalt hinsichtlich der Drucklegung. Die folgenden Sätze aus einem Brief sagen es unmittelbar: *So habe ich diese Wochen zur Arbeit genutzt und es ist einiges entstanden, mit dem ich ein wenig zufrieden sein kann. Mein Leben wäre ohne diese Stunden des Überströmens und der Freude sonst allzu dunkel.* (I/525)

Neben der wachsenden Skepsis gegenüber dem Dichterberuf lässt am Gespräch in der Stehbierhalle sein Hinweis auf das Evangelium aufhorchen. Von Beginn seiner Innsbrucker Zeit an also spielte die christliche Thematik in Gesprächen Trakls im „Brenner"-Kreis eine wichtige Rolle.[37] Er hat sich dazu nicht nebenbei geäußert, sondern in betonter Form. Röck notierte: *Er immer mehr Bekenner,*[38] womit zwar auch Trakls bereits bekannter Gesprächsstil charakterisiert ist, doch auch die Wichtigkeit des Themas unterstrichen wird. Die Frage, ob Trakl nun tatsächlich Christ gewesen ist oder nicht, beschäftigte manche aus dem „Brenner"-Kreis (Ludwig v. Ficker, Carl Dallago) schon zu seinen Lebzeiten; sie war nach seinem Tod immer wieder Anlass vor allem für Ludwig v. Ficker und spätere „Brenner"-Mitarbeiter, dem Bild Trakls einen festen christlichen Rahmen zu geben.[39] Die Gegenreaktion blieb nicht aus.[40] In der Auseinandersetzung darüber, ob der aus einem Gespräch überlieferte Satz Trakls: *Ich bin Christ* authentisch ist oder nicht, gewann das Thema erneut eine gewisse Aktualität.[41]

Trakl hat sicher darauf reagiert, dass die Auseinandersetzung mit dem Christentum im „Brenner" eine große Rolle gespielt hat. Die meisten Gedichte, in denen christliche Motive anzutreffen sind, stammen aus der Innsbrucker Zeit, insbesondere diejenigen, auf die Ficker besonderen Wert gelegt hat, wie „Abendländisches Lied" (I/119), „Frühling der Seele" (I/141f.) und „Gesang des Abgeschiedenen" (I/144), mit denen er den „Brenner" nach dem Zweiten Weltkrieg eröffnet hat (als „Gedichte zur Erinnerung"). Da das Leiden und die Vergänglichkeit eine für Trakl stets gegenwärtige Erfahrung war, fiel es ihm nicht schwer, an ein Christentum anzuschließen, das gerade diesen Aspekt betonte. Er kannte es aus den Romanen Dostojewskis und begegnete ihm wieder in der Philosophie Kierkegaards, die er wahrscheinlich durch eine Schrift Theodor Haeckers kennengelernt hat.[42] In einer kommentierenden Eintragung im Röck-Tagebuch wird es so beschrieben: *Er [Trakl] hat eben das gewaltige Gemüt für all diese Untergehenden, Verfallenden, Irre werdenden, dem Irrsinn u. allem anderen durch scheußliche Krankheiten verfallenden[!]; die Beladenen und Belasteten, die Säufer, Dirnen, Wahnsinnigen, [...] Er ist geneigt, dies alles noch zu vermehren, dieses Weltunglück, er erblickt die Fürsorge, die Liebe, die Woltat [!] des lieben Gottes gegen die Menschen in diesen Schicksalen. Er wünscht sich und ist überzeugt, dies nach dem heiligen Willen Gottes zu wünschen: die Vermehrung, die Verbreitung, das Grassieren dieser zerstörenden Krankheiten: so würden die Menschen lernen, den Herrn Jesum zu erkennen.*[43] Gerade der letzte Satz dürfte ziemlich wörtlich eine offenbar mehrmals gebrauchte Wendung Trakls gewesen sein. Als sich seine Schwester Grete nach Georgs Tod aus einem *Gefühl namenloser Lebensangst* an Buschbeck um Hilfe wandte, meinte sie über ihre Lage: *Die ganzen letzten Zeiten waren solcher Tod, daß ich oft dachte, dieses Sein zu erleben, das Georg nannte: „unsern Herrn Jesum Christum kennen lernen".*[44] Die Wendung aus dem Mund des Bruders muss sich ihrer Erinnerung tief eingeprägt haben. Wahrscheinlich im Dezember 1912 notierte Röck in naiver Bildlichkeit: *Er [Trakl] hat den feindseligen vernichtenden Blick für das Leben: er sieht in allem, zumal im Süßesten, den Wurm; und freut sich als Christ dieses Wurms. Dies ist jedem Gesunden[,] der in den Chören der Männer schaffend lebt, fürchterlich. Ja, er muss sich denken: jener hat den bösen Blick, er tut überall den Wurm hinein, weil er ihn überall drin sehen will. [...] Die* Natur *des anderen ist entsetzlich, dass sie ihn solche Dinge sehen macht. [...] Und dennoch: erschien mir vieles wieder so wahr.*[45]

Neben der Leidens- und Verfallsthematik, die den Grundton in den Gedichten bildet, ist die Hoffnung auf Erlösung nur schwach ausgeprägt: Bei der Niederschrift von „Psalm I" schwankte er bei der Formulierung der letzten Zeile zwischen *Wie eitel ist alles!* (I/367) im Sinne des alttestamentarischen Predigers und *Schweigsam über der Schädelstätte öffnen sich Gottes goldene Augen* (I/56), worin die Hoffnung zum Ausdruck kommt, dass die entscheidende Katastrophe der Menschheit, die Vernichtung des Gottmenschen Jesus, überwunden werden könnte. Am deutlichsten sind christliche Denkmuster im Gedicht „Ein Winterabend" (I/102) erkennbar: Der Schmerz des einsamen Wanderers wird durch die Hinwendung zu „Brot und Wein", also Symbolen der christlichen Eucharistie, gelöst. Dieses Gedicht, entstanden im Dezember 1913 in Innsbruck, hat Trakl Karl Kraus gewidmet *als Ausdruck der Verehrung für einen Mann, der, wie keiner der Welt ein Beispiel gibt* (I/530). Wie kam es zu dieser Wertschätzung?

Bereits 1910 hatte Trakl, wie erwähnt, an Karl Kraus einen Brief geschrieben (I/479), ohne sich etwas von ihm zu erwarten. Er war ihm von der Lektüre der

„Fackel" her bereits bekannt, als der „Akademische Verband" in Wien ab Frühjahr 1910 eine Reihe von Kraus-Lesungen veranstaltete.[46] Es ist wahrscheinlich, dass Trakl sich einige davon angehört hat.[47] In Innsbruck lernte er in Ludwig v. Ficker einen großen Kraus-Verehrer kennen. Dieser hatte im zweiten „Brenner"-Heft einen Essay veröffentlicht, in dem er Kraus und seine Wirkung darstellte und sich dabei dessen sprachlicher Mittel aus der Überzeugung heraus bediente, *daß Kraus nicht ein beliebiges Phänomen unter anderen Literaten ist, sondern eine Instanz der Entscheidung, die ein Entweder – Oder fordert, eine absolute, ethische Reaktion, kurz ein Bekenntnis.*[48] Ficker bekannte sich zu ihm und lud ihn zu einer Lesung für

Karl Kraus. Zeichnung von Max Esterle.

den 4. Jänner 1912 nach Innsbruck in den kleinen Stadtsaal ein. Mit etwa 500 Zuhörern, auch aus anderen Städten Tirols, war es eine erfolgreiche Veranstaltung. Das war der Beginn einer engen Zusammenarbeit zwischen den beiden Herausgebern bis in die zwanziger Jahre hinein, die sich nach außen beispielsweise im Austausch von Annoncen zeigte. „Der Brenner" warb für „Die Fackel" erstmals im Heft vom 1. Februar 1912. Vor dem Ersten Weltkrieg folgten noch zwei Kraus-Lesungen in Innsbruck[49], zwei Lesungen wurden von Innsbruck aus in München organisiert. Ficker veranstaltete eine Rundfrage und gab eine Broschüre über Karl Kraus mit Beiträgen von drei Autoren aus dem „Brenner"-Kreis heraus.[50] Und es kam, was bei Kraus eher außergewöhnlich war, zu einer Reihe von freundschaftlichen Besuchen und einer gemeinsamen Reise.

Im Sommer 1912 hielt sich Kraus etwa vom 16. bis 25. August in Innsbruck auf.[51] Dabei ist Trakl mit ihm persönlich bekannt geworden. Röck borgte sich von Ficker 30 Kronen, speziell *für Abende mit Kraus* und hielt für den 23. August in seinem Tagebuch fest: *Abds Ficker, Trakl und ich mit Kraus. [...] sehr feiner Abend, Kraus wunderbar.*[52] Für Trakl war Kraus ein ethisches Vorbild in seiner als zerrissen empfundenen Existenz. Bahr und andere hatten ihn in seiner Suche nach Orientierung enttäuscht. Kraus tat es nicht, und Trakl dankte es ihm, indem er ihm drei seiner Gedichte widmete. Das erste war „Psalm I", an dem er zur Zeit des Kraus-Besuches möglicherweise schon gearbeitet hat. Für das erste Herbst-Heft des „Brenner" widmete er es ihm in der zweiten Fassung. Kraus reagierte mit der Veröffentlichung des Aphorismus über die „Siebenmonatskinder" in der „Fackel".⁵³ Darin stellte er eine Gemeinsamkeit zwischen ihnen fest: Beide seien sie unzeitgemäß, sowohl das zu kurz gekommene Siebenmonatskind (= Trakl) als auch der zu spät gekommene Epigone (= Kraus) und hätten nur den einen Wunsch: Zurück zur Mutter! Trakl antwortete darauf in einem Brief: *Ich danke Ihnen einen Augenblick schmerzlichster Helle. In tiefster Verehrung Ihr ergebener G. Trakl.* (I/492) Möglicherweise hängt sein zeitlich nicht näher bestimmter Ausspruch: *Ich bin ja erst halb geboren,* damit zusammen.⁵⁴ Die weiteren Gedichte, mit denen sich Trakl an Kraus wandte, sind ein Beitrag zur Rundfrage („Karl Kraus", I/123) und die 1. Fassung von „Ein Winterabend" (ohne Titel, I/383). Kraus spielte auch eine entscheidende Rolle bei der Suche nach einem Verlag für Trakls Gedichte und war mittelbar an der Spendenaktion Wittgensteins beteiligt, die Trakls materielle Probleme kurz vor seinem Tod hätte lösen können. Auf die Nachricht von Trakls Tod hin meinte Kraus in einem Brief an Sidonie von Nádherný: *Er ist wohl kein Opfer des Krieges. Es war mir immer unbegreiflich, daß er leben konnte. Sein Irrsinn rang mit göttlichen Dingen [...]*⁵⁵ Es ist nicht bekannt, wie beide miteinander umgegangen sind. Ficker meinte später, dass Kraus *wohl das Ungewöhnliche der Erscheinung Trakls spürte, aber im Grunde nichts Rechtes mit ihr anzufangen wußte.* Er begründete seine Meinung damit, dass Kraus ein Idealist mit *klassisch aufgeräumten Geisteshorizonten*⁵⁶ war, während Trakl in seinen Augen später zum *weitblickenden, seiner Zeit beherzt vorausschauenden Realisten*⁵⁷ wurde. Das ist jedoch eine Interpretation im Nachhinein und weniger eine unmittelbare Beobachtung.

Nach der Abreise von Karl Kraus aus Innsbruck ging der Probedienst in der Heeresapotheke seinem Ende zu. Ein Monat davor, am 29. August 1912, verfasste der Vorstand der Apotheke, Oberoffizial Ludwig Schasching, ein Gutachten über den Aspiranten Georg Trakl, das die Grundlage für den Bericht des Spitalskommandanten an das k.u.k. Kriegsministerium in Wien bilden sollte. Er folgte dabei einem ähnlichen Schema, das bereits bei der Beschreibung des Großvaters mütterlicherseits vor nicht ganz 60 Jahren verwendet worden sein dürfte: Anfangs wird kurz Trakls familiäre Situation dargestellt und anschließend seine gute Gesundheit, seine *leserliche Handschrift* und seine Fähigkeiten als *Maschinschreiber* hervorgehoben. Sein Verhalten wird als *ruhig bescheiden entgegenkommend und arbeitssam* charakterisiert. Eine kleine Einschränkung erfährt das sonst durchwegs positive Gutachten mit dem Satz: *Eine derzeit in den fachtechnischen Arbeiten noch geringe Übung wird sich ebenso wie die noch lückenhafte Kenntnis der verschiedenen Reglements, Dienstbücher und Vorschriften mit der Zeit beheben.* (II/677 f.) Zweierlei ist an diesem Gutachten bemerkenswert: Erstens der Hinweis auf Trakls Übung im *Maschinschreiben*: Viele seiner

Gedichte sind nur als Typoskripte erhalten. Er hat nach einer detaillierten Untersuchung elf verschiedene Maschinen benützt, deren jeweiliger Standort eine Hilfe für die Datierung der Typoskripte sein kann.[58] Zweitens ist seinen Vorgesetzten zwar seine höfliche Art des Umgangs aufgefallen; sie war aber mit einer Abneigung gegen alles Formelle gepaart, sodass es bald Schwierigkeiten gab. Im Bericht an das Ministerium heißt es, dass *sein Auftreten noch wenig militärisch sei*. Beinahe als Entschuldigungsgrund ist hinzugefügt, dass er *Philosoph und Lyriker* sei und schon einiges publiziert habe. (II/679) Trakl wurde in beiden Fällen für die Aktivierung empfohlen. Einer festen beruflichen Position als Heeresapotheker stand damit nichts mehr im Weg. Das Ministerium genehmigte den Antrag auf Übersetzung in diesen Berufsstand mit 1. Oktober 1912.[59] Aus diesem Anlass dürfte Trakl einige Tage Urlaub gehabt haben, die er zu Hause in Salzburg verbrachte.[60] Die Rückfahrt hat er gemeinsam mit dem von ihm nicht besonders geschätzten ehemaligen Mitschüler Oskar Vonwiller verbracht, der öfters beruflich in der Schweiz zu tun hatte. Alkohol scheint die Situation erträglich gemacht zu haben, wie er Buschbeck nach Salzburg berichtete: *Vonwiller: ein lachender Philosoph! O Schlaf! Der Wein war herrlich, die Zigaretten vorzüglich, die Laune dionysisch, und die Fahrt ganz und gar beschissen.* (I/490) Diese Sätze entsprechen einer Gemütslage, die durch die Aussicht auf die Existenz als Militärbeamter nicht gerade aufgeheitert war. So sehr Trakl Anstrengungen unternahm, um sein Leben materiell abzusichern, so trostlos erschien ihm eine solche Sicherheit: *Allerdings ist es traurig, wenn man [...] einen schlechten Witz mit sich macht und k.u.k. Militär-Medikamentenakzessist wird*. (I/491) Gegen die *Verlogenheit geheizter Zimmer, und die Bequemlichkeit, die einem Hämorroiden [!] im Arsch wachsen läßt* schien ihm wieder nur Alkohol zu helfen: *Wein, dreimal: Wein, daß der k.u.k. Beamte durch die Nächte tost wie ein brauner, rotbrauner Pan.* (I/490) Und Anfang November erwähnte er in einem Schreiben an Buschbeck die *abendliche Weinheizung* in Form von zehn Viertel Roten: *Um vier Uhr morgens habe ich auf meinem Balkon ein Mond und Frostbad genommen und am Morgen endlich ein herrliches Gedicht geschrieben, das vor Kälte schebbert.* (I/491) Leider ist nicht bekannt, welches das war. Röck erinnerte sich an *einzigartig eindrucksvolle Abende* im Oktober mit Trakl und dem Samengroßhändler Anton Traut, der ein Kenner guter alter Weinwirtshäuser[61] und Besitzer einer privaten Schnapsbibliothek war.[62] Ludwig Ullmann gegenüber schwärmte er in einem Brief von Ende Oktober vom *unsäglich wundervollsten Vorfrühling*, den er *seit Gedenken verlebt habe* (I/490); es werden wohl föhnige Tage gewesen sein.

Literarisch war der Herbst 1912 eine produktive Zeit. Nach „Psalm I" erschienen im Brenner vom 15. Oktober weitere in dieser Zeit entstandene Gedichte („Dämmerung", „Verwandlung", „Trübsinn"), dazu eine Karikatur Trakls[63] von Max v. Esterle,

Georg Trakl. Karikatur von Max Esterle im „Brenner".

der zunächst in der Zeitschrift „Der Föhn" und dann im „Brenner" regelmäßig Karikaturen und gelegentlich Kunstkritiken veröffentlichte. Mit dem in Wien, Paris und München ausgebildeten Maler war Trakl durch die „Brenner"-Kontakte freundschaftlich verbunden. Röck erwähnte ihn mehrfach in seinem Tagebuch als Mitglied abendlicher Runden. Trakl hatte mit dieser Karikatur keine Freude; sie scheint vorübergehend sogar Anlass zu einer Missstimmung gewesen zu sein.[64] Buschbeck gegenüber meinte er: *Du wirst in einem der „Brenner"hefte eine Karrikatur [!] finden, die leider an mir ganz vorbeigeraten ist.* (I/492) Einige Monate später widmete er Esterle jedoch das etwa ein Jahr davor in Salzburg entstandene Gedicht „Winterdämmerung" (I/20) und bezog sich damit auf die Vorliebe des Malers für winterliche Landschaften.[65] Im „Brenner" vom 15. Juli 1913 veröffentlichte Esterle dann noch eine „Widmung für Georg Trakl" (das sogenannte „Exlibris") und schrieb ihm dazu nach Wien: *Mehr, als Sie wissen können und mehr als ich Ihnen mitteilen kann, bin ich Ihnen innerlich verbunden. Meine Widmung ist daher keine erledigende „Revanche", sondern mein Denken an Sie. Sollte sie Ihnen Freude machen, so wäre mein Wunsch erfüllt, Ihre Einsamkeit für einige Monate mit Zuversicht und Trost zu bevölkern.* (II/759) Diesmal war Trakl mit der Zeichnung einverstanden; sie hat ihm eine *sehr tiefe Freude bereitet*, wie er Ficker gegenüber meinte. (I/521) Der Esterle-Zeichnung gegenüber war wohl nicht zufällig Trakls Gedicht „Kindheit" abgedruckt, dessen Schluss lautet: *[...] doch manchmal erhellt sich die Seele, / Wenn sie frohe Menschen denkt, dunkelgoldene Frühlingstage.* (I/79) Im Exlibris ist Trakl in der Haltung eines Nachsinnenden dargestellt.

„Ex libris" Georg Trakls von Max Esterle.

Die Veröffentlichungen in den „Brenner"-Nummern vom Herbst 1912 und Publikationspläne seines Freundes Buschbeck ließen Trakl an seiner Tätigkeit in der Garnisonsapotheke noch weniger Geschmack finden. Er empfand sie als Behinderung seiner literarischen Vorhaben und beklagte sich am Ende eines Briefes: *Ich sitze im Dienst; Arbeit, Arbeit – keine Zeit – es lebe der Krieg!* (I/492) Dieser Ausruf entsprang einer sarkastisch-melancholischen Laune; Trakl bezog sich damit auf das „Ruf"-Heft zum Thema „Krieg", für das er Buschbeck sein Gedicht „Trompeten" zur Verfügung stellte. Der Ausbruch des ersten Balkankrieges war nicht nur der Anlass für die Wahl dieses Themas im „Ruf", sondern scheint sich auch auf die Arbeitsanforderungen in der Garnisonsapotheke ausgewirkt zu haben, da Österreich-Ungarn zunächst durchaus geneigt war, gegen Serbien einzugreifen. Röck empfand die verstärkten militärischen Aktivitäten als bedrohlich; er notierte für den 15. November: *Soldaten üben im Morgenreif. Dunkel grauenhaftes Kriegsahnen – Rußland – infolge der Gespräche mit Trakl.*[66]

Titelblatt des „Ruf"-Heftes zum Thema „Krieg". Entwurf von Egon Schiele.

Trakls Hoffnung, aus der unbefriedigenden Situation wegzukommen, drückte sich auch in einem Bild eines Traumparadieses aus, das er in einem Brief an Ludwig Ullmann entwarf: *Viel Licht, viel Wärme und einen ruhigen Strand, darauf zu wohnen, ich brauchte nicht mehr, um ein schöner Engel zu werden.* (I/491) Im kurz davor abgeschlossenen „Psalm I" (I/55) hatte er ein ähnliches Bild von einer Südseeinsel (*verlorenes Paradies*) formuliert. Ullmann gegenüber deutete er an, dass er ihn vielleicht bald in Wien begrüßen könne, da er *soeben diesbezügliche Nachricht bekommen habe*. (I/491) Diese stand in einem Bescheid des Ministeriums für öffentliche Arbeiten,[67] der kurz zuvor an seine Salzburger Adresse geschickt worden war. Darin wurde ihm eine Rechnungspraktikantenstelle im Sanitätsfachrechnungsdepartment *verliehen* (II/691). Als Anfangsgehalt stellte man ihm ein mageres Adjutum von 600 Kronen jährlich in Aussicht. Den Dienst sollte er sofort, also am 1. November, antreten. Um diese Stelle hatte er sich länger als ein Jahr zuvor beworben; es handelte sich also um den von ihm bevorzugten Posten, für den er zunächst nur vorgemerkt worden war. Nun musste Trakl zweimal um einen vierwöchigen Aufschub des Dienstantrittes bitten,[68] da die geordnete Auflösung des Dienstverhältnisses als Militärapotheker einige Zeit dauerte. Beide Ansuchen wurden *gegen Karenz der Gebühren* bewilligt,[69] sodass Trakl bis 31. Dezember 1912 Zeit hatte, sein bestehendes Dienstverhältnis zu beenden. Am 30. Oktober suchte er um die Übersetzung in die Reserve mit der Begründung an, dass ihm *eine Stelle im Zivilstaatsdienste verliehen* worden sei. (II/698) Als künftiges *Domizil* gab er Wien an. Er musste eine Erklärung unterschreiben, sich auch im nichtaktiven Stand *stets seiner Militärbeamten-Charge gemäß nach Vorschrift adjustiert und ausgerüstet zu erhalten* (II/699), ehe im Personalblatt vom 20. 11. seine Übersetzung in die Reserve mit 30. November angezeigt werden konnte. Am 27. November bestätigte Trakl dem Garnisonsspital, dass es mit dem erhaltenen Sold seine Richtigkeit hatte. Am 5. Dezember wurde er von seiner Quartiergeberin polizeilich abgemeldet.[70] Damit endete der Abschnitt seiner längsten beruflichen Tätigkeit von acht Monaten. Alle weiteren Anläufe sind über eine Woche nicht hinausgekommen.

In den letzten Wochen des Dienstes in der Innsbrucker Garnisonsapotheke scheint einiges vorgefallen zu sein, was sich entgegen dem erwähnten positiven Gutachten vom 29. August in der Dienstbeschreibung zum Nachteil Trakls ausgewirkt haben dürfte. Über die Offiziere der k.u.k. Armee Österreich-Ungarns wurden nämlich jeweils im Herbst von ihren Vorgesetzten Qualifikationen angelegt bzw. ergänzt.[71] Eine erste Beschreibung hatte der Vorstand des Garnisonsspitals Nr. 2 in Wien, k.u.k. Militär-Medikamentenoberoffizial Mr. Rudolf Schwarz, nach Trakls einjährigem Präsenzdienst im Herbst 1911 angelegt. Seine Anmerkungen waren durchwegs positiv; als Gesamterfolg notierte er: *Für den Berufsstand sehr gut geeignet.* Diese Beschreibung wurde vom Innsbrucker Vorgesetzten, Mr. Ludwig Schasching, nun in gereiztem Ton zu Ungunsten Trakls abgeändert, und zwar auf der für das Ministerium bestimmten Ausführung.[72] Als Zeitraum kommt dafür nur der Dezember 1912 in Frage, da die Eintragungen ausdrücklich für dieses Jahr galten und die Übersetzung in die Reserve mit 30. November noch angeführt ist. Es ist denkbar, dass Trakl nach seiner Aktivierung am 1. Oktober oder vor allem nach der Mitteilung von der Zuteilung einer Stelle in Wien am 23. Oktober seinen Dienst in der Apotheke nicht mehr mit der von ihm erwarteten Sorgfalt verrichtet hat. Der Vorgesetzte Schasching „rächte" sich auf seine Weise: Beispielsweise wurde aus der Eintragung über die Privatverhältnisse (*ist als Magister in einer öffentlichen Apotheke angestellt, Einkommen zirka 200 bis 300 Kronen monatlich*) eine Bemerkung, die Unzuverlässigkeit signalisieren sollte: *privatisiert in der Heimatstadt*.[73] Die Anmerkung *gesund* wurde mit einem Fragezeichen versehen; Schasching fügte hinzu: *großer Neurastheniker, leidet viel an Kopfweh.* Ebenso versah er die kurze Charakteristik, in der er mehrere Steigerungsformen positiver Eigenschaften gestrichen hat, mit der Bemerkung: *Schauspieler – langsam und schwerfällig, folgt schwer oder garnicht, mindere Handschrift unleserliche Ziffern, überprüft schlecht die Arbeiten, – die er wann immer möglich jemandem überträgt.* Bei der bisherigen Qualifikation: *Nach ganzer Individualität ein sehr brauchbarer Medikamentenbeamter* strich er *sehr* und fügte hinzu: *Ja, Essig.* Aus *Für den Berufsstand sehr gut geeignet* machte er *ungeeignet*. Möglicherweise wollte Schasching die Behörde in Wien vor einer erneuten Aktivierung Trakls als Militärmedikamentenbeamter warnen. Ob diesem die herabsetzende Qualifizierung geschadet hat, bleibt offen. Trakl hat sich zwar bald wieder beim Kriegsministerium beworben, jedoch für die Stelle eines Rechnungskontrollbeamten (II/707f.); dagegen mochte Schasching nichts einzuwenden haben, als er das entsprechende Gesuch gegenzeichnen musste.[74] Bei der Mobilmachung im August 1914 werden solche Eintragungen keine nennenswerte Rolle mehr gespielt haben, da sich Trakl ohne Zögern *zur aktiven Dienstleistung präsentiert* hat.[75] Seine Spezialkenntnisse als Apotheker waren außerdem in dieser Situation besonders gefragt.

So verfahren Trakls berufliche Pläne waren, so erfreulich gestaltete sich trotz Hindernissen seine Situation als Dichter. Der „Brenner" druckte seit 1. Oktober 1912 regelmäßig mindestens ein Gedicht pro Nummer. Buschbeck war von Wien und Salzburg aus weiterhin um Publikationsmöglichkeiten bemüht. Er sorgte für die Aufnahme von Gedichten Trakls in zwei weitere Hefte des „Ruf"[76] und war bei der Unterbringung der Gedichte im literarischen Almanach des Salzburger „Pan" behilflich.[77] Darüber hinaus unternahm Buschbeck nach dem versandeten Anlauf von 1909 einen weiteren Versuch, die Gedichte des Freundes in Buchform herauszubringen. Der erste Hinweis ist in einem Brief Trakls vom Februar 1912 zu finden, in dem er sich in freundschaftlicher Laune Buschbecks Wohlwollen empfahl: *der Du dereinst meine Gedichte in Verlag nehmen willst.* (I/486) Nun stand Buschbeck freilich kein solcher zur Verfügung, sondern er musste einen finden; das dauerte länger als ein Jahr. Um die finanziellen Voraussetzungen zu schaffen, startete er im Herbst eine Subskriptionsaktion. Mit Trakl scheint er darüber ausführlicher bei dessen Salzburg-Urlaub Anfang Oktober gesprochen zu haben, denn in seinem kurz darauf in Innsbruck verfassten Brief hallt noch ein launig-euphorisches Echo nach: *Hoffnung: 100 Kamele, die subskribieren! 50 Prozent! Sage! fünfzig %! O der Buschbeck und Geschäft! Buschbeck und ein Dichter = zwei (schreibe) 2 heilige (hei-li-ge) Narren.* (I/490)[78] Er bat ihn noch um seine Wiener Adresse, die sich entweder geändert oder die er verloren hatte. Zunächst warben beide im Freundeskreis um Subskribenten; der Erfolg war *nicht gerade übermäßig* (I/489), als Trakl die erste Liste nach Wien schickte. Buschbeck wandte sich daraufhin an Karl Kraus und Ludwig v. Ficker mit der

Bitte, in den Zeitschriften „Die Fackel" bzw. „Der Brenner" eine Einladung zur Subskription der Gedichte Trakls abzudrucken. Beide waren dazu bereit. Ficker legte in der Nummer vom 1. November 1912 eine Postkarte für Kaufwillige bei (mit der „Brenner"-Adresse, wofür er Buschbeck um Verständnis bat. II/683), Kraus veröffentlichte in der Nummer vom 7. November ein kürzer gefasstes Inserat (ebenfalls mit der „Brenner"-Adresse). Ende November musste Ficker bei der Übersendung der eingelangten Subskriptionserklärungen an Buschbeck feststellen, dass die Ausbeute *wohl sehr dürftig sei.* (II/684) Auch seine Schwester Grete in Berlin hatte Interessenten zu werben versucht. Das Ergebnis: *Beiliegend der magere Subskriptionsbogen meiner Schwester, der mich wie ein Dokument des schrecklichsten Unglücks ansieht, ich weiß nicht warum.* (I/493) Insgesamt genügte es trotzdem, die Zahl 100 war erreicht, und Buschbeck konnte Ficker berichten, *daß damit das Erscheinen gesichert ist.* (II/684) An welchen Verlag er dachte, wusste auch Trakl zu dieser Zeit nicht. (I/497)

In den Monaten zuvor hatte er an der Zusammenstellung des Manuskripts gearbeitet, soweit ihm sein Beruf dazu Zeit ließ. In mehreren Briefen berichtete er darüber.[79] Nach dem Ende seiner Tätigkeit in der Heeresapotheke stellte Trakl die Druckvorlage in der Zeit des anschließenden Salzburg-Aufenthaltes vom 28. November bis 8./9. Dezember innerhalb von zwei Tagen als Typoskript fertig.[80] Bereits veröffentlichte Gedichte wurden von ihm ausgeschnitten, aufgeklebt und eingefügt. In dieser Form schickte er die Vorlage an Buschbeck mit der Bemerkung, dass er die Gedichte nicht *nach einem besonderen Gesichtspunkt* geordnet habe: *Falls Du eine andere Anordnung der Gedichte für angezeigt halten solltest, bitte ich Dich sie nur nicht chronologisch vorzunehmen.* (I/496f.) Er war sich unsicher wegen der Texte insgesamt und bat den Freund, ihm seine Bedenken mitzuteilen, da er selbst *nicht jene Sorgfalt aufgewendet habe, die wohl am Platz gewesen wäre.* (I/497) Buschbeck schrieb ihm ermunternd von dem *großen Eindruck,* den die Gedichte auf ihn gemacht hätten, an deren *Bilder ihn mehr bindet als die Gemeinsamkeit der Jugend oder [...] einzelner Erlebnisse.* Eine andere Anordnung hielt er nicht für notwendig: *Ich glaube, daß im Gegenteil diese ungezwungene und ungesuchte Buntheit der Bilder das beste, sicher aber das sympathischeste ist.* (II/751)

Unmittelbar nach seiner Rückkehr nach Innsbruck muss Trakl den Romanschriftsteller und Essayisten Karl Borromäus Heinrich kennengelernt haben.[81] Der ehemalige „Simplicissimus"-Redakteur war zu dieser Zeit noch Lektor beim Verlag Albert Langen in München und war von dem mit ihm befreundeten Schriftsteller Hermann Wagner auf Trakls Gedichte im „Brenner" aufmerksam gemacht worden.[82] Heinrich hatte das erste Zusammentreffen in unangenehmer Erinnerung, da er Trakl in einem Kreis von Freunden antraf, die *schon mehreres* getrunken hatten. Trakl verurteilte gerade in monologisierender Rede den Krämergeist der Deutschen, da er bei der Fahrt von Salzburg im bayrischen Rosenheim eine Flasche Rotwein um ein *Heidengeld* gekauft hatte, der sich dann als miserabel herausstellte.[83] Über Vermittlung Fickers, dessen Gast Heinrich war und dessen Briefpapier er verwendete, bot er sich an, die Aufnahme von Trakls Gedichten in das Programm des Langen-Verlages zu unterstützen. Am 12. Dezember schrieb Heinrich an Buschbeck nach Wien, er möge die Gedichte dem Verlag in München anbieten; dabei betonte er besonders, dass er sich nicht auf ihn berufen solle. (II/685) Das tat er mit gutem Grund, denn Heinrich musste zwei Monate später wegen *sovieler Scherereien von seiten pfändender Gläubiger* beim Verlag kündigen. (II/768) In dieser finanziellen Notsituation suchte er mit seiner Familie Zuflucht bei Ficker, der ihn bei seinem Bruder in Igls bei Innsbruck unterbrachte. Die ungeklärte Lebenssituation mag ein verbindendes Element zwischen Heinrich und Trakl gewesen sein; sie wurden Freunde. Der Langen-Verlag bestätigte noch vor Weihnachten den Erhalt der Gedichte und kündigte eine Entscheidung nach drei Wochen an. Diese dauerte dann allerdings bis Anfang März 1913, was auch mit dem Abgang des Lektors Heinrich zu tun gehabt haben könnte. Dieser ergänzte das ihm vom Verlag nach Innsbruck zugesandte Manuskript um einige Gedichte, die Trakl bereits ausgeschieden hatte. (I/507f.)[84] Am 27. 1. 1913 schickte er sie mit einer positiven Stellungnahme an den Verlag zurück. Die weitere Entscheidung konnte er nicht mehr beeinflussen. Nach einer Prüfung durch *sämtliche Instanzen* fand sich im Kuratorium des Verlags dann keine Einstimmigkeit. Die Gedichte wurden am 19. März 1913 abgelehnt. (II/686f.) Formelhaft heißt es im entsprechenden Brief,[85] dass Trakls Gedichte *als talentvoll befunden* worden seien.

Karl Borromäus Heinrich.

Ficker hatte mittlerweile überlegt, den Gedichtband im „Brenner"-Verlag herauszubringen. (I/504) Ihm erschien, nach einer Notiz von Röck, der Langen-Verlag als ungeeignet für Trakls Gedichte, denn *das sei doch ein so anderes Publikum*. Die Gedichtbücher dieses Verlages seien alle *im Rahmen des Verständlichen*.[86] Schließlich ging er auf das Angebot von Karl Kraus ein, der eine Verbindung zu seinem neuen Verleger Kurt Wolff – ehemals Ernst Rowohlt Verlag – herzustellen versprach. Buschbeck wusste davon und teilte es Trakl in einem Brief von Anfang April mit. (II/753f.) Als dieser den Brief des Freundes erhielt, dürfte er bereits das Angebot des Kurt Wolff Verlages zu einer *Publikation in Buchform* in der Hand gehabt haben (II/789). Im Antwortbrief berichtete er Buschbeck erfreut davon und wiederholte[87] seine Bitte, er möge ihm das Manuskript der Gedichtsammlung zurückschicken. Trakl wollte sie noch ordnen, bevor er sie beim Verlag einreichte. (I/509) Die Post kreuzte sich, Buschbeck hatte sie in derselben Anordnung, wie er sie vom Langen-Verlag zurückerhalten hatte, bereits abgeschickt. Fünf Gedichte wurden von Trakl herausgenommen, vier überarbeitete er, und elf fügte er neu hinzu, von denen sechs in den letzten Monaten entstanden waren.[88] Diese neue Zusammenstellung gab er Röck für einen Nachmittag zum Lesen;[89] der Freund zeigte sich erstaunt über die früheren Gedichte, die ihm unbekannt waren. Kurz darauf schickte er das Manuskript an den Wolff-Verlag, der den Eingang am 16. April bestätigte. In einem weiteren Brief bat Trakl den Verleger, bei der Wahl des Formates auf die Struktur der Gedichte Rücksicht zu nehmen und das Buch in Fraktur oder älterer „Antiqua" zu drucken. (I/510) Im Verlags-Vertrag wurden ihm ein Honorar von 150 Kronen und 12 Freiexemplare, davon 4 gebunden, angeboten. (II/687f.). Aus der Sicht des Verlegers war das *für ein erstes Versbuch sehr günstig.* (II/790). Dieser versprach auch, für das Buch intensiv zu werben, um Trakls Namen *überall bekannt* zu machen, und bat ihn, der Sammlung einen anderen Titel als „Gedichte" zu geben. Trakl schlug daraufhin den ursprünglichen Titel „Dämmerung und Verfall" vor, weil dieser seiner Meinung nach *alles Wesentliche* ausdrücke. (I/511)[90] Franz Werfel, zu dieser Zeit Lektor des Verlages und mit Karl Kraus noch befreundet, war von den Gedichten tief bewegt; er habe sie *mit großer Bewunderung* gelesen. (II/790) In Absprache mit Kurt Wolff bzw. dessen Verlagsdirektor Arthur Seiffhart, der das vereinbarte Honorar sofort überwies, plante er, vorerst eine Auswahl der Gedichte in der eben gegründeten Reihe „Der jüngste Tag" herauszubringen. Darin erschienen zu äußerst niedrigem Preis Texte junger Autoren, *die irgend ein selbständiger und starker Ausdruck* der Zeit seien. (II/792) Als Reihe sollten sie ein größeres Interesse finden denn als Einzelpublikationen. Erst im Herbst wollte der Verlag dann die ganze Gedichtsammlung Trakls, erweitert um bis dahin neu entstandene Arbeiten, herausbringen. Damit war Trakl nun gar nicht einverstanden. In einem ungewöhnlich scharf formulierten Brieftelegramm, dessen Diktion die Handschrift Fickers verrät, lehnte er den Plan einer Teilausgabe ab und drohte mit der Rücknahme der Gedichte: *Dementsprechend sehe ich mich auch veranlaßt, die Annahme des mir angewiesenen Betrages bis auf weiteres zu verweigern.*

(I/512) Der Verlag wollte es nicht auf eine juristische Auseinandersetzung, die er nicht fürchten hätte müssen,[91] ankommen lassen. Er wollte vielmehr *von Anfang ein sympathisches Verhältnis* zum Autor herstellen (II/794) und setzte die bereits eingestellte Drucklegung (II/792) fort. Trakl bedankte sich für das Entgegenkommen und die *Würdigung* seines *von rein künstlerischen Gründen diktierten Einspruchs.* (I/513) Die Gründe sind nicht näher angeführt; sie betrafen wohl die Überlegungen hinsichtlich der Zusammenstellung der Gedichte, die bei einer Teilausgabe unwirksam geworden wären, und das Format, das sich der Reihe hätte anpassen müssen. Im Zuge der zweimaligen Korrektur der Druckabzüge fügte Trakl noch das eben entstandene Gedicht „An den Knaben Elis" und die letzte Fassung von „Drei Blicke in einen Opal" ein. Sonst nahm er nur geringfügige Änderungen in einzelnen Formulierungen und in der Anordnung der Gedichte vor.[92] Die Subskriptionslisten, die noch bei Buschbeck lagen, wurden dem Verlag übermittelt. (I/516) Anfang Juli 1913 war der Band mit 49 Gedichten fertig. Es blieb bei dem ursprünglichen, schlichten Titel „Gedichte". In der Form war der Verlag einen Kompromiss eingegangen: Zwar wurde die gesamte Sammlung gedruckt, jedoch als Doppelband 7/8 in der Reihe „Der jüngste Tag", die geheftete Ausgabe mit schwarzem Umschlag und grünem Titelschild.[93] Die Subskribenten erhielten noch im Juli ein Exemplar, der Buchhandel wurde erst Ende August beliefert, da *ein Buch, das im Sommer erscheint, fast wirkungslos verpufft.* (II/689) Buschbeck, der die Herausgabe des Bandes in die Wege geleitet hatte, schrieb Ende Juli etwas enttäuscht an Trakl, dass *schon alle Leute bis herab zur Frau Vian*[94] *damit versehen* seien (II/756), er aber noch keines erhalten habe. Er entlehnte sich eines aus einer Sendung der Buchhandlung Morawitz an Trakl. Die Werbung für das Buch setzte erst im Herbst ein; so erschienen auch die Annoncen in der „Fackel" und im „Brenner" erst im September bzw. Oktober. Der Preis betrug zwei Kronen für die geheftete und drei Kronen für die gebundene Ausgabe.[95] Zu Lebzeiten Trakls wurde nur eine Auflage mit tausend Exemplaren gedruckt.[96] Es blieb der einzige Gedichtband, den Trakl zu sehen bekam. Wieviele Exemplare davon verkauft wurden, ist nicht bekannt.

Der erste Gedichtband.

Um die Jahreswende 1912/13 konnte Trakl von dieser Publikation noch nichts wissen. Die Aussicht auf eine berufliche Tätigkeit in Wien verunsicherte ihn erneut. Er befürchtete, dass es dort *noch schlimmer* werden könnte, und charakterisierte seine zwiespältige Lage mit dem Satz: *Es wäre leichter hier zu bleiben, aber ich muß doch fortgehen.* (I/495) An Buschbeck, dem er das schrieb, hatte er sich schon im November mit der Bitte gewandt, er möge ihm ein Zimmer im VII. oder IX. Bezirk besorgen. (I/495) Im Dezember verbrachte er etwa zwei Wochen in Innsbruck, während der er im Gasthof „Delevo", häufig Treffpunkt von „Brenner"-Mitarbeitern, logierte, auch wenn er zunächst Bedenken hatte, in Gesellschaft alter Damen das Frühstück einnehmen zu müssen. (I/498) Röck notierte für diese Zeit mehrere abendliche Zusammenkünfte. Einmal wurde dabei auch über Trakls Vornamen gesprochen und die Bedeutung des „Drachentöters" mit seiner Person in Beziehung gebracht. Dieser Gedanke tauchte an seinem Namenstag am 24. April wieder auf.[97]

Zu den Weihnachtsfeiertagen war Trakl zu Hause in Salzburg, wo sich auch Buschbeck aufhielt.[98] Die erfreuliche Aussicht auf das baldige Erscheinen der Gedichte mag die Stimmung dabei geprägt haben. Trakl arbeitete gerade intensiv am Gedicht „Helian". Ende des Monats fuhr er nach Wien und meldete sich nach der zweimaligen Verschiebung am 31. Dezember im Ministerium für öffentliche Arbeiten zum Dienstantritt. Vor dem k.u.k. Rechnungsdirektor Victor Pillwax musste er das

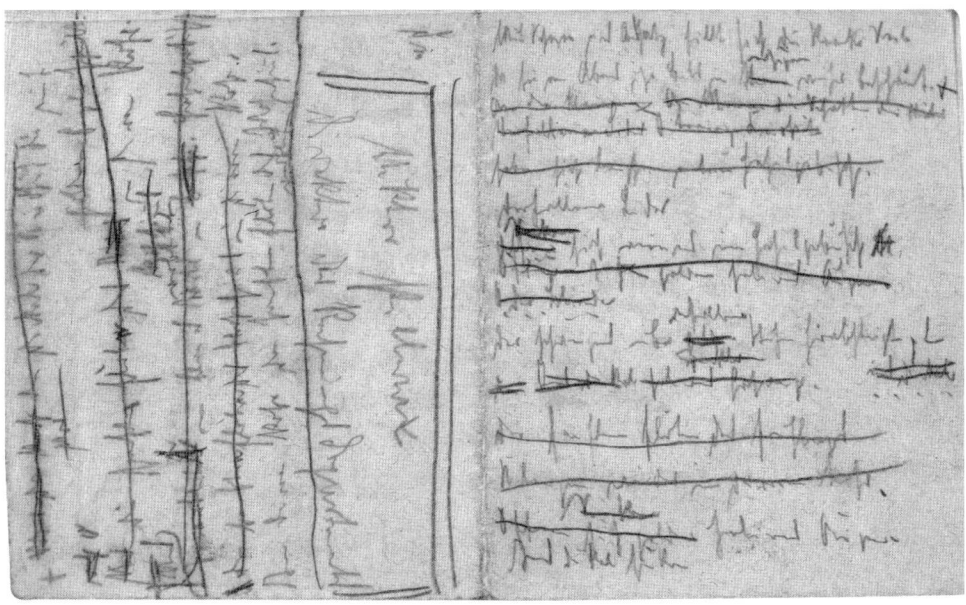

Neben dem Namen des künftigen Vorgesetzten (Rechnungsdirektor Pillwax) notierte Trakl Entwürfe zum „Helian".

Gelöbnis der Amtsverschwiegenheit ablegen, verschwand dann aber bald aus dem Büro.[99] Es ist nicht bekannt, wo er in diesen Tagen gewohnt hat.[100] Schon am darauffolgenden Feiertag, dem 1. Jänner 1913, schrieb er das Entlassungsgesuch (II/696) ohne weitere Begründung. Am 9. Jänner wurde dem vom Ministerium per Dekret stattgegeben. (II/697) Trakl verließ aber schon am 2. Jänner mit einem Abendzug fluchtartig die Stadt und besprach bei einem Treffen mit Buschbeck in Salzburg, um das er ihn telegraphisch gebeten hatte (*komme 11 h nachts muss dich sprechen = trakl.* I/498), die neue Lage. Er übertrug ihm die Aufgabe, die Familie von seinem Verzicht auf die Stelle in Wien zu verständigen und den Schulfreund Minnich in Eugendorf zu fragen, ob er eventuell bei ihm wohnen könnte. Über das Gespräch mit einem Bruder Trakls, wahrscheinlich Wilhelm, berichtete ihm Buschbeck später beschwichtigend: *Er nahm es sehr gefaßt auf und verlor durchaus nicht seine gute Laune.* (II/752) Minnich hielt sich aber gerade in München auf, deswegen reiste er sofort nach Innsbruck weiter. Die Reisetasche blieb bei Buschbeck.[101] Entweder vergaß sie Trakl, oder er hatte die Absicht, bald wieder zurückzukommen.[102] Jedenfalls bat er den Freund, ihm die Tasche nachzuschicken, da er notwendig Wäsche benötige. (I/499) Üblicherweise schickte Trakl die Wäsche von Innsbruck zur Reinigung nach Hause. Über die Fahrt schrieb er dem Freund: *Ich bin wie ein Toter an Hall vorbeigefahren, an einer schwarzen Stadt, die durch mich durchgestürzt ist, wie ein Inferno durch einen Verfluchten.* (I/499) Röck notierte am 3. Jänner: *Höre, wie er zu Ficker gestürzt kam.*[103] Trakl wohnte vorübergehend im Loggiazimmer der Rauchvilla. Für seine Flucht von einem Posten, auf den er länger als ein Jahr gewartet hatte, gibt es zwei Erklärungen, die

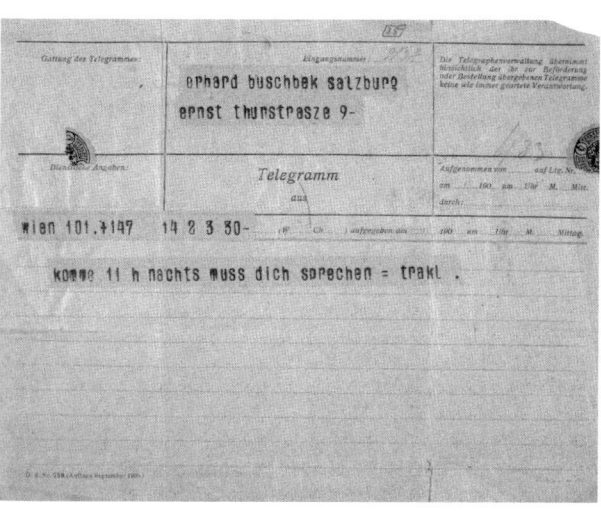

Telegramm Georg Trakls aus Wien an Erhard Buschbeck in Salzburg.

einander nicht ausschließen: Eine erwähnte Buschbeck in einem Brief an Franz Zeis, einen Wiener Bekannten aus dem „Akademischen Verband": Trakl sei die Zimmersuche ein *so beschwerlicher Greuel* gewesen, dass er *von Wien und einer festen Stelle deshalb geflohen* sei (II/711). Die andere Erklärung gab Trakl selbst seinem Innsbrucker Freund Röck, als er ihm am 4. Jänner abends das Gedicht „Helian" vorlas: *Ergreifend, ja erschütternd erzählt er, wie er auf seinem neuen Posten in Wien, im Ministerium, in den Tagen vor Neujahr völlig geistesabwesend war, für seinen „Helian". Daher dann dem Posten dort entflohen sei.*[104] Die Äußerung enthält ein wenig Selbststilisierung: Trakl hat sich nur wenige Stunden im Ministerium aufgehalten, und den „Helian" hat er – nach längerer Arbeit am Schluss – erst Ende Jänner fertiggestellt.[105] Er war ihm das *teuerste und schmerzlichste,* was er je geschrieben hat (I/501); am 1. Februar erschien das Gedicht im „Brenner".[106] Einen Sonderdruck davon verschickte Trakl an mehrere Freunde, wie an Buschbeck (I/502), L. Ullmann (I/500) und mit Widmung an K. B. Heinrich (I/465). Der „Helian" – der Name ist wohl eine Anspielung auf auf Verlaines „armen Lelian" und den Dichter-Bruder Hölderlin[107] – festigte Trakls Position als Dichter im „Brenner". Ficker äußerte sich dazu mit Worten der Bewunderung in einem seiner wenigen Briefe (7) an Trakl. Er sah im „Helian" *eine der erschütterndsten Offenbarungen, welche die deutsche Lyrik aufzuweisen hat. Die Gestalt dieser Dichtung mutet wie erstarrte Ewigkeit an.* (II/760) Buschbeck fand dafür den Satz: *Seine Schönheit ist voller Wunden, die eine milde Sonne bescheint.* (II/753) Die Schwester Grete schrieb nach Georgs Tod ein zwölfzeiliges Gedicht, mit dem sie sich im Titel auf das Gedicht des Bruders und auf Hölderlin bezog: „Helians Schicksalslied".[108]

Den Monat Jänner verbrachte Trakl in Innsbruck bei Ludwig v. Ficker bzw. dessen um sechs Jahre jüngeren Bruder Rudolf. Dieser war Besitzer der Hohenburg in der Nähe von Igls, einem Ort auf dem Mittelgebirge südlich von Innsbruck. Zu Fuß ist die Hohenburg von der Stadt aus in etwa einer Stunde zu erreichen; seit 1900 führte eine Lokalbahn bis nach Igls.[109] Am 6. Jänner, dem Dreikönigstag, holte Röck dort seinen Freund zu einem Spaziergang nach Lans ab,[110] wo der Gasthof Traube, der „Isserwirt", häufig das Ziel gemeinsamer Unternehmungen wurde. Die Grundstimmung blieb jedoch depressiv. An Buschbeck, der eine weitere Publikationsmöglichkeit ausfindig gemacht hatte,[111] schrieb er: *Mit mir steht es noch immer nicht am besten, obwohl ich es hier so gut habe, wie nirgends. Vielleicht wäre es doch besser gewesen, es in Wien zu einer Krisis kommen zu lassen.* (I/500) Im selben Brief ließ er Schwab bitten, er möge sich für ihn wegen einer Apothekerstelle im

Die Hohenburg bei Igls.

Allgemeinen Krankenhaus in Wien erkundigen. Die Auskunft war offenbar negativ. (I/502) Über Vermittlung Fickers bemühte sich der Architekt Adolf Loos beim Handelsmuseum in Wien um eine Stelle für Trakl. (II/704) Dessen nächster Plan war allerdings, sich wieder beim Militär um einen Posten umzusehen. (I/502f.)

Am 1. Februar kehrte Trakl nach Salzburg zurück. Aus dem Plan, zum seit Herbst verheirateten Karl Minnich[112] nach Eugendorf zu ziehen, wurde letztlich nichts; dieser hatte ihm noch im Jänner, bald nachdem er von Buschbeck über Trakls neue Situation informiert worden war, geraten, *mit dem Gefühle einer großen Wurstigkeit gegenüber der Troddelhaftigkeit jedes Berufes, nach Wien zurück zu kehren;* das sei das beste für seine Nerven (II/780). Die Situation im Elternhaus schilderte er ihm als unbedenklich: Seine Mutter mache sich Vorwürfe, dass sie ihm für Wien zu wenig Geld mitgegeben habe (II/780), und seine Leute hätten sich *über die Affaire schon ziemlich beruhigt.* (II/781) Das scheint Trakl bewogen zu haben, zu Hause zu wohnen.[113] Außerdem war seine Mutter gerade dabei, *Geschäft und Haushalt* aufzulösen: *In dieser Bitternis und Sorge um die nächste Zukunft, erschiene es mir leichtfertig, das Haus der Mutter zu verlassen* (I/502), schrieb er an Ficker. Der Haushalt war zunächst nicht betroffen. Welche Ereignisse es im Einzelnen waren, die zur Liquidation der Firma Trakl führten, ist im Detail nicht bekannt.[114] Die allgemeine Depression hat aber sicher die Bautätigkeit und damit den Eisenhandel stark getroffen.[115] Dazu kam, dass die Familie Trakl nach wie vor über ihre Verhältnisse

Georg Trakl mit Erhard Buschbeck bei Frau Minnich in Eugendorf bei Salzburg.

gelebt hat, wie ein ehemaliger Angestellter der Firma meinte. Im Juni bot Wilhelm sogar das ganze Haus dem Abt von St. Peter, Willibald Hauthaler, zum Kauf an.[116] Die Mutter ließ es aber 1914 für eine Vermietung umbauen: Die vorderen Geschäftsräume wurden baulich abgetrennt und mit einem eigenen Eingang zum Mozartplatz hin versehen.[117] 1917 musste sie das Haus aber dann doch verkaufen.[118]

Trakls Gemüt belasteten diese Vorgänge verständlicherweise besonders. An K. B. Heinrich, der mittlerweile mit Familie im Pachthof der Hohenburg in Igls wohnte, schrieb er: *Ich habe jetzt keine leichten Tage daheim und lebe so zwischen Fieber und*

Ohnmacht in sonnigen Zimmern dahin, wo es unsäglich kalt ist. Seltsame Schauer von Verwandlung, körperlich bis zur Unerträglichkeit empfunden, Gesichte von Dunkelheiten, bis zur Gewißheit verstorben zu sein, Verzückungen bis zu steinerner Erstarrtheit; und Weiterträumen trauriger Träume. Wie dunkel ist diese Stadt voll Kirchen und Bildern des Todes. (I/503) Diese bedrückenden Sätze über seinen inneren Zustand mit Bildern, die einer Rauscherfahrung entstammen dürften, richtete er an einen Menschen, der zu seinen unbedingten Verehrern gehörte und sich als seinen „Bruder" bezeichnete: K. B. Heinrich schlug in seiner Verehrung des *außerordentlichen Werkes* und der *liebwerthen Person* Trakls (II/768) Töne an, wie sie sonst nur im religiösen Bereich zu hören sind. Nach dem bereits erwähnten ersten, unerfreulichen Zusammentreffen im Dezember 1912 lernte er ihn als einen *Seher* kennen, der aus der Masse der Verseschreiber seiner Zeit herausrage: *Meine Überzeugung: daß sich in seinem Werke etwas Außerordentliches offenbart, wofür derzeit der Sinn fehlt, [...] wurde immer mehr bestärkt.*[119] In dieser Hinsicht traf er sich zu dieser Zeit noch mit der Einschätzung Fickers,[120] der über Trakls Dichtung sagte: *Ihr Blick hat alles Zeitliche in sich überwunden.* (II/760)

Im „Brenner"-Heft vom 1. März 1913 waren sowohl Heinrich als auch Trakl mit Texten vertreten: Von Heinrich erschien eine ins Mythische überhöhte Würdigung des *Bruders* Trakl unter dem Titel „Briefe aus der Abgeschiedenheit II. Die Erscheinung Georg Trakls." Im Unterschied zur *Insektenart*, zu der Literaturhistoriker gehören,[121] bekenne er sich schon zu Lebzeiten zu ihm. Den „Helian", dessen Entstehung Heinrich mitverfolgt hatte, halte er für unvergängliche Dichtung: *Ja, den „Helian" werden sie lesen. Vorher muß vieles zugrunde gehen, nicht nur was die Zeitgenossen lesen, sondern auch das allermeiste von dem was sie tun. Das Gedicht sei eine Offenbarung über das Hinsterben des Abendlandes [...] und über die reiche versinkende Schönheit seines Unterganges, wie sie nur durch den Mund dieses Dichters laut werden konn-*

Helian / von Georg Trakl

In den einsamen Stunden des Geistes
Ist es schön, in der Sonne zu gehn
An den gelben Mauern des Sommers hin.
Leise klingen die Schritte im Gras; doch immer schläft
Der Sohn des Pan im grauen Marmor.

Abends auf der Terrasse betranken wir uns mit braunem
Rötlich glüht der Pfirsich im Laub;   [Wein.
Sanfte Sonate, frohes Lachen.

Schön ist die Stille der Nacht.
Auf dunklem Plan
Begegnen wir uns mit Hirten und weißen Sternen.

Wenn es Herbst geworden ist
Zeigt sich nüchterne Klarheit im Hain.
Besänftigte wandeln wir an roten Mauern hin
Und die runden Augen folgen dem Flug der Vögel.
Am Abend sinkt das weiße Wasser in Graburnen.

In kahlen Gezweigen feiert der Himmel.
In reinen Händen trägt der Landmann Brot und Wein
Und friedlich reifen die Früchte in sonniger Kammer.

O wie ernst ist das Antlitz der teueren Toten.
Doch die Seele erfreut gerechtes Anschaun.

Georg Trakl: „Helian", Anfang. Erstveröffentlichung im „Brenner".

te.[122] Da dieser Aufsatz mehrfach nachgedruckt wurde, unter anderem in „Die Fackel", „Erinnerung", „Die Dichtung"- Gesamtausgabe der Werke Trakls von Kurt Horwitz von 1946, prägte er das Bild von Trakl nicht unwesentlich.[123]

Trakl war schon vor dieser Würdigung von Heinrichs bewundernder Haltung nicht unbeeindruckt geblieben und fühlte sich ihm auch wegen dessen Eintretens für seine Gedichte im Langen-Verlag verpflichtet. Trotzdem ist es erstaunlich, dass er in ihm innerhalb kurzer Zeit den *lieben Freund,* den *lieben Bruder* und *teuersten Freund* gesehen hat. (I/503, I/465, I/511) Die spontane Zuneigung könnte durch seine Lektüre von Heinrichs Roman „Menschen von Gottes Gnaden" aus dem Jahr 1910 ausgelöst worden sein. Heinrich hatte das Buch dem Freund Ende Jänner mit nach Salzburg gegeben.[124] In einer Episode dieses Romans erfährt ein junger Mann, dass seine Mutter in der Hochzeitsnacht *den „Schrei der Sehnsucht" ihres Halbbruders vernommen* habe und sich ihrer Neigung zu diesem bewusst geworden sei. *Aus diesem Grund sei ihre Ehe in Brüche gegangen, und in dieser verhängnisvollen Nacht sei er, der Sohn, gezeugt worden*[125]. Trakl begegnete hier dem Thema Inzest, das ihn seit seiner frühen Jugend als Obsession verfolgte, auf eine Weise, die ihm besonders nahe gehen musste: Die inzestuöse Beziehung wird in dieser Episode nicht realisiert, sie bleibt nur *ein ausgesprochener Wunschtraum, der nicht einmal eine Gedankensünde genannt werden kann.* Den Halbbruder befällt trotzdem eine *große Bußfertigkeit,* die sich in *außergewöhnlichen Entbehrungen* äußert. Trakl mag sich solchen Gedanken, wie sie offenbar auch in Gesprächen mit Röck im Jänner geäußert worden sind,[126] so nah gefühlt haben, dass er das im Jänner entstandene Gedicht „Untergang" in der 4. Fassung *seinem lieben Bruder Borromaeus Heinrich statt eines Briefs* (I/465) widmete[127] und von Salzburg nach Igls schickte. Die letzten beiden Verse lauten: *Unter Dornenbogen / O mein Bruder steigen wir blinde Zeiger gen Mitternacht.* (I/389) Dieser war *sehr erschüttert* und schrieb an Ficker: *Das Gedicht geht mir so nahe, ich kann gar nicht sagen wie.*[128] Offenbar am selben Tag noch schrieb er dann seine Würdigung Trakls.[129] Ficker nahm das Gedicht zusammen mit Heinrichs Aufsatz in die nächste „Brenner"-Nummer auf.

Kurz darauf, am 5. März 1913, bat K. B. Heinrich Trakl um ein Schlafmittel, *vielleicht ebenso viel wie das letzte Mal,* da er sehr viel arbeite und nachher gut schlafen möchte: *Es ist recht jämmerlich mit mir, nicht wahr.* (II/769) Trakl besorgte ihm eines, offenbar nicht ahnend, dass Heinrich einen anscheinend schon länger geplanten Selbstmordversuch unternehmen wollte: Vom 10. bis 16. März lag Heinrich mit einer Veronalvergiftung im Innsbrucker Krankenhaus. (II/571) Später meinte er Trakl gegenüber, dass er mit *großer Ruhe des Herzens und mit Klarheit des Geistes* gehandelt habe. Freunde hätten ihn gerettet. (II/770) Röck besuchte ihn am 15. März im Krankenhaus, als er *eben katholisch gebeichtet* hatte.[130] K. B. Heinrich hatte bereits vor seiner Bekanntschaft mit Trakl einmal eine ungewollte Veronalvergiftung, deren Ablauf er im zweiten Teil des „Brenner"-Aufsatzes „Vom toten und lebendigen Bewußtsein" ausführlich darstellte.[131]

Am 6. Mai kamen beide in München, wohin Heinrich zurückgekehrt war, wieder zusammen und schrieben aus dem Rathaus-Keller eine Karte an Rudolf v. Ficker in Igls. (I/514) Anlässlich des Erscheinens der „Gedichte" erklärte sich Heinrich bereit, für die „Frankfurter Zeitung" einen neuen Aufsatz über Trakl zu verfassen. (I/515) Er ist nie erschienen. Vom Jänner 1914 stammt der letzte Brief Heinrichs an Trakl, in dem er ihm seine religiös stilisierte Verehrung bestätigte: *Sie sind ausgezeichnet, lieber Freund, von Ihrem Gott. Und was Sie sagen, stimmt mit Ihrem Gott überein.* (II/772)

Die finanzielle Lage zwang Trakl im Februar 1913, sich doch wieder um eine Stelle zu bemühen. Kurzfristig arbeitete er in der Apotheke seines einstigen Mitschülers Gustav Müller in Oberndorf[132] und verdiente sich dabei 30 Kronen (I/506) Diese reichten aber nur für die dringendsten Bedürfnisse. Eine Lösung seines beruflichen Problems war das nicht. Also entschied er sich, doch wieder zum Militär zu gehen, und bewarb sich am 18. März 1913 beim Kriegsministerium um eine Stelle als Rechnungskontrollbeamter. (II/707f.) Robert Michel, der als Schriftsteller ein Mitarbeiter des „Brenner" und von Beruf Offizier war, kümmerte sich, von Ficker darum gebeten, in Wien um das Ansuchen. Nach einer Vorsprache im Ministerium am 5. April machte die Situation auf ihn *keinen ungünstigen Eindruck.* (II/708) Trakl musste über Verlangen des Garnisonsspitals in Innsbruck bzw. des Ergänzungsbezirkskommandos in Salzburg vom 23. April noch mehrere Unterlagen nachschicken, darunter auch ein Dekret zur Entlassung in die Reserve vom 30. November 1912, obwohl diese aus den Unterlagen der Behörde ersichtlich hätte sein müssen. Das Ansuchen sollte er bei dieser Gelegenheit erneuern. (II/709f.)

In der Nacht zum 1. April war Trakl einer Einladung Fickers gefolgt und wieder nach Innsbruck gefahren (II/761); er wohnte auf der Hohenburg bei Igls bei Fickers Bruder Rudolf, wo er mit Unterbrechungen bis etwa zum 10. Juni blieb.[133] Damit war er wieder dem „Brenner" nahe, der ihm *Heimat und Zuflucht im Kreis einer edlen Menschlichkeit* bedeutete, wie er Ficker in einem Brief bekannt hatte. Dessen *Großmut und Güte*, das *verzeihende Verständnis* seiner Freundschaft empfand er als Lichtblick in seiner düsteren Lebenswirklichkeit. (I/504) Ficker war freilich klar, dass er Trakl keine Erleichterung verschaffen konnte *angesichts einer ins Grenzenlose verlorenen Resignation* (II/761). Das in dieser Zeit in Innsbruck verfasste Gedicht „In der Heimat" (I/60) greift Motive der „schönen Stadt" (= Salzburg) auf, gewendet ins Unheimlich-Bedrohliche. Das Unheil hatte sich jetzt in ihr eingenistet.

Zunächst stellte er in Innsbruck die Gedichte für den Kurt Wolff Verlag zusammen, später brachte er an den Druckfahnen noch einige Korrekturen an. Geldnot peinigte ihn ständig. Buschbeck schickte ihm auf seine Bitte hin 50 Kronen, die er sich selbst hatte ausborgen müssen (II/754), und K. B. Heinrich freute sich über Trakls Ankündigung eines Besuches in München umso mehr, *als er ja finanziell noch schlechter daran ist als ich* (II/705). Trakl versuchte zu dieser Zeit, durch den Verkauf seiner Bücher zu Geld zu kommen. Karl Hauer, sein Freund in Salzburger „Pan"-Zeiten, hatte nach einem längeren Aufenthalt in Davos wegen einer schweren Tuberkulose (wie Gustav Streicher)[134] mit Unterstützung von Karl Kraus in München die Buchhandlung K. Tscheschlog erworben und ihr ein Antiquariat hinzugefügt. Trakl besuchte ihn wahrscheinlich bei seinem Münchner Aufenthalt am 6. Mai. Von Salzburg aus, wo er sich dann zwei Wochen lang aufhielt, schickte er eine erste Auswahl aus seinem Bücherbestand an Hauer, der in einem Brief vom 25. Mai *wegen Schätzung und Bezahlung noch um einige Tage Geduld* bat. (II/766) Monate später bot Hauer Trakl an, er möge ihm doch alle Bücher schicken, die er abgeben wolle, er werde einen *guten Preis* machen und *prompt bezahlen*. (II/767) In diesem Zusammenhang dürfte Trakl eine Liste der Bücher erstellt haben, die er abgeben wollte oder noch abzugeben hatte. (II/727)[135] Darauf stehen Werke von Dostojewski, Nietzsche, Weininger, Maeterlinck, Spitteler, Rilke, Shaw, Wilde, Schnitzler

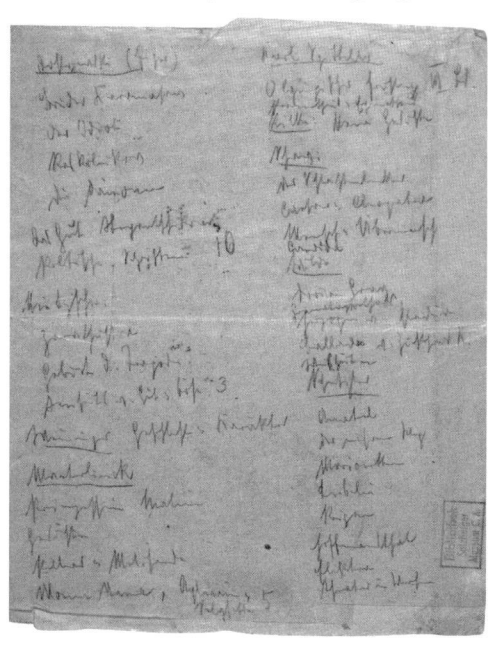

Bücherverzeichnis.

und Hofmannsthal. Neben einigen Lieblingsautoren befinden sich darunter also auch solche, von denen ungewiss ist, wie weit er sie gelesen hat.

Während der beiden Mai-Wochen in Salzburg besorgte Trakl die geforderten Unterlagen für sein Gesuch an das Kriegsministerium. Nach der Ausstellung eines Heimatscheines[136] schickte er sie nach dem 9. Mai nach Wien, hielt das erneuerte Gesuch selbst jedoch zurück, um die Entscheidung des Handelsmuseums abzuwarten. Das Ergebnis war nach einer Mitteilung von Loos unbefriedigend, und deswegen bat er von Igls aus, wohin er am 18. Mai zurückgekehrt war (I/516), Buschbeck in

Salzburg, sein Gesuch abzuschicken (I/517). Auf einer Postkarte ersuchte er ihn Anfang Juni in einem Ton der knappen Unbedingtheit um eine Bestätigung dafür (I/518) und kündigte an, *nächste Woche* wieder in Salzburg zu sein. Buschbeck bestätigt ihm, den Auftrag erledigt zu haben.

Der Aufenthalt auf der Hohenburg war für Trakl vergleichsweise erholsam. Dieser – vom Vater Julius v. Ficker erworbene – burgartige Ansitz liegt auf einem Hügel zwischen Lans und Igls und bietet einen weiten Ausblick auf die Berge der Nordkette und das westliche Inntal. Trakl benützte ein südöstlich, also zum Berg hin gelegenes Zimmer, von dessen Fensternische er den Waldrand auf der gegenüberliegenden Seite des Burggrabens beobachten konnte, wo häufig Rehe ästen. Er hatte

Der Lanser See bei Igls.

ein Klavier zur Verfügung, auf dem er mit Vorliebe die Mondscheinsonate gespielt haben soll.[137] Das schöne Wetter in dieser Zeit nützte er zum Baden im Lanser See. Nach Ficker soll er damals *oft in einer merkwürdig humorigen Stimmung* gewesen sein.[138] Röck notierte, dass er Trakl *kräftig abgebrannt und gebräunt* getroffen habe.[139] Besonders erfreulich schien ihm, dass sein Freund, den er als *seherischen, kariatydisch reglos weilenden Dämon der Stadt Salzburg* bezeichnete, sich angeblich das Trinken abgewöhnen wollte. Auf diese Zeit wird sich auch eine Eintragung Röcks beziehen,[140] in der er davon berichtet, wie er Nacktsport-Broschüren am „Brenner"-Tisch herzeigen wollte. Trakl habe sich *sehr abfällig* über diese Bewegung geäußert: *Er erblickte in ihr nur eine schamlose und seichte Entsexualisierung, die ins helle grelle Tageslicht bringt (und damit entzaubert), was nur im Verborgenen und Halbdunkel seine Kraft bewahrt.* Trakl verglich diese Bewegung mit dem Antialkoholismus; beide seien ein Ausdruck des amerikanischen *geschäfts- und geldmachenden Diesseitschristentums.* Trakl mag Zusammenhänge zwischen einer puritanischen Haltung und einem aggressiven Geschäftsgeist zumindest geahnt haben.[141]

Auf den Spaziergängen zwischen Igls, Lans und Sistrans sprachen sie auch von der Rundfrage des „Brenner" über Karl Kraus, die gerade im Gang war und deren Ergebnisse in den drei „Brenner"-Nummern von Juni und Juli veröffentlicht wurden.

Der erste von insgesamt 30 Texten stammte von Else Lasker-Schüler; in derselben Nummer vom 15. Juni erschien auch das Gedicht „Karl Kraus" (I/123) von Trakl.[142] Röck äußerte sein Missfallen über diesen *Kraus-Kult,* der ihm *mitten in Tirol* unangebracht schien. Trakl konnte sich solchen Ansichten, deren antisemitischer Nährboden unverkennbar war, nicht anschließen.[143] Es war auch sonst nicht seine Art, über andere Menschen herzuziehen, sondern neigte dazu, sich in Streitfällen auf die Seite der Beschuldigten zu stellen. Beim Isserwirt in Lans kehrte er gerne ein und unterhielt sich mit der Wirtin, in deren Erinnerung Trakl ein *seltsamer, stiller, aber ungewöhnlich und doch unaufdringlich humorvoller Mensch* war.[144] Einmal soll Trakl die Bauern dadurch aufgebracht haben, dass er auf einen bei einem „Glückstopf" als Gewinn ausgestellten Kalbskopf gezeigt und *in einem Anfall heiligen […]Grauens* gesagt hat: *Unser Herr Jesus!* Er meinte damit wohl die leidende Kreatur, die der Schaulust und dem Vergnügen anderer dient. Für die Anwesenden war diese Äußerung blasphemisch, sie wollten ihn deswegen hinauswerfen.[145]

Ein anderes Mal bemerkten die beiden auf einem Feldweg vom Isserwirt zur Hohenburg in der Dämmerung eine Kröte. Trakl schrie mit *kindlich hoher Stimme leise kreischend* auf, sprach dann aber trotz seiner Abscheu vor der Krüppelhaftigkeit des Tieres von den *Sternenaugen der Kröte.* Dieses schöne Bild schien Röck nicht zur Hässlichkeit des Tieres zu passen. Ein halbes Jahr später tauchte es im Prosagedicht „Traum und Umnachtung" auf: *Stille sah er und lang in die Sternenaugen der Kröte, befühlte mit erschauernden Händen die Kühle des alten Steins und besprach die ehrwürdigen Sagen des blauen Quells.* (I/147) Akustisch ähnlich reagierte Trakl in einem anderen Zusammenhang; Röck berichtete einem Bekannten später davon: Als Trakl in den ersten Monaten in Innsbruck vom Hausherrn in Pradl beschuldigt wurde, er habe ihm auf die Stiege gespuckt, habe er *wie ein kleines Kind mit versterbender Stimme geschrien.*[146]

In diesen Wochen auf der Hohenburg arbeitete Trakl an der Fertigstellung der „Elis"-Gedichte (3 Fassungen). Eine Vorstufe dazu, das Gedicht „An den Knaben Elis", war am 1. Mai bereits im „Brenner" erschienen und noch in die Sammlung „Gedichte" aufgenommen worden. Nach „Helian" und „Untergang" sind die „Elis"-Gedichte ein weiterer Hinweis darauf, dass sich Trakl in dieser Zeit verstärkt mit Hölderlin befasst haben muss.[147] Es sind zunächst wörtliche Anlehnungen und Motive, die an den schwäbischen Dichter erinnern (z.B. Liebende, Brot und Wein, Wild), dann aber auch eine andere Perspektive, die in Trakls Gedichten 1913 immer stärker zutage tritt: An die Stelle des Reihungsgedichtes, das einzelne Beobachtungen aus der Distanz registrierend zusammenfügt, tritt verstärkt eine Betrachtungsweise, die historische und mythologische Zusammenhänge mit ins Bild bringt. Im Gegensatz zu Hölderlin jedoch war für Trakl die Antike keine Gegenwelt zu der als untergangsreif empfundenen Gegenwart, sondern die Vorstellung vom reinen Menschentum, eingebettet in eine lebendige Beziehung zur umgebenden Natur: *Vollkommen ist die Stille dieses goldenen Tags. / Unter alten Eichen / Erscheinst du, Elis, ein Ruhender mit runden Augen.* (I/85) Gegenbild dazu ist das *verwesende Geschlecht* in den Städten. Dem *Einsamen*, dem *Fremden* ist es möglich, als *Seher* die Zeichen zu erkennen und sie in Bildern des drohenden Untergangs zu gestalten. Er bleibt von diesem jedoch selbst nicht verschont, er kann sich ihm nicht souverän gegenüberstellen, sondern erscheint als Teil davon. Für den Nietzsche-Anhänger Carl Dallago war Trakl deshalb eine *Verfallserscheinung*, die er ablehnte.[148] Mit dieser Ansicht stieß er auf Fickers Widerspruch, der zwar wusste, dass Trakls *ungeheure seelische Vereinsamung* zu geistiger Umnachtung führen könnte, doch gerade als Verfallserscheinung hielt er ihn für künstlerisch bedeutsam: *Eben darin sei er Hölderlin „wesensverwandt".*[149] Diese Debatte über Trakl in einem Briefwechsel des Frühsommers 1913 bezog sich also klar auf den schwäbischen Dichter und war ein Anzeichen dafür, dass sich die Leitvorstellungen im „Brenner" zu wandeln begannen, und zwar im Sinne einer Abwendung von der Orientierung an Nietzsche: *In irritierten, persönlich dissonanten, gesellschaftlich auch in ihrem Protest unabgestützten Naturen äußere sich die poetische Eigenständigkeit reiner, glaubwürdiger als in solchen, die sich persönlich abgerundet gegen die Gesellschaft stellen.*[150] Trakl hat mit seiner immer stärker zerrütteten Existenz das Bild Fickers vom Künstler wesentlich verändert.

Kurz nach dem 10. Juni 1913 fuhr Trakl nach Salzburg, weil er annahm, seine Schwester Grete dort treffen zu können.[151] Ob es dazu gekommen ist, wissen wir nicht. Wer aber schon auf ihn wartete, war sein Freund Buschbeck, der aus einem gewissen Überdruss an den Wiener Verhältnissen[152] bereits im Mai nach Salzburg zurückgekehrt war und kaum Gesprächspartner hatte. Er war viel mit Hermann Bahr zusammen und unternahm mit ihm mehrere Bergtouren.[153] Ficker versuchte von Innsbruck aus ein Treffen zwischen Trakl und Adolf Loos, mit dem er über Kraus bekannt geworden war, zu arrangieren. Als der Architekt auf einer Rückreise von Venedig einen Umweg über Innsbruck und Salzburg machte in der Hoffnung, Trakl werde mit ihm nach Wien fahren, ging dieser nach Mitternacht zum Bahnhof, verfehlte Loos aber. Er berichtete Ficker davon (I/518) und vermittelte ihm aus der *Düsterniß* [!] des kalten und verregneten Salzburg ein Bild der dunkelsten Hoffnungslosigkeit und Selbstverachtung, das auf dem Hintergrund der *sonnigen Innsbrucker Tage* umso bedrückender wirkt: *Zu wenig Liebe, zu wenig Gerechtigkeit und Erbarmen, und immer zu wenig Liebe; allzu viel Härte, Hochmut und allerlei Verbrechertum – das bin ich. Ich bin gewiß, daß ich das Böse nur aus Schwäche und Feigheit unterlasse und damit meine Bosheit noch schände. Ich sehne den Tag herbei, an dem die Seele*

in diesem unseeligen Körper nicht mehr wird wohnen wollen und können, an dem sie diese Spottgestalt aus Kot und Fäulnis verlassen wird, die ein nur allzu getreues Spiegelbild eines gottlosen, verfluchten Jahrhunderts ist.
Gott, nur einen kleinen Funken reiner Freude — und man wäre gerettet; Liebe — und man wäre erlöst. (I/519)

Ficker vermutete in seinem Antwortschreiben, dass das nicht zustande gekommene Treffen mit der Schwester der Grund für Trakls Niedergeschlagenheit gewesen sei (II/761). Er versuchte ihn aufzurichten (*Was Sie an sich Härte nennen, ist gut und gerecht*) und gestand ihm, dass seine Härte auch für ihn selbst *ein guter Schmied* sei: *Nie wieder dürfen Sie sich anklagen! Hören Sie! Denn dies ist härter zu ertragen als alle Härte, die man Ihnen zu danken hat.* (II/762) Daraus lässt sich schließen, dass der Umgang mit Trakl Ficker manchmal ein erhöhtes Maß an Geduld und Entgegenkommen abverlangte. Im nächsten Brief folgte ein ermunterndes Lob für seine Arbeiten: *Ihre letzten Gedichte sind herrlich, herrlich! Vielen Dank!* (II/763)[154] Ficker schloss mit guten Wünschen für Wien.

Am 25. Juni war nämlich Trakls Ansuchen vom März um Übernahme ins Rechnungskontrollamt des Kriegsministeriums positiv erledigt worden (II/710). Die Aussicht auf diesen neuen Posten im Staatsdienst, der mit der Unterwerfung unter ein bürokratisches Reglement verbunden war, konnte für ihn kein Lichtblick sein, sondern verstärkte seine depressive Stimmung. Er litt an heftigen Schwindelanfällen und äußerte seine Angst vor dem *Gang in dieses Dunkel* Ficker gegenüber (I/520). Wohlwollende Bekannte und Freunde standen ihm tätig bei: Loos schickte 30 Kronen Reisegeld, wartete aber vergebens auf eine Reaktion: *Ist es amende* [!] *verloren gegangen?* (II/711) Buschbeck versuchte, von Salzburg aus ein Zimmer für Trakl in Wien zu organisieren, da er wusste, dass die Zimmersuche den Freund *nervös und mutlos* mache. Er bat Franz Zeis, Mitglied des „Akademischen Verbandes", sich in den Vororten Grinzing oder Sievering um ein Quartier umzusehen, wo Trakl gerne gewohnt hätte. Zeis erklärte sich dazu bereit, obwohl er Trakl nicht kannte und auch nicht wissen konnte, ob er verheiratet ist. Buschbeck teilte ihm mit: *Übrigens ist er zu seinem Bedauern unbeweibt.* (II/713) Am Sonntag, den 14. Juli 1913 fuhr Trakl nach Wien, wurde wahrscheinlich von Zeis am Bahnhof abgeholt und in ein Quartier gebracht, wo er aber nur kurz geblieben sein kann. Denn am 17. Juli[155] schrieb er auf einer Karte aus dem Urbani-Keller an Buschbeck, dass er bei seinem Freund Schwab wohne. Dieser überließ ihm das Zimmer in der Stiftgasse 27 und fuhr selbst ins heimatliche Taxenbach im Land Salzburg. (I/520f.)

Den Probedienst als Rechnungskontrollbeamter im Kriegsministerium trat Trakl am 15. Juli an. Schon bald stellte sich heraus, dass diese Beschäftigung nichts für ihn war. Am 17. Juli schrieb Franz Zeis, der in der Betreuung Trakls in Wien an die Stelle Buschbecks getreten war, an seine spätere Frau, die Malerin Valerie Petter: *Trakl wird kaum die Stelle behalten. Er bekommt nichts gezahlt und muß immer addieren* (II/714), und fügte folgende Beobachtungen über Trakl hinzu: *Er ist ein lieber Mensch, schweigsam, verschlossen, scheu, ganz innerlich. Sieht stark, kräftig aus, ist aber dabei empfindlich, krank. Hat Hallucinationen, „spinnt" (sagt Schwab). Wenn er hie und da etwas Geheimnisvolles ausdrücken will, hat er eine so gequälte Art des Sprechens, hält die Handflächen offen in Schulterhöhe, die Fingerspitzen umgebogen, eingekrampft, Kopf etwas schief, Schultern etwas hochgezogen, die Augen fragend auf einen gerichtet.* (II/713) Trakl selbst schrieb an Ficker: *Ich bekleide hier ein unbesoldetes Amt, das reichlich ekelhaft ist und wundere mich täglich mehr, daß man für das Addieren, das ich schwerfällig genug wieder zulerne von mir keine Kaution verlangt.* (I/521) Etwa am vierten Tag meldete er sich krank (II/714), und am 12. August verzichtete er auf den weiteren Probedienst und damit auf diese Stelle. Ob er vorher noch einmal im Büro erschienen ist, ist unbekannt. Loos, der sich öfters in Gesellschaft von Karl Kraus mit ihm getroffen hat, versuchte eine andere Stelle für ihn zu bekommen. In sein Gästebuch schrieb Trakl eine Art Gelegenheitsgedicht, in dem er sich auf das skandalträchtige Haus am Michaelerplatz bezog: *Antlitz eines Hauses: Ernst und Schweigen des Steins groß und gewaltig gestaltet. Adolf Loos in Bewunderung.* (I/465) Trakl äußerte offenbar wieder die Absicht auszuwandern, denn Robert Müller sah ihn schon als Lazarettgehilfe auf einem Lloyddampfer nach Amerika fahren, *was ihm gewiß sehr gut täte. Er hielt ihn für nicht sehr gesund, und zwar nicht organisch, sondern aus Schlamperei; das tut mir sehr leid; er sieht elend aus; und das irritiert mich umso mehr, als mir seine Seele gefällt."* (II/706)

In dieser Zeit dürfte sich Trakl für die Gotik bzw. den „Geist der Gotik" näher interessiert haben, denn er bat Buschbeck, ihm Bücher zu nennen, die Lesenswertes zu diesem Thema zu bieten hätten.[156] Neben dem Band III von Lamprechts „Deutsche Geschichte" und einem Bildband über „Altdeutsche Malerei" empfahl ihm dieser von Salzburg aus besonders das eben erschienene Buch „Die drei Stufen der Erotik" von Emil Lucka, der 1910 im „Akademischen Verband" einen Vortrag gehalten hatte. Buschbeck meinte, das Buch *soll gerade in dem Kapitel ausgezeichnet sein,* und wies ihn noch auf Ausgaben der Mystiker Eckart, Tauler und Suso hin. (II/756) Wie weit Trakl von diesen Empfehlungen Gebrauch gemacht hat, ist unklar, doch dürfte er sich jedenfalls mit Luckas Buch der „*Metaphysischen Erotik*"[157] befasst haben; er brauchte es sich auch nur von Ludwig Ullmann auszuleihen.

Nach seinem Weggang vom Ministerium war Trakl nämlich öfter mit Robert Müller und Ludwig Ullmann vom „Akademischen Verband" zusammen. Unter der Federführung von Erhard Buschbeck und Robert Müller sollte dort eine Anthologie

„Jung Wien" erscheinen. Trakl wurde neben 15 weiteren Autoren gebeten, dazu einige Gedichte beizutragen; das war sicher eine günstige Publikationsmöglichkeit. Er fragte deswegen Anfang August beim Kurt Wolff Verlag um Erlaubnis an, da er sich im Vertrag verpflichtet hatte, seine Arbeiten innerhalb der nächsten fünf Jahre *in erster Linie* diesem Verlag anzubieten. (II/688) Am 21. August schrieb Robert Müller an Buschbeck in Salzburg, dass die Anthologie im für die expressionistische Literatur wichtigen Saturn-Verlag in Heidelberg erscheinen werde. (II/706)

Trakl war zu dieser Zeit nicht mehr in Wien. Er hatte auf Einladung von Adolf Loos die erste größere Reise seines Lebens angetreten. Am 15. August, dem Tag vor der Abreise, schickte er noch Grüße an Buschbeck in Salzburg: *Lieber! Die Welt ist rund. Am Samstag falle ich nach Venedig hinunter. Immer weiter – zu den Sternen. Dein G. T.* (I/523) Dies war die letzte schriftliche Mitteilung von insgesamt 57 Briefen und Karten an Buschbeck seit April 1909. Auffallend ist, dass sich die Anrede in den letzten, meist knappen Mitteilungen verändert hat: Sonst lautete sie fast durchwegs *Lieber Freund* (anfangs *Lieber Buschbeck*), jetzt wurde daraus einmal *Lieber Fallot!* (17.7.1913; I/520), oder er ließ die Anrede überhaupt weg (24.7.1913; I/522) und verkürzte zuletzt auf *Lieber!* Alle drei Mitteilungen sind Ansichtskarten aus Wiener Lokalen, gemeinsam mit Freunden geschrieben. Trakl widmete Buschbeck kein Exemplar der „Gedichte", wozu er bei Adolf Loos und E. Alphons Rheinhardt, die ihm nicht besonders nahe standen, bereit war. Was war geschehen?

Buschbeck hielt sich den ganzen Sommer über in Salzburg auf. Dabei scheint auch die Beziehung zu Trakls Schwester Grete vorübergehend enger geworden zu sein, wie sie es ja immer gewünscht hatte. Es gibt die Vermutung, dass es schon im Jahr 1912 ein *dramatisches Liebesverhältnis* zwischen Buschbeck und Grete gegeben haben soll, von dem Georg erst später erfahren hat,[158] doch spricht viel mehr für das Jahr 1913. Grete war nach der Verehelichung manchmal in

Erhard Buschbeck 1913.

Salzburg zu Besuch; das mag besonders der Fall gewesen sein, als ihr Mann seine Stelle bei der „Kurfürsten-Oper" in Berlin im Frühjahr 1913 verloren hatte.[159] Anfang Juni war von einem solchen Besuch die Rede; Trakl fragte Buschbeck deswegen in einem Brief (I/517). Einige undatierte briefliche Mitteilungen Gretes an Buschbeck dürften am ehesten aus dieser Zeit stammen und sind in einem wesentlich vertrauteren Ton gehalten als solche aus früheren Jahren.[160] Grete teilte ihm beispielsweise mit, dass sie *noch bis 30. hier* bleibe, oder bat ihn, sie *morgen abend von zuhaus abzuholen*, sie erwarte ihn *bestimmt zwischen 8 uhr bis 8 1/4*. Oder sie schrieb ihm aus Berlin, dass diese Stadt die seine sei, weil auch die Berliner es nicht verstünden, *einen Rausch harmonisch zu durchleben. Man hat hier ein ewiges Erbrechen.* Buschbeck war offenbar nicht bereit, sich den Folgen einer extremen Lebensweise auszusetzen. Der Schlusssatz dieses Briefes: *Lieber Falott leb wohl,* erinnert an Trakls Karte aus dem Urbani-Keller vom 17. Juli, auf der er für Buschbeck auch die Anrede *Lieber Fallot!* verwendet hat – mit kleinen Unterschieden in der Orthographie.[161] Anfang Oktober war Buschbeck noch als *einziger Schwimm- und Sonnengast in Leopoldskron,* am 25. Oktober fuhr er nach Wien. (II/801) Für weitere Kontakte zum langjährigen Freund gibt es keine Hinweise.

Trakl konnte sich auf die Reise ans Meer nicht freuen, sondern sie machte ihm *einigermaßen eine unerklärliche Angst.* (I/523) Am 16. August fuhr er mit Karl Kraus, Adolf Loos und dessen Gefährtin, der Revuetänzerin Elisabeth Bruce, genannt „Bessie", nach Venedig, wo auf dem Lido standesbewusste Mittel- und Nordeuropäer ihren Urlaub verbrachten. Der von Karl Kraus bekämpfte Hermann Bahr hielt sich dort ebenfalls häufiger auf.[162] Von Trakls Schulfreunden war Minnich manchmal dort, Buschbeck desgleichen. Trakl und die anderen Mitglieder der Urlaubsgesellschaft wohnten während des etwa zehn Tage dauernden Aufenthaltes getrennt in Hotels am Lido oder in der Stadt. Sie ließen sich in den damals üblichen Badekostümen auf dem Lido fotografieren. Seine von allen

Georg Trakl am Lido in Venedig.

Bekannten betonte kräftige Statur ist hier augenfällig dokumentiert. Eindrücke von diesem Aufenthalt hat er in das Gedicht „In Venedig" (I/131) aufgenommen.[163]

Ludwig v. Ficker und seine Frau Cissi kamen aus Innsbruck nach. Bei den Zusammenkünften wird auch der Plan des „Akademischen Verbandes", eine Lyrik-Anthologie herauszubringen, besprochen worden sein. Die Beziehungen zwischen Kraus und dem Verband waren schon länger in eine Krise geraten; die Annäherung zwischen Kraus und Ficker verstärkte diese Spannungen. In der Anthologie sollten auch Gedichte von Ludwig Ullmann erscheinen, dem es Kraus verübelte, dass er als Mitarbeiter der „Fackel" und als sein zeitweiliger Sekretär aus Gründen der Existenzsicherung in die von Kraus verachtete Tagespresse abgewandert war. Trakl änderte nun plötzlich seine Meinung und wollte Anfang September nach der Rückkehr aus Venedig seine Gedichte aus der Anthologie zurückziehen, offenbar mit der Begründung, dass er nicht zusammen mit Ullmanns Gedichten aufscheinen wolle. Dieser war *tief verletzt*, wie Robert Müller an Buschbeck in Salzburg schrieb, und meinte: *Gerade Ullmann hat sich seit je um Trakl angenommen und ihn stets als Mensch und Künstler vor meinen Einwürfen verteidigt. Das will ich dem Kraus nicht vergessen, so ein Krüppel an Leib und Seele.* (II/707) Es erschienen aber dann doch sechs Gedichte Trakls in der Anthologie mit dem geänderten Titel „Die Pforte":[164] Vier davon waren bereits im „Brenner" gedruckt worden, zwei waren Erstveröffentlichungen („Sonja" und „Entlang"), entstanden im Sommer in Wien. Ludwig Ullmann rezensierte im Herbst trotz dieses Affronts sogar noch Trakls „Gedichte" in der „Wiener Allgemeinen Zeitung".[165]

Die Affäre hinterließ Spuren: Die Beziehungen zwischen Trakl und dem Wiener Literaturbetrieb waren damit abrupt zu Ende, ebenso die zwischen Ludwig v. Ficker und Robert Müller, der Trakl zum „Brenner" gebracht hatte. Müller veröffentlichte im April des nächsten Jahres in einer von ihm selbst gegründeten Zeitschrift eine heftige Kritik an Karl Kraus, die dessen Autorität in Zweifel zog.[166] Selbst für Buschbeck war es wahrscheinlich ein Anlass, seine sonst von antisemitischen Tönen freie Haltung zu überdenken.[167] Von der Wiener Presse druckten dann nur noch „Die Zeit" und „Die Reichspost" Texte Trakls. Am 19. Oktober erschien in der „Zeit", die vier Jahre zuvor Trakl noch abgelehnt hatte, das Gedicht „Abendlicher Reigen", das bereits zwei Jahre in der Redaktion gelegen war. Nach dem Erscheinen der Besprechungen zu den „Gedichten" erinnerte man sich daran, druckte von den drei Strophen des Gedichtes allerdings nur zwei. Ficker protestierte im Namen des Dichters gegen dieses ungehörige Vorgehen. (II/328)[168] In der Weihnachtsbeilage der christlich-sozialen „Reichspost" vom 25. Dezember veröffentlichte der Redakteur Hans Brecka, den Trakl nach einer Kraus-Lesung, wahrscheinlich am 19. November

1913 (I/529), kennengelernt hat, die Gedichte „Geistliches Lied", „In einem verlassenen Zimmer" und „Verklärter Herbst", die ihm für die konservative Leserschaft geeignet erschienen. Trakl war mit dieser Auswahl einverstanden und bedankte sich bei Brecka mit zwei Separatdrucken. (I/531)[169]

Nach dem abgebrochenen Probedienst vom Juli war Trakls berufliche Zukunft erneut ungewiss. Nun hatte das Ministerium für öffentliche Arbeiten im Sommer eine Rechnungsassistentenstelle ausgeschrieben. Die Bewerbungsfrist lief am 30. August ab. (II/716) Wahrscheinlich auf Anraten der Familie bewarb sich Trakl mit Datum vom 21. August noch rechtzeitig um die Stelle. Er war zu dieser Zeit in Venedig, also muss er das Ansuchen vor seiner Abreise von Wien nach Salzburg geschickt haben, wo es seine Mutter mit den nötigen Unterlagen ergänzte. Dazu gehörte auch das mit 20. August datierte Leumundszeugnis. (II/715) Zwei Dokumente fehlten noch. Der angesehene Reichratsabgeordnete Dr. Sylvester befürwortete das Ansuchen *bestens* (II/715). Das staatsärztliche Zeugnis holte sich Trakl auf seiner Rückreise von Venedig am 2. September und reichte es nach. (II/716) Er war der achte von zwölf Bewerbern. Franz Zeis erkundigte sich Ende Oktober auf seinen Wunsch hin im Arbeitsministerium und erfuhr, dass die Stelle noch frei war. Man erinnerte sich Trakls allerdings dort als desjenigen, *auf den man 2 Monate warten mußte und der dann nach zwei Stunden wegging*. (II/801) Zeis empfahl eine persönliche Intervention Dr. Sylvesters bei Minister Trnka. Er wollte, so wie die Mutter in Salzburg, in traditioneller Art Beziehungen spielen lassen, denn Dr. Sylvester war seit 1911 als deutschfortschrittlicher Abgeordneter Präsident des Reichrates. Sein Einfluss trug ihm den etwas spöttischen Namen „Herr von Salzburg" ein.[170] Auch Trakls Schwager Erich von Rauterberg riet ihm zu diesem Schritt: *Du sollst über Wunsch Mama unbedingt trachten diese Stelle zu erhalten, erkläre ihm* [= Hauptmann Sartorius, dem Privatsekretär von Dr. Sylvester] *Deine damalige Krankheit und daß Du jetzt gesund und arbeitsfreudig wärest.* (II/784)

Nach der Venedig-Reise fuhr Trakl gleich am 2. September von Salzburg weiter nach Innsbruck und blieb dort zwei Monate; er war in dieser Zeit, so wie bei den meisten weiteren Aufenthalten, bei Ludwig v. Ficker in Mühlau untergebracht. Dass er einen eher kürzeren Aufenthalt vorgesehen hatte, geht aus einer Andeutung in einem Brief an den jetzt im bayrischen Warnsdorf wohnenden K. B. Heinrich aus den ersten Septembertagen hervor, er wolle ihn eventuell auf der Rückreise aufsuchen. (I/524) Heinrich kam dann zu einem Besuch nach Innsbruck. Gemeinsam schrieben sie eine Karte an Karl Kraus.[171]

Für den 3. September notierte Röck in sein Tagebuch, dass er Trakl in das Bauernhaus auf der anderen Seite des Inn in der Nähe des Tiergartens geführt habe, wo er seit Mitte August für mehrere Jahre ein Zimmer gemietet hatte, denn nach der Rückkehr seines stellungslosen Bruders fühlte er sich zu Hause ständig gestört.[172] Trakl las ihm dort, wie schon öfter, ein Gedicht vor, und zwar das in Wien verfasste „Entlang", dessen ersten beiden Verse lauten: *Geschnitten sind Korn und Traube, / Der Weiler in Herbst und Ruh.* (I/106) Röck zeigte ihm in einem Buch die Legende von der bekehrten Dirne Afra.[173] Trakl überarbeitete kurz darauf das bereits im Frühjahr entstandene Gedicht „Abendspiegel" (I/385), formte aus fünf vierzeiligen Strophen ein Sonett und gab ihm den Titel „Afra" (I/108). Am 1. Dezember erschien es im „Brenner". Trakl besuchte Röck noch mehrmals im Bauernhaus und kam auch in den Stall, als eben die Kühe gemolken wurden.[174] Die Sehnsucht nach dem „einfachen Leben" mag dabei neue Nahrung gefunden haben. Aus einem geplanten gemeinsamen Ausflug auf eine Hütte in Boden im Außerfern wurde nichts.

Dass Trakls Gedichte nicht unmittelbar und konkret mit den Orten in Verbindung gebracht werden können, an denen sie entstanden sind, zeigt nicht nur das erwähnte Gedicht „Entlang", das – in der Großstadt geschrieben – Motive der bäuerlichen Welt enthält, sondern auch der Umstand, dass er in dieser Zeit Gedichte schrieb, die einen Salzburg-Bezug sowohl im Titel als auch in der Bildwelt haben: „Am Mönchsberg" (I/94) und „Schwesters Garten" (I/317). Der Bildvorrat ist von der unmittelbaren Anschauung weitgehend unabhängig; er dient, ähnlich wie die Anleihen bei anderen Autoren, als Rohmaterial zur Gestaltung der inneren Welt. Dennoch entstanden Gedichte wie „Abend in Lans" (I/93), das als eine poetische Tagebucheintragung gelesen werden könnte. Ähnlich ist es beim Gedicht „Hohenburg" (I/87), das Trakl nicht zuletzt wegen der deutlichen Ortsbezüge dem Besitzer Rudolf v. Ficker und dessen späterer Frau Paula Schmid mit einer handschriftlichen Widmung überreicht hat.[175] Einen großen Text aus dieser Zeit, „Sebastian im Traum", der innerhalb weniger Tage im Oktober entstanden ist, widmete er Adolf Loos wohl aus Dankbarkeit für dessen

Georg Trakl mit der Familie v. Ficker, 1914: v. l.: Paula Schmid, Birgit v. Ficker, Ludwig v. Ficker, Cissi v. Ficker, Florian v. Ficker, Georg Trakl, Maria Dopsch (Fickers älteste Schwester).

freundschaftliche Hilfe. Als *armen "Sebastian im Traum"* hatte sich Trakl schon früher Buschbeck gegenüber bezeichnet. (I/489) Das Gedicht erschien in der ersten Herbstnummer des „Brenner".[176] In den Tagen, da er an diesem Gedicht arbeitete, haben ihn wieder bedrückende Visionen verfolgt: *Trakl träumte also drei Nächte hintereinander, daß er sich umbringe*, vermerkte Röck in seinen Aufzeichnungen.[177]

Die Familie in Salzburg scheint sich über Georg und seine Zukunft in dieser Zeit verstärkt Gedanken gemacht zu haben. Die Schwester Maria schrieb ihm zweimal und erkundigte sich, wie lange er noch in Innsbruck bleibe. (II/765) Die Mutter schickte Spielsachen (Puppe und Eisenbahn aus Trakls eigener Kindheit) für die Kinder Fickers (II/765), und Wilhelm kümmerte sich um offene Rechnungen vom letzten Wien-Aufenthalt seines Stiefbruders. Man scheint in seiner Bewerbung beim Arbeitsministerium eine günstige Gelegenheit für eine Staatsanstellung gesehen zu haben, vor allem wegen der Befürwortung durch den einflussreichen Politiker Dr. Sylvester. Der Tonfall der Briefe ist knapp, bei Wilhelm fast militärisch: *Schreib also sofort, damit die Sache geordnet werden kann.* (II/787) Von Freunden erhielt Trakl in dieser Zeit kaum Post; einzig Franz Zeis schrieb ihm zwei Briefe aus Wien, anscheinend von Buschbeck dazu angehalten. Der erste ist verschollen, im zweiten geht es um die Bewerbung: Zusammen mit Buschbeck und Schwab sei Zeis zur Überzeugung gelangt, dass Trakl sich zu dieser für die Regelung seiner Finanzen *unerläßlichen Tat sofort aufraffen* müsse. (II/801) Im Antwortbrief ist dann die Wendung zu finden, die Trakl wie ein Damoklesschwert bedroht haben dürfte: *in meinen Angelegenheiten endlich eine Entscheidung herbeiführen* (I/525); er wiederholte sie in ähnlicher Formulierung in einem Brief an Rudolf v. Ficker. (I/527f.) Die Hoffnung auf eine „letzte Chance" wird seitens der Familie auch der Grund dafür gewesen sein, dass er aus Innsbruck *telegraphisch abberufen* wurde, womit er die Absage eines Besuches bei dem Bildhauer Othmar Zeiller in Solbad Hall begründete. (I/525) Am Abend des 2.

Das „Kaspar Hauser Lied".

November las er bei Ficker in Mühlau das „Kaspar Hauser Lied" vor. Adolf Loos bat ihn später, es seiner Frau Bessie zu widmen (I/527); Trakl tat ihm den Gefallen.

Noch in der Nacht vom 2. auf 3. November fuhr er nach Salzburg. Die Unterlagen für das Gesuch waren noch nicht vollständig; der Heimatschein fehlte. Dafür, dass er seine Schwester Grete bei diesem kurzen Besuch zu Hause getroffen haben soll, gibt es keinen Hinweis.[178] Trakl blieb nur einen Tag zu Hause und fuhr am 4. 11. nach Wien weiter, wo er wieder bei Schwab wohnte. Starke Depressionen scheinen ihn gequält zu haben, eine *recht arge Veronalvergiftung* nach einem Schlaf von zwei Tagen und zwei Nächten waren Ausdruck davon. An Ficker in Innsbruck schrieb er: *In meiner Wirrnis und all' der Verzweiflung der letzten Zeit weiß ich nun gar nicht mehr, wie ich noch leben soll.* (I/526) Wieder flüchtete er sich in den Alkohol: *Ich habe in der letzten Zeit ein Meer von Wein verschlungen, Schnaps und Bier.* (I/527) Das Geld ging ihm in seiner *armseligen Lage* aus, und er bat Rudolf v. Ficker, der sich wegen seiner musikwissenschaftlichen Studien in Wien aufhielt, brieflich um 40 Kronen. Ob er sie erhalten hat, ist nicht bekannt. Ist es nach dessen Verlobter, Paula Schmid, gegangen, sicher nicht, denn sie empfand Trakl bereits als lästig: *Geld würde ich ihm keines mehr geben, er soll sich doch an Ludwig wenden wenn er eines braucht* (II/717), schrieb sie ihm aus Innsbruck. Ludwig v. Ficker lud Trakl für den 10. Dezember zu einer Lesung ein. Die Aussicht darauf verleidete ihm den Aufenthalt in Wien noch mehr, und er trug sich wieder mit dem Gedanken, zum Militär zu gehen, *wenn man mich noch nimmt.* (I/528)

Am 19. November las in einer schon länger geplanten Veranstaltung des „Akademischen Verbandes" die Schauspielerin Elsa Galafrés in einem Hörsaal der Universität eine Auswahl aus Trakls Gedichten. Er selbst ging aber nicht dorthin, sondern in eine am gleichen Abend stattfindende Vorlesung von Karl Kraus. (I/529) Grund dafür war wohl der Eklat Anfang September anlässlich der Anthologie „Die Pforte". Buschbeck war zwar in den ersten Novemberwochen in Wien (II/801), ob er auch an der Organisation der Lesung noch beteiligt war, ist unklar, da er der

Georg Trakl und Paula Schmid. Um 1913.

Wiener Zustände jedenfalls vorübergehend überdrüssig war. Im März hatte er Trakl gegenüber noch gemeint, dass sie *später unbedingt noch sein* solle. (II/753) Ob er mit Trakl zusammentraf, ist ebenfalls ungewiss, doch eher unwahrscheinlich, da in ihrer Beziehung ein frostiges Schweigen eingetreten war. Eine Ursache dafür mag die Intensivierung der Freundschaft Buschbecks mit Bahr gewesen sein, die Trakl aus dem Blickwinkel von Kraus ablehnen musste. Das allein kann aber nicht ausschlaggebend gewesen sein, denn diese Freundschaft war für Trakl nicht neu. Der entscheidende Grund dürfte die „Affäre" zwischen Buschbeck und seiner Schwester Grete im Verlauf des vergangenen Sommers gewesen sein, auf die er ablehnend reagierte.

Ob Trakl in diesen Novembertagen und vielleicht schon vorher im Sommer mit dem Maler Oskar Kokoschka zusammengetroffen ist, lässt sich nicht mit Bestimmtheit sagen. Dieser hat sich zwar in einem Gespräch mit Wolfgang Schneditz und in seiner Autobiografie in diesem Sinn geäußert, doch weiß man mittlerweile, dass Kokoschka zu Mystifizierungen neigte. Eine Erinnerung an einen Besuch Trakls in seinem Atelier lautet: *Er saß stumm hinter mir auf einem Bierfass. Noch heute sehe ich ihn, stundenlang still betrachtend, hinter mir sitzen. Hatte er lange geschwiegen, begann er unversehens genau so lange zu reden, mit einer lauten, rollenden Stimme wie Demosthenes.*[179] In der Autobiografie behauptete Kokoschka, dass der Titel des Bildes „Die Windsbraut" von Trakl stamme, was aufgrund der Entstehungsgeschichte des Bildes nicht richtig sein kann.[180] Das Zusammentreffen der beiden *Abtrünnigen des bürgerlichen Lebens* erschien und erscheint aber trotz dieser Klärung plausibel. In der Ablehnung des ästhetizistischen Kunstverständnisses mochten sich beide ebenso treffen wie in der Suche nach einem neuen Ausdruck für die nicht mehr zu verdrängende Wirklichkeit des Geschlechtlichen, die Kokoschka mit den „Träumenden Knaben" und dem Drama „Mörder, Hoffnung der Frauen" in das Zentrum seines Werkes gerückt hatte. Adolf Loos war beiden ein väterlicher Freund.

Unmittelbar nach seiner Rückkehr nach Innsbruck am 30. November hat Trakl im Atelier von Esterle ein Selbstporträt gemalt, das in Stil und Maltechnik an Kokoschka erinnert.[181] Das Ölbild zeigt ein maskenhaftes

Georg Trakl. Zeichnung von Oskar Kokoschka nach dem Gedächtnis.

Gesicht auf grünem Hintergrund mit farblich betonter Nase und rot geränderten Augenhöhlen. Am unteren Rand sind Ansätze einer kuttenartigen, braunen Bekleidung zu erkennen.[182] Trakl soll sich hier so dargestellt haben, wie er sich, aus dem Schlaf aufgeschreckt, im Spiegel gesehen hatte.[183] Die Behauptung, dass das Bild von Hildegard Jone, die das Selbstporträt 1927 von Ludwig v. Ficker erhalten hatte, übermalt worden sei, ist nicht haltbar.[184] Kokoschka hat seinerseits von Trakl eine Zeichnung *nach dem Gedächtniss* angefertigt, vermutlich nach dessen Tod, als es sich als unmöglich herausgestellt hat, dass eine Maske abgenommen wird. Er erwähnte auch einen Brief, den ihm Trakl kurz vor seinem Tod geschrieben haben soll.[185] Später machte sich Kokoschka *bittere Vorwürfe,* dass er nicht öfter an Trakl geschrieben habe, und nahm sich vor, alles zu tun, *daß sein Werk lebendig wird.*[186]

Am 2. Dezember traf Trakl mit Röck, der sich bereits über die Anordnung der Gedichte des Freundes für ein weiteres Buch Gedanken machte, im Café „Max" zusammen. Röck hatte dabei eine symmetrische Anordnung im Sinn, bei der auch der Versbau der Gedichte berücksichtigt werden sollte.[187] Er ließ sich am 10. Dezember vormittags von Trakl die Reihenfolge der Entstehung seiner Gedichte aufschreiben,[188] ganz im Stil eines Herausgebers. (II/805f.) Am Abend fand dann um acht Uhr im Musikvereinssaal in der Museumsstraße die erste und einzige öffentliche Vorlesung Trakls statt. Der „Brenner" hatte dazu eingeladen. Als zweiter Autor stand Robert Michel auf dem Programm, bei dem Ficker offenbar keine Bedenken wegen der Tragfähigkeit seiner Stimme hatte. Michel sollte mit einer Lesung aus Prosatexten den Rahmen für die Gedichte Trakls bilden. Ficker legte Wert darauf, dass diese bereits im „Brenner" erschienen waren *für den Fall, daß Ihre Stimme nicht ganz durchzudringen vermöchte,* wie er an Trakl nach Wien geschrieben hatte. (II/764) Die Zusammenstellung des Programms geht im Wesentlichen auf einen Vorschlag Fickers zurück. Trakl fügte noch „Elis" hinzu und – wahrscheinlich aufgrund von Röcks Vorstellungen, der ebenfalls eine Auswahl für die Lesung überlegt hatte[189] – das Gedicht „Abendmuse". Die Eintrittspreise lagen zwischen 80 Hellern und 4 Kronen; Karten konnten im Vorverkauf in der

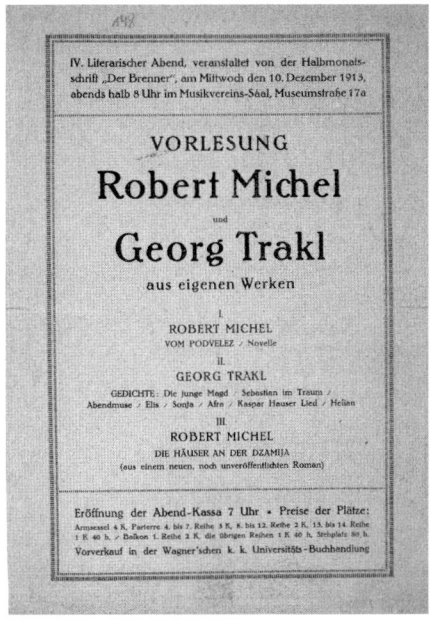

Ankündigung der einzigen Vorlesung Georg Trakls.

Robert Michel.

Wagner'schen k.k. Universitätsbuchhandlung erworben werden. Robert Michel las zu Beginn die Novelle „Vom Podvelez", die *in den neuen Reichslanden* (II/720), also in Bosnien-Herzegowina angesiedelt war, und zum Schluss aus einem noch unveröffentlichten Roman, bei dem für einen Rezensenten das Lokalkolorit am interessantesten war. Wie aus zwei Besprechungen hervorgeht,[190] war Trakls Stimme tatsächlich nicht laut genug für diesen Saal: Seine Art des Vortrags passe besser *für einen intimen Zirkel als für einen größeren Saal. [...] Der Dichter las leider zu schwach, wie aus Verborgenheiten heraus.* (II/720) Ficker zitierte eine der beiden Besprechungen auszugsweise im „Brenner" vom 1. Jänner 1914, da er sich als Veranstalter nicht selbst rezensieren wollte, und übernahm in etwas abgewandelter Form die Wendung vom *monotonen gebethaften Insichsprechen*.[191] Abgesehen von solchen Problemen des Vortrags wurden die Gedichte Trakls positiv aufgenommen: *Denn ein Dichter ist dieser stille, alles in sich umtauschende Mensch gewiß, davon überzeugt jedes seiner Gedichte, die wie Offenbarungen wirken.* Etwas verunsichert stellte der Rezensent Josef Anton Steurer die Frage: *Allerdings, wann dieses Dichters Zeit gekommen sein wird?* (II/720) Nach der Lesung war noch eine größere Gesellschaft im Speisesaal des „Maximilian" versammelt. Die Nachsitzung fand im Café Lehner statt. Für den „Brenner" war diese Veranstaltung sicher ein Erfolg. Leider wissen wir nicht, wie es Trakl selbst bei diesem öffentlichen Auftritt ergangen ist. Die Einladung dazu hatte er ohne Zögern angenommen, die Tage danach waren für ihn jedoch solche *rasender Betrunkenheit und verbrecherischer Melancholie.* (I/530) Einen starken Kontrast dazu stellt das Gedicht „Ein Winterabend" dar, an dem er in dieser Zeit arbeitete.[192] Er schickte die erste Fassung kurz vor Weihnachten an Karl Kraus, *als Ausdruck der Verehrung für einen Mann, der, wie keiner der Welt ein Beispiel gibt.* (I/530) Schon vorher hatte er sich für die Zusendung der „Fackel" bei ihm bedankt; für Jänner stand ein weiteres Zusammentreffen in Aussicht: Im „Brenner" vom 15. Dezember war als nächste Veranstaltung eine Vorlesung von Karl Kraus für 14. Jänner 1914 angekündigt.

Die Weihnachtsfeiertage wird Trakl in Innsbruck verbracht[193] und zu literarischen Arbeiten genützt haben. In der ersten „Brenner"-Nummer des Jahres 1914 erschienen gleich sechs Gedichte von ihm,[194] dazu der Prosatext „Winternacht" (I/128), der in den Wochen davor entstanden war.

Auf den Winter 1913/14 bezieht sich eine Schilderung des Schriftstellers J. Georg Oberkofler,[195] der in dieser Zeit eine abenteuerliche Schlittenfahrt mit Trakl erlebt hat. Während seiner Innsbrucker Studienzeit als Jusstudent traf er auf Einladung Fickers bei einer Jause auf der Hohenburg mit Trakl zusammen. Es wurde dabei spät, und Oberkofler war froh, als ihm Trakl *den Sitz auf seiner Rodel* anbot, also auf seinem Schlitten nach Innsbruck hinunter mitzufahren. Er hatte einen solchen offenbar schon vorsichtshalber mitgenommen oder lieh ihn aus. *Es wurde eine Schlittenfahrt, die mir heute noch unvergessen ist,* berichtete Oberkofler. *Georg Trakl, schweigsam, schien seiner Umwelt entrückt zu sein und seinen Begleiter vergessen zu haben. Das war kein Schlitten, der da fuhr. Das war ein Geschoß, das über Schnee und Eis raste, alle Gefahren mißachtend. Längst war mir nichts mehr übriggeblieben, als mich Georg Trakls Fahrkunst blindlings anzuvertrauen; Abspringen vom Rodelschlitten hätte schwere Verletzung bedeutet. Doch wie verstand es dieser, das Gefährt zu lenken!* [...] *Trakl machte nicht den geringsten Versuch, die atemberaubende Fahrt des Schlittens zu bremsen, ehe nicht die Niederung des Inntals erreicht war, dort, wo sich eine in den Freiheitskämpfen heiß umstrittene Brücke über die Sill spannt.*[196] Der Kontakt blieb aufrecht. Selbst im Krieg erinnerte sich Trakl in einer (nicht erhaltenen) Mitteilung an Oberkofler noch an diese waghalsige Schlittenfahrt. (II/22)[197]

Am Vorabend der Kraus-Lesung vom 14. Jänner 1914 trafen sich in der Wohnung Ludwig v. Fickers Georg Trakl, Carl Dallago, Hans Limbach und der Gastgeber zu einem Abendessen. Hans Limbach war als Sohn eines protestantischen Missionspredigers in Indien geboren, im selben Alter wie Trakl und lebte seit 1912 als Schriftsteller und Hauslehrer in Russland. Bei einem Aufenthalt in der Heimat suchte er Kontakt zu „Brenner"-Leuten. Mit Dallago war er von Südtirol zur Kraus-Lesung nach Innsbruck gekommen. Während des Essens und vor allem nachher kam es zu einem Gespräch, über das sich Limbach kurz danach Notizen gemacht hat, die er später (wahrscheinlich erst nach 1920) teilweise zu einem Dialog stilisiert und ausformuliert hat. Dabei ist seine weltanschauliche Problemlage – Naturreligion gegen die „Leidenstheologie" Kierkegaards – in die

Carl Dallago.

Hans Limbach.

Bearbeitung sicher eingeflossen. Einige Veränderungen brachte noch die redaktionelle Überarbeitung durch Ficker für den Band „Erinnerungen", in dem das „Gespräch" 1926 erschienen ist.[198] Trakls Aussagen in diesem Text sind also nicht authentisch im Sinn einer wörtlichen Wiedergabe. Das „Gespräch" macht eher den Eindruck einer gerichtlichen Befragung, bei der Trakl die Rolle des (von Dallago) Angeklagten übernimmt, der sein Gegenüber mit überraschenden Aussagen konfrontiert. Dazu gehören vor allem Trakls Bekenntnis zum protestantischen Christentum und die Ablehnung Nietzsches und Weiningers. Den tieferen Grund für den unüberbrückbaren Gegensatz zu Dallago soll Trakl mit folgendem Satz angedeutet haben: *Sie kennen das Böse nicht!* Dallago habe das achselzuckend zur Kenntnis genommen.[199]

Die Kraus-Lesung im Musikvereinssaal war ein weiterer großer Abend für den „Brenner"; er fand in der Innsbrucker Presse ein durchaus positives Echo. Kraus überließ Trakl bei der anschließenden Tischgesellschaft im Café „Maria Theresia" bzw. bei der Fortsetzung in der „Leutestube" des Gasthofs „Krone" den Ehrenplatz. Die Anwesenheit von Hans Limbach rückte das Thema Russland, über das Trakl auch sonst mit Vorliebe sprach, in den Vordergrund. Röck war ebenfalls dabei, obwohl er die Kraus-Lesung am liebsten boykottiert hätte, weil ihm dieser *Kult* missfiel: *Äußerte mich auch Trakl gegenüber hierüber und er ließ meinen Standpunkt mehr oder weniger stillschweigend oder indirekt gelten.* Röck notierte dazu einiges in sein Tagebuch.[200] Am Abend des nächsten Tages begleitete er zusammen mit Trakl, Ficker, Esterle und Dallago Karl Kraus zum Bahnhof: *Herzliche Verabschiedung.*[201] Anschließend waren er und Trakl mit Dallago zusammen, *der nicht rauchte und nur ausnahmsweise und gesellschaftshalber trank und wahrhaft schön war.*[202] Über Trakls Essgewohnheiten ist kaum Nennenswertes bekannt, außer dass er Käse nicht mochte.[203] Sein empfindlicher Geruchssinn, wie er bei Trinkern manchmal ausgeprägt zu sein scheint, ließ ihn gegen alle üblen Gerüche eine besondere Abneigung empfinden.

Trakl übernachtete dann bei Röck. Seine Mutter war am nächsten Tag besorgt, dass sich Trakl *vielleicht umgebracht* habe. Er lag reglos im Bett, und der Hund bewachte ihn *unbeweglich auf dem Sofa.* Sie holte den Sohn deswegen mittags vom Amt ab: *Ich gehe mit der Mutter nach Hause, da kommt er eben aus der Haustür, gedunsen und bleiern*...[204] An diesem Tag zeigte ihm Trakl die große lyrische Prosa „Traum und Umnachtung", in der autobiographische Elemente besonders deutlich sind; in den Augen Röcks ist es Trakls *Hiobsdichtung*. Spuren von Büchners Prosa „Lenz" sind darin erkennbar;[205] Trakl muss diesen Text schon vor dem Abdruck im „Brenner" vom 1. April gekannt und eine Nähe zum Schicksal dieses Dichters empfunden haben.[206] „Traum und Umnachtung" erschien am 1. Februar.

Um diese Zeit schrieb Franz Mayer, ein ihm unbekannter Verehrer seiner Gedichte aus Salzburg, einen Brief mit der Bitte, für seine dichterischen Versuche eine *kritische Durchsicht* zu übernehmen. Am liebsten wollte er mit ihm persönlich sprechen. (II/777) Man kann ausschließen, dass sich Trakl in die Rolle eines Literaturkritikers begeben hat.

Seinem Freund K. B. Heinrich, der sich im Jänner in Paris aufhielt, schrieb Trakl von seiner Lage *zwischen Trübsinn und Trunkenheit* und seiner geringen Kraft und Lust, *eine Lage zu verändern, die sich täglich unheilvoller gestaltet*. Ihm blieb nur noch der Wunsch: *ein Gewitter möchte hereinbrechen und mich zerstören*. (I/532) Heinrich berichtete in seinem Antwortschreiben über seine Arbeitsvorhaben, lobte den Freund als großen Dichter und meinte ein wenig kryptisch, dass Trakl es besser gehabt habe, was *mit dem ganzen Menschen* zusammenhinge. (II/772) Heinrich bezog sich damit eventuell auf seinen „Brenner"- Beitrag „Confiteor", in dem er sich über das Verhältnis von Leben und Schreiben folgendermaßen äußerte: *Es genügt eben durchaus nicht, Bücher zu schreiben, etwa Romane und dergleichen, wie ich getan habe, [...] sondern es hätte sich darum gehandelt, den ganzen Menschen so zum ganzen Leben zu stellen, daß zwischen Schreiben und Leben nicht der leiseste Widerspruch mehr laut hätte werden können; daß in der Tat jede einzelne Zeile mit dem ganzen Menschentum dessen, der sie schrieb, verantwortet gewesen wäre*.[207] Anfang Februar kehrte Heinrich nach Innsbruck zurück und schrieb an Ficker, dass er traurigste Ereignisse hinter sich habe, über die er nicht einmal mit seinen Freunden sprechen könne.[208] Er wünschte sich aber trotzdem, dass Trakl ihn im „Dollinger" besuche, einem Gasthof in Mühlau an der Haller Lokalbahn, wo er jetzt wohnte.[209] Dort kam es am 13. Februar zu einem Gespräch zwischen Heinrich, Trakl und Röck bis in die frühen Morgenstunden, in dessen Zentrum die Themen Erotik, Sex und Sexualmystik standen.[210] Dabei wurde Trakl mit Röck und wahrscheinlich auch mit Heinrich per Du.[211] Heinrich litt an Neuralgien und war in jenen Tagen psychisch besonders gefährdet. Die Depressionen dürften sich in dieser Nacht derart verstärkt haben, dass am nächsten Tag der psychisch selbst labile Trakl einen Nervenarzt verständigte, weil Ficker gerade bei einer Lesung von Karl Kraus in München war.[212]

Drei Tage später hat Trakl seinen schon im November des Vorjahres geäußerten Plan, sich wieder beim Militär zu melden (I/529), in die Tat umgesetzt: Röck traf ihn am 17. Februar auf dem Weg zum Militärkommando.[213] Am 7. April schrieb Robert Michel, der sich auf Bitten Fickers wieder in Wien um dieses Ansuchen kümmerte, an den Freund in Mühlau, dass das Gesuch noch nicht eingetroffen sei, und stellte die Aussichten Trakls als ungünstig dar, da er bei dieser Behörde mittlerweile als unbeständig galt: *Es werden nicht nur seine militärischen Rücktritte evident geführt, sondern auch sein Intermezzo im Arbeitsministerium.* (II/725) Damit waren die Chancen, rasch eine Stelle zu bekommen, gleich null.

In den ersten beiden Monaten des Jahres 1914 bereitete Trakl einen weiteren Gedichtband vor. Er war sich, so wie schon beim ersten, in der Anordnung unsicher und bat deshalb Röck und Heinrich um einen Gliederungsvorschlag. Er hielt sich an den von Heinrich, der drei Teile, gegliedert durch Prosatexte, vorsah. (II/807) In dieser Form schickte er am 6. März das Manuskript mit dem Titel „Sebastian im Traum" gemäß der Fünf-Jahres-Klausel des Vertrages an den Kurt Wolff Verlag und ersuchte um eine Mitteilung, ob es ins Verlagsprogamm aufgenommen werden könne. (I/533) Röck war offenbar überrascht, als er etwa zwei Wochen später Trakl treffen wollte, um mit ihm über Gliederungsfragen[214] zu sprechen, und erfuhr, dass er zu spät kam. Trakl war bereits in Berlin.

Mitte März muss Trakl von seiner Schwester Grete eine Mitteilung wegen ihres kritischen Gesundheitszustandes erhalten haben. Seit wann er von ihrer Schwangerschaft wusste, ist unklar, doch könnte die *Wirrnis und […] Verzweiflung der letzten Zeit* (I/526), von der er im November aus Wien an Ficker schrieb, neben den Ungewissheiten hinsichtlich seiner beruflichen Zukunft auch damit zu tun haben. Im Jänner hatte er das Gefühl, dass sich die Lage *täglich unheilvoller gestaltet.* (I/532).[215] Jetzt reiste er sofort ab und war wohl schon am 17. März bei ihr.[216] Zwei Tage später schrieb er an K. B. Heinrich nach Innsbruck: *Meine Schwester hat vor wenigen Tagen eine Fehlgeburt gehabt, die mit außerordentlich vehementen Blutungen verbunden war. Ihr Zustand ist ein so besorgniserregender, um so mehr, als sie seit fünf Tagen keine Nahrung zu sich genommen hat, daß vorläufig nicht daran zu denken ist, daß sie nach Innsbruck kommt.* (I/533) Der ohnehin bereits vorher geschwächten Verfassung Gretes[217] musste ein körperlich und seelisch derart belastender Vorgang besonders zusetzen. Trakl hatte zunächst vor, nur einige Tage bis zum 23. März zu bleiben, entschloss sich aber dann doch zu einem längeren Aufenthalt, *denn meine Schwester ist den ganzen Tag allein und meine Gegenwart für sie doch von einigem Nutzen,* wie er am 21. März an Ficker schrieb. Dieser Brief ist zugleich ein schöner Ausdruck der Zuneigung und Wertschätzung Gretes: *Meine arme Schwester ist noch immer sehr leidend. Ihr Leben ist von einer so herzzerreißenden Traurigkeit und zugleich braven Tapferkeit, daß ich mir bisweilen sehr gering davor erscheine; sie verdiente es wohl tausendmal mehr als ich, im*

Kreise guter und edler Menschen zu leben, wie es mir in solch übergroßem Maß in schwerer Zeit vergönnt war. (I/534) Das verlorene Kind spielt in keinem der beiden Briefe eine Rolle, ebenso wenig ist vom Ehemann Arthur Langen die Rede. Ficker schickte Trakl zweimal Geld; die zweite Sendung (100 Kronen) stammte aus einer testamentarisch Karl Kraus vermachten Summe. K. B. Heinrich war überzeugt, dass Trakl nicht so rasch aus Berlin zurückkommen werde (II/722) und fuhr deshalb ebenfalls dorthin, um dem Freund in seiner bedrückenden Lage nahe zu sein. Gemeinsam schrieben sie eine Ansichtskarte (Motiv: Brandenburger Tor) an Karl Kraus in Wien und teilten ihm mit, dass sie am 1. April zu seiner Lesung in Berlin kommen werden.[218]

Im Kreis von Herwarth Walden, zu dem Arthur Langen offenbar Beziehungen hatte, lernte Trakl dessen frühere Ehefrau, Else Lasker-Schüler, persönlich kennen. Literarisch war sie ihm zumindest von den Beiträgen im „Brenner" ein Begriff, und Ludwig v. Ficker wird ihm mit großer Wahrscheinlichkeit von ihr erzählt haben, da er schon länger briefliche Kontakte zu ihr hatte. Wenn man von der Reaktion Else Lasker-Schülers ausgeht – sie schrieb nach Trakls Tod drei Gedichte auf ihn[219] – hat sich das Treffen in einer angeregten Atmosphäre abgespielt. Die Gespräche sollen sich um Fragen der Religion gedreht haben, an denen beide aus einer eigenwilligen christlichen bzw. jüdischen Sicht interessiert waren: *Der Trakl, den sie kennenlernte, und gegen den sich ihre eigene exotische décadence abhob, hat für sie etwas Erzengelhaftes, viel kindlich-reine Züge (sie nennt ihn „Spielgefährte").*[220]

Else Lasker-Schüler 1912.

Gemeinsam war beiden allerdings auch das Problem Alkohol: In einem späteren Brief an ihn heißt es: *Aber wenn Sie weiter trinken, brech ich die Eide und trink wieder.* (II/775) Nach Trakls Abreise schrieb sie ihm: *Lieber Dichter und Herr von Thyrol, […] Ich bin wie lauter Auflösung und muß mich so immer zusammen suchen.* (II/860) Trakl widmete ihr das Gedicht „Abendland", dessen fünfteilige 2. Fassung er in den Berliner Tagen entworfen hatte (I/403ff.); es erschien am 1. Mai im „Brenner". Else Lasker-Schüler bedankte sich dafür (II/775). Mitte Juli hielt sie sich fünf Tage lang in Innsbruck auf;[221] ob sie dabei Trakl getroffen hat, ist nicht bekannt. Ende Juli schickte sie ein Telegramm aus einem bayrischen Urlaubsort am Tegernsee, einer für sie langweiligen *spinatidylle*, und bat Trakl um *rettung*.[222] Über eine Reaktion wissen wir nichts. Mit Ficker hatte sie in dieser Zeit regen Kontakt.

Aus der Zeit des Berlin-Aufenthaltes stammt ein Brief Trakls an Ficker, der wegen der extremen Verzweiflung, die daraus spricht, in der Trakl-Literatur häufig angeführt wird (I/529f.). Da er kein Datum trägt, hat es schon mehrere Zuordnungsversuche gegeben, von denen wohl die Datierung auf 1. oder 2. April 1914 zutreffend ist.[223]

Lieber Herr von Ficker!

Vielen Dank für Ihr Telegramm. Kraus läßt vielmals grüßen. Dr. Heinrich ist hier wieder ernstlich erkrankt und es haben sich sonst in den letzten Tagen für mich so furchtbare Dinge ereignet, daß ich deren Schatten mein Lebtag nicht mehr loswerden kann. Ja, verehrter Freund, mein Leben ist in wenigen Tagen unsäglich zerbrochen worden und es bleibt nur mehr ein sprachloser Schmerz, dem selbst die Bitternis versagt ist.

Wollen Sie bitte, um von meinen nächsten Angelegenheiten zu sprechen, die Güte und Liebe mir erweisen, an Hauptmann Robert Michel zu schreiben (vielleicht ist es wichtig, daß es gleich geschieht) und in meinem Namen um seine freundliche Fürsprache im Kriegsministerium bitten.

Vielleicht schreiben Sie mir zwei Worte; ich weiß nicht mehr ein und aus. Es [ist] ein so namenloses Unglück, wenn einem die Welt entzweibricht. O mein Gott, welch ein Gericht ist über mich hereingebrochen. Sagen Sie mir, daß ich die Kraft haben muß noch zu leben und das Wahre zu tun. Sagen Sie mir, daß ich nicht irre bin. Es ist ein steinernes Dunkel hereingebrochen. O mein Freund, wie klein und unglücklich bin ich geworden.

Es umarmt Sie innig   Ihr Georg Trakl

Ficker hatte den Freund offenbar auf die Kraus-Lesung in Berlin hingewiesen (von der Trakl durch K. B. Heinrich allerdings schon wusste), und K. B. Heinrich hatte wieder, wie zuletzt Mitte Februar, verstärkt an Neuralgien zu leiden. Auch die Bitte, Robert Michel wegen des Ansuchens beim Kriegsministerium einzuschalten, ist klar. Unklar bleibt aber vorläufig, welch *furchtbare Dinge* Trakl in einen solchen Abgrund völliger Hoffnungslosigkeit gestürzt haben. Das Wörtchen „sonst" ist ein Hinweis darauf, dass er damit etwas anderes gemeint hat als die Fehlgeburt der Schwester oder die Krankheit K. B. Heinrichs. Was es jedoch war, dafür gibt es verschiedene Erklärungsversuche. Sehr wahrscheinlich ist folgender:

Die Ehe Gretes scheint schon zu diesem Zeitpunkt zerrüttet gewesen zu sein. Laut Scheidungsurteil vom März 1916[224] lebten die Ehepartner ab November 1914 getrennt voneinander. Grete war bereits mit ihrem privaten Klavierlehrer Richard Buhlig[225] befreundet; im einzigen erhaltenen Brief Gretes an Georg von Mitte April 1914[226] schrieb sie aus Berlin, dass sie von ihrem *Freund Buhlig* 200 M. geliehen bekommen habe, die sie an *Heinrich* (gemeint ist wohl K. B. Heinrich, der sich immer noch in Berlin aufhielt) weitergegeben habe. Georg solle ihr den Betrag bei *Willy* (= Wilhelm) *oder bei irgend wem [...] verschaffen* (II/774). Sexuelle Beziehungen

Gretes zu Richard Buhlig *seit dem Sommer 1914 bis zur Trennung der Parteien und auch nach der Trennung*²²⁷ waren 1916 einer der Gründe für die Scheidung.²²⁸ Buhlig war beim Prozess anwesend, verweigerte aber die Aussage, was vom Gericht als Zustimmung gewertet wurde.

Trakl muss jetzt das offenkundige Scheitern der Ehe Gretes klar geworden sein und tief getroffen haben, denn er hatte den Weg dazu als

Passfoto Grete Langen und Personalangaben.

Teilvormund mit seiner Zustimmung in der Hoffnung geebnet, dass damit die Ausbildung Gretes zur Konzertpianistin gesichert werden konnte, was auch im Sinne der Mutter war. Dieses Ziel war jetzt außer Reichweite, denn Arthur Langen konnte unter solchen Umständen nicht mehr zur Finanzierung dieser Ausbildung in die Pflicht genommen werden. Die Vision einer gemeinsamen künstlerischen Zukunft als Dichter bzw. Pianistin war damit zerbrochen. Das wird Georg zu diesem Zeitpunkt zur Gewissheit geworden sein, was ihn in ein schwarzes Loch der Verzweiflung gestürzt hat.²²⁹ Er hat weder seine Schwester noch K. B. Heinrich nach seinem Berlin-Aufenthalt je wieder gesehen,²³⁰ trotzdem fühlte er sich weiter für Grete verantwortlich, wie aus einem Brief an die Schwester Maria in Salzburg hervorgeht (I/537).

Noch bevor K. B. Heinrich Trakl nach Berlin gefolgt war, hatte er drei Briefentwürfe an Ficker geschickt, die Trakls ungelöste berufliche Existenzprobleme betrafen. Zwei davon waren an die „Deutsche Schillerstiftung" in Weimar gerichtet, in denen um eine Unterstützung für den *deutschen Dichter* Trakl gebeten werden sollte (II/722ff.);²³¹ der dritte Entwurf war eine Anfrage an die Österreichisch-Ungarische Gesandtschaft im seit 1913 unabhängigen Albanien wegen einer Stelle als Militärmedikamentenbeamter (II/724). Es blieb bei den Entwürfen; Trakl machte davon keinen Gebrauch.²³²

Die Rückkehr aus Berlin am 3. April verlief dramatisch. Röck notierte: *Abends um 6 Uhr (nach dem Amt) begegnet mir Esterle mit G. Trakl in der Anichstraße. Sie wollten eben zu mir: Trakl ist heute schwer vergiftet von Berlin zurückgekehrt; wir müssen ihn stüt-*

zen, untern Arm nehmen.²³³ Büchners Satz aus dem „Lenz": *Sein Dasein war ihm eine notwendige Last*, traf in den nächsten Monaten auf Trakl mehr zu denn je. Seine Kontakte beschränkten sich jetzt weitgehend auf Ludwig v. Ficker, bei dem er wohnte, und einige Innsbrucker Freunde, darunter weiterhin Karl Röck. Hinweise auf eine weitere intensive Verbindung zu K. B. Heinrich fehlen ganz.

Die brieflichen Mitteilungen bis zum Gang in den Krieg galten fast ausschließlich dem Kurt Wolff Verlag, denn in der nächsten Zeit kümmerte sich Trakl in erster Linie um den Gedichtband „Sebastian im Traum", von dessen Annahme durch den Verlag er seit 6. April wusste. (II/796) Man bot ihm ein Honorar von insgesamt 400 Kronen an, das er sich in zwei Raten auszahlen ließ, was eine kleine Linderung seiner materiellen Notlage bedeutete. Mitte Mai unterschrieb er den entsprechenden Vertrag (I/536). Ende Mai änderte er die Anordnung der Gedichte (aus drei Zyklen wurden fünf), nahm einzelne Gedichte heraus und fügte neue hinzu, darunter auch „Gesang einer gefangenen Amsel" (I/135) und „Abendland", dessen fünf Teile er in der 4. Fassung auf drei verknappte.²³⁴ Für den Verlagsalmanach des Kurt Wolff Verlages „Das bunte Buch" wählte er das Gedicht „De profundis II" aus (II/799). Das aus der Sammlung ausgeschiedene Gedicht „Nachtseele" stellte er in der 3. Fassung (I/186) der Münchner Zeitschrift „Phoebus" zur Verfügung,²³⁵ die wegen eines Gedichtabdruckes angefragt hatte. (II/783) Dies war im Jahr 1914 die einzige Erstveröffentlichung außerhalb des „Brenner". Im Juni und Juli korrigierte er die Bürstenabzüge des neuen Gedichtbandes, nahm noch einige Umstellungen vor und klärte Missverständnisse beim Setzen der Gedichte: Zum Beispiel schien der Vers: *Die Glocke lang im Abendnovember* (aus „Sebastian im Traum", I/88) dem Setzer unverständlich; er änderte *lang* in *klang*, womit Trakl nicht einverstanden

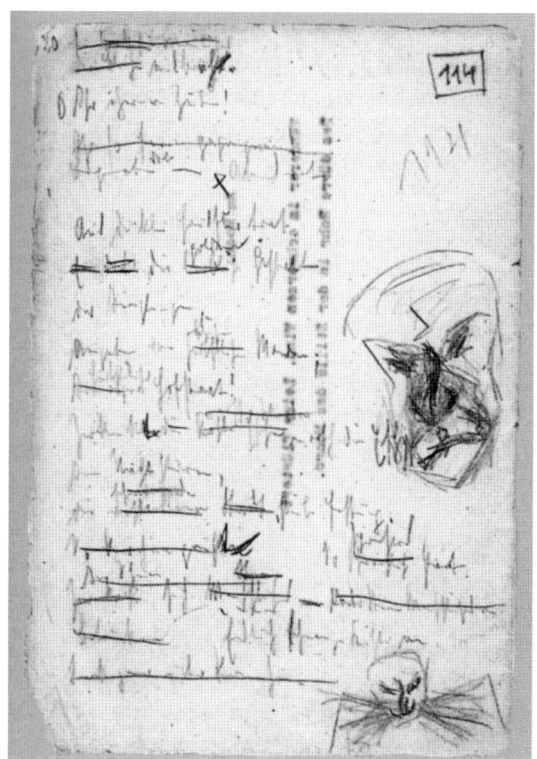

Entwürfe zu „Das Herz" mit Marginalzeichnungen vom Mai 1914.

sein konnte. (I/539f.) Die Herstellung des Buches brauchte Zeit, im August war es noch nicht fertig.

Im April und Mai arbeitete er an einem Fragment gebliebenen dramatischen Text (I/455ff.), der, ähnlich wie die etwa zur selben Zeit entstandene Prosa „Offenbarung und Untergang" (I/168ff.), familiäre Situationen in alptraumhafte Bilder umsetzt und Elemente der „Kaspar Hauser"-Überlieferung enthält.[236] Auch das Gedicht „Heimkehr", aus dem Trakl verschiedene Fassungen von „Herbstliche Heimkehr" abgeleitet hat, stammt aus dieser Zeit.

Für die Osterfeiertage hatte Carl Dallago Ficker und Trakl zu einem Besuch nach Südtirol eingeladen. Zwischen 11. und 13. April fuhren beide nach Nago bei Torbole am Gardasee.[237] Dass es zwischen Dallago und Trakl kaum Gemeinsamkeiten gab, zeigt nicht nur das „Gespräch" Mitte Jänner 1914 im Hause Fickers,[238] sondern auch Dallagos auf Trakl bezogene Bemerkung in einem Brief an Ficker nach dem Besuch: *Doch wird des Einzelnen Wesen so in landschaftlicher Umgebung mehr gefühlt und deshalb der Meinungsaustausch, das Gespräch oft schwerer geführt.*[239] In Fickers Erinnerung war dieser Besuch wie eine *Lichtwolke*,[240] als er Trakl im Vorgarten eines Gasthauses hoch über dem Gardasee *bei Wein und Brot noch spät und in verstummendem Gespräch gegenübersaß, im Banne der einsamen Vogelstimme, der zu lauschen er nie müde wurde.*

Trakl dürfte diese Situation zum Anlass genommen haben, einen sechszeiligen Gedichtentwurf, den er kurz vorher angefertigt hatte, zu überarbeiten, ihm den Titel „Gesang einer gefangenen Amsel" zu geben und das Gedicht Ludwig v. Ficker zu widmen. (II/238f.) Die letzten beiden, neu hinzugekommenen Verse können als Hinweis darauf gelesen werden, wie Trakl das Verhältnis zu ihm gesehen hat: *Strahlender Arme Erbarmen /Umfängt ein brechendes Herz.* (I/135)[241]

Nago bei Torbole am Gardasee.

Wahrscheinlich kurz nach der Rückkehr aus Torbole[242] erhielt Trakl von seiner Schwester aus Berlin die Nachricht, dass sie einen *Fieberanfall* gehabt und ihr eine *Nierenerkrankung* [...] *die rasendsten Schmerzen verursacht* habe. (II/774) Es wird sich dabei wohl um Folgen der Fehlgeburt gehandelt haben. Sie wandte sich, wie bereits erwähnt, an den Bruder mit der Bitte, bei *Willy* Geld zu besorgen (200 Mark), das sie *Heinrich* verschafft habe.²⁴³ Trakl fuhr daraufhin um den 20. April nach Salzburg. Ficker nahm an, er wolle dort Grete treffen, und lud sie in einem Brief an Trakl ein, mit ihm nach Innsbruck zu kommen, *falls Sie einigermaßen reisefähig ist.* (II/765) Das war sie aber noch nicht, und erst Ende Mai war ein Aufenthalt in Salzburg vorstellbar. (I/537) Die Einladung blieb aufrecht, konnte dann aber wegen einer Erkrankung von Fickers Frau Cissi nicht wahrgenommen werden. Grete kam erst nach dem Tod Georgs nach Innsbruck.

Zweimal notierte Röck im Mai in sein Tagebuch, dass er Trakl Geld geliehen habe (10 bzw. 20 Kronen).²⁴⁴ Die Ausgaben für Alkohol und Drogen überforderten den Freund finanziell immer wieder. Angeblich brauchte er 200 Kronen monatlich, pro Tag zwei Kronen allein für *Weintrinken und Rauchen*, wie Röck mit einiger Empörung festhielt und Trakl deswegen *Menschenverachtung* vorwarf, denn: *Wie viele Menschen leben mit diesem Geld ganz.*²⁴⁵ Für andere Bedürfnisse blieb daneben kaum etwas übrig. Röck vermittelte einem Bekannten später folgenden Eindruck: *Äußerlich war er immer flott, sauber zusammengerichtet; niemand merkte von außen, daß das Rockfutter innen ungeheuer zerschlissen war. Dies ließ er sich auch nie flicken, und die eigene Arbeit scheint nicht lange gehalten zu haben.*²⁴⁶ Fickers Frau klagte über Trakls *vieles Giftnehmen,*²⁴⁷ das für sie deswegen besonders unangenehm war, weil der Dauergast dann oft bis abends im Bett blieb. Nach ihrer Erkrankung in der zweiten Maihälfte übersiedelte Trakl vor dem 26. Mai wieder auf die Hohenburg nach Igls. Der dortigen Hausherrin, Paula Schmid, schenkte er ein Foto mit der Widmung: *In tiefster Verehrung überreicht* (I/464). Vielleicht half ihr das, den Unmut über einen nicht besonders geliebten Gast zu dämpfen. Seiner Schwester Maria in Salzburg kündigte er an, bald wieder nach Hause zu kommen (I/537).

Georg Trakl. Mai 1914.

In seiner materiellen Aussichtslosigkeit wandte er sich sogar an den jetzt in München wohnenden begüterten Mitschüler Oskar Vonwiller um eine Unterstützung. Dieser war auf den „Brenner", für den er einmal geschrieben hatte, nicht mehr gut zu sprechen und lehnte sein Ersuchen mit dem ironischen Hinweis ab, dass ja Karl Kraus

Ohne Weg (1912–1914)   Kapitel 4

mit leichter Mühe eine weitgreifende Aktion für ihn in die Wege leiten könne. (II/788) Der Neid über die Erfolge Trakls im „Brenner" ist in diesen Brief unübersehbar eingeflossen.

Im Juni machte Trakl noch zwei Versuche, im Ausland unterzukommen: Am 8. Juni schrieb er an das Niederländische Kolonialamt (II/725f.), ob im Sanitätsdienst der Kolonien ein Apotheker gebraucht werde.[248] Die prompte Auskunft zehn Tage später war negativ: Für österreichische Apotheker bestand keine Möglichkeit. Der zweite Versuch am 27. Juni, einen Tag vor der Ermordung des österreichischen Thronfolgers Erzherzog Franz Ferdinand in Sarajewo, war eine telegraphische Bewerbung um eine Stelle in der Miliz, die von dem Wiener Bildhauer und Reserveoffizier Gustav Gurschner für Albanien aufgestellt wurde. (II/837) Die Aussichten waren gering, da nur wenige Offiziere (maximal 25) gebraucht wurden.[249] Trakl machte sich einige Hoffnungen, denn Ende Juni schrieb er an Loos: *Wenn alles gut geht, bin ich nächste Woche als Freiwilliger in Albanien.* (I/539) Er wurde nicht genommen. Loos lud ihn wieder nach Venedig ein, jedenfalls wollte er ihm die Fahrt bezahlen. Seine Verehrung für Trakl fasste er in die Sätze: *Leben Sie wohl, lieber Trakl! Bleiben Sie der Welt gesund. Betrachten Sie sich als Gefäß des heiligen Geistes, das niemand, auch nicht der Georg Trakl*

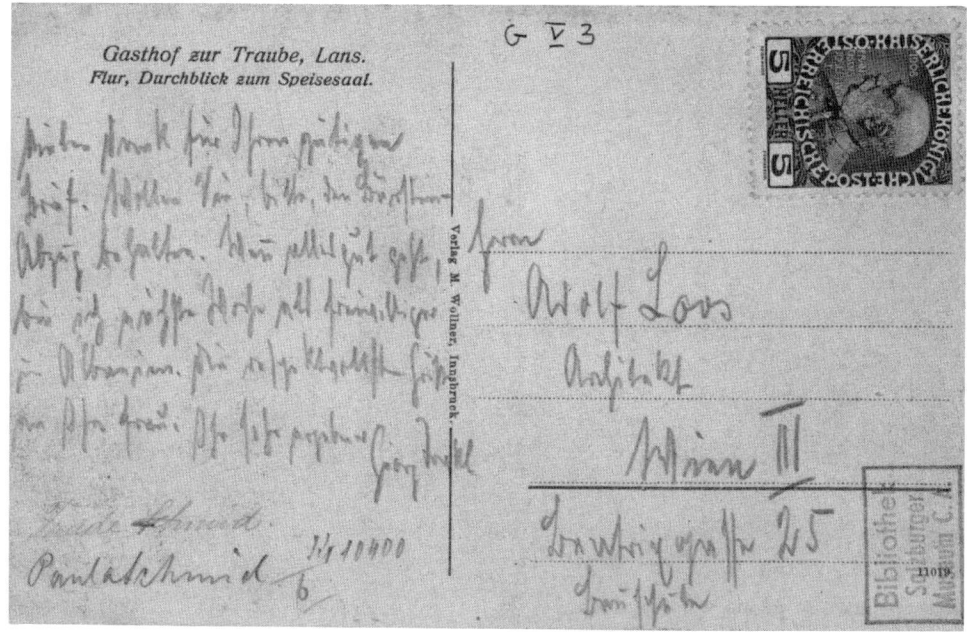

Karte an Adolf Loos aus Lans (nicht abgeschickt): „Wenn alles gut geht, bin ich nächste Woche als Freiwilliger in Albanien."

161

zerstören darf. (II/777) Einen (später verloren gegangenen) Bürstenabzug des Gedichtbandes „Sebastian im Traum" mit dem Loos gewidmeten Titelgedicht konnte sich dieser behalten (I/539) – sofern er davon erfahren hat, denn Trakl hat diese Karte nicht abgeschickt. Im letzten Vorkriegs-„Brenner" vom 15. Juli erschienen Trakls Gedichte „Das Gewitter", „Der Abend" und „Die Nacht". Sie sind in einem Stil geschrieben, der an die Hymnen Hölderlins erinnert. Einen Sonderdruck davon widmete er Ludwig v. Ficker *in Freundschaft und Ergebenheit* (I/464).

Mitte Juli erhielt Ficker einen Brief eines ihm unbekannten Mannes mit ungewöhnlichem Inhalt: *Sehr geehrter Herr! Verzeihen Sie, daß ich Sie mit einer großen Bitte belästige. Ich möchte Ihnen eine Summe von 100.000 Kronen überweisen und Sie bitten, dieselbe an unbemittelte österreichische Künstler nach Ihrem Gutdünken zu verteilen.*[250] Als Absender unterschrieb *Ludwig Wittgenstein jun.* Fünf Tage später folgte die Begründung des 25jährigen Mäzens: Er habe nach dem Tod seines Vaters, der einer der reichsten Männer Österreichs war, ein großes Vermögen geerbt und möchte, einer Sitte folgend, einen Teil für *woltätige* [!] *Zwecke* zur Verfügung stellen. Ficker habe sein Vertrauen durch die Worte von Karl Kraus über den „Brenner", nach denen diese Zeitschrift die *einzige ehrliche Revue Österreichs* und auch Deutschlands sei, und durch die Äußerungen Fickers über Karl Kraus im „Brenner" gewonnen.[251] Für diese ansehnliche Summe sah Ficker insgesamt 17 Empfänger mit unterschiedlich hohen Anteilen vor.[252] Die beiden Hauptkriterien für die Auswahl waren letztlich Verdienst und Bedürftigkeit. In seiner ersten Reaktion auf das Angebot hatte

Ludwig Wittgenstein. *Um 1913*

Ficker gemeint: *Für die volle Würdigkeit der Wenigen, die hier in Betracht kämen, würde ich ebenso die Verantwortung übernehmen wie dafür, daß es sich um Begabungen handelt, deren außerordentliche Bedeutung erst die Nachwelt voll erkennen wird.*[253] Trakl und Dallago sollten mit je 20.000 Kronen einen größeren Anteil erhalten, ebenso die Zeitschrift „Der Brenner" selbst. Zu den von Ficker Bedachten gehörten noch Oskar Kokoschka, Else Lasker-Schüler, Adolf Loos und Theodor Däubler. Ficker holte sich das Einverständnis des Spenders bei einem Besuch im herrschaftlichen Sitz der Wittgensteins in Neuwaldegg bei Wien, wohin er eingeladen worden war.[254] Dabei hat ihm Wittgenstein Rainer Maria Rilke als einen Empfänger vorgeschlagen unter der Voraussetzung, dass dieser bedürftig ist. Ficker erkundigte sich deswegen bei Prof. August Sauer, nach dessen Auskunft Rilke in *sehr beengten, fast drückenden Verhältnissen leben soll*.[255] Rilke erhielt dann ebenfalls 20.000 Kronen. Sonst enthielt sich Wittgenstein eines Urteils, wohl auch deswegen, weil ihm die meisten Namen kaum etwas gesagt haben dürften. Erst nach dem Tod Trakls hat er beispielsweise Gedichte von ihm gelesen; seine Reaktion war: *Ich verstehe sie nicht, aber ihr Ton beglückt mich. Es ist der Ton der wahrhaft genialen Menschen*.[256] Im Café Imperial arrangierte Ficker noch ein Treffen zwischen Loos und Wittgenstein. Als er am 28. Juli nach Innsbruck zurückkam, hatte Österreich-Ungarn bereits an Serbien den Krieg erklärt; er wollte die Beträge daher möglichst rasch überweisen. Trakls Anteil legte er auf das Konto einer Innsbrucker Bank. Die Existenz des Freundes wäre damit für mehrere Jahre gesichert gewesen. Wohl unter Anleitung Fickers bedankte sich Trakl in einem Brief von Ende Juli bei Wittgenstein für die *Hochherzigkeit* und äußerte die Hoffnung auf ein ruhiges Arbeiten: *Seit Jahren jeglichem Zufall des Lebens preisgegeben, bedeutet es mir alles der eigenen Stille nun ungestört nachgehen zu können*.[257] Doch hatte er anscheinend Hemmungen, von dem Geld Gebrauch zu machen. Einer Anekdote zufolge soll er schweißgebadet aus der Bank geflohen sein, als er in Begleitung Fickers von seinem Guthaben abheben wollte.[258] Max v. Esterle meinte, dass Trakl nun alle überseeischen Pläne aufgeben könne, und gab der Hoffnung Ausdruck, dass er in Innsbruck bleiben werde. Diese Äußerung ist ein Hinweis auf ernsthafte Pläne für eine Übersiedlung nach Salzburg,[259] wie sie Trakl in einem Brief an seine Schwester Maria angedeutet hatte (I/537).

Während Fickers Reise nach Wien dürfte Trakl einige Tage in seiner Geburtsstadt verbracht haben.[260] Ein Anlass für die Fahrt nach Salzburg könnte die am 25. Juli in Innsbruck verlautbarte Teilmobilmachung gewesen sein. Laut „Widmungskarte zur Dienstleistung im Kriegsfalle" musste Trakl die Einberufung *im Domizile* abwarten (II/703); seit dem Ende des Dienstes in der Garnisonsapotheke war er wieder in Salzburg gemeldet. Er plante eine Rückkehr dorthin für die erste Augustwoche (I/541); wegen des Kriegsausbruchs ist daraus nichts geworden. Die allgemeine Mobilisierung begann am 31. Juli; sie dürfte für Trakl der Anlass gewesen sein, sich bei seiner Innsbrucker Einheit zu *präsentieren*, das heißt, sich dort am 5. August verbindlich zur *aktiven Dienstleistung*[261] zu melden.[262] Dabei erfuhr er seine vorgesehene Einheit (Feldspital Nr. 7/14) und den Einsatzort. Zwei Tage später erhielt er den einfachen Feldausrüstungsbeitrag von 300 Kronen.[263] Die Wertschätzung der asketi-

Widmungskarte zur Dienstleistung im Kriegsfall.

schen Seite des Soldatischen (im Gegensatz zur Welt der Geschäftemacher) mag ihm diesen Schritt ebenso erleichtert haben wie die Aussicht auf ein Ende seiner beruflichen und persönlichen Misere. Es gibt keinen Hinweis, dass er sich gegen die weitverbreitete Euphorie über den Beginn des Krieges gestellt hätte, wenn ihm auch die zur Schau gestellte Begeisterung zuwider gewesen sein mag. Auf die patriotische Rede eines Generals zu Beginn des Krieges (wahrscheinlich die Rede des Generals Viktor Dankl vom 31. Juli 1914[264]) soll Trakl einem Freund gegenüber mit der ironischen Bemerkung reagiert haben: *Na, da sind wir schön geschnapst. Gehn wir lieber!*[265] Ob es ihm ein Problem war, gegen ein Russland in den Krieg zu ziehen, dessen Kultur er schätzte, ist nicht bekannt.

Dass ihn die Kriegsereignisse stark beschäftigten und er im Wissen um deren entsetzliche Folgen gehandelt hat, zeigt das einzige Gedicht, das mit Sicherheit im August entstanden ist: „Im Osten".[266] Die zweite der drei Strophen lautet: *Mit zerbrochnen Brauen, silbernen Armen / Winkt sterbenden Soldaten die Nacht. / Im Schatten der herbstlichen Esche / Seufzen die Geister der Erschlagenen.* (I/165) In der Zeit nach der Meldung zum Kriegsdienst blieb er in Innsbruck, um auf den Einsatz zu warten.[267]

Die großen weltpolitischen Ereignisse hatten auch Folgen für das Verhältnis Röcks zu Trakl. Für den 23. Juli notierte er: *Brief an Trakl aufgesetzt, ihm meinen Umgang mit ihm aufzusagen (wegen seiner Russophilie …).*[268] Er scheint den Brief dann wegen Trakls kurzer Abwesenheit in Salzburg nicht abgeschickt zu haben, denn am 10. August sagte er ihm mündlich den Verkehr auf und hielt am nächsten Tag in seinem Tagebuch dazu protokollartig den Wortlaut fest: *Ich muß Ihnen (einmal) etwas sagen: ich werde mit Ihnen nicht mehr zusammenkommen, solange der Krieg dauert... Ich ertrage es nicht länger, so über die Deutschen sprechen zu hören. [...] Solche Sachen mitanhören – wie daß nichts Gutes mehr aus den Deutschen kommen könne – das darf ich nicht hören.*[269] Röck war in dieser Situation wieder per Sie mit Trakl, die Nähe der Februartage war verschwunden. Er war anscheinend bereit, die Freundschaft zu ihm in dieser Situation seinen „patriotischen Pflichten", wie er sie aus seiner großdeutschen Haltung heraus verstand, zu opfern. Soweit kam es dann doch nicht, denn als er am 23. August bei einem Spaziergang zufällig Trakl traf und von ihm erfuhr, dass er am nächsten Tag wegfahren werde, war ihm das nicht nur eine Tagebucheintragung wert, sondern er ging am nächsten Tag ins Café „Max", um von Trakl Abschied zu nehmen. *Abends auf dem Bahnhof (wo auch Herr und Frau Ficker und Wallpach*[270]*). Trakl fährt nach Galizien.*[271] Dieses Wort mag für Trakl seit seiner Kindheit einen mythisch-verheißungsvollen Beiklang gehabt haben;[272] mehrmals fällt es auch in den Mitteilungen aus dem Feld. *Aufgetaut und seiner Schwermut entrissen*[273] erschien er Ficker, als er ihn in dieser *zauberhaft erhellte[n], traumhaft stille[n] Mondmitternacht Ende August*[274] auf dem Hauptbahnhof in Innsbruck verabschiedete. Trakl gab ihm dabei einen Zettel in die Hand, auf den er – wahrscheinlich kurz davor – geschrieben hatte: *Gefühl in den Augenblicken totenähnlichen Seins: Alle Menschen sind der Liebe wert. Erwachend fühlst du die Bitternis der Welt; darin ist alle deine ungelöste Schuld; dein Gedicht eine unvollkommene Sühne.* (I/463) Als Ficker ihn fragend ansah, fügte er hinzu: *Aber freilich, kein Gedicht kann Sühne sein für eine Schuld.*[275] Auf seiner Mütze steckte eine *fast gespenstisch mitnickende Nelke*[276]; so bestieg Trakl am 24. August 1914 den Viehwaggon eines Militärtransportes zur österreichisch-russischen Front.

In Salzburg wurde kurz Halt gemacht, und Trakl hatte – vielleicht auch nur auf dem Bahnhof – Gele-

> Gefühl in den Augenblicken totenähnlichen
> Seins: Alle Menschen sind der Liebe wert.
> Erwachend fühlst du die Bitternis der
> Welt; darin ist alle deine ungelöste Schuld;
> dein Gedicht eine unvollkommene Sühne.
>
> GEORG TRAKL
>
> geboren am 3. Februar 1887 in Salzburg
> gestorben am 3. November 1914 im Garnisons-Spital Nr. 15
> zu Krakau

Aphorismus Georg Trakls. Beim Abschied in Innsbruck Ludwig v. Ficker überreicht. Abdruck im „Brenner"-Jahrbuch 1915.

genheit, mit einem seiner Brüder zu sprechen.[277] Dieser teilte ihm mit, dass das neue Buch „Sebastian im Traum" bereits erschienen sei. Trakl bat daraufhin Ficker auf einer Feldpostkarte aus Wien, er möge ihm ein Exemplar schicken. (I/541) Auf der nächsten Karte erkundigte er sich, ob das Buch *eine gute Aufnahme* gefunden habe. (I/541) Er konnte nicht wissen, dass ihn der Verlag schon am 2. September in einem Brief an seine Innsbrucker Adresse verständigt hatte, dass das Buch wegen des Kriegsausbruches erst später ausgeliefert werde. (II/800) *Heute geht es nach Galizien*, schrieb er um den 3. September an Ficker (I/542) und fügte hinzu, dass die Fahrt bis dahin *außerordentlich schön* gewesen sei.

Es muss ein prächtiger Spätsommer gewesen sein, als das erste große Schlachten im Europa des 20. Jahrhunderts begann. Die meisten Feldpostkarten richtete Trakl an Ludwig v. Ficker, den *verehrten Freund*. Mehrmals fügte er Grüße an Frau und Kinder hinzu. Der Aussagewert dieser Mitteilungen ist allerdings dadurch geschmälert, dass sie im Wissen um die Militärzensur geschrieben worden sind.

Um den 7. September hatte Trakls Einheit Galizien erreicht. Am 3. September war allerdings bereits Lemberg in die Hände des russischen Gegners gefallen. Aufgabe der österreichischen Armee war es jetzt, den russischen Vormarsch zum Stehen zu bringen. Kurz vor dem ersten Einsatz schickte Trakl, wahrscheinlich aus Rudki, *herzliche Grüße* an seine Mutter und teilte ihr mit, dass er *bis jetzt noch nichts zu tun gehabt* habe (I/542). Zwischen 8. und 11. September wurde das III. Corps, dem Trakls Einheit angehörte, zwischen Straße und Bahn von Grodek nach Lemberg positioniert.[278] Die k.u.k. 3. Armee traf dort auf einen Stoßkeil der Brussilow-Armee. Die Schlacht bei Grodek begann. Ein Wäldchen südlich von Mszana wurde für einen *ganzen Schlachttag zum Brennpunkt des Kampfes*. Angeblich wollte Trakl *unbedingt in die Front* und musste durch sechs Mann entwaffnet werden.[279] Die russischen Einheiten waren dem österreichischen Gegner um 800 Geschütze überlegen. Die Leichen waren *wohl in zehn Lagen über einander geschichtet, hie und da rührte sich noch eine Hand, ein bleicher Mund stöhnte*.[280] In der beginnenden Paniksituation wurde Trakls Sanitätskolonne erstmals eingesetzt. Er musste, wie er später Ficker erzählte, in einer Scheune nahe dem Hauptplatz des Ortes neunzig Schwerverwundete ohne ärztliche Assistenz zwei Tage lang betreuen. Noch Wochen später hatte er *das Stöhnen der Gepeinigten im Ohr und ihre Bitten, ihrer Qual ein Ende zu machen*.[281] Einer von ihnen tötete sich mit einem Kopfschuss, um die Qualen nicht länger ertragen zu müssen; *unversehens klebten blutige Gehirnpartikel an der Wand*. Vor der Scheune hingen die leblosen Körper justifizierter Ruthenen an Bäumen. Ein Augenzeuge dieser Situation, der Apotheker Mr. Rawski-Conroy, berichtete später: *Ich sah, wie Trakl mit vor Entsetzen aufgerissenen Augen an der Bretterwand der Scheune lehnte. Die Kappe war* seinen Händen entglitten. Er merkte es nicht und ohne auf Zuspruch zu hören, keuchte er: „Was kann ich tun? Wie soll ich helfen? Es ist unerträglich.²⁸² Zu Ficker meinte Trakl darüber später: *Tief habe er sich den Augenblick eingeprägt: der Menschheit* ganzer *Jammer, hier habe er einen angefaßt!*²⁸³

Am 11. September abends kam der Rückzugsbefehl. Schwere Regengüsse verwandelten die Straßen in einen Morast, hinzu kamen Flüchtlinge und versprengte Einheiten der 4. Armee, sodass kein geordneter Rückzug möglich war. Die Truppen bewegten sich westwärts Richtung Przemysl. In Mosciska, einem Ort davor, blieb Trakls Einheit für einige Tage. Er traf dort zufällig den Apotheker Mr. Heinz Klier aus Salzburg, der eine Klasse vor ihm das Gymnasium besucht und sich nach der 6. Klasse für den Apothekerberuf entschieden hatte. Die Schlacht bei Grodek war ihm erspart geblieben. *Wir feierten unser zufälliges Wiedersehen fröhlich beim Wein,* [...]. *Noch öfters traf ich dann mit Trakl zusammen, ich glaube, das letztemal in Limanowa, wo wir einige Tage fröhlich verbrachten.*²⁸⁴ Ein anderer Berufskollege, der mit Trakl in dieser Zeit öfter zusammen war und manchmal das Quartier mit ihm teilte, war der Vater des Schriftstellers Franz Fühmann. Der Sohn hatte seinen Bericht aus den 40er Jahren folgendermaßen in Erinnerung: *Ujegerl, was habe man damals den Schorschl geuzt, manchmal sei's ja schon ein bissel arg gewesen, vor allem, wie man ihn mit seinen Gedichterl aufgezogen habe, mit seinen Wasserleichen und seinen spaßigen Vögeln, da sei er ja manchmal am Tisch aufgesprungen und hab nicht reden können, nur mit den Fäusten schwenken, und dann sei er auch hinausgerannt, daß man gedacht habe, er tue sich etwas an, doch er sei halt dermaßen spinnert gewesen, der Trakl Schorschl, daß man ihn einfach hab hochnehmen müssen und dabei ein Kerl wie ein Bär und ein kreuzguter Mensch* [...].²⁸⁵

Von Mosciska zogen sich die Einheiten weiter über Przemysl nach Jaroslau zurück. Die Kolonnen kamen nur mühsam vorwärts, in Przemysl entstand *ein unentwirrbarer Knäuel von Fuhrwerken,*²⁸⁶ dessen Auflösung zwei Tage dauerte. *Herbstregen und grundlose Wege erschwerten den Marsch ganz außergewöhnlich.* Vom Elend des Krieges, dem er hier begegnete, berichtete auch Heinz Klier: *Stunde auf Stunde rollte Zug auf Zug in die Halle mit teilweise Leicht-, teilweise Schwerverwundeten. Gräßliche Schußverletzungen, hauptsächlich von Schrapnellkugeln und Granatstücken herrührend, bekamen wir zu sehen. Kläglich war das Stöhnen und Wimmern der armen Verletzten.*²⁸⁷ In Przemysl war Trakl einige Abende mit dem langjährigen, trinkfesten Freund Franz Schwab zusammen, der als Sanitätsarzt Kriegsdienst leistete; die Stimmung soll dabei ganz gut gewesen sein. Später, am Abend von Trakls unglücklichem Ende, hielt sich Schwab als Leichtverwundeter zufällig in Krakau auf. Buschbeck berichtete Ficker später darüber: *Er* [Schwab] *hatte die Absicht gehabt, Georg in der Abteilung aufzusuchen und ist im letzten Augenblick durch irgendwelche Unwichtigkeiten daran gehindert worden. Das* *ist ihm heute natürlich etwas Unbegreifliches, Schreckliches.* (II/742) Schwab konnte nach Zell am See zurückkehren.[288]

Um den 22. September sei Trakl – nach seiner eigenen Darstellung, in der die von Franz Fühmanns Vater geschilderte Situation wiederzuerkennen ist – *beim Nachtmahl, im Kreis der Kameraden, plötzlich aufgestanden und mit der angstgepreßten Erklärung, er könne nicht mehr weiterleben, man möge entschuldigen, aber er müsse sich erschießen, hinausgestürzt; worauf Kameraden ihm nacheilten und ihm, dem Kraft, Wille und Bewußtsein schwanden, die Pistole aus der Hand nahmen.*[289] Trakl erholte sich rasch von diesem *Schwächeanfall*, wie er diesen Selbstmordversuch Ficker gegenüber nannte, und versah weiter den gewohnten Dienst. In dieser Zeit muss auch das Gedicht „Grodek" (I/167) entstanden sein, in dem Trakl Eindrücke von der Landschaft, der Schlacht und dem anschließenden Rückzug poetisch verarbeitete,[290] ebenso das Gedicht „Klage II" (I/166), stärkster Ausdruck einer tiefen Daseinsangst, aus der heraus er noch einmal das Bild der Schwester beschwor. Die letzten vier Zeilen lauten: *Schwester stürmischer Schwermut / Sieh ein ängstlicher Kahn versinkt / Unter Sternen, / Dem schweigenden Antlitz der Nacht.*

In der kleinen Stadt Limanowa südöstlich von Krakau verbrachte seine Einheit mehrere Tage, etwa vom 2. bis 6. Oktober. Trakl war in einem Privatquartier untergebracht. In einem Gasthaus traf er mit dem Arzt Dr. Friedrich Plahl aus Kitzbühl zusammen, mit dem er in einer *warmen Gesamtstimmung* über moderne Literatur sprach und ihm Verlaine und Rimbaud zur Lektüre empfahl. *Es war wie ein Aufhorchen in jener unruhigen Zeit, wie ein Selbstbesinnen, ein freudig erregtes Sichhingeben an den für kurze Augenblicke vom Alltag befreienden Moment.*[291] Von hier schrieb er Postkarten an Ludwig v. Ficker, Karl Röck und Adolf Loos. Die Stimmung, aus der heraus er sich erschießen wollte, ist in diesen wenigen Sätzen noch spürbar: *Ich war einige Tage krank und ganz niedergedrückt von Traurigkeit;* oder: *Ich war einige Tage recht krank, ich glaube vor unsäglicher Trauer.* (I/543)

Sanitätstrain bei Limanowa.

In Limanowa fühlte er sich *inmitten eines sanften und heiteren Hügellandes* fast wie im Frieden, obwohl ihm bewusst war, dass ihm eine *neue große Schlacht* bevorsteht: *Wolle der Himmel uns diesmal gnädig sein.* (I/542)

Zu seiner Überraschung wurde er am 7. Oktober nach Wadowice in das k.u.k. Reservespital Nr. 1 Jaroslau im Karmeliter Kloster weggeschickt. In der Krankengeschichte heißt es dazu: *Ob er sich auffällig benommen hätte weiß er nicht, getrunken hat er nicht aber sehr viel Cocain zu sich genommen.* (II/730) Zu Ficker sagte er später, dass er vermutet hatte, er werde zur Dienstleistung als Apotheker dorthin abkommandiert.[292] In einem Brief erwähnte der Freund, dass Trakl *sich die Mißgunst des vorgesetzten Chefarztes* zugezogen habe, der ihn *ohne zwingenden Grund* internieren ließ.[293] Von Wadowice wurde er nämlich am nächsten Tag *zur Beobachtung des Geisteszustandes ins Garnisonsspital Nr. 15 in Krakau transferiert.* (II/729) Auf der Fahrt dorthin soll er einen Fluchtversuch unternommen haben; in einem nach Rzeszów fahrenden Zug wurde er wieder eingeholt. Dieser Ort lag damals nahe der Frontlinie; möglicherweise wollte er sich dort als Infanterist einsetzen lassen, wie er es schon vorher bei jedem Etappenkommando versucht haben soll. Auch während des Aufenthaltes im Krakauer Garnisonsspital, wo er die letzten vier Wochen seines Lebens verbringen musste, äußerte er den Wunsch, wieder an die Front gehen zu wollen. (II/730)

Die Behandlung im Garnisonsspital beschränkte sich auf Beobachtung und Diät: *II.D.Br. 2 Milchkaffee, 4 Semmel, E. Braten, Salzkartoffel, 2 Mehlspeise, 1 Obst.* (II/729) Von mindestens drei verschiedenen Ärzten wurden Äußerungen Trakls zur „Krankengeschichte" festgehalten, wobei bereits dem ersten auffällig erschien, dass er *in Zivil seinen Beruf nicht ausübt, sondern „dichtet"* (II/729); mit den Anführungszeichen wollte der Schreiber wohl das Absonderliche eines solchen Tuns hervorheben. Einige als verrückt erscheinende Äußerungen Trakls wie seine Vermutung, dass er von einem Kardinal abstamme, könnten ihre Ursache in seiner Angst haben, wegen Feigheit vor dem Feind vor ein Kriegsgericht gestellt zu werden. Behauptungen dieser Art sollten ihn davor schützen.[294]

Das Garnisonsspital in Krakau.

Allzu viele Gedanken scheinen sich die behandelnden Ärzte über den Patienten Georg Trakl freilich nicht gemacht zu haben. Außer der Befragung zu Beginn und der Feststellung der Todesursache zum Schluss sind innerhalb dieser vier Wochen nur dreimal kurze Beobachtungen über seinen Zustand festgehalten worden. Für den 10. Oktober wurde zum Beispiel notiert: *Verhält sich ziemlich ruhig, nachts gewöhnlich schlaflos, schreibt verschiedene Gedichte.* (II/730) Um den 12. Oktober schrieb Trakl an Ficker in Innsbruck: *Ich bin seit fünf Tagen hier im Gars. Spital zur Beobachtung meines Geisteszustandes. Meine Gesundheit ist wohl etwas angegriffen und ich verfalle recht oft in eine unsägliche Traurigkeit. Hoffentlich sind diese Tage der Niedergeschlagenheit bald vorüber.* [...] *Bitte telegraphieren Sie mir einige Worte. Ich wäre so froh, von Ihnen Nachricht zu bekommen.* (I/543 f.) Zehn Tage später hatte er noch keine. Er wollte Ficker deswegen auf einer weiteren Karte mitteilen, dass er das Spital nach vierzehntägigem Aufenthalt verlassen werde. *Wohin ich komme weiß ich noch nicht.* (I/544) Eine Angina kam dazwischen; er musste bleiben; die Karte gab er nicht auf. In der Hoffnung auf baldige Entlassung schickte er der Schwester Grete in Berlin, die er offenbar über seine Lage informiert und um einen Besuch gebeten hatte, ein Telegramm, dass er sie *nicht mehr braucht*.[295]

Ficker hatte sich bereits nach der ersten Mitteilung aus Krakau, die er etwa am 15. Oktober erhielt, auf den Weg dorthin gemacht, da er annehmen musste, dass kein einziger seiner Briefe Trakl erreicht hatte. Bei einem kurzen Aufenthalt in Wien gab ihm Karl Kraus eine Postkarte an K. B. Heinrich mit, der ebenfalls als Freiwilliger im Krieg war (II/624). Trakl sollte sie unterschreiben. Am 24. Oktober, einem Samstag, traf Ficker in Krakau ein; er wohnte im Hotel „Royal" und blieb bis zum Abend des nächsten Tages. Über die Eindrücke und Gespräche mit Trakl an diesen beiden Tagen hat Ficker einen Bericht geschrieben, der eine wichtige Quelle für die Ereignisse in Trakls letzten Lebenstagen ist.[296] In der Stadt machte sich die Angst vor den heranrückenden russischen Truppen breit. Die Stadt Przemysl war bereits von drei Seiten eingeschlossen; man empfand die Lage als bedrohlich. Ficker traf Trakl in einer hohen, schmalen Zelle des Garnisonsspitales 15, wo er zusammen mit seinem Burschen Mathias Roth aus Hallstatt (*ein blasser, kränklich aussehender Mensch*[297]) und einem leicht erregbaren, an Delirium tremens leidenden Dragoner-Leutnant untergebracht war. Da dieser kei-

Ludwig v. Ficker 1914.

nen Burschen zur Verfügung hatte, musste Roth zwei – anscheinend recht unterschiedlichen – Herren zu Diensten sein. Das Fenster war vergittert wie in einer Gefängniszelle. Trakl saß rauchend auf dem Bett und unterhielt sich mit seinem Zimmerkollegen. Er machte auf Ficker einen gefassten Eindruck, als er ihm mitteilte, dass er nur wegen einer leichten Angina noch im Spital sei, und zeigt ihm die Karte, mit der er ihm bereits seine Entlassung hatte mitteilen wollen. Er wusste eigentlich nicht so recht, warum die Ärzte ihn noch behielten. Aus Gesprächen mit diesen entnahm Ficker dann, dass sie ihn, wahrscheinlich wegen seiner Beschäftigung mit Gedichteschreiben, *zum Kapitel „Genie und Wahnsinn"* rechneten, was ihnen eine weitere Beobachtung notwendig zu machen schien.[298] Im darüber liegenden Stockwerk vernahm Ficker *gelegentliches Gepolter und Geschrei der Irren*, auf den Gängen bemerkte er die starke Unruhe und die Rohheit der Wärter.[299] Trakl trug einen Patientenkittel, *der fatalerweise immer irgendwie an einen Delinquentenrock erinnert*.[300] Bei einem Spaziergang im Spitalsgelände berichtete ihm Trakl von den Ereignissen bei Grodek, seinem Selbstmordversuch und seiner Angst, dass dieser als *Äußerung der Mutlosigkeit vor dem Feind*[301] aufgefasst und er aus diesem Grund vor ein Kriegsgericht gestellt und hingerichtet werden könnte. Ficker versuchte ihn deswegen zu beruhigen.

Er habe *im Feld [...] blutwenig* geschrieben,[302] meinte Trakl am nächsten Nachmittag und las dem Besucher die Gedichte „Klage" und „Grodek" vor, letzteres mit einem (nicht erhaltenen) breiter angelegten Schluss, der einen *Ausblick auf das Schicksal der ungeborenen Enkel* gegeben haben soll. (II/311) Beide Texte bot er Ficker zum Abdruck im „Brenner" an. Ein „Kriegslied", das er der Wiener „Reichspost" angekündigt hatte, soll er vor seinen Augen vernichtet haben.[303] Dann zeigte er ihm ein Reclam-Bändchen mit Gedichten des Barocklyrikers Johann Christian Günther, der Ficker unbekannt war. Da das Exemplar im Nachlass Fickers gefunden wurde, wird es ihm Trakl beim Abschied mitgegeben haben.[304] Es trägt den Stempel einer polnischen Buchhandlung in Krakau, also hat es sich Trakl dort besorgt oder besorgen lassen. Die ersten und die letzten Seiten hatte er aufgeschnitten,[305] er fand dort die *bittersten Verse, die ein deutscher Dichter geschrieben hat*.[306] Ficker trug er davon zunächst die letzte Strophe des Gedichtes „An sein Vaterland" vor und wiederholte auswendig die letzten drei Verse: *Hier fliegt dein Staub von meinen Füßen, / Ich mag von dir nichts mehr genießen, / Sogar nicht diesen Mund voll Luft*. Dann wies er darauf hin, dass Günther mit 27 Jahren jung gestorben sei, und las das in seinen Augen *schönste und bedeutendste* Gedicht mit dem Titel „Bußgedanken". Der letzte Vers dieses langen Gedichtes lautet: *Oft ist ein guter Tod der beste Lebenslauf*. Über Günthers frühen Tod wusste er aus der biographischen Einleitung, in der es über die jung gestorbenen Dichter heißt: *Freilich fehlt ihnen die Zeit der Blüte, und die Zeit der gereif-*

ten Früchte, aber dafür sind sie auch verschont und bewahrt vor dem Fluch des Absterbens, Verwelkens, des Versiegens der treibenden Kraft. Was sie noch hätten leisten können, malt die geschäftige Phantasie sich liebevoll aus, aber nur die Vorstellung, daß auch ihre Kraft einmal lahm werden könne, existiert nicht: sie altern nie.[307] – Wie manche Anregung aus der Biographie anderer Dichter wird dieser Gedanke in Trakl nicht unwirksam geblieben sein. Dass er Ficker mit dem Hinweis auf Günther seinen Abschied für immer andeuten wollte, kam diesem nicht in den Sinn: *Etwas schien machtvoll unversieglich im Dasein des Freundes, nicht aus der Welt zu denken.*[308] Auf die Frage, ob er immer noch Gifte besitze, sagte Trakl *aufgeräumt und gutmütig lächelnd: No freilich, als Apotheker, ich bitt' Sie, wär' ich denn sonst noch am Leben?* Erfahren durfte im Spital allerdings niemand davon. Ficker ließ sich vom diensthabenden Arzt noch die Zusage geben, dass Trakl bald zu einem Erholungsurlaub entlassen werde, doch der Freund wollte von solchen Zusagen nicht viel wissen. Beim Abschied versicherte ihm Ficker noch, dass er auf der Rückreise von Wien aus seine Entlassung betreiben werde und stellte ihm ein baldiges Wiedersehen in Innsbruck in Aussicht: *Trakl lag regungslos, entgegnete kein Wort. / Sah mich nur an. / Sah mir noch nach... / Nie werde ich diesen Blick vergessen.*[309]

Trakls Zimmer im Krakauer Garnisonsspital heute.

Ficker scheint Trakl ermuntert zu haben, durch Mitteilungen an geschätzte Menschen die sonst aussichtslose Lage erträglicher zu gestalten. Am zweiten Tag von Fickers Besuch bat er telegraphisch den Kurt Wolff Verlag um die Zusendung eines Exemplars von „Sebastian im Traum". (I/545) Die Antwort ist unbekannt, doch wurde das Buch wegen des Krieges nicht ausgeliefert, Trakl hat es nicht mehr gesehen.[310] Else Lasker-Schüler teilte er auf einer Karte mit, dass er sich über ein Wiedersehen freuen würde.[311] Von Ficker wird er erfahren haben, dass Ludwig

Wittgenstein sich ganz in der Nähe aufhielt. Dieser war als Freiwilliger in den Krieg gezogen, machte Dienst auf einem Weichselschiff und war über das Krakauer Militärkommando erreichbar. Ficker schrieb ihm vom Hotel aus einen Brief und informierte ihn über Trakls Lage.[312] Am Tag nach Fickers Abreise schickte Trakl selbst eine Feldpostkarte an Wittgenstein und bat ihn um einen Besuch. Er war zu dieser Zeit noch zuversichtlich, dass er *das Spital in den nächsten Tagen verlassen* könne, *um wieder ins Feld zurückzukehren.*[313] Wittgenstein erhielt die Karte am 30. Oktober. Alle diese Notsignale sind entweder ohne Echo geblieben, oder die Empfänger reagierten zu spät.

Aus den letzten beiden Briefen vom 27. Oktober an Ludwig v. Ficker, der sie am 2. November erhalten hat, spricht tiefste Resignation. Im ersten davon, im sogenannten „Testamentsbrief", schrieb er: *Seit Ihrem Besuch im Spital ist mir doppelt traurig zu Mute. Ich fühle mich fast schon jenseits der Welt. Zum Schlusse will ich noch beifügen, daß im Fall meines Ablebens es mein Wusch und Wille ist, daß meine liebe Schwester Grete, alles was ich an Geld und sonstigen Gegenständen besitze, zu eigen haben soll.* (I/546) Er legte die Gedichte „Klage II" und „Grodek" (in der geänderten, bekannten Fassung) für den Abdruck im „Brenner" bei.[314] Im zweiten Brief (I/547f.) schickte er eine letzt-

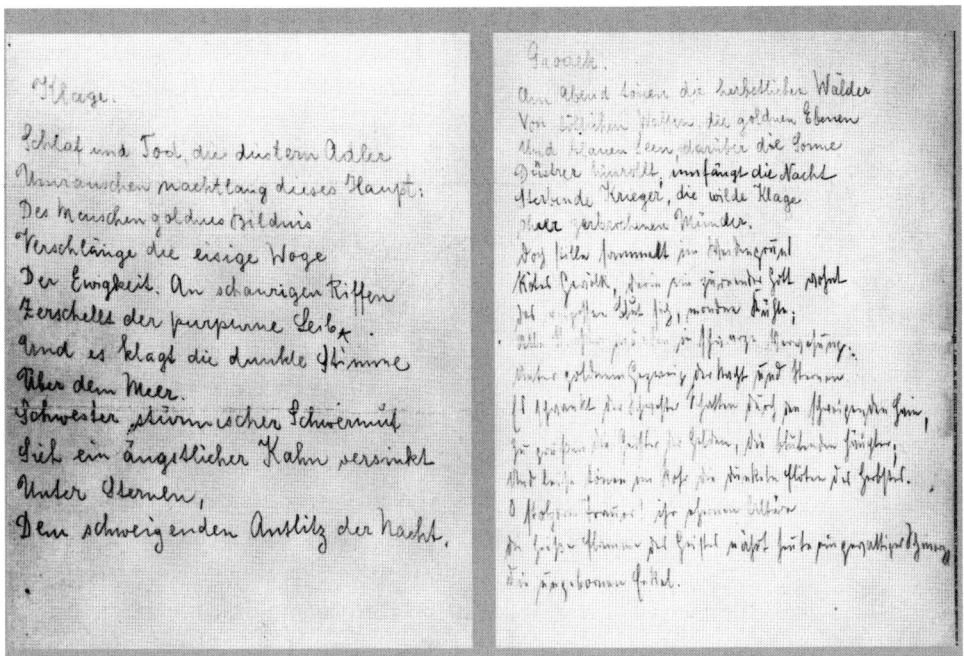

Die letzten Gedichte „Klage" und „Grodek".

gültige Fassung der beiden Gedichte „Menschliches Elend" und „Traum des Bösen" aus der Sammlung „Gedichte"; ein Exemplar dieses ersten Gedichtbandes wird er bei sich gehabt haben. Er änderte den Titel „Menschliches Elend" zu „Menschliche Trauer" und fügte neue Verse hinzu, zum Beispiel die dritte Strophe: *Es scheint, man hört der Fledermäuse Schrei, / Im Garten einen Sarg zusammenzimmern. / Gebeine durch verfallne Mauern schimmern / Und schwärzlich schwankt ein Irrer dort vorbei.* (I/370) In „Traum des Bösen" änderte er die erste Strophe; aus dem ersten Vers: *Verhallend eines Gongs braungoldne Klänge –* (I/29) wurde: *Verhallend eines Sterbeglöckchens Klänge –* (I/359).[315] In beiden Varianten verstärkte er das Todesmotiv.

Als alle, die er um einen Besuch gebeten hatte, ausblieben und er seine Hoffnungen, wieder „ins Feld" und an die Front zu kommen, aufgegeben hatte, dürfte er sich absichtlich in die gefährliche Zone zwischen Leben und Tod begeben haben.[316] Erhard Buschbeck hatte sicher recht mit seiner Annahme, *daß dieser Tod nicht geschehen wäre, wenn im richtigen Moment die richtigen Menschen bei ihm gewesen wären.* (II/742) Über die Umstände wissen wir nur etwas von seinem Burschen Mathias Roth, der darüber Ficker mündlich und schriftlich berichtet hat.[317] Demnach hat Trakl am Abend des 2. November *in bester Stimmung* seinem Burschen erzählt, dass sie beide am übernächsten Tag entlassen und nach Innsbruck beurlaubt würden. (II/740) Trakl gab ihm um halbsieben noch den Auftrag, er möge ihm am nächsten Morgen um halbacht *einen Schwarzen,* also Kaffee bringen und jetzt schlafen gehen. Roths Lagerplatz war auf dem Boden am Kopfende vom Bett seines Herrn. Dann hat Trakl wohl zu viel Kokain genommen, das er versteckt bei sich getragen haben muss.[318] Den ganzen nächsten Tag (3. November) lag er bewusstlos in seiner Zelle. Roth durfte nicht drinnen bleiben, es wurde ihm sogar verwehrt, sie noch einmal zu betreten. Er war deswegen sehr traurig, denn sein Herr hatte ihn immer *wie einen Bruder behandelt und jede Mahlzeit mit ihm geteilt.*[319] Am Abend habe er durch das Guckloch festgestellt, dass Trakls Brust *sich mühsam hob und senkte.*[320] Erst am Morgen des 4. November hat er ihn, mit einem Leintuch zugedeckt, im Bett liegen gesehen. Trakl war tot. In der Krankengeschichte wurde festgehalten: *Trotz Excitationsmitteln hat sich sein Zustand nicht gebessert, um 9 abds exitus letalis.* (II/730) Da man Roth nicht mehr zu seinem Herrn

Mathias Roth aus Hallstatt.

gelassen hatte, war er misstrauisch und bestand auf einer Öffnung des Sarges. Man entsprach seiner Bitte; er bemerkte dann an der Leiche je einen halbmondförmigen Schnitt an der linken Schläfe und an der Kehle, bei denen es sich um Obduktionsschnitte gehandelt haben wird.[321] Todesursache laut Vormerkblatt mit der Krankengeschichte, abgeschlossen am 4. November: *Intoxicatio cocainum,* also Kokainvergiftung (II/728). In der Todesanzeige des Garnisonsspitales vom 4. November 1914 ist als eine die Nachwelt schonendere Variante die Folge einer solchen Vergiftung eingetragen: *Herzlähmung.*[322] Am 5. November 1914 wurde Trakls Leichnam um 10 Uhr vormittags[323] auf dem Rakovitzer Friedhof in Krakau zusammen mit sechs anderen Särgen *ohne jede Zeremonie, ohne geistliche oder militärische Assistenz*[324] beigesetzt. Sein Bursche Mathias Roth hat ihn als Einziger begleitet. Im „Sterberegister der Stadt Krakau" sind sowohl der Name des Verstorbenen („Georg Frankl") als auch sein Alter (37 Jahre) falsch eingetragen. (II/731)

Als erster erhielt Ficker am 9. November die Todesnachricht: Wittgenstein schrieb ihm auf einer Karte vom 6. November aus Krakau, dass er Trakl besuchen wollte, aber nur noch die Nachricht von seinem Tod erhalten habe: *Ich*

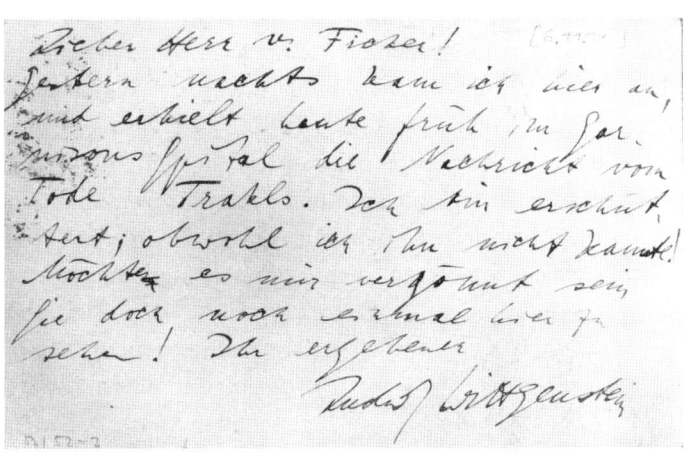

Karte Ludwig Wittgensteins an Ludwig v. Ficker mit der Todesnachricht.

bin erschüttert, obwohl ich ihn nicht kannte![325] Zwei Tage später kam Trakls Karte, die er Ficker bei dessen Besuch in Krakau gezeigt hatte, in Innsbruck an (I/544). Ein Zimmernachbar hatte sie bei der Entlassung aus dem Spital mitgenommen und am 9. November in Prag mit folgendem Hinweis aufgegeben: *Herr Trakl ist im Garnisonsspital Krakow eines plötzlichen Todes (Lähmung?) gestorben.* (I/544)

Ludwig v. Ficker verständigte zunächst einige seiner Freunde und Bekannten telegraphisch vom Tod Trakls, so beispielsweise noch am 9. November Karl Kraus, Else Lasker-Schüler, Carl Dallago und Oskar Kokoschka, der Ficker telegraphisch bat, vom Verstorbenen eine *Maske nehmen zu lassen*[326], was in der Kriegssituation freilich nicht möglich war. Ebenso erhielten die Familie in Salzburg und der Kurt Wolff Verlag von ihm die traurige Nachricht. Der Mutter Maria Trakl berichtete er ausführlich

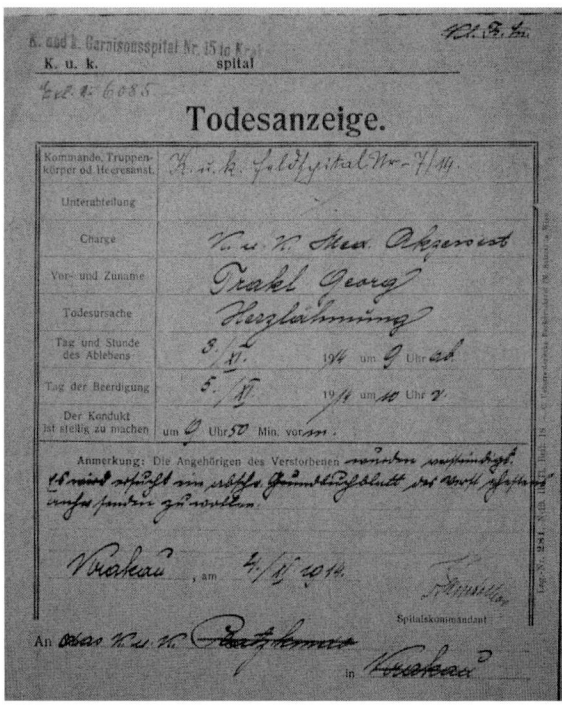

Der Totenzettel des Garnisonsspitals in Krakau.

mündlich bei einem Besuch in Salzburg am 20. November. Auf ausdrücklichen Wunsch des Ehemannes Arthur Langen, der zu dieser Zeit bei der Deutschen Verlagsanstalt in Wilmersdorf beschäftigt war,[327] unterließ er es, Grete direkt zu informieren. Eine schriftliche Verständigung über den besorgniserregenden Zustand des Bruders, die ihr Ficker wahrscheinlich auf seiner Rückreise aus Krakau hatte zukommen lassen, hatte sie nach Langens Angaben *krank und elend* gemacht.[328] Eine offizielle Mitteilung seitens militärischer Stellen gab es nicht.[329] Wilhelm Trakl, der zu dieser Zeit in München wohnte, erkundigte sich deswegen schriftlich in Krakau nach den näheren Umständen von Krankheit und Tod Georgs. Im Antwortschreiben vom 15. November wurden *Geistesstörung (Dement. praec.)* bzw. *Selbstmordversuch durch Cocainvergiftung* angeführt. Erklärend wurde hinzugefügt: *Das Medikament hat er wahrscheinlich von der Feldapotheke, wo er früher tätig war, mitgebracht und so aufbewahrt, daß trotz sorgfältiger Untersuchung bei ihm nichts gefunden wurde. Trakl konnte trotz allermöglichen ärztlichen Hilfe nicht mehr gerettet werden.* (II/736f.) Die offizielle Todesanzeige der Familie vom 16. November folgte der zur Kriegszeit üblichen Formulierung: Georg Trakl war *fürs Vaterland* gestorben. (II/737) Bei Erhard Buschbeck, dem der Tod Trakls *natürlich sehr nahe* ging, löste er ein Umdenken aus: *Dieser Krieg ist etwas Furchtbares und ich muß heute anders über ihn denken.*[330]

Kurt Wolff selbst war im Krieg, daher verständigte der stellvertretende Verlagsleiter Georg H. Meyer das ihm gut bekannte Ehepaar Langen in Berlin. Else Lasker-Schüler war zwar schon vorher bei Grete gewesen, brachte es aber nicht übers Herz, ihr eine derart schmerzliche Mitteilung zu machen.[331] Zwei Tage später hielt sie sich angeblich die halbe Nacht bei ihr auf, um sie gemeinsam mit dem Ehemann Arthur zu trösten.

Grete wollte unbedingt, dass ihr Bruder nach Salzburg überführt wird. Um die nötigen Vorkehrungen treffen zu können, plante sie, möglichst bald dorthin zu fahren. Der Verlag hatte ihr 160 Mark als restliches Honorar für Georgs Gedichtband „Sebastian im Traum" ausbezahlt. Möglicherweise hatte der Bruder noch vor seinem Tod zugunsten Gretes darauf verzichtet. Diesen Betrag wollte sie nun für die Exhumierung zur Verfügung stellen. Lasker-Schüler bot für diesen Zweck einen Teil der Wittgenstein-Spende an, mit dem sie von Ficker bedacht worden war.[332] Wilhelm Trakl war jedoch der Meinung, dass wegen des Krieges eine Überführung der sterblichen Überreste Trakls nach Salzburg *vorerst und wohl auch lange nach Beendigung des Krieges* nicht möglich sein werde; Grete könne das Geld

Der Gedichtband „Sebastian im Traum".

auch sonst dringend brauchen.[333] Derselben Meinung war auch Ludwig v. Ficker, der in diesem Sinn sowohl Grete Langen als auch Wilhelm Trakl schrieb.[334] Er plante bereits zu diesem Zeitpunkt, Trakls Gebeine nach dem Krieg *in die Heimat* überführen zu lassen und die notwendigen Mittel dazu durch eine Sammlung aufzubringen.[335] Während es die Verwandten, soweit sie sich dazu geäußert haben, als selbstverständlich ansahen, dass die Gebeine Georgs in Salzburg ihre endgültige Ruhestätte finden sollten,[336] war Ficker bereits im Dezember 1914 entschlossen, dass die Gebeine des Dichters *sicher überführt und auf dem Friedhof von Mühlau beigesetzt* werden würden,[337] die Überführung also zu einer Sache des „Brenner" und seiner Leserschaft zu machen. Er konnte sich dabei nicht nur auf seinen Einsatz für Trakl, sondern auch auf eine Widmung von ihm berufen, die er ihm in der zweiten Julihälfte 1914 auf einen Sonderdruck der „Drei Gedichte von Georg Trakl" mit schwarzer Tinte geschrieben hatte: *Dem Lande Tirol das mir mehr als Heimat war.* (I/464) Möglicherweise hat sich Grete bei ihrem Aufenthalt in Innsbruck zu Weihnachten 1914 von Ficker überzeugen lassen, oder er hat sich über ihre Absicht und die anderer Familienmitglieder und Freunde hinweggesetzt. Ein Wunsch Trakls, in Mühlau seine letzte Ruhestätte zu finden, ist jedenfalls nirgends nachweisbar.[338]

Zunächst jedoch musste das Grab in Krakau gesichert werden. Ludwig Wittgenstein erkundigte sich Anfang 1915 wegen dessen Lage und teilte die Angaben in einem Brief Ludwig v. Ficker mit.[339] Nach dem Ende des Krieges galt es, die Grabstätte nicht in Vergessenheit geraten zu lassen. Schon die Auffindung des Grabes war wegen der falschen Angaben in den Aufzeichnungen der Friedhofsverwaltung schwierig, ein schon lange dort tätiger Maurer half bei der Identifizierung. Im Dezember 1922 veröffentlichte Ficker im „Brenner" einen Aufruf „Für Trakls Grab".[340] Mit den Beiträgen von 64 Spendern sollte zunächst eine Bronzeplakette am Krakauer Grab angebracht werden, dann wurde von Ficker über das Österreichische Schwarze Kreuz eine Rückführungsaktion in Gang gebracht; sie dauerte beinahe zwei Jahre.[341] Die Mutter Trakls wurde vom Abgang des Transportes aus Wien nach Innsbruck durch das Schwarze Kreuz verständigt.[342]

Die zweite Beisetzung Trakls fand am 7. Oktober 1925, einem milden Herbsttag, auf dem Friedhof in Mühlau bei Innsbruck in Anwesenheit einer kleinen Gemeinde statt.[343] Die kirchliche Einsegnung nahm ein evangelischer Pfarrer vor. Auf einem einfachen Holzkreuz war eine metallene, hellgrün gestrichene Tafel mit Namen und Eckdaten des Dichters in schwarzer Schrift[344] angebracht. Ludwig v. Ficker sprach einen „Abschiedsgruß", der Tiroler Dichter Josef Leitgeb „Verse zum Gedächtnis des Dichters".[345] Aus Salzburg waren die Brüder und Schwestern Georg Trakls gekommen.[346] Auch Trakls früherer Freund K. B. Heinrich ging hinter dem Sarg. Die Mutter konnte nicht kommen; sie war schwer krank und starb noch im selben Monat.[347]

Das Grab Georg Trakls in Mühlau/Innsbruck 1925 und heute.

1926 wurde das Grab mit einem Sternenkreuz und einer darauf angebrachten Bronzetafel gestaltet, die eine zerbrochene Leier und den Namen des Dichters zeigt.[348]

Grete Langen-Trakl lebte seit 1917 nicht mehr. Nach dem Tod ihres Bruders hatte sie jeglichen Halt verloren. *Ich bin ganz und gar zerbrochen u. gehetzt wie ein Tier*, schrieb sie an Erhard Buschbeck.[349] Ihre Ehe war ihr schon länger keine Stütze mehr. Ende 1914 hielt sie sich bei der Familie Ficker in Mühlau auf, wo es erschreckend peinliche Szenen gegeben haben muss. Ficker sah es als seine Pflicht dem toten Freund gegenüber an, sich um sie zu kümmern.[350] Von Salzburg aus versuchte sie dann, irgendeine Stelle zu finden; für eine geschiedene Frau war das besonders schwierig.[351] Eine medizinische Behandlung in Innsbruck und ein Kuraufenthalt in der Heilanstalt Neufriedenheim bei München sollten ihr zu größerer psychischer Stabilität verhelfen. Diese Bemühungen, vermutlich mit dem Geld der Wittgenstein-Spende finanziert, waren umsonst, da sie sich nicht an die ärztlichen Anweisungen hielt. Dazu verschärfte sich die materielle Misere immer mehr. In ihrer Ausweglosigkeit wandte sie sich im Sommer 1917 an L. v. Ficker und Erhard Buschbeck telegraphisch um finanzielle Hilfe (*es kann doch nicht geschehen dass man um nichts willen die letzte consequenz ziehen muss*[352]). Als diese ausblieb, musste ihr das Leben als aussichtslos erscheinen; sie beendete es im Haus der expressionistischen Zeitschrift „Der Sturm", wo sie bei einer Witwe in Untermiete wohnte, am 21. September 1917[353] mit einer Pistole. Sie wurde auf dem evangelischen Neuen St. Matthäi Friedhof in Schöneberg (Berlin) begraben[354]; ihr Halbbruder Wilhelm war beim Begräbnis anwesend. Der Nachlass ist verschollen.

Die anderen Geschwister Georgs starben alle eines natürlichen Todes, teilweise in hohem Alter; zuletzt 1973 die älteste Schwester des Dichters, Maria Geipel, im 91. Lebensjahr. Das Familiengrab befindet sich auf dem Kommunalfriedhof in Salzburg. Mit Frau Geipel ist die Familie ausgestorben, alle Geschwister blieben kinderlos.

Das Familiengrab auf dem Kommunalfriedhof in Salzburg.

ABKÜRZUNGEN

HKA = Historisch-kritische Ausgabe der Werke Trakls, 2. Aufl., 1987
ITA = Innsbrucker Trakl-Ausgabe, Bd. I – IV
AStS = Archiv der Stadt Salzburg
FBA = Forschungsinstitut Brenner- Archiv Innsbruck
GTFG = Georg-Trakl-Forschungs- und Gedenkstätte Salzburg
SLA = Salzburger Landesarchiv
SM = Salzburg Museum (ehem. Salzburger Museum Carolino Augusteum)
Kr = Krone; entspricht 2014 einem Wert von etwa € 5,50.

EDITORISCHE NOTIZ

Im Text sind Zitate, ausgenommen Titel, kursiv gesetzt; die Orthographie der Originaltexte wurde beibehalten. Stellen aus den beiden Bänden der historisch-kritischen Ausgabe „Dichtungen und Briefe" (HKA I u. II) sind im Text nachgewiesen. Die unterschiedliche Schreibung der Namen bezieht sich auf die jeweiligen Dokumente.

ANMERKUNGEN

ANMERKUNGEN KAPITEL I

1. Salzburger Volksblatt, 17. Jg., Nr. 26, vom 3. 2. 1887, S. 1f.
2. Ebd., S. 2.
3. Geburtsdatum: 13. 12. 1795. Seine Eltern hießen Georg und Sophia, über die, außer ihrem evangelischen Religionsbekenntnis Augsburger Konfession, nichts bekannt ist.
4. Datum der Trauung: 3. 2. 1833.
5. So ist z. B. auch „Träckl" (1774) oder „Trakel" (1789) zu finden. Vgl. Johann Adam Stupp: Der Vater des Dichters Georg Trakl. In: Südostdeutsche Semesterblätter, H.17/18, 1966/67, S. 31. – Hinsichtlich der Sterbematrik des Vaters liegt bei Stupp allerdings ein Irrtum vor.
6. Bei der Taufe Georgs am 8. Februar 1887 ist der Vater mit „Tobias Trackl" angeführt, das ‚c' wurde später gestrichen. – Taufbuch der Evangelischen Gemeinde 1887, Zahl 2.
7. AStS, Leichenbuch von 1910, Nr. 407.
8. In der Geburtsurkunde Wilhelms wird er als „Wirtschaftsbesitzer" bezeichnet.
9. Vgl. Friedrich Johann Fischer: Die Abstammung und Herkunft Georg Trakls. In: Anzeiger der Österreichischen Akademie der Wissenschaften, Phil.-Hist. Klasse 97, 1960, Nr. 5, S. 25-29.
10. Vgl. Gertrud Gerhartl: Wiener Neustadt. Geschichte, Kunst, Kultur, Wirtschaft. 2. erweiterte Auflage, Wien 1993, S. 383f.
11. Gertrud Gerhartl: *Wiener Neustadt*, S. 389.
12. Ebd., S. 407.
13. Ebd., S 409.
14. Ebd., S. 385.
15. Ebd., S 402.
16. Sterbedatum: 29. Mai 1870.
17. A. Stupp: *Der Vater des Dichters*, S. 37.
18. Ausgestellt am 26. 1. 1845. – Archiv der GTFG Salzburg.
19. Datum der Trauung: 29. Juni 1846.
20. In der Geburtsurkunde der Tochter Maria scheint er als „Schreiber in der Zuckerraffinerie hier" auf.
21. „Ahnenpaß" Friedrich Trakl, Archiv der GTFG Salzburg.
22. In einem anderen Dokument wird sie als „Taglöhnerin" bezeichnet.

23 Vgl. F. J. Fischer: *Abstammung,* S. 28.
24 Am 21. April 1878.
25 Der Konfessionswechsel war aber an diesen Anlass gebunden, denn bereits der Taufschein des in Salzburg geborenen Sohnes Gustav Mathias (getauft am 22. August 1880) enthält einen Hinweis auf die katholische Konfession der Mutter. Dieser wiederholt sich in den Taufscheinen der Kinder Maria, Hermine und Friedrich (alle Dokumente im Archiv der GTFG Salzburg). Frau Halik, verheiratete Trakl, ist auch katholisch beerdigt worden (Totenbuch der Pfarre St. Andrä in Salzburg, Bd. XV, S. 161, Zahl 112).
26 Am 26. August 1878.
27 Am 21. Oktober 1879.
28 Meldebuch der Stadt Salzburg. SLA. Für Wilhelm hatten die Eltern am 12. September 1879 in Wiener Neustadt einen Taufschein besorgt, der Vater ließ sich erst am 29. Dezember 1879 einen solchen in Ödenburg ausstellen. Taufscheine galten damals auch als staatliche Geburtsurkunden.
29 Wr.-Neustädter Wochenblatt, 11. Jahrgang, Nr. 36 vom 4. September 1879, S. 1.
30 Ernst Hanisch / Ulrike Fleischer: Im Schatten berühmter Zeiten. Salzburg in den Jahren Georg Trakls (1887–1914). Salzburg 1986 (= Trakl-Studien 13), S. 43.
31 Der eigentliche Kaufvertrag, der auch die Übernahme der Eisenfabrik in Grödig regelte, wurde, zusammen mit einem Bestands-Vertrag, am 1. Mai 1880 von Tobias Trakl und Carl Steiner vor zwei Zeugen unterschrieben. Damit erwarb Tobias Trakl das Inventar der Firma Carl Steiner & Comp., die lagernden Produkte und das Recht, die Firma zehn Jahre lang unter diesem Namen führen zu dürfen. Der Kaufpreis betrug 134.514 Gulden. Etwa ein Viertel davon bezahlte Tobias Trakl mit Wertpapieren (35.490 Gulden; er ist also bereits mit einem beachtlichen Kapital nach Salzburg gekommen), den Rest musste er in vierteljährlichen Raten (à 3000 Gulden) abzahlen. – Originale in der GTFG Salzburg. – Eintragung ins Handelsregister am 1.10.1880. Handelsregister Salzburg. SLA.
32 Dekret Nr. 38788 vom 16.12.1898 im AStS. Dieses „Bürgerrecht" war an ein bestimmtes Einkommen gebunden und begründete einen Anspruch auf gewisse Leistungen im Notfall.
33 Taufbuch des Evangelischen Pfarramtes A.B. in Salzburg.
34 „Meldezettel für Jahresparteien" vom 30. 11. 1883 und vom 26. 3. 1887. – Städtisches Archiv von Wiener Neustadt. Ähnlich wie später Tobias Trakl in Salzburg war Mathias Seiler (1828–1913) in Wiener Neustadt zunächst Mieter (Ungargasse 10), dann Hauseigentümer (Ungargasse 17). Vermutlich hat Tobias Trakl bei ihm gearbeitet. Er kommt als Quelle für Informationen über Salzburger Verhältnisse am ehesten in Frage.
35 Vgl. Margit Pflagner: Georg Trakl und das alte Ödenburg. In: Begegnung mit dem Burgenland. Das Grenzland in der Literatur. Wien 1971.
36 Do, 16. Juli 1903.
37 Vgl. Basil: *Georg Trakl,* S. 76. Grete scheint jedoch schon im Schuljahr 1901/1902 im Schulkatalog auf. (Hinweis von Frau Dr. Marty Bax, Amsterdam)
38 Salzburger Volksblatt, Jg. 36, Nr. 109 vom 12. Mai 1906, S. 2-4.
39 Weitere Anlehnungen an Lenau-Texte sind in den Gedichten „Zigeuner" und „An die Melancholie" zu finden. In der Trakl-Forschung werden auch Bezüge zwischen Lenau und Trakls „Don Juans Tod" hergestellt. Vgl. Friedrich Johann Fischer: Die Trakl-Handschriften im Salzburger Museum Carolino Augusteum. Jahresschrift 1958, S. 147–168, hier S. 163. – Trakl verehrte Lenau (neben Mörike) bis in seine späte Innsbrucker Zeit. Ilse Demmer berichtete: *Wie Röck (darüber befragt) erzählt, sprach er öfter von ihnen und meinte unter anderem: „Er liebe Mörike so sehr, weil er sich ganz im Gegensatz zu Goethe an seinen Gedichten verblutet hätte".* Vgl. Ilse Demmer: Georg Trakl. Diss. Wien 1933 (masch.), S. 59, Anmerkung 1.
40 Vgl. Hanisch / Fleischer: *Im Schatten,* S. 21.
41 Ebd., S. 23.
42 Über 20% in den Jahren 1895 bis 1905. Vgl. Hanisch / Fleischer: *Im Schatten,* S. 23.
43 Gustav Streicher und Karl Hauer.
44 Meldebuch der Stadt Salzburg, Buchstabe D, T.: Sigmund Haffnergasse 14, 1. Stock; Anmeldung: 14. 11. 1879; umgezogen: 26. 4. 1880. – SLA.
45 1899 wurde das Haus an das Druckereiunternehmen Wierer und Müller verkauft. Von deren Erben übernahmen es nach Teilung der Liegenschaft ein Restaurationsunternehmen bzw. das Land Salzburg, das in

den Räumen der ehemaligen Wohnung der Familie Trakl 1973 die Einrichtung einer von der Salzburger Kulturvereinigung betreuten Gedenkstätte an den Dichter ermöglichte.

46 Im Grundbuch der Stadt Salzburg wird der von der Familie Trakl bewohnte hintere Teil des Hauses folgendermaßen beschrieben: Er bestand aus *dem hinteren halben Boden über drei Stiegen gegen die Salzach, bestehend aus fünf heizbaren* [!] *Wohnzimmern, einem Kabinete, einem Kammerl, nebst einer separaten Dachkammer gegen die Salzach, Anteil an der sogenannten Kleinen Comuntrockenstatt mit separatem Aufgange in das Unterdach, einem Keller mit einem Fenster gegen den Rudolfskai und einem Gewölbe im Hofraum mit zwei Holzgewölben vor demselben.* – Grundbuch Innere Stadt, EZ 83.

47 „Die Ratten" (I/52). Ein ehemaliger, mittlerweile verstorbener Hausbewohner erzählte dem Verfasser davon, dass der spätere Druckereibesitzer es geradezu als Sport betrachtet habe, mit einem Gewehr im Hof Ratten zu jagen. Trakls Jugendfreund Buschbeck berichtete von einem eindrucksvollen Ratten-Erlebnis seiner Kindheit: *Daß er* [Paul G., Sohn eines Nachbarn] *auch in seiner Art nützlich sein konnte, bewies er, wenn man ihn herüberbat, die Ratten im Kanal unseres Hauses zu schießen. Ein viereckiger Kanaldeckel wurde ausgehoben, er kniete sich vor ihm auf die Lauer und bald krachte es los. Nie war dies ohne Erfolg, wir schauten dann, nicht ohne eine ausgesprochene Scheu zu überwinden, zum Kanalausgang hinunter, und richtig lag dort eines der gar nicht so häßlichen Tierchen.* – In: Erhard Buschbeck: Mimus Austriacus. Aus dem nachgelassenen Werk. Hrsg. von Lotte von Tobisch. Salzburg, Stuttgart 1962, S. 29.

48 Karl Röck erwähnte in seinem Tagebuch im Zusammenhang mit einem Gespräch über Tiersymbolik: *Trakl, der auch den Ratten in der Nähe wohnen muß.* – TB Röck, Mappe I, Blatt 1.

49 Taufbuch der evangelischen Kirchengemeinde Augsburger Konfession/Salzburg, Bd. I, S. 62, Z 12. Der Verfasser hält diese amtliche Angabe, fünf Tage nach der Geburt eingetragen, für zuverlässiger als eine familiäre Mitteilung aus dem Jahr 1924 (Brief Gustav Trakls an L. v. Ficker, II/637)

50 Da auf dem Taufschein für Geburt und Taufe derselbe Ort angeführt ist, nämlich Waagplatz Nr. 2, muss es eine Haustaufe gewesen sein. Die Eintragung im Taufbuch der evangelischen Pfarrgemeinde bestätigt das. – Taufbuch von 1887, Nr. 2. Nur sein Bruder Fritz wurde am 9. 3. 1890 ebenfalls zu Hause getauft, die anderen Geschwister in der evangelischen Christuskirche. – Taufmatriken der evangelischen Pfarrgemeinde.

51 Der Garten war von 1899–1906 im Besitz der Eltern. Sie hatten ihn nach einer Änderung der Parzellenaufteilung erworben (Grundbuch der Stadt Salzburg, Innere Stadt, EZ 92). Ob sie ihn schon einige Zeit vorher gepachtet hatten, was wegen des Alters der Kinder denkbar wäre, ist unklar.

52 Um 1891 war eine junge Pariserin namens Jeanne Saillard als stellvertretende Patin bei der Taufe von Margarete anwesend. Wie lange sie vor oder an Stelle von Frau Boring tätig war, ist nicht mehr genau festzustellen. Otto Basil schreibt von *nicht ganz zwei Jahren* (Basil: *Georg Trakl*, S. 38)

53 Kaufvertrag vom 1.3.1892. Urkundensammlung des Landesgerichtes Salzburg, SLA (Zl. 2070/1892). Verkäufer waren die Erben des 1889 verstorbenen Johann Ph. Löhe, Besitzer des Hotels „Erzherzog Karl" von Salzburg. Gegenstand des Kaufvertrages war das ehemalige „Waaggebäude" und der Verbindungstrakt zur Michaelskirche. – Grundbuch der Stadt Salzburg, Innere Stadt, EZ 58 und 57: Das Eigentumsrecht wurde für Tobias und Maria Trakl gemeinsam eingetragen.

54 Umbaupläne im AStS.

55 Dargestellt im „Inventar", das nach dem Tod von Tobias Trakl vom 28. 7. bis 3. 8. 1910 aufgenommen wurde. – Akten über die Verlassenschaftsabhandlung nach Tobias Trakl beim Bezirksgericht Salzburg. SLA, AZ: Pl 140/10.

56 Gewerbekataster der Stadtgemeinde Salzburg. Vgl. Hanisch / Fleischer: *Im Schatten*, S. 44.

57 Georg Trakls Bruder Fritz meinte in einem Gespräch mit Barbara Bondy: *Schon als Kind bestand er darauf, sein eigenes Arbeitszimmer zu haben; dort schrieb er seine ersten Verse [...]* – Barbara Bondy: „Ein Kind wie wir anderen auch ..." Unterhaltung mit dem Bruder Georg Trakls. In: Die neue Zeitung, Nr. 28 vom 2. 2. 1952, S. 9.

58 Akten über die Verlassenschaftsabhandlung nach Tobias Trakl beim Bezirksgericht Salzburg, SLA, AZ: Pl 140/10.

59 Basil: *Georg Trakl*, S. 36. In diesem Sinn äußerte sich auch Maria Geipel kurz vor ihrem Tod dem Verfasser gegenüber (1973).

60 Vgl. Bondy, a.a.O. In diesem Gespräch werden aber auch falsche Fährten gelegt, beispielsweise mit dem Hinweis, die Mutter sei erst nach der Heirat zum Protestantismus übergetreten.
61 Solche Postkarten gibt es aus den Jahren 1898–1900; die Antwortbriefe Chen Lins stammen von 1900 bzw 1901.
62 „Correspondenz-Karte" vom 24. 4. 1899 (Datum des Poststempels) an „Mici" Trakl in Hannover. – Archiv der GTFG Salzburg.
63 Spoerri: Georg Trakl. Strukturen in Persönlichkeit und Werk. Eine psychiatrisch-anthropographische Untersuchung. Bern 1954, S. 42; Basil: Georg Trakl, S. 23f.
64 Spoerri: *Strukturen,* S. 42.
65 Bondy, a.a.O.
66 *Im Hause herrschten die schwarz-gelben Fahnen,* antwortete Fritz auf die Frage, ob man im Haus Trakl monarchistisch gewesen sei. – Bondy, a.a.O. Für diese Gesinnung spricht auch der Umstand, dass alle Söhne Leutnantsrang hatten.
67 Hanisch / Fleischer: *Im Schatten,* S. 85.
68 Ebd., S. 84.
69 Dokumente im Archiv der GTFG Salzburg.
70 Hanisch / Fleischer: *Im Schatten,* S. 85.
71 Eine Variante in „Traum und Umnachtung" legt eine negative Sicht nahe: Statt *Haus der Väter* hatte Trakl auch *Schulgebäude* überlegt, bis er über *Haus des Vaters* und *Haus seiner Väter* zur gültigen Formulierung gelangte (II/265). Das weist auf ein Vaterbild hin, in dem verschiedene Autoritäten, die einer starren Tradition verhaftet sind, zusammenfließen.
72 Bondy, a.a.O.
73 Nora Watteck: Die Mutter des Dichters Georg Trakl. Manuskript im Archiv der GTFG Salzburg, S. 1f.
74 Vgl. Gunther Kleefeld: Das Gedicht als Sühne. Untersuchungen zur Beziehung von Poesie und Psychose bei Trakl. Tübingen 1985. (= Studien zur deutschen Literatur, Bd. 87.), S. 67f.
75 Zwölf Dokumente im Archiv der GTFG. Nur 3 Briefe sind vollständig datiert: 30. 1. 1881; 11. 3. 1885 und 16. 5. 1887. Sonst ist nur der Monatstag angeführt oder das Datum fehlt ganz. Im Brief vom 16. 5. 1887 schreibt der Absender davon, dass er *mehr als 1000 Einzelne und Familien von Zeit zu Zeit wiederkehrend zu unterhalten habe* und sich selbst deswegen *sehr viele Entbehrungen aufzulegen bemüßigt* sei.
76 Vormerkblatt mit der Krankengeschichte (II/729). Es ist für diese Anmerkungen keine andere Quelle als der Patient Georg Trakl selbst vorstellbar. Zu bedenken bleibt dabei allerdings, dass dieser von der Angst verfolgt wurde, er könnte wegen Desertion zum Tode verurteilt werden. Der daraus entstehende Rechtfertigungsdruck dürfte die Äußerungen über seinen Werdegang beeinflusst haben.
77 Ilse Demmer: Georg Trakl, S. 22. Dass dies auch ein Verlaine-Reflex sein könnte, wird weiter unten noch gezeigt.
78 Brief Cissi v. Fickers vom 8. 8. 1915 an ihren Mann. – L. v. Ficker: Briefwechsel 1914-1925. Hrsg. v. Ignaz Zangerle, Walter Methlagl, Franz Seyr, Anton Unterkirchner. Innsbruck 1988. (= Brenner Studien Band VIII), S. 100.
79 Klaus Stark: Die Krise Georg Trakls. Diss.med., Tübingen 1989, S. 144.
80 Kleefeld: *Sühne,* S. 42.
81 Möglicherweise konnte sich die Familie eine Gouvernante auch nicht mehr leisten, denn es gibt Hinweise darauf, dass es zwischen 1903 und 1905 einen geschäftlichen Rückgang gab (Hanisch / Fleischer: Im Schatten, S. 44).
82 Adrien Finck: Trakl in Frankreich. In: Trakl-Forum 1987. Hrsg. v. Hans Weichselbaum, Salzburg 1988 (= Trakl-Studien XV), S. 118.
83 Bondy, a.a.O.
84 Basil: *Georg Trakl,* S. 38.
85 Brief von Anton Moritz an die Editorische Arbeitsstelle des Seminars für deutsche Philologie der Universität Göttingen vom 9. 11. 1962, S. 2. (Kopie im Archiv der GTFG Salzburg)
86 Berichtet in einem Brief von Anton Moritz an Walther Killy vom 14. 6. 1965. (Kopie im Archiv der GTFG Salzburg)

87 Als 14-Jähriger schrieb Buschbeck seinem Mitschüler Anton Moritz: *Daher glaube ich, dass über unseren äußeren Handlungen – Handlungen vor der Außenwelt – noch ein höheres Wesen, ein höherer Instinkt schwebt. Dieses unser eigentliches Wesen, ich möchte es unsere Seele nennen, verarbeitet dann unsere Handlungen und der Widerspruch zwischen dieser Seele und den Handlungen erzeugt dann die verschiedenen Gefühle der Reue etc. etc. Aber es ist unmöglich diese Seele eines anderen Menschen zu begreifen.* – Brief vom 29. 12. 1903. Handschriftensammlung der Wienbibliothek im Rathaus, H.I.N. 242.060.
88 Basil: *Georg Trakl*, S. 38.
89 Das schadhafte Buch fand sich im Nachlass von Frau Elfriede Dorn-Sedlacek, einer (jüngeren) Freundin von Frau Maria Geipel, der ältesten Schwester Georg Trakls: Christophe: La Famille Fenouillard. 4. Aufl., Paris: Armand Colin. [1. Auflage: 1893]. – Archiv der GTFG.
90 Basil: *Georg Trakl*, S. 39.
91 A. Finck: *Trakl in Frankreich*, S. 118.
92 Postkarte vom 24.11.1897. – Archiv der GTFG.
93 Postkarte vom 29. 6. 1898. – Archiv der GTFG.
94 Postkarte vom 21.9.1899. – Archiv der GTFG Salzburg.
95 Jahreskataloge des k.k. Staatsgymnasiums zu Salzburg im Archiv des Akademischen Gymnasiums.
96 Assent-Protokoll. – SLA, Buchförmige Archivalien des Evidenzreferates, Bd. 301, Nr. 1020.
97 Damals sind auch die Verbindungen zu Reichenberg in Böhmen hergestellt worden, von wo zehn Jahre später Minnas Ehemann kam.
98 Marias Ehe scheiterte nach wenigen Monaten; Minnas Ehe wurde nach 18 Jahren geschieden, als lose Lebensgemeinschaft blieb sie aufrecht.
99 Bondy, a.a.O.
100 Brief Arthur Langens an das k.k. Vormundschaftsgericht zu Salzburg vom 16. 3. 1912. Wie weit diese Angaben jedoch Teil seiner Taktik waren, die Teilvormünder für eine Zustimmung zur Verehelichung mit Grete zu bewegen, muss offen bleiben. – Akte über die Verlassenschaftsabhandlung nach Tobias Trakl des Bezirksgerichtes zu Salzburg, Abteilung I. SLA, AZ PI 140/10.
101 Das Naheverhältnis der Trakl-Kinder zu ihrem Klavierlehrer beweist auch die Tatsache, dass Georgs Bruder Gustav in der ersten Phase der "Brunetti-Gesellschaft (1919–1921) das Amt des Kassiers übernommen hat. – Vgl. Renate Eberling-Winkler: "Entweder Bettler oder König!" August Brunetti-Pisano (1870–1943). Ein Salzburger Komponist. Salzburg 2010, S. 49ff. (= Schriftenreihe des Salzburg Museums, Bd. 23)
102 Ludwig Ullmann: Heimat in der Fremde. Ein Buch der Erinnerung und der Gegenwart. Manuskript in der Dokumentationsstelle für österreichische Literatur im Literaturhaus Wien (abgeschlossen 1948 in New York), S. 19.
103 Brief von Anton Moritz an die Editorische Arbeitsstelle des Seminars für deutsche Philologie der Universität Göttingen vom 9. 11. 1962. (Kopie im Archiv der GTFG)
104 Alfred Doppler: Die Musikalisierung der Sprache in der Lyrik Georg Trakls. In: A.D.: Die Lyrik Georg Trakls. Beiträge zur poetischen Verfahrensweise und zur Wirkungsgeschichte. Wien 1992, S. 68-83, hier S. 68.
105 Erinnerung an Georg Trakl, 3. erw. Auflage, Salzburg 1966, S. 122.
106 Vgl. Spoerri: *Strukturen*, S. 23.
107 Erhard Buschbeck berichtete darüber in seiner Erzählung „Die Dampftramway". In: Erhard Buschbeck: Ersehnte Weite. Hg. v. Hans Weichselbaum. Salzburg 2000, S. 119f. (= Salzburg Bibliothek, Bd. 6)
108 Erhard Buschbeck: Georg Trakl. Berlin 1917, S. 9.
109 Im Gespräch mit Hans Limbach. In: Erinnerung, 1966, S. 122.
110 Hans Szklenar: Beiträge zur Chronologie und Anordnung von Georg Trakls Gedichten aufgrund des Nachlasses von Karl Röck. In: Euphorion 6o, 1966, S. 222–262, hier S. 227.
111 Kleefeld: Sühne, S. 44, und Stark: Krise, S. 151.
112 Erinnerung, 1966, S. 140.
113 Erinnerung, 1966, S. 7.
114 Hanisch / Fleischer: *Im Schatten*, S. 92.
115 Erinnerung, 1966, S. 140.

116 Für Gunther Kleefeld steht es *außer Zweifel, dass Georg Trakl ein Adept der Zahlenmystik war.* – In: G. Kleefeld: *Mysterien*, S. 45. Ausführlich in: G. Kleefeld: Maß und Gesetz. Zahlenkompositorik in Georg Trakls Gedichtband „Sebastian im Traum". In: Zyklische Kompositionsformen in Georg Trakls Dichtung. Hg. v. Károly Csúri, Tübingen 1996, S. 227-289.
117 Aus: Bruckbauer mit dem neunjährigen Trakl in der Schwimmschule. TB Röck, Mappe VIII.
118 Hanisch / Fleischer: *Im Schatten*, S. 94.
119 II/642: „genügend" auch in Deutsch, Geographie und Mathematik. (Notenskala: vorzüglich – lobenswert – befriedigend – genügend – nicht genügend – ganz ungenügend)
120 Hanisch / Fleischer: *Im Schatten*, S. 94.
121 Foto im Archiv der GTFG Salzburg
122 Prüfung: 14. 7., Konfirmation: Sonntag, 15. 7. 1900. – Matriken der evangelischen Pfarrgemeinde Salzburg.
123 Basil: *Georg Trakl*, S. 42.

ANMERKUNGEN KAPITEL 2

1 Basil: *Georg Trakl*, S. 43f.
2 Ebd., S. 45.
3 Gymnasialzeugnis vom 15. Juli 1902, Rückseite – SM.
4 Basil: *Georg Trakl*, S. 45.
5 Ebd., S. 46.
6 Hanisch / Fleischer: *Im Schatten*, S. 96.
7 Ebd.
8 Es sind dies: „Zarathustra", „Geburt der Tragödie" und „Jenseits von Gut und Böse".
9 Vgl. Hans Georg Kemper: Nachwort zu: Georg Trakl. Werke, Entwürfe, Briefe. Hrsg. v. H. G. Kemper und F. R. Max. Stuttgart 1984 (= Reclams Universal-Bibliothek, Nr. 8251), S. 291.
Aus Trakls Prosastücken „Maria Magdalena" und „Barrabas" leitet Gunther Kleefeld die These ab, dass Trakl „zu keinem Zeitpunkt, auch nicht vor 1912" Nietzscheaner gewesen sei. – In: G. Kleefeld: Mysterien, S. 93.
10 Zu diesem Thema vgl. Walter Methlagl: Nietzsche und Trakl. In: Colombat / Stieg: *Frühling der Seele*, S. 81-121, hier S. 81f.
11 Erinnerung, 3. Aufl., S. 124.
12 Programm [= Jahresbericht] des k.k. Staatsgymnasiums in Salzburg, Schuljahr 1902/1903.
13 Bondy, a.a.O.
14 Erinnerung, 1966, S. 96.
15 Karte Erhard Buschbecks aus Salzburg an Anton Moritz in Wien vom 11. 11. 1908. – Von der Lektüre dieser Romane gehe man *absolut leer* aus, *höchstens daß man den Gestank einer barbarischen Kultur zu riechen bekommen hat.* – Handschriftensammlung der Wienbibliothek im Rathaus, H.I.N. 242.123.
16 Konferenzprotokoll Nr. 10 des Schuljahres 1904/05 des k..k. Staatsgymnasiums in Salzburg. – Schularchiv des Akademischen Gymnasiums Salzburg.
17 Konferenzprotokolle Nr. 12 und 14 des Schuljahres 1904/05 des k.k. Staatsgymnasiums in Salzburg. – Schularchiv des Akademischen Gymnasiums Salzburg.
18 Notizen aus einem Gespräch Karl Röcks mit Franz Bruckbauer, aufgeschrieben am 29. 11. 1917. – TB Röck, Mappe VIII. – Bruckbauer meinte Trakl gegenüber entschuldigend, dass er deswegen vom Vater ohnehin keine Prügel bekommen habe. Offenbar kam das dann und wann vor.
19 Bruckbauer, Franz: „In memoriam: Georg Trakl". In: Trakl-Echo. Hrsg. v. Hans Weichselbaum. Innsbruck 2013, S. 37.
20 Hanisch / Fleischer: *Im Schatten*, S. 96.
21 Zeugnis vom 15. Juli 1905 (II/656).
22 Die in der Trakl-Literatur mehrfach (Basil, HKA II/525, Kleefeld) anzutreffende Annahme, Trakl habe sich in den Sommerferien 1905 auf eine Wiederholungsprüfung vorbereitet, ist nicht haltbar; mit drei negativen Noten war eine solche gar nicht möglich. Aus Trakls Klasse war nur der Schüler Wimmer zu einer

Wiederholungsprüfung aus Griechisch zugelassen, die er als einziger von den 14 Kandidaten aus allen Klassen beim Klassenvorstand der Trakl-Klasse (Prof. Dr. Hackel) nicht bestand. – Konferenzprotokolle des Schuljahres 1905/06 des k.k. Staatsgymnasiums in Salzburg. – Schularchiv des Akademischen Gymnasiums Salzburg.

23 Ebd. – Felix Brunner nimmt als Grund für die späte Abmeldung an, dass Trakl die Absicht gehabt habe, das Jahr zu wiederholen, was ihm von den neuen Mitschülern verleidet worden sei. – Felix Brunner: Der Lebenslauf und die Werke Georg Trakls. Phil. Diss. (masch.), Wien 1932, S. 8.
24 Ludwig v. Ficker: Denkzettel und Danksagungen. Aufsätze und Reden. Hrsg. v. Franz Seyr, München 1967, S. 31.
25 Bondy, a.a.O.
26 Basil: *Georg Trakl*, S. 51.
27 Ebd., S. 119.
28 Ebd.
29 Vgl. Krankengeschichte (II/729).
30 Vgl. Jehl, Dominique: Trakl et Baudelaire. In: Colombat / Stieg: *Frühling der Seele*, S. 9-20, hier S. 19.
31 Das Jahreszeugnis vom 15. Juli 1904 am Ende von Buschbecks 5. Klasse enthält negative Noten in den Fächern Latein, Mathematik und Geographie/Geschichte. Im Herbst wurde er am 15. 9. von seiner Mutter abgemeldet; der Vater lebte nicht mehr. (Jahreskatalog des k.k. Staatsgymnasiums. Schularchiv des Akademischen Gymnasiums Salzburg) Buschbeck maturierte 1909 als Privatschüler in Gmunden, damals ein „Refugium peccatorum".
32 Schulkatalog 1901/02 und Zöglingsverzeichnisse des Instituts der Englischen Fräulein in St. Pölten.
33 Basil: *Georg Trakl*, S. 76. In den Schülerinnenverzeichnissen der Salzburger Bürgerschule für Mädchen ist sie nicht nachweisbar. (Auskunft Dir. Lettner)
34 Basil: *Georg Trakl*, S. 51.
35 Stark: *Krise*, S. 101.
36 Stark: *Krise*, S 114.
37 Brief Grete Trakls an Mici Trakl (Schwester), wahrscheinlich vom 22. 12. 1914 aus Innsbruck. Diesen Brief legte die Mutter Maria Trakl einem Schreiben an Ludwig v. Ficker vom 24. 12. 1914 bei. – In: L. v. Ficker: Briefwechsel 1914-1925, S. 71.
38 Walther Methlagl: Aus den Tagebüchern Erwin Mahrholdts. In: Mitteilungen aus dem Brenner-Archiv, Nr. 8, 1989, S. 82-84, hier S. 83.
39 Brief von Anton Moritz an Walther Killy in Göttingen vom 9. 11. 1962. – Kopie in der GTFG Salzburg.
40 Brief von Anton Moritz an die Editorische Arbeitsstelle des Seminars für deutsche Philologie der Universität Göttingen vom 9. 11. 1962. – Kopie im Archiv der GTFG Salzburg.
41 Bondy, a.a.O.
42 Vgl. Hanisch / Fleischer: *Im Schatten*, S. 129f.
43 In diesem Abschnitt gelangt Zarathustra in das Reich des Todes.
44 Der Salzburger Dichterbund. Typoskript aus dem Tagebuch von Karl Röck. Als weitere Mitglieder führt er an: Oskar Vonwiller (als „damaligen Freund Trakls") und Schmidt. – TB Röck, Mappe VIII.
45 Schoßleitner, Karl: „Zwei Toten: Georg Trakl und Alexander Mörk". In: Weichselbaum (Hg.): *Trakl-Echo*, S. 135.
46 Bondy, a.a.O.
47 Buschbeck: *Georg Trakl*, 1917, S. 10.
48 Basil: *Georg Trakl*, S. 56.
49 Brief Erhard Buschbeck aus Salzburg an Anton Moritz v. 20. 2. 1906 – Handschriftensammlung der Wienbibliothek im Rathaus, H.I.N. 242.075.
50 Spoerri: *Strukturen*, S. 24.
51 Spoerri: *Strukturen*, S. 36.
52 Otto Weininger: Geschlecht und Charakter. Eine prinzipielle Untersuchung. München 1980 (Nachdruck der 1. Auflage, Wien, Mai 1903), S. 302.
53 Davon berichtete jedenfalls sein Bruder Fritz. Vgl. Friedrich Johann Fischer: Die Trakl-Handschriften in der Bibliothek des Salzburg Museum, Jahresschrift 4, 1958, S. 147–168, hier S. 150.

54 Mit Matura wären es zwei Jahre gewesen; er hatte also hinsichtlich der Berufsausbildung keinen Zeitverlust.
55 Erinnerung, 1966, S. 141.
56 Vgl. Hanisch / Fleischer: *Im Schatten*, S. 88.
57 Fischer: *Die Trakl-Handschriften*, S. 151.
58 „Traumulus". Tragische Komödie von Arno Holz und Johannes Jerschke. Trakl erwähnt sie in seiner Würdigung von „Oberregisseur Friedheim" (I/205).
59 Fischer: *Die Trakl- Handschriften*, S. 150.
60 Ebd.
61 Erinnerung, 1966, S. 141.
62 Meldeschein des Meldeamtes Salzburg; SLA. Adresse Streichers: Stauffenstraße 9, Wohnungsbesitzer: Josef und Anna Schrott. Gemeldet sind die Mutter Anna Streicher, Gustav Streicher und dessen um 20 Jahre jüngere Schwester Marianne (geb. 1893). Am 7. September 1908 zog Streicher, wahrscheinlich nach dem Tod der Mutter, mit seiner Schwester nach Wien. Die Sorge um Marianne ist auch ein Thema im Briefwechsel Streichers mit dem Klavierlehrer und Komponisten Brunetti-Pisano. Als Streicher eine Stelle für sie im Heeresministerium in Aussicht hatte, schrieb er ihm: *Meiner Mutter hätte wohl diese schöne Lösung der Existenzfrage meiner Schwester unendlich große Freude bereitet. So muß ich mich mit dem Trost abfinden, daß ich in ihrem Sinn und weit über ihre Erwartung hinaus die Wege meiner Schwester geebnet habe.* (Postkarte Gustav Streichers aus Wien an August Brunetti-Pisano in Salzburg vom 20. 8. 1911. SM, nicht inventarisiert)
63 Karl E. Baumgartl: Gustav Steicher. In: Oberösterreichische Männergestalten aus dem letzten Jahrhundert. Hrsg. von Eduard Straßmayr. Linz: Verlag des Katholischen Pressvereins 1926, S. 152–157, hier S. 153.
64 Meldeschein des Meldeamtes Salzburg; SLA. Anmeldung Streichers: 3. 4. 1890; Abmeldung: 11. 5. 1892. Adressen: Franz-Josef-Straße 19/III, Virgilgsse 12/I und Dreifaltigkeitsgasse 12.
65 August Streicher: Das Märchen vom Glück. Roman. Leipzig, Verlag von Wilhelm Friedrich 1897. Im selben Verlag war bereits vorher der Roman „Die Perle des Kurortes" erschienen, der als Hintergrund die „Schilderung des Treibens während der Gmundener Badezeit und diejenige des Lebens in Kreisen von Hamburger Großkaufleuten" hatte (Verlagsankündigung).
66 August Streicher: Menschwerdung. Schauspiel in vier Akten. Berlin, Verlag des Dramatischen Instituts 1899. (= Theater der Gegenwart)
67 August Streicher: Menschwerdung, S. 3. Im Drama entzieht sich ein junger Mann einer „verordneten" Ehe, die mangelnde Liebe und Wärme zur Folge gehabt hätte, und entscheidet sich für ein Mädchen, das in den Augen der alten Generation *aus der Art geschlagen* ist. Mit ihr bricht er *ins neue Menschenland* auf, womit sich beide dem *Familienfluch* entziehen wollen.
68 Diese Thematik ist allerdings auch zeittypisch. Hermann Bahr veröffentlichte beispielsweise 1887 in Zürich ein Schauspiel „Die neuen Menschen".
69 Felix Brunner: *Der Lebenslauf*, S.10.
70 Brief Ludwig v. Fickers an Erhard Buschbeck vom 1. 9. 1939. – In: L. v. Ficker: Briefwechsel 1926–1939. Hg. v. Ignaz Zangerle, Walter Methlagl, Franz Seyr, Anton Unterkircher. Innsbruck 1991 (= Brenner-Studien Band XI), S. 335.
71 Postkarte vom 11. 12. 1903 aus Wien an Edward Samhaber in Linz. – Adalbert-Stifter-Institut des Landes Oberösterreich, Inv. Nr. 3/5008/88-B/XII, 180.
72 Buschbeck, Erhard: Der Zug nach Wien. In: E.B.: Ersehnte Weite, S. 196–200, hier S. 196.
73 Bondy, a.a.O.
74 Sieglinde Klettenhammer: Drei bisher unbekannte frühe journalistische Arbeiten von Georg Trakl. In: Mitteilungen aus dem Brenner-Archiv Nr.9, 1990, S. 10–19, hier S. 12.
75 Salzburger Zeitung, vom 9. Jänner 1906, S. 2 f. – Dieser Beitrag ist Trakls erste Publikation.
76 Gustav Streicher: Oscar Wilde, der Dichter der „Salomé". In: Salzburger Volksblatt, vom 1.März 1906, S. 1 f. G.T. [= GeorgTrakl]: „Salomé". In: Salzburger Zeitung, vom 2. März 1906, S.2 f. Siehe auch: Sieglinde Klettenhammer: Drei bisher unbekannte frühe journalistische Arbeiten, S. 18 f.
77 Hanisch / Fleischer: *Im Schatten*, S. 115.

78 Bescheid des k.k. Landes-Präsidiums Salzburg, vom 28. 3. 1906 (Nr. 864, Bl. 1-4). In der Anmerkung „Pro domo" heißt es: *Zu streichen wäre die Stelle: S. 23, Z. 2 w. u.. Grete: „Pfui! ... nichts weiter dabei!"*
79 Salzburger Volksblatt, vom 30. 3. 1906, Nr. 73, S. 4 , unter dem Titel „Theaternachricht".
80 Salzburger Volksblatt, Jg. 36, Nr. 79 vom 6. 4. 1906 (auch: I/205); unmittelbarer Anlass war der Weggang Friedheims von Salzburg.
81 F. J. Fischer: *Die Trakl-Handschriften*, S. 152.
82 Salzburger Chronik, Nr. 75 vom 2. April 1906, S. 2 f. (auch II/511)
83 Basil: *Georg Trakl*, S. 67.
84 Auf welche Arbeiten sich das Lob bezieht („Feuilletons"), ist nicht bekannt; wahrscheinlich auf die erwähnten Aufsätze zu Erstaufführungen im Stadttheater.
85 Salzburger Volksblatt, Jg. 36, Nr. 75 vom 2. April 1906, S. 5. (auch II/514)
86 Chefredakteur war von 1880 bis 1916 Rudolf Freisauff von Neudegg, der aus einem heruntergekommenen Salzburger Adelsgeschlecht stammte, literarische Ambitionen hatte und Salzburgs oberster Freimaurer war (getarnt in einer Tischgesellschaft namens „Mozart"). – Vgl. Hanisch / Fleischer: Im Schatten, S. 85.
87 Hanisch / Fleischer: *Im Schatten*, S. 84.
88 Salzburger Zeitung, Nr. 75 vom 2. April 1906, S. 3f.
89 Salzburger Chronik, vom 2. 4. 1906, S. 2f.
90 Peter ist der Lebensgenuss versagt; Grete bejaht ihn, ist lebenslustig und „hintergeht" Peter mit dem Studenten Fritz. / Peter ist „Hellseher" – als Ich-Repräsentanz erscheint ein solcher auch in „Traum und Umnachtung" (I/147) –, er weiß alles über Grete und will sie mit Gewalt an sich binden.
91 Vgl. Spoerri: *Strukturen*, S. 39.
92 Bondy, a.a.O.
93 Stark: *Krise*, S. 199.
94 Sie blieb dort drei Jahre lang. – Schulkatalog 1901/02 und Zöglingsverzeichnisse der Jahre 1902/03 und 1903/04 des Instituts der Englischen Fräulein in St. Pölten. Im Schuljahr 1904/05 ist keine Trakl-Tochter mehr nachweisbar.
95 Vgl. Basil: *Georg Trakl*, S. 76. Die Unterlagen von „Notre Dame de Sion" aus der Zeit vor dem Zweiten Weltkrieg sind nicht mehr vorhanden.
96 Jahresbericht der k.k. Akademie für Musik und darstellende Kunst über das Schuljahr 1908/1909. – Archiv der Hochschule für Musik und darstellende Kunst in Wien. Das Schuljahr begann um den 10. September (Auskunft Dr. Lynne Heller).
97 Gestützt wird die Annahme durch sekundäre Quellen wie den Brief Ludwig v. Fickers an Werner Meyknecht (In: Ludwig v. Ficker: *Denkzettel und Danksagungen*, S. 116-122), die Recherchen Spoerris (Spoerri: *Strukturen*, S. 17) und Basils Befragungen (Basil: *Georg Trakl*, S. 71 f.) – Vgl. Eberhard Sauermann: Zur Datierung und Interpretation von Texten Georg Trakls. Innsbruck 1984. (= Innsbrucker Beiträge zur Kulturwissenschaft, Germanistische Reihe Bd. 23)
98 Ficker: *Denkzettel und Danksagungen*, S. 117 – Ficker spricht von einem *Blutsturz der Erkenntnis*, der zwei Geschwister antrieb, sich im Bösen zu erkennen, sich aufzugeben und aufzuheben in der Mischung der Geschlechter innerhalb des eigenen Geschlechts. (S. 118)
99 In einem Brief an Erhard Buschbeck (wahrscheinlich 1910) meinte Grete Trakl einmal: *Es ist wie ich sage: man sollte schweigend „Fäden knüpfen" u*[.] *die Lüge als Faden benützen.* – Privatbesitz. Kopie in der GTFG Salzburg. Else Lasker-Schüler meinte 1914 in einem Brief an Ludwig v. Ficker über sie: *Ich empfinde kein Wort wahr an Frau Langen.* – In: L. v. Ficker: Briefwechsel 1914–1925, S. 61.
100 Sauermann: *Datierung*, S. 46.
101 Otto Basil zum Beispiel arbeitete recht ausgiebig mit dieser Methode.
102 Sauermann: *Datierung*, S. 46.
103 Kleefeld: *Sühne*. S. 155. – In einer motivgeschichtlichen Untersuchung zum Thema „Androgynie" kommt Achim Aurnhammer zu dem Schluss, *daß die Schwester-Erscheinung als ein Mysterium zu verstehen* sei. – In: A. Aurnhammer: Androgynie. Studien zu einem Motiv in der europäischen Literatur. Wien-Köln 1986, S. 271. Der Autor weist auf auffällige Parallelen zu Otto Weiningers Sexuallehre hin (S. 281ff.).

104 Gustav Streicher schrieb später ein Märchendrama mit demselben Titel, in dem auch diese Motive und dazu der Spannungsbereich Sinnlichkeit-Askese eine zentrale Rolle spielen. – Gustav Streicher: Traumland. Märchendrama in drei Akten. Weimar 1913.
105 Klettenhammer: *Drei bisher unbekannte frühe journalistische Arbeiten*, S. 12 f.
106 „Barrabas. Eine Phantasie" (I/193 f.) am 30. Juni 1906; „Maria Magdalena. Ein Dialog" (I/195-198) am 14. Juli 1906.
107 Vgl. Alfred Doppler: Georg Trakl und Otto Weininger. In: A.D.: *Die Lyrik Georg Trakls,* S. 146–157, hier S. 152f.
108 Bereits 1899 widmete Streicher, damals noch mit dem Vornamen „August", dem *lieben Freunde* Hugo Greinz *in treuer Anhänglichkeit* ein Exemplar seines Schauspiels „Menschwerdung". – Archiv der GTFG Salzburg.
109 Brief Georg Trakls aus Salzburg an Hugo Greinz in Wien vom 19. 8. 1906. Veröffentlicht in: Mitteilungen aus dem Brenner-Archiv, Nr. 8, 1989, S. 81.
110 Protokoll der Zensurbehörde Nr. 2715 vom 11. 9. 1906, SLA.
111 Nach einer Bemerkung Franz Bruckbauers gegenüber Karl Röck aus dem Jahr 1917, notiert am 29. November, sei die Aufführung vor allem daran gescheitert, dass die Darstellerin der Kleopatra schielte und damit der Publikumserwartung nicht gerecht wurde. – TB Röck, Mappe VIII.
112 Eine Parallele zu Streichers Drama „Menschwerdung", das Trakl in seinem Streicher-Porträt vom Februar 1908 (I/297 f.) allerdings nicht erwähnt, ist das Motiv der Täuschung und Selbsttäuschung: Ein Vater warnt seine Tochter, dass sie ein *einsamer Wüstenwanderer* zu werden drohe, wenn sie ihrer *Erkenntnis, die sie narren wird mit Trugbildern,* folgen werde. Ihre Ansichten sind für ihn eine *Fata morgana* , von der sie sich *äffen* lasse. – August Streicher: Menschwerdung, S. 32.
113 Klettenhammer: *Drei bisher unbekannte frühe journalistische Arbeiten*, S. 19.
114 Salzburger Wacht, Jg. 8, Nr. 38 vom 21. 9. 1906, S. 5.
115 Salzburger Volksblatt, Jg. 36, Nr. 212 vom 17. 9. 1906, S. 6 (auch II/516)
116 Salzburger Zeitung, Nr. 213 vom 18. 9. 1906, S. 3 f. (auch: Rusch / Schmidt: Voraussetzungssystem, S. 53)
117 Brief Erhard Buschbeck an Anton Moritz v. 1. 4. 1909. – Handschriftensammlung der Wienbibliothek im Rathaus, H.I.N. 242.135.
118 Vgl. Eberhard Sauermann: Neues zu Trakls „Fata morgana" und „Abhandlung über den 3. März." In: Mitteilungen aus dem Brenner-Archiv, Nr. 10, 1991, S. 107–111, hier S. 108.
119 Ficker: *Denkzettel und Danksagungen*, S. 235.
120 In: Der Merker. Österreichische Zeitschrift für Musik und Theater. Hrsg. von Richard Specht und Richard Batka. Wien Jg. 1 1909/10, H. 20/21 vom 25. 7. 1910, S. 819–822, hier S. 821. – Hans Seebach beschäftigte sich ebenfalls mit der Form des Puppenspiels; er wurde später zum Hausautor des Salzburger Marionettentheaters.
121 Salzburger Chronik, vom 2. April 1906, S. 2.
122 Brief Gustav Streichers aus Salzburg an Edward Samhaber in Linz vom 15. 6. 1908. – Adalbert-Stifter-Institut des Landes Oberösterreich, Linz, 3/5008/88-B/XII, 180 (B.b. 58,6 - 58,7)
123 Ursprünglicher Titel: „Die Freunde" (1905) – nicht erschienen. In Trakls Streicher-Porträt im Salzburger Volksblatt (I/207) ist es ebenfalls erwähnt. Streicher soll demnach darin *ein psychologisches Problem subtilster Art mit den Mitteln moderner Seelenanalyse zu lösen versucht* haben.
124 Gustav Streicher: Die Macht der Toten: Monna Violanta, Hofnarr und Fürst. Zwei Versspiele. Salzburg, Halkyone Verlag 1910.
125 Georg Trakl: Gustav Streicher. In: Salzburger Volksblatt, Jg. 38, Nr. 338 vom 16. Februar 1908, S. 55f. gezeichnet „Gg. Tr." (auch I/207f.).
126 Violanta sieht sich als Opfer einer vom Vater aus wirtschaftlichen Gründen verordneten Ehe. Vater Gorzoni: *Tat ich dir unbewußt so furchtbar weh, / Weil ich es war, der dich in diese Eh' / Getrieben. Und ich wollte doch bei Gott, / Dein Bestes nur: Ein eigen Heim für dich* (S. 45) Sie erlebt die Sexualität dämonisiert als Katastrophe. Violanta: *Darin (...) Die häßlichsten Begierden kreisten, zischten, / Entmenschte Gier, vertierte Geilheit fauchte / Und lüstern grauenvolle Trunkenheit / Sich auf mich warf.* Reinheit und Stolz werden ihr geraubt: *Ah, Ekel, Ekel faßt mich vor / Mir selber* (S. 23.) – Auffallend ist, dass bei Trakl die Wörter „ekel",

„Ekel", „ekeln" gehäuft in den Jugenddichtungen vorkommen. Das Thema der Ehe aus ökonomischen Gründen spielt auch in Streichers frühem Drama „Menschwerdung" eine zentrale Rolle, ebenso in Ibsens Drama „John Gabriel Borkmann", über das Trakl in der Schule referierte.

127 Maria Trakl hatte am 11.1.1903 den um 16 Jahre älteren „Privatier" Wilhelm Geipel in Graz geheiratet. Dieser stammte aus Asch in Nordböhmen. Die Ehe hat nur wenige Monate gehalten, denn sowohl nach einer Äußerung einer Freundin dem Verfasser gegenüber (Frau Elfriede Dorn-Sedlacek, Salzburg) als auch nach brieflichen Mitteilungen an Frau Geipel-Trakl (häufig wurde später der Doppelname verwendet, wohl auch, um Verwechslungen mit der Mutter zu vermeiden) kehrte Maria jedenfalls noch vor dem Sommer ins Elternhaus zurück. Der Grund sollen abnorme Forderungen des Ehemanns an die junge Frau gewesen sein. Die Ehe wurde aber nie offiziell aufgelöst. Aufgrund der Herkunft des Mannes war Frau Geipel nach 1918 in der CSR heimatberechtigt. Sie optierte aber für Österreich (Bestätigung der österreichischen Staatsbürgerschaft am 3.6.1922 durch die Salzburger Landesregierung). In der Sterbeurkunde vom 29.10.1973 heißt es: *Die Verstorbene war angeblich geschieden*. (Dokumente im Archiv der GTFG Salzburg)

128 Am 3. März 1910 im Saal des Niederösterreichischen Gewerbevereins.

129 Neue Freie Presse, vom 5.3.1910, S. 8. Rubrik: „Kleine Chronik" (nicht gezeichnet). Abgedruckt in: Eberhard Sauermann: Neues, S. 109 f.

130 Die (verschollene) „Abhandlung über den 3. März" (II/521).

131 Die Linzer „Tages-Post" und das „Salzburger Volksblatt" druckten die Besprechung der „Neuen Freien Presse" nach.

132 Brief an Edward Samhaber vom 15.6.1908 (Anmerkung 117): Im abgeschlossenen Märchenspiel „Traumland" (erschienen 1913 bei Kiepenheuer in Weimar) behandelte er das Thema der asexuellen Liebe. Danach blieb es bei Entwürfen und Plänen. Seine Krankheit zwang ihn zu Aufenthalten in Heilanstalten und im Süden. Am 30. Juni 1915 schrieb er noch an Samhaber, dass ihm sein *junger Salzburger Freund Georg Trakl durch den Krieg entrissen worden* sei (Adalbert-Stifter-Institut, Linz, 3/5008/88-B/XII, 182; B.b. 58,33). Er bat ihn um die Rücksendung von dessen „Liedern an die Nacht", gemeint ist wohl der in den Jahren 1908/09 entstandene „Gesang zur Nacht" (I/223 ff.), die er ihm *vor etlichen Jahren* zugeschickt habe. Er äußerte noch die Absicht, im September *an die Dardanellen, den grandiosesten Kriegsschauplatz*, oder nach *Flandern* zu gehen. Dazu kam es nicht mehr. Gustav Streicher starb am 12.8.1915 im Kurort Bad Hall in Oberösterreich, wurde dort begraben und war bald vergessen.

133 Salzburger Zeitung, vom 19.12.1907, S. 5. (auch: Klettenhammer: Drei bisher unbekannte frühe journalistische Arbeiten, S. 19) – Der Beitrag war ein Verriss. Das Stimmungsbild aus dem Studentenleben entsprach in seiner Oberflächlichkeit nicht Trakls Literaturverständnis: *Zu sagen wäre noch, daß der erste Akt langweilig verschleppt wurde und der letzte – Gott sei Dank – kurz war.*

134 Buschbeck: *Georg Trakl*, S. 11.

135 Georg Trakl: Aus goldenem Kelch. Die Jugenddichtungen. Salzburg 1939.

136 Ebd., S. 6.

137 Wolfgang Preisendanz bezeichnet die frühesten Gedichte als *Gewebe von Echos* aus einer bestimmten geistesgeschichtlichen Situation heraus. – W. P.: Auflösung und Verdinglichung in den Gedichten Georg Trakls. In: Immanente Ästhetik Ästhetische Reflexion. Lyrik als Paradigma der Moderne. München 1966, S. 227–261, hier S. 233.

138 Adrien Finck: Über Trakl und Verlaine. In: *Frühling der Seele*, S. 49–64, hier S. 51.

139 Stefan Zweig: Verlaine. Berlin und Leipzig 1905, S. 21.

140 Kleefeld: *Sühne*, S. 136.

141 Briefe von Anton Moritz an die Editorische Arbeitsstelle des Seminars für deutsche Philologie Göttingen vom 9.11.1962 und 22.11.1962. Als Zeitpunkt nennt Moritz den Juni 1909. – Kopien im Archiv der GTFG Salzburg.

142 Ludwig v. Ficker: Briefwechsel 1909-1914. Hrsg. v. Ignaz Zangerle, Walter Methlagl, Franz Seyr, Anton Unterkircher. Salzburg 1986 (= Brenner-Studien, Bd. VI), S. 177.

143 Finck: *Über Trakl und Verlaine*, S. 53.

144 Ebd., S. 63, Fußnote 46. – Der erste Titel des Kaspar Hauser-Gedichtes von Verlaine lautete: „La chanson de Gaspard Hauser". In der Endfassung wurde daraus „Gaspar Hauser chante".

145 Zweig: *Verlaine*, S. 21.
146 Mitteilung von Dr. Friedrich Plahl. In: Erinnerung, 1966, S. 193.
147 Walter Muschg: Von Trakl zu Brecht. München 1961, S. 107.
148 Vgl. Alfred Doppler: Poetische Verfahrensweisen. In: A. D.: *Die Lyrik Georg Trakls*, S. 60–71, hier S. 62.
149 Vgl. Andreas Rohregger: Trakl und Hölderlin. (Dipl.-Arbeit, masch.), Innsbruck 1989, S. 13 ff.
150 Laut Assentprotokoll für die Zeit vom September 1907 bis 31. August 1908 – SLA Evidenzreferat, Grundbuchblätter 1887.
151 Seit 1. Jänner 1889. Dekret vom 20. 12. 1888. Einteilung beim Infanterie-Regiment Erzherzog Rainer Nr. 59. 1889 und 1890 musste er jeweils zu mehrwöchigen Waffenübungen einrücken.
152 Er war im Ersten Weltkrieg Leutnant bei den Kaiserschützenjägern und hatte dann bis zu seiner Pensionierung verschiedene militärische Funktionen inne.
153 Foto in der GTFG Salzburg.
154 Buschbeck: *Georg Trakl*, S. 13.
155 Gustav war zur Ausbildung als Kaufmann in Wien, Wilhelm beruflich auswärts.
156 Postkarte Fritz Trakls vom 26. 7. 1908 aus Genua an Maria und Minna Trakl in Salzburg. Archiv der GTFG Salzburg.
157 Eberhard Sauermann sieht darin eine Anspielung auf ein bestimmtes Märchen („Die Geschichte des ersten Bettlers" in der 11. und 12. Nacht) und vermutet einen Hinweis auf ein Inzest-Verhältnis. Er stützt seine Theorie auch auf Wort-Parallelen zwischen Widmung und Werk Trakls. In: E.S.: Trakls Widmung an Gretl oder Das Märchen von Bruder und Schwester. In: Mitteilungen aus dem Brenner-Archiv, Nr. 3, 1984, S. 58-60. Als Quelle für die literarische Anspielung in dieser Widmung kommt allerdings auch August Brunetti-Pisano in Frage, der im selben Jahr die Oper „Das klagende Lied" abgeschlossen hat. Der Komponist verarbeitete darin das Grimm'sche Märchen „Der singende Knochen". (Vgl. Kap. III)
158 Jahresbericht der k.k. Akademie für Musik und darstellende Kunst über das Schuljahr 1908-1909. Schülerstatistik, S. 120. - Archiv der Hochschule für Musik und darstellende Kunst in Wien. Der in der Trakl-Literatur häufig angenommene Studienbeginn Grete Trakls mit Herbst 1909 ist unzutreffend.

ANMERKUNGEN KAPITEL 3

1 Das genaue Abreisedatum ist nicht bekannt. Erhard Buschbeck schrieb am 12.10.1908 an A. Moritz: *Der Trakl ist schon länger unten.* (II/659) Zu Beginn des Briefes an seine Schwester Hermine vom 5. 10. 1908 (Datum des Poststempels) entschuldigte sich Trakl, dass er es *versäumt habe, bis heute* an sie zu schreiben (I/471), was auf einen Zeitraum von jedenfalls mehr als einer Woche hinweist.
2 IX. Bezirk, Dietrichsteingasse 8/I/11
3 In der „Sammlung Geipel" liegt eine Visitenkarte Georg Trakls mit den Wiener Adressen Lerchenfelderstr. 46 (7. Bezirk) und Klostergasse 12 (18. Bezirk). – Bibliothek des SM, Hs. 2483, G 20. Die Preise für ein Zimmer bewegten sich damals zwischen 50 und 70 Kronen monatlich. Ein wichtiges Kriterium war dabei die „Wanzenfreiheit" – Karte von Erhard Buschbeck an Anton Moritz von Ende Oktober 1909. – Verzeichnis der Briefe und Karten Erhard Buschbecks an Anton Moritz. (Kopie im Archiv der GTFG Salzburg)
4 Bedingt durch die Aufteilung der pharmazeutischen Ausbildung auf philosophische und medizinische Fakultät.
5 Kurt Ganzinger: Das Pharmaziestudium an der Wiener Universität von der Mitte des 19. Jahrhunderts bis zur Reform von 1922. In: Österreichische Apotheker Zeitung, 19. Jg., Nr. 19 vom 8. 5. 1965, S. 316-338, hier S. 334.
6 Kleefeld: *Mysterien*, S. 66.
7 Vor allem: *Meine ganze, [...] Welt, voll unendlichen Wohllauts.* – Vgl. A. Rohregger: Trakl und Hölderlin, S. 16.
8 Mit ähnlichen Worten beschwört Don Juan im überlieferten Fragment des 3. Aktes die Welt, die ihm nach dem Mord an Donna Anna als Rettung erscheint: *Und atme ein die Welt, bin wieder Welt ,/ Bin Wohllaut, farbenheißer Abglanz – bin / Unendliche Bewegung! – Bin!* (I/453) Dieser Umstand legt es nahe, die Entstehungszeit dieses Textes, die von der HKA mit 1906-08 angegeben wird (II/489), auf das Jahr 1908 einzugrenzen.
9 Kleefeld: *Sühne*, S. 104.

10 Hochzeit am 6. 2. 1909 in der Evangelischen Kirche in Salzburg (Pfarrmatriken). Gatte: Erich Christof Hermann Heinrich von Rauterberg, geb. 11. 4. 1878 in Reichenberg, Böhmen. Assistent der k.k. Staatsbahn. Die Ehe wurde 1927 „von Tisch und Bett" geschieden, blieb aber als Lebensgemeinschaft aufrecht. Erich Rauterberg starb 1942, Hermine 1950 in Salzburg.
11 In diesem Fall gibt es eine Abschrift des Bruders Fritz mit der Anmerkung: *bestimmt von Ende Oktober 1908* (II/529).
12 *Himmelsangesicht* ist möglicherweise eine Reminiszenz aus Goethes „Faust I" (Szene „Garten", V. 3182), wo Faust während der Liebesprobe mit der Sternblume zu Margarete sagt: *Du holdes Himmelsangesicht.* Die Frage nach der Liebesgewissheit wird auch in diesem Gedicht gestellt: *War's Liebe? Weh, daß ich's vergaß!* Das Gedicht enthält auch Nietzsche-Anklänge (59. Kapitel der „Fröhlichen Wissenschaft, Lied der Schwermut") mit einer Parallele in der dargestellten Situation und dem Ausruf *O Narr! O Tor!* Vgl.: Alfred Doppler: Orphischer und apokalyptischer Gesang. Zum Stilwandel in der Lyrik Georg Trakls. In: A.D.: *Die Lyrik Georg Trakls.* Salzburg 2001, S. 15–43, hier S. 15f. – Die Entstehungszeit ist nicht exakt feststellbar. Vgl. Zwerschina: *Chronologie,* S. 241.
13 Jahresbericht über das Schuljahr 1908/09, S. 120.
14 Die Nachforschungen im Archiv der Hochschule für Musik und darstellende Kunst in Wien ergaben folgenden Befund: Die Anwesenheitslisten, die die Professoren geführt haben, lassen erkennen, dass Margarete Trakl, beginnend mit etwa November 1908, regelmäßig unentschuldigt den Unterrichtsstunden ferngeblieben ist. Etwa in Harmonielehre fehlte sie im November zweimal, im Dezember viermal, im Jänner 1909 fünfmal, im Februar viermal, ab März 1909 wird sie nicht mehr in den Listen geführt. In den Jahresberichten scheint sie weder vor 1908 noch nach 1909 auf. Es fehlen allerdings die Lehrerkataloge 1909/10. (Auskunft von Frau Dr. Lynne Heller)
15 Auf einer Karte vom 26. Oktober 1908 schrieb er an Edward Samhaber: *Bin ganz selig, in Wien leben zu können!* Seine Adresse war: XVIII, Herbeckstr. 127. – Adalbert-Stifter-Institut Linz, Inv.Nr.3/5008/88-B/XII; 58,13.
16 Karl Minnich war Sohn eines Primararztes in Salzburg und wohnte in unmittelbarer Nähe Trakls am Mozartplatz 5, wurde Rechtsanwalt in Wien und starb dort 1964.
17 Franz Schwab stammte aus Taxenbach, Land Salzburg, wurde Arzt im Burgenland und starb 1956 in Salzburg.
18 1913 schrieb Trakl aus Salzburg: *Minnich sehe ich nicht allzu oft, obwohl ich bei ihm jedesmal einige Ruhe wiederfinde.* (I/504)
19 Ansichtskarte Café Central vom 24. 8. 1911, geschrieben von Irene (Amtmann) und Ludwig Ullmann, unterschrieben von Georg Trakl – Archiv der GTFG Salzburg.
20 Erinnerung, 1966, S. 141.
21 Buschbeck: *Georg Trakl,* S. 16.
22 Mitteilung Walther Methlagls an den Vf.
23 In einem Brief an Edward Samhaber vom 7. 5. 1909 schrieb er: *Ich habe in diesem Winter geradezu in Kunstgenüssen geschwelgt: Unvergesslich schöne Stunden verdanke ich dem Burgtheater, unvergesslich schöne Stunden der Hofoper.* Streicher geht dann auf einzelne Aufführungen ein, unter denen neben Wagners „Tristan und Isolde" Hebbels „Herodes und Mariamne" zu seinem *größten Erlebnis* geworden sei. – Adalbert-Stifter-Institut, Linz, Inv. Nr. 3/5008/88-B/XII, 58,24-58,25.
24 Karte an Gustav Streicher in Wien (I/548f.)
25 Briefe von Anton Moritz an die Editorische Arbeitsstelle des Seminars für deutsche Philologie der Universität Göttingen vom 9. und 22. 11. 1962. (Kopien im Archiv der GTFG Salzburg).
26 Buschbeck: *Georg Trakl,* S. 15.
27 Protokoll der pharmazeutischen Vorprüfung (II/660)
28 Vorprüfungszeugnis (II/660f.)
29 Salzburger Volksblatt, Jg. 39, Nr. 73, vom 1. April 1909, S. 2. (I/236)
30 Salzburger Volksblatt, Jg. 39, Nr. 79, vom 8. April 1909, S. 1. (I/177)
31 TB Röck, Mappe VIII, Blatt 1.
32 An A. Moritz schrieb er auf einer Karte v. 26. 4. 1907: *Es tut mir leid, Deine schöne Bahr-Karte nicht mit dem Bild einer Salzburger Literaturgröße erwiedern[!] zu können. Wie schön wäre z. B. eins von R. A. M [= Roman*

Albert Mell] oder G. Tr. [= Georg Trakl]. *Ich werde Richter[= Verlagsbuchhändler in Salzburg] sagen, er soll doch solche verlegen.* – Handschriftensammlung der Wienbibliothek im Rathaus, H.I.N. 242.095.
33 Der „Vorschlag", von dem Trakl im Brief von Ende Mai /Anfang Juni (I/474) an Buschbeck schrieb, könnte sich darauf beziehen.
34 Brief Buschbecks an Trakl vom 7. Juni 1909 (II/748).
35 Die Eltern Trakls schrieben von dort an ihre Tochter „Mizi" in Hannover (Karte vom 14. 2. 1899; Archiv der GTFG Salzburg), Trakl hoffte Streicher dort zu finden (I/549).
36 Unveröffentlichte Kopie im FBA Innsbruck. Zitiert nach: Eberhard Sauermann: Die Chronologie der Briefe Trakls. In: editio. Sonderdruck Internationales Jahrbuch für Editionswissenschaft. Hrsg. von Winfried Woesler, Tübingen 4/1990, S. 206. – Mit den „Indianerbücherillustrationen" meinte Buschbeck die Blätter zum „Weißen Tiertöter". Kokoschkas Lehrer Berthold Löffler führte sie unter dem Titel „Robinson Crusoe" an. Vgl. Werner J. Schweiger: Der junge Kokoschka. Leben und Werk. 1904-1914. Wien 1983, S. 105.
37 Sauermann: *Chronologie*, S. 207. – Die obszönen Zeichnungen auf der Rückseite der Karte, die verschiedene Formen der Selbstbefriedigung mit blasphemischer, antiintellektueller und frauenfeindlicher Tendenz zeigen, stammen nicht von Trakl, wurden aber von ihm mit „Kokoschka" signiert. Ironisch spielte er auf der Vorderseite auf die Empfehlung des Freundes an: *O Herrlichkeit! O Größe O ewiger Kokoschka! (französ.: cochon! cochon!)* Zusammen mit den Hinweisen auf das Gartentheater und den Roman „Garten der Qualen" legt das einen Zusammenhang mit Kokoschkas Drama nahe. Auch die auf der Karte zitierte Stelle aus Goethes „Faust II" (V. 5061-5065) meint in diesem Zusammenhang wohl, dass Menschen (= Dramenfiguren) mit ihrem Glück nichts anfangen können. Die ausgestellten Bilder allein ließen eine solche Reaktion jedenfalls unverständlich erscheinen.
38 Vgl. G. Kleefeld: *Mysterien*, S. 78.
39 Kokoschka, Oskar: Mörder, Hoffnung der Frauen. In: Walther Killy (Hrsg.): 20. Jahrhundert. Texte und Zeugnisse 1880-1933. München 1967, S. 661-664, hier: S. 662.
40 Oskar Kokoschka erzählt sein Leben. Kokoschka-Schallplatte der Deutschen Grammophon Gesellschaft, 1961. – Zitiert nach: Carl E. Schorske: Wien. Geist und Gesellschaft im Fin de siècle. Frankfurt 1982, S. 317.
41 Datum der Niederschrift: 5. und 6. 2. 1910 in Wien (II/472). Buschbeck meinte, dass dieser *einzige abgeschlossene dramatische Versuch Trakls* ein Ergebnis der *reichen Arbeit von 1909/1910* sei. – Vorwort zu: Georg Trakl: Aus goldenem Kelch, 1939, S. 8.
42 Vgl. Reinhold Grimm: Zur Wirkungsgeschichte Maurice Maeterlincks in der deutschsprachigen Literatur. In: Revue de Littérature comparée, 33. Jg., 1959, S. 535-544.
43 Schoßleitner, Karl: Prinz Blaubart. In: Der Brenner, Jg. II, H. 7 v. 1. 9. 1911, S. 203-222, und H. 8 v. 15. 9. 1911, S. 247–262.
44 Jedenfalls nach dem 2. 8. 1909, da ein Gedicht der Sammlung, „Farbiger Herbst" (= 1. Fassung von „Musik im Mirabell"), mit diesem Datum versehen ist.
45 Buschbeck im Vorwort zu: Georg Trakl: Aus goldenem Kelch. Die Jugenddichtungen. Salzburg 1939, S. 5.
46 Ebd., S. 7.
47 Vgl. Zwerschina: *Chronologie*, S. 62-72.
48 Karte Buschbecks aus Salzburg an Anton Moritz vom 23. 8. 1909: *Gestern fand hier in einer kleinen Kapelle in der Nähe Aigens die Trauung H. Bahrs mit der Mildenburg statt. Anwesend waren nur die beiden Trauzeugen: ein junger Wiener [Hr. Obermayer] für die Mildenburg, ich für Bahr [...] Die Mildenburg ist die Liebenswürdigkeit selbst, eine wunderbare Frau, der Bahr auch riesig nett und lustig.* – Verzeichnis der Briefe und Karten Erhard Buschbecks an Anton Moritz, S. 6. (Kopie im Archiv der GTFG Salzburg) Bahr hatte die Mildenburg zum ersten Mal gesehen, als sie in Bayreuth die Isolde sang. – Vgl. Donald G. Daviau: Der Mann von Übermorgen. Hermann Bahr 1863-1934, S. 34.
49 Neues Wiener Journal. Unparteiisches Tagblatt. Hrsg. v. I. L. Lippowitz. Nr. 5744 vom 17. Oktober 1909, S. 8.
50 Vgl. Sieglinde Klettenhammer: *Zeitungen und Zeitschriften*, S. 34.
51 „St. Peters Friedhof" (I/179): Salzburger Volksblatt, Jg. 39, Nr. 153, vom 10. Juli 1909 (Belletristische Beilage), und „Ausklang" (I/243): Salzburger Volksblatt, Jg. 39, Nr. 177, vom 7. August 1909, S. 8.
52 Salzburger Volksblatt, Jg. 39, Nr. 242, vom 23. 10. 1909, S. 17.

53 Karte Georg Trakls aus Wien an August Brunetti- Pisano in Salzburg vom 29. 10. 1909 (Datum des Poststempels) – SM, Nachlass August Brunetti-Pisano (nicht inventarisiert). Zu Brunetti-Pisano bestand trotz des Altersunterschiedes von 17 Jahren ein gewisses Nahverhältnis, das über die bloße Lehrer-Schüler-Beziehung hinausging. Ähnlich wie Streicher konnte ihm auch der Klavierlehrer ein Vorbild in der Entscheidung zum Künstler sein. Zum Jahreswechsel 1906/07 schickte ihm Trakl eine Karte mit Glückwünschen und brachte seine *Achtung und Liebe* ihm gegenüber zum Ausdruck. (Undatierte Karte im SM, von Brunetti-Pisano mit dem Vermerk „1906/07" versehen.) Wie aus den Mitteilungen Gustav Streichers aus Wien an Brunetti-Pisano aus den Jahren 1910–1915 hervorgeht (16 Postkarten, 2 Briefe; SM, nicht inventarisiert), plante auch der Komponist, nach Wien zu gehen. Wegen seiner pflegebedürftigen Mutter war ihm das nicht möglich. Nach Streichers Tod hat Brunetti-Pisano dessen dramatischen Text „Liebesopfer" (Thema: Geschwisterliebe) als Opernlibretto verwendet.
54 Erinnerung, 1966, S. 141.
55 Am 27. September oder 4. Oktober. Vgl. Zwerschina, *Chronologie*, S. 62.
56 Erst während des Krieges stieg der Anteil der Frauen am Apothekerberuf stark an, und zwar schneller als bei anderen Fachrichtungen. 1916 waren beispielsweise unter den 42 pharmazeutischen Absolventen 25 Frauen. Vgl. Ganzinger: Pharmaziestudium, S. 321.
57 Meldezettel des k.k. Polizeikommissariats Wieden. Quartiergeberin war Frau Dr. Emilie Sigmann. Datum der Abmeldung: 29. April 1910.
58 Unterrichtsbeginn an der Musikakademie war immer Mitte September.
59 Vgl.: „Die Briefe von Margarethe Langen, geb. Trakl (1991-1917)" – In: Weichselbaum (Hrsg.): *Androgynie*, S. 208-231.
60 In einem Brief v. 24. 1. 1908 an Anton Moritz meinte Buschbeck: *Manche behaupten, es gibt sie [die sinnliche und geistige Liebe] getrennt nicht, sondern nur ineinander verwoben. In der Wirklichkeit aber gibt es nur die eine: die sinnliche Liebe.* – Handschriftensammlung der Wienbibliothek im Rathaus, H.I.N. 242.111.
61 Brief Erhard Buschbecks aus Wien vom 12. 2. 1910 an Anton Moritz. – Buschbeck bat Moritz, ihn weiter deswegen nicht zu fragen: *Ich werde Dir schon einmal alles auf einem einsamen Spaziergang erzählen.* – Handschriftensammlung der Wienbibliothek im Rathaus, H.I.N. 242.158.
62 Buschbeck: *Georg Trakl*, S 17.
63 Als 1938 anlässlich des Plans einer Gesamtausgabe der Werke Trakls Karl Röck im Entwurf eines Vorwortes von einer *erbarmungswürdig schuldvollen, in den Folgejahren schwer gebüßten Annäherung/Gemeinschaft beider* [er schwankte in der Formulierung] schrieb, protestierte Buschbeck nach Rücksprache mit Karl Minnich *nicht etwa aus irgendeiner Prüderie, die der Wahrheit nicht ins Gesicht zu sehen vermag, sondern im Namen eben der Wahrheit, von der wir eindeutige Zeugen waren. Durch die Sätze, wie sie bei Ihnen stehen, würde das Bild Trakls für immer entstellt werden und sein Wesen wie das Wesen seines Gedichtes dem Missverständnis ausgesetzt sein. Zwischen Trakl und seiner Schwester Grete hat es niemals so etwas wie eine Blutschuld gegeben, was diesbezüglich in den Gedichten steht ist lediglich ein Aufrücken von Gedankensünde, die niemals in die Realität herübergegriffen hat.[...] seine Schwester Grete, mit der wir wirklich befreundet waren, war in erotischen Dingen von solcher Offenheit, daß sie eine solche Sache keineswegs verschwiegen hätte.* – Brief E. Buschbecks an K. Röck vom 26. 8.1938 (TB Röck, Mappe VII, Blatt 10; auch in: Weichselbaum (Hrsg.): *Androgynie*, S. 49) – Karl Röck erwiderte am 29. 8. 1938, dass er *angesichts Ihrer vielleicht nicht unzutreffenden Auffassung* froh sei, dass das Vorwort nicht gedruckt werde. – TB Röck, VII, 11. – In dieselbe Richtung weist eine Stelle in einem Brief von Anton Moritz an Lotte Tobisch aus dem Jahr 1964, also nach E. Buschbecks Tod: *Geärgert hat mich der Schreiber Josef Lassl in den O.Ö. Nachrichten vom 3. d. M. mit der Bemerkung: „Von Frauen, außer der über alles (auch körperlich) geliebten Schwester Grete, ist nichts zu berichten." Dieser Lassl tritt mit den genannten Worten in dieselben Fußstapfen, in die schon W. Schneditz irrtümlich und verleumderisch getreten ist.* (Brief vom 4. 11. 1964, Abschrift im Besitz von Frau Sieglinde Teufelberger, Wels) – Drei von Trakls engsten Schul- und Studienfreunden haben sich damit gegen die Annahme eines vollzogenen Geschwisterinzests ausgesprochen. – Vgl.: Weichselbaum: Inzest bei Georg Trakl – ein biographischer Mythos? In: H. W. (Hrsg.): *Androgynie*, S. 43-59.
64 Karte Erhard Buschbecks aus Salzburg an A. Moritz in Attersee v. 29. 12. 1909. Handschriftensammlung der Wienbibliothek im Rathaus, H.I.N. 242.155.

65 Brief Erhard Buschbeck aus Wien v. 3. 5. 1910 an Anton Moritz in Attersee. – Handschriftensammlung der Wienbibliothek im Rathaus, H.I.N. 242.162, und II/662.
66 Sauermann: *Neues*, S. 109.
67 Vgl. Klettenhammer: Zeitungen und Zeitschriften, S. 55f.
68 Vgl. Programm in „Der Merker", H. 20/21, S. 811–815.
69 Brief Erhard Buschbecks aus Wien an Brunetti-Pisano vom 5. 5. 1910. – SM, Nachlass August Brunetti-Pisano (nicht inventarisiert).
70 Vgl. Sauermann: *Chronologie*, S. 208. (Datierung von Brief 12 der HKA auf die Zeit zwischen 18. und 26. 6. 1910.) – Da die Einsegnung des Vaters erst am 20. Juni nachmittags stattfand, kann der Zeitraum allerdings noch genauer auf 21.-26. 6. eingeschränkt werden.
71 Karte Buschbecks aus Salzburg an Anton Moritz in Wien vom 11. 11. 1908. – Handschriftensammlung der Wienbibliothek im Rathaus, H.I.N. 242.123.
72 August Brunetti-Pisano: Das klagende Lied. Musikalisches Märchendrama in 3 Akten. Abgeschlossen am 24. Oktober 1908 (Textbuch und Orchesterpartitur in der Bibliothek des SM). Der Komponist verarbeitete darin, ohne es zu nennen, das Grimm'sche Märchen „Der singende Knochen", in dem ein Verbrechen aufgedeckt wird. In Brunetti-Pisanos Version hat ein König in seiner Jugend seine Schwester erschlagen und verscharrt, um den Thron allein zu erben. Bei der Rückkehr von einer siegreich bestandenen Schlacht findet er im Wald einen Knochen; ein Hirte schnitzt daraus eine Flöte: *Und wie er nun die Flöte an den Mund setzt, erklingt in tieftrauriger Weise das klagende Lied: O Hirte mein! O Hirte mein! / Du flötest auf meinem Totenbein. / Mein Bruder erschlug mich im Haine! / Nahm aus meiner Hand die Blum', die ich fand, / Und sagte, sie sei die seine. / Er schlug mich im Schlaf, er schlug mich so hart – / Hat ein Grab gewühlt, hat mich hier verscharrt / Mein Bruder in jungen Tagen. / Nun durch deinen Mund / Soll es werden kund. / Will es Gott und Menschen klagen.* Damit ist die verbrecherische Tat offenkundig. Zuletzt verzeiht die Mutter ihrem um Vergebung flehenden Sohn; beide sterben, von Schuldgefühl bzw. Gram überwältigt. – Ob Trakl nur das zentrale, hier zitierte „Klagende Lied" gekannt hat oder die ganze Oper, ist offen. Buschbeck bezieht in seiner Bemerkung Trakls Begeisterung sicher auf beide Titel, auch wenn das grammatikalisch nicht so eindeutig ist.
73 Der Merker, H. 20/21, S. 845.
74 Eberling-Winkler: *August Brunetti-Pisano*, S. 64.
75 Brief der Redaktion des „Merker" an August Brunetti-Pisano vom 23. 2. 1911. – SM, Nachlass August Brunetti-Pisano, nicht inventarisiert.
76 In: Weichselbaum (Hrsg.): *Androgynie*, S. 216.
77 Der Merker. Österreichische Zeitschrift für Musik und Theater. Doppelheft: Salzburg. Mozartfeier. Jg. 1, H. 20/21 vom 25. Juli 1910, S. 818-822.
78 Ebd., S. 820.
79 Der Merker. Österreichische Zeitschrift für Musik und Theater. Wien, Jg. 2, 1910/11, H. 8 vom 2. Jänner 1911, S. 240.
80 Vgl. Zwerschina: *Chronologie*, S. 155.
81 Doppler: Poetische Verfahrensweisen. In: *Die Lyrik Georg Trakls*. S. 60-71, hier: S. 62.
82 E. Sauermann konnte plausibel machen, dass der Brief in der ersten Oktoberhälfte 1911 geschrieben worden sein muss. E.S. in: *Chronologie*, S. 221.
83 L. Ullmann: *Heimat in der Fremde*, S. 19.
84 Totenbeschau-Zettel in den Akten über die Verlassenschaftsabhandlung nach Tobias Trakl des k.k. Bezirksgerichtes zu Salzburg, Abteilung I. – SLA, A.Z. : P I 140/10
85 Leichenbuch des Jahres 1910. AStS Salzburg.
86 Vgl. Partezettel Tobias Trakl. Auch: Johann Adam Stupp: Der Vater des Dichters, S. 40. Auch: Verlassenschaftsakten Tobias Trakl. Totenbeschau-Zettel. SLA. – Die Einsegnung nahm Pfarrer Dr. Fußgänger vor. Über die Kremation im Ausland gab es zwischenstaatliche Vereinbarungen mit dem Deutschen Reich.
87 Das Leichenbuch der Stadt Salzburg führt als Friedhof Ulm an. Die Asche dürfte später in das Familiengrab auf dem Salzburger Kommunalfriedhof, das anlässlich des Todes der Mutter 1925 erworben wurde, gebracht worden sein. Das Krematorium in Salzburg wurde erst 1931 errichtet. Die Söhne Wilhelm († 1939), Gustav († 1944) und Fritz († 1957) entschieden sich ebenso wie der Schwiegersohn Erich von

Rauterberg († 1942) für die Kremation. Die Mutter († 1925), die Töchter Hermine († 1950) und Maria († 1973) und die Tante Agnes Halick († 1954) wählten die Erdbestattung.

88 Gesuch an das k.k. Bezirksgericht in Salzburg vom 4. Juli 1910: *Die Volljährigkeitserklärung meiner erwähnten beiden Söhne wird auch die bevorstehende Nachlassabhandlung nach meinen [!] verstorbenen Gatten wesentlich vereinfachen und auch das Fortkommen derselben mit Rücksicht auf ihren Stand und Beruf bedeutend erleichtern.* Unterschriften: Maria Trakl, Georg Trakl, Friedrich Trakl. – Akten über die Verlassenschaftsabhandlung nach Tobias Trakl. SLA. Landesarchiv. Es ist denkbar, dass dieses Gesuch gleich nach der Einsegnungszeremonie abgefasst wurde, da beim Datum, sonst mit Maschine geschrieben, der Tag („4.") handschriftlich eingefügt ist.

89 Protokoll des k.k. Bezirksgerichtes Josefstadt in Wien VIII, Laudongasse 18. – Akten über die Verlassenschaftsabhandlung nach Tobias Trakl. SLA. – Trakl war offenbar irritiert von dieser Aufforderung, bei Gericht erscheinen zu müssen, da er, wie es im Protokoll heißt, *das Gesuch ja auch mitunterfertigt* habe. Die depressive Stimmung, die aus Brief 13 (I/477) an Erhard Buschbeck spricht, mag damit zusammenhängen.

90 Vollmacht vom 26. Juli 1910; unterschrieben von Maria Trakl, Maria Geipel, Mia v. Rauterberg, Gustav Trakl, Fritz Trakl und Georg Trakl. – Akten über die Verlassenschaftsabhandlung nach Tobias Trakl. SLA.

91 Entspricht 2014 ca. € 620,-.

92 Ganzinger. Pharmaziestudium, S. 318.

93 Zur Prüfungskommission gehörten üblicherweise die Fachprüfer, ein Apotheker als Gastprüfer und ein Medizinalbeamter.

94 Original in der GTFG Salzburg. Unterschrieben haben der Dekan der medizinischen Fakultät, Dr. Kolisko, und Dr. Möller als Professor für Pharmakognosie.

95 Fest steht, dass Grete ab Oktober 1910 bei Ernst von Dohnányi in Berlin ihre Ausbildung zur Pianistin fortgesetzt hat. Dass dies noch im Juli der Fall gewesen sein könnte, wie Rusch/Schmidt (S.64) es annehmen, ist höchst unwahrscheinlich. Dohnányi hatte Ende Juli (31. 7., 11 Uhr) ein Konzert bei der Mozartfeier in Salzburg. (Vgl. Festprogramm in „Der Merker", H. 20/21 vom 25. Juli 1910, S. 812.) Dass Grete aber im Juli den Entschluss zum Studium in Berlin gefasst und diesen ihrem Bruder auch mitgeteilt hat, ist gut vorstellbar. Möglicherweise hat Buschbeck bei der Vermittlung eine Rolle gespielt. Richard Detsch vermutet („conjecture") eine Fehlgeburt oder Abtreibung Gretes als auslösendes Ereignis für Trakls *beispiellose Entäußerung* (I/477): *[...] an earlier miscarriage or abortion around the time of the dead of Trakl's father. This event is early enough to procede all the occurrences oft the stillbirth motif in Trakl's poetry and falls at a time when Grete had been living for almost a year in Vienna [...].* – In: Richard Detsch: The Dead Child. In: Austriaca. Cahiers universitaires d'information sur l'Autriche. 13. Jg. (Neue Folge 25), 1987, S. 99-113, hier S. 112. Zitiert nach: Arno Dusini: Variante, Invariante. Georg Trakls „Kaspar Hauser Lied". – In: Károly Csúri (Hrsg.): Georg Trakl und die literarische Moderne. Tübingen 2009, S. 199-218, hier S. 213. Dusini schließt sich dieser Vermutung an und behauptet, dass *Trakls Gedichte der Spätzeit [...] als Epitaph eines der geschwisterlichen Liebe entsprungenen Kindes gelesen werden* können. – Ebd.

96 Vgl. Zwerschina: *Chronologie,* S. 133 u. 137. – Die Datierung auf den Zeitraum zwischen 18. und 30. Juni 1910 legt einen solchen Bezug ebenso nahe wie die Genese von „De profundis II" (I/46) und die Umstände der Entstehung dieses Gedichtes.

97 Briefe Erhard Buschbecks aus Salzburg an Anton Moritz in Attersee vom 16. und 27. 7. 1910. – Verzeichnis der Briefe und Karten Erhard Buschbecks an Anton Moritz. – Handschriftensammlung der Wienbibliothek im Rathaus.

98 „Inventur", aufgenommen am 28. Juli und 1., 2. und 3. August 1910 *in der Verlaßsache nach (...) Tobias Trackl* [!]. In der Zusammenstellung werden angeführt: Aktiva: 102.566,22 Kronen ; Passiva: 113.729,83 Kronen; Nachlassüberschuldung: 11.163,61 Kronen.

99 Grundbuch der Stadt Salzburg. Innere Stadt.

100 Protokoll, aufgenommen am 23. August 1910, über die Nachlassabhandlung nach Tobias Trakl. Unterschriften: Wilhelm und Maria Trakl und der Notar Dr. Steinwender. – Akten über die Verlassenschaftsabhandlung nach Tobias Trakl. SLA.

101 Beschluss des k.k. Bezirksgerichtes, Abteilung I, vom 11. März 1911. – Akten über die Verlassenschaftsabhandlung nach Tobias Trakl. SLA.

102 Während der sechswöchigen Grundausbildung benötigte er kein Quartier. Anschließend war er entweder noch kurzzeitig im alten Quartier in der Langegasse (wenig wahrscheinlich, da er dieses Zimmer am Ende des Studienzeit aufgegeben haben wird), oder er ist gleich in die benachbarte Josefstädterstraße gezogen. Einjährig-Freiwillige, die selbst für ihr Quartier aufkamen, durften im Normalfall nicht verpflichtet werden, in der Kaserne zu nächtigen.
103 In den Weihnachtsferien 1910 (I/481) und für zwei Tage um den 12. August 1911 (II/543).
104 Einen Überblick gibt Heinz Lunzer im Beitrag „Karl Kraus und der 'Akademische Verband für Literatur und Musik in Wien.'" In: Karl Kraus – Ästhetik und Kritik. Hrsg. Stefan Kaszynski und Sigurd Paul Scheichl. edition text + kritik, München 1989, S. 141-178, hier S. 141-147.
105 Vgl. Klettenhammer: *Zeitungen und Zeitschriften*, S. 92.
106 L. Ullmann: *Heimat in der Fremde*, S. 21.
107 Ebd., S. 22.
108 Lunzer: *Karl Kraus und der „Akademische Verband"*, S. 152.
109 Klettenhammer: *Zeitungen und Zeitschriften*, S. 140.
110 31. März 1913; Leitung: Arnold Schönberg. Programm: Schönbergs „Kammersymphonie", Werke von Webern, Zemlinsky und Alban Berg.
111 Seinem Freund August Brunetti-Pisano in Salzburg schrieb Gustav Streicher – offenbar mit Bezug auf das Schönberg-Konzert vom 31. März – am 8. April 1913 aus Wien: *Schrekers Oper war ein wahrer Schrecken. Und das Schönberg- Konzert! Wohin verlieren sich unsere Jungen! Vor lauter Genialitätswahnsinn - u. Dusel verlieren sie alle Grenzen. In der Literatur ist es nicht anders. Die 20 und 24jährigen Jüngelchen gebärden sich in Wien in maßloser Selbstüberschätzung, als wäre jeder von ihnen der kommende Messias. So viel Genialität ist noch nie auf den Straßen herumgelaufen! Im besten Falle Artisten u. Gehirnathleten [!]. Daß zur Kunst aber Herzblut gehört, Gefühl u. wiederum Gefühl u. tiefstes menschliches Empfinden, das haben diese Kautschukmänner breiiger Gehirnmasse verschwitzt, weil ihr Herzschlag zu müde u. zu matt ist, um einen ergreifenden Akkord anzuschlagen.* – SM, Nachlass August Brunetti-Pisano, nicht inventarisiert.
112 Zu möglichen Vorbildern für Trakls Reihungsstil vgl.: Salzburger Trakl-Symposion. Hrsg. v. Walter Weiß und Hans Weichselbaum. Salzburg 1978 (= Trakl-Studien, Bd. IX), S. 115 ff.
113 Zur Datierung von Brief 26 (I/485f.) vgl. Sauermann: *Chronologie*, S. 208ff.
114 Klettenhammer: *Zeitungen und Zeitschriften*, S. 141.
115 Das realitätsnähere Bild einer Variante: *Scharlachfarben, Marschtakt stürzt durch Staub und Stahlschauer* (1. Strophe, 3. Zeile) hat Trakl wieder fallengelassen.
116 Im Protokoll der Generalversammlung vom 27. Juni 1911 ist angeführt: *Jung Autorenabend (Viertel + Wolff) ev. + Drackel [!] wird verhandelt.* – Protokollbuch des Akademischen Verbandes für Literatur und Musik in Wien. Wienbibliothek im Rathaus, H.I.N. 197.161. Zitiert nach: Klettenhammer: *Zeitungen und Zeitschriften*, S. 91.
117 Wegen eines Streites zwischen dem Schauspieler Onno (= Ferdinand Onowotschek) und Buschbeck wurde daraus aber nichts (II/753).
118 Ausgelöst wurde der Konflikt durch anonyme Schmähbriefe an Karl Kraus, deren Absender aus dem Verband kam. Dahinter stand aber eine tiefer greifende Uneinigkeit führender Verbandsmitglieder hinsichtlich der Person Karl Kraus und der Häufigkeit seines Auftretens. – Vgl. Klettenhammer: *Zeitungen und Zeitschriften*, S. 233f.
119 Ton und Wort. Zeitschrift für Musik und Literatur. Wien, Jg. 1, 1910/11, H. 6 vom 1. Mai 1911, S. 15.
120 Klettenhammer: *Zeitungen und Zeitschriften*, S. 49.
121 *Der in der ersten Hälfte Juni 1910 [...] entstandenen Abschrift [...] muß ein verschollener Textzeuge als Satzvorlage für die Erstveröffentlichung vorangegangen sein.* – In: ITA, Bd. I, S. 401.
122 Bondy, a.a.O.
123 Zur Neudatierung dieses Briefes siehe: E. Sauermann: *Chronologie*, S. 221f.
124 Am 23. 10. 1912.
125 Buschbeck: *Georg Trakl*, S. 20.
126 Im Protokoll des k.k. Bezirksgerichtes in Salzburg vom 1. 3. 1912 anlässlich einer Vorsprache wegen der Vormundschaft für Grete Trakl, zu der die Mutter Trakl und Grete erschienen waren, heißt es: *Wir [...]*

schlagen einverständlich mit unserem großen Sohn bzw. Bruder Georg Trakl, Pharmazeut dzt. in Wien, sonst Salzburg, Waagplatz 3 [...] vor. Trakl scheint zu diesem Zeitpunkt vorübergehend in Wien gewesen zu sein; er wird das Protokoll nachträglich unterschrieben haben. – Akten über die Verlassenschaft nach Tobias Trakl, SLA.

127 Hanisch / Fleischer: *Im Schatten*, S. 137.
128 Ebd.
129 Nach Brunetti-Pisanos Autobiographie sollen er und Josef Hafner, später Landeshauptmann-Stellvetreter in Oberösterreich, den Salzburger „Pan" gegründet haben. – SM, Nachlass August Brunetti-Pisano, nicht inventarisiert.
130 Statuten der Literatur- und Kunstgesellschaft „Pan" in Salzburg, § 2: Zweck des Vereins. – Genehmigt von der k.k. Landesregierung Salzburg am 21. April 1897. – SM, nicht inventarisiert.
131 Hans Seebach: Salzburgs literarischer Sturm und Drang vor 25 Jahren. In: Salzburger Wacht, Jubiläumsausgabe 1924. Zitiert nach. Hanisch / Fleischer: *Im Schatten*, S. 137.
132 Ludwig Praehauser: „Pan". Unverbindliche Erinnerungen. In: Der Pegasus. Salzburger Dichteralmanach 1952. Salzburg 1951, S. 219-231, hier S. 219.
133 Vgl. Christa Gürtler: Vorwort zu: Irma von Troll-Borostyáni: Ungehalten. Vermächtnis einer Freidenkerin. Salzburg 1994, S. 32.
134 Praehauser: „Pan", S. 225.
135 Karl Hauer. Weib und Kultur. In: Von den fröhlichen und unfröhlichen Menschen. Gesammelte Essays. Wien-Leipzig 1910, S. 165-174, hier S. 167. – Karl Röck, der spätere Innsbrucker Freund Trakls, erhielt dieses Buch am 8. 3. 1912 von Ludwig Ficker zur Besprechung für den „Brenner" (Karl Röck: Tagebuch, Bd I, S. 162.). Röck brachte keine zustande, schließlich schrieb L. E. Tesar „Über Essays von Karl Hauer" (Der Brenner, 3. Jg, H. 7 vom 1. Jänner 1913).
136 Vgl. Georg Trakl: Nachlaß und Biographie. Gedichte, Briefe, Bilder, Essays. Hrsg. v. Wolfgang Schneditz. Salzburg 1949, S. 80. – Schneditz berichtet von einer *dicklichen, ältlichen Person,* die Trakl in einem Bordell in der Steingasse sehr oft besucht haben soll, ohne mit ihr nähere Beziehungen zu haben. Er sei schweigend neben ihr gesessen, manchmal habe er eine Flasche Wein mitgebracht: *Dabei mußte sie eingehend aus ihrem Leben berichten.* Leider gibt Schneditz dafür keine Quelle an.
137 W. Schneditz in: Georg Trakl: Nachlaß und Biographie, S. 83.
138 *Wunde, rote, nie gezeigte / Läßt in dunklen Zimmern leben* (Sonja) bzw. *Karfreitagskind* (An die Schwester).
139 Hans Limbach: Begegnung mit Georg Trakl. In: Erinnerung, 1966, S. 125. – Zum Problem der Authentizität dieses Gesprächs siehe die Beiträge von Walter Methlagl und Eberhard Sauermann in: Mitteilungen aus dem Brenner-Archiv Nr. 4, 1985, bzw. Nr. 5, 1986.
140 Ludwig Praehauser: „Pan", S. 225.
141 Felix Brunner: *Der Lebenslauf,* S. 32f.
142 Vgl. W. Schneditz in: Georg Trakl: Nachlaß und Biographie, S. 83. Schneditz kommt aber über Andeutungen nicht hinaus.
143 Zwerschina: Chronologie, S. 93: *Das Gedicht ist frühestens Ende 1911, jedenfalls aber vor dem 1. April entstanden.* Vgl. auch E. Sauermann: Die Widmungen Georg Trakls. In: Salzburger Trakl- Symposion 1977, S. 66-100, hier S. 80f.
144 Brunetti-Pisano hat das Gedicht später vertont. – August Brunetti-Pisano: Im Abendrot meines Geschlechtes. Autobiographische Schrift (unveröffentlicht). – SM, Nachlass August Brunetti-Pisano, nicht inventarisiert.
145 Ficker änderte diese Wendung ab in: *die seltsam aufglühenden und in sich versinkenden Aussprüche Trakls.* – Zitiert in E. Sauermann: Zur Authentizität in der Trakl-Rezeption. In: Mitteilungen aus dem Brenner-Archiv, Nr. 5, 1986, S. 3-37, hier S. 11.
146 Heinrich, Karl Borromäus: Die Erscheinung Georg Trakls. In: Erinnerung. 1966, S. 97–116, hier S. 112.
147 Felix Brunner: *Der Lebenslauf,* S. 33.
148 Ludwig Praehauser: „Pan", S. 225.
149 Ebd., S. 226.
150 TB Röck, Mappe I, Blatt 7.
151 Ludwig Praehauser: „Pan", S. 226.

152 Erinnerung, 1966, S. 125.
153 Hans Seebach: Salzburger Wacht, 1924. Vgl. Hanisch / Fleischer: *Im Schatten*, S. 138.
154 Klettenhammer: *Zeitungen und Zeitschriften*, S. 38.
155 Karl Hauer: Recht und Macht. In: Salzburg. Ein literarisches Sammelwerk. Salzburg 1913, S. 23–27.
156 In: Salzburg. Ein literarisches Sammelwerk, S. 17–22.
157 Klettenhammer: *Zeitungen und Zeitschriften*, S. 43.
158 Salzburger Volksblatt, vom 12. Dezember 1912.
159 Wiener Allgemeine Zeitung, vom 11. Jänner 1913. Etwas klischeehaft charakterisierte Ullmann Trakls Gedichte folgendermaßen: *Bild gewordene Träumerei, Betrachtungen eines Weltvergessenen, der in die Welt seine inneren Panoramen trägt und die tiefe Gewalt seiner magischen Gefühle*. Buschbeck schickte diese Besprechung an Trakl in Innsbruck, der sich darüber *außerordentlich gefreut* (I/500) hat. Die Auseinandersetzung von 1910 war damit endgültig vergessen. Wohl als Reaktion auf die freundlichen Sätze Ullmanns nahm sich Trakl vor, ihm einen Abzug des „Helian" zu schicken. – Vgl. E. Sauermann: Frühe Besprechungen von Gedichten Georg Trakls aufgefunden. In: Mitteilungen aus dem Brenner-Archiv, Nr. 11, 1992, S. 101–105, hier S. 102.
160 Salzburger Volksblatt, vom 26. Jänner 1913.
161 Vgl. Sauermann: *Frühe Besprechungen*, S. 102f.
162 Salzburger Volksblatt, vom 20. 12. 1914 („Georg Trakl †") vom Wanderlehrer Franz Hlawna)
163 Salzburger Chronik, vom 31. 12. 1912.
164 Salzburger Wacht, vom 14. 12. 1912.
165 Von Karl Schoßleitner erschienen in vier „Brenner"-Nummern von 1911 (Jg. I, H. 22; Jg. II, H. 3, 7 und 8) die Gedichte „Auferstehung" und „Der Sturz vom Himmel in der Dämmerung" und der Prosatext „Prinz Blaubart". Nach Trakls Auftreten als Autor in dieser Zeitschrift sind von Schoßleitner darin keine Texte mehr zu finden.
166 E. Sauermann datiert Brief 141 (I/549f.) auf *wahrscheinlich Ende Jänner 1912*. – E.S.: Chronologie, S. 219f. Demnach können die Briefe 26 (I/485f.), 141 (I/549f.), 140 (I/549), 27 (I/486) und 28 (I/487) als zeitlich eng zusammengehörig betrachtet werden.
167 Kgl. akad. Hochschule für Musik zu Berlin, Jahresbericht für den Zeitraum vom 1. 10. 1910 bis zum 30. 9. 1911, S. 28, sowie Akte „Schülerlisten", 1899-1923. – Hochschularchiv der Hochschule der Künste Berlin (Auskunft Dr. Dietmar Schenk).
168 Basil: *Georg Trakl*, S. 78.
169 L. v. Ficker, der A. Langen nach dem Tod Trakls kennenlernte, hatte ihn als *lebendige Kopie von Stefan George* in Erinnerung. *Mit derselben Mantille und mit demselben Hut* sei dieser *durchaus weibische Mensch* dahergekommen. – Mitgeteilt in: W. Methlagl: Brenner-Gespräche. Aufgezeichnet in den Jahren 1961 bis 1967. Manuskript FBA, S. 72.
170 Brief Arthur Langens an das k.k. Vormundschafts-Gericht in Salzburg vom 6. März 1912, S. 1; Adresse: Berlin, Nürnbergerstr. 70/71. – Akte über die Verlassenschaftsabhandlung nach Tobias Trakl, SLA.
171 Aussage von Maria Trakl (Mutter) und Georg Trakl vor dem Bezirksgericht in Salzburg am 23. 3. 1912. – Protokoll in den Akten über die Verlassenschaftsabhandlung nach Tobias Trakl. SLA.
172 Protokoll des k.k. Bezirksgerichtes, Abteilung I, vom 29. 5. 1912. – Akte über die Verlassenschaftsabhandlung nach Tobias Trakl. SLA.
173 Basil: *Georg Trakl*, S. 78.
174 Antrag an das k.k. Bezirksgericht in Salzburg vom 20. 2. 1912. – Akten über die Verlassenschaftsabhandlung nach Tobias Trakl, SLA. – Als Begründung führte er weiters an: *Diese Stellung hat für mich derartige Differenzen und Weiterungen zur Folge, dass ich dadurch in meiner Geschäftstätigkeit behindert werde. Es ist mir unmöglich, neben der Last des Geschäftes auch noch diese Last dieser Vormundschaft zu tragen. Auch meine Gesundheit leidet darunter. Vielleicht ist es überhaupt besser, wenn nicht der eigene Bruder der Mitvormund ist, sondern ein anderer als solcher bestellt wird.*
175 Protokoll vom 1. 3. 1912. Anwesend waren die Mutter Maria Trakl und ihre Tochter Grete. Unterschrieben haben: Maria Trakl, Mr. G. Trakl (muss die Unterschrift nachgetragen haben) und Grete Trakl. – Akten über die Verlassenschaftsabhandlung nach Tobias Trakl. Über Georg heißt es darin: *Pharmazeut dzt. in Wien, sonst Salzburg, Waagplatz 3*. Ein Aufenthalt Trakls in Wien um diese Zeit ist sonst nicht belegt.

176 Beschluss vom 5. 3. 1912. – Akten über die Verlassenschaftsabhandlung nach Tobias Trakl. SLA.
177 Im Brief an das Vormundschaftsgericht in Salzburg (siehe Anm. 156) meinte Langen sogar, dass die Mutter nichts unversucht gelassen habe, um Wilhelm für die Heirat Gretls mit ihm umzustimmen: *Frau Trakl hat Gretl erlaubt den Verlobungsring entgegenzunehmen und zu tragen, sie hat stets darauf hingewiesen, dass wir gleich nach meiner Scheidung heiraten könnten.*
178 Grete Trakl dürfte im Herbst 1910 Gedichte ihres Bruders nach Berlin mitgenommen haben, von denen Arthur Langen Abschriften angefertigt hat. 9 Gedichte sind in einer solchen Abschrift überliefert. Vgl. Zwerschina: Chronologie, S. 132f.
179 Brief Arthur Langens an das k.k. Vormundschafts-Gericht in Salzburg vom 6. März 1912. – Akte über die Verlassenschaftsabhandlung nach Tobias Trakl, SLA.
180 Im Brief heißt es: *Wenn nun die Mutter sich heute ohne Grund, aus purem Widerspruchsgeist weigert, Grete mir zur Frau zu geben, damit sie ihr Studium sofort mit Energie wieder aufnimmt und beendet, so ist dies ein deutliches Hindern einer Laufbahn, zu dem einer Vormünderin* [!] *das Recht fehlt (...).*
181 Mit einem ärztlichen Attest verteidigte er sich gegen das *geschmacklose Gerede,* er sei *schwer geschlechtskrank.* Die Auskunft eines königlichen Kriminalkommissars sollte seine bürgerliche Reputation unter Beweis stellen. Weitere *Privat-Auskünfte* versprach er nachzureichen.
182 Protokoll des k.k. Bezirksgerichtes vom 22. März 1912, unterschrieben von Grete Trakl. – Akten über die Verlassenschaftsabhandlung nach Tobias Trakl, SLA.
183 Protokoll des k.k. Bezirksgerichtes vom 25. März 1912, unterschrieben von Maria Trakl und Mr. Georg Trakl. – Akten über die Verlassenschaftsabhandlung nach Tobias Trakl. SLA. – Sie verwehren sich darin gegen Langens Behauptung, dass er das Studium Gretes finanziert habe: *Richtig ist nur, daß Herr Langen ihr in Berlin vielleicht die eine oder andere Stunde gezahlt hat; alles Andere haben wir bestritten.* Über Gretes Zustand gaben sie zu Protokoll: *Nach unserer Überzeugung, welche sich mit dem Gutachten eines Nervenarztes (Dr. Schweighofer) deckt, ist Grete zwar ein sehr begabtes, aber sehr nervöses und durch die Ereignisse der letzten Zeit sehr zerfahrenes Mädchen, das man mit ruhigem Gewissen wenigstens jetzt nicht großjährig und eigenberechtigt machen kann. Außerdem ist sie körperlich schwächlich, so daß wir schon aus diesem Grunde eine[r] Ehe nicht zustimmen können. Wird sie in einigen Monaten kräftiger und durch die häusliche Versorgung ruhiger, so wollen wir gegen ihre Volljährigkeit nichts einwenden.*
184 Zustellschein des k.k. Bezirksgerichtes zu Salzburg. – Akte über die Verlassenschaftsabhandlung nach Tobias Trakl. SLA. – Arthur Langen bestätigte den Erhalt am 30. 4. 1912. Als Beruf ist angeführt: Geschäftsführer der Kurfürstin-Oper in Berlin.
185 Antrag des Advokaten Dr. Richard von Hueber beim k.k. Bezirksgericht in Salzburg vom 25. Mai 1912. – Akten über die Verlassenschaftsabhandlung nach Tobias Trakl. SLA.
186 Protokoll des k.k. Bezirksgerichtes in Salzburg, vom 29. 5. 1912, 10.1/4 h, unterschrieben von Marie Trakl. – Akten über die Verlassenschaftsabhandlung nach Tobias Trakl. SLA – Über den Zusammenhang Ehe-Musikstudien meinte sie: *Ich kann darauf gar nichts sagen, wenn ich vom Richter den Vorhalt erfahre, daß mit obigen Worten nur gesagt sei, daß meine Tochter die Musikstudien leichter fortsetzen u. sich ausbilden kann, wenn sie den Arthur Langen heirate. Sie wird sich auch um Lehrstunden in Berlin umschauen, damit sie leichter fortkommen kann.*
187 Protokoll des k.k. Bezirksgerichtes Innsbruck, Abteilung VIII, vom 10. Juni 1912, unterschrieben von Mr. Georg Trakl. – Akten über die Verlassenschaftsabhandlung nach Tobias Trakl. SLA.
188 Protokoll des k.k. Bezirksgerichtes Salzburg, Abteilung I, vom 18. Juni 1912, unterschrieben von Grete Trakl. – Akten über die Verlassenschaftsabhandlung nach Tobias Trakl. SLA
189 Karl Röck: *Tagebücher,* Bd. I, S. 239f.
190 L.v. Ficker teilte in einem Brief vom 29.5.1929 Karl Kraus mit, dass Trakl *die Kenntnis Rimbauds der trefflichen und von ihm selbst gerühmten Übersetzung K. L. Ammers* zu verdanken hatte. – In: L.v. Ficker: *Briefwechsel 1926-1939,* S. 140.
191 Fritz Trakl soll in den 50er Jahren dem französischen Trakl-Übersetzer Gabriel Roud ein französisches Exemplar von Rimbauds „Illuminations", das seinem Bruder Georg gehört haben soll, geschenkt haben, doch war diese Ausgabe erst 1914 erschienen; Trakl konnte sich also kaum noch damit befasst haben. – Adrien Finck: Georg Trakl und die französische Literatur. Festvortrag vom 1. Februar 1975 im Trakl-Haus in Salzburg, S. 2.

192 Patrick P. Egger: Trakl und Rimbaud. Ein Beitrag zur stilistischen Entwicklung Georg Trakls. (Dipl.-Arbeit, masch.), Innsbruck 1989, S. 67.
193 Ebd., S. 81.

ANMERKUNGEN KAPITEL 4

1 Erhard Buschbeck, zitiert nach Basil: *Georg Trakl*, S. 115. In einem „Erinnerungsfetzen" von Ficker oder Röck, aufgezeichnet von E. Marholdt in seinem Tagebuch, war es ein *zigarartiges [!] Zimmer, in den* Hof *schauend.* – Methlagl: *Marholdt*, S. 83.
2 Meldezettel der Stadt Innsbruck (Kopie). Akten des Städtischen Meldeamtes (Landesevidenzstelle) im Innsbrucker Landhaus. Das Original befindet sich im Polizeimuseum Präsident Hampl Innsbruck.
3 Methlagl: *Marholdt*, S. 83. – Mahrholdt sah in dieser Gegend den Erlebnishintergrund für das Gedicht „Vorstadt im Föhn", was wegen der Entstehungszeit nicht möglich ist.
4 Buschbeck: *Georg Trakl*, S. 20.
5 Zur Neudatierung vgl. Sauermann: *Chronologie*, S. 208–212.
6 Vgl. Ficker: *Briefwechsel 1909–1914*, S. 81–91. – Robert Müller organisierte damals u. a. gerade eine Lesung von Karl May in Wien und wollte Innsbruck miteinbeziehen. Ficker lud ihn zur *ständigen Mitarbeit* ein, die jedoch nur von kurzer Dauer war.
7 Ebd., S. 90 (Brief vom 18. 4. 1912) und S. 91 (Brief vom 9. 5. 1912).
8 Vgl. Klettenhammer: *Zeitungen und Zeitschriften*, S. 155.
9 Der Brenner, Jg. II, H. 23, vom 1. Mai 1912, S. 841.
10 „Guido", nach seinem besten Freund Guido Weinberger, „Höld" wahrscheinlich in Anlehnung an Hölderlin. – Vgl. Walter Methlagl: Hans Limbach: „Begegnung mit Georg Trakl". Zur Quellenkritik. In: Mitteilungen aus dem Brenner-Archiv, Nr. 4, 1985, S. 3–47, hier S. 22.
11 Sie sind nicht zur Gänze und an unterschiedlichen Stellen publiziert und werden hier folgendermaßen zitiert:
a) Hans Szklenar: Beiträge zur Chronologie und Anordnung von Georg Trakls Gedichten aufgrund des Nachlasses von Karl Röck. In: Euphorion 60, 1966, S. 222–262.
b) Karl Röck: Tagebuch 1891–1946, Hrsg. u. erläutert von Christine Kofler, Salzburg 1976, 3 Bde. (= Brenner Studien, Sonderbände 2–4).
c) Walter Methlagl: Karl Röcks autobiographischer Bericht über die Tage der Kraus-Vorlesung in Innsbruck am 14. Jänner 1914. In: Mitteilungen aus dem Brenner-Archiv Nr. 7, 1988, S. 68–71.
d) In Bezug auf Trakl wichtige, von Hans Szklenar nur auszugsweise veröffentlichte Teile des Tagebuches befinden sich, nach Mappen (I-VIII) geordnet und mit nummerierten Blättern, im Besitz des Otto Müller Verlages Salzburg. Mehrere Stellen daraus sind zitiert als: TB Röck, Nummer der Mappe, Nummer des Blattes.
12 Brief Buschbecks vom 13. Mai 1912 aus Wien an Georg Trakl in Innsbruck. (II/750).
13 Im selben Heft wie „Vorstadt im Föhn" waren auch „Bemerkungen" (= sechs Aphorismen) von Oskar Vonwiller erschienen (S. 864).
14 Röck: *Tagebuch, Bd. I*, S. 164.
15 Ficker: *Denkzettel und Danksagungen*, S. 327 und II/548.
16 Die letzte Mitteilung Gustav Streichers an L. v. Ficker stammt vom 1. 3. 1911. Streicher empfahl darin Ficker die Novelle „Die stärkere Natur" des Salzburger Schriftstellers Schoßleitner für den Abdruck im „Brenner" (unveröffentlichter Brief, FBA).
17 Ficker: *Briefwechsel 1909-1914*, S. 377. Dem darin enthaltenen „Biographischen Kalender" (S. 376–387) sind auch die anderen Angaben entnommen.
18 Es war eine Mietwohnung. Im ersten Stock wohnte die Familie Rauch.
19 Sauermann: *Authentizität*, S. 13.
20 „Der Brenner", Jg. I, H. 1 vom 1. Juni 1910, S. 2–5.
21 „Fortunat", „Lorenz Lugruber", „Michael Laurin"
22 Ficker: *Briefwechsel 1909-1914*, S. 389.

23 „Der Brenner", Jg. III, H. 1 vom 1. 10. 1912, S. 18f.
24 Vgl. Methlagl: *Quellenkritik*, S. 10, Anm. 20.
25 TB Röck, Mappe I, Blatt 13.
26 Eine Liste Röcks von Cafés in Innsbruck enthält 13 Namen. – TB Röck, Mappe I, Blatt 14.
27 TB Röck III/12.
28 Szklenar: *Chronologie*, S. 229. – In einer Anmerkung zu dieser Tagebucheintragung meint Szklenar: *Röck hat auf Grund der ungewöhnlich starken Wirkung, die Trakl auf ihn ausübte, dessen Bedeutung für die anderen „Brenner"-Autoren wohl überschätzt.*
29 Ebd., S. 228.
30 Brief E. Buschbecks aus Wien an K. Röck in Innsbruck vom 26. 8. 1938. In: TB Röck, Mappe VIII. Auch in: Weichselbaum: *Androgynie*, S. 49.
31 Klettenhammer: *Zeitungen und Zeitschriften*, S. 214.
32 Szklenar: *Beiträge*, S. 227.
33 Praehauser: *„Pan"*, S. 225.
34 Anspielung auf das Hauptwerk von Arthur Schopenhauer.
35 Szklenar: *Beiträge*, S. 227.
36 […] wohl aber dürfen wir von uns selbst annehmen, daß wir […] in der Bedeutung von Kunstwerken unsere höchste Würde haben – denn nur als ästhetisches Phänomen ist das Dasein und die Welt ewig gerechtfertigt. – F. Nietzsche: Die Geburt der Tragödie aus dem Geist der Musik. In: F. N.: Werke in zwei Bänden, München 1967, Bd. I, S. 18–110, hier S. 34.
37 Röck schwankte in der Datierung dieser Eintragung; er notierte zunächst den 26. Mai 1912 und änderte dann auf 27. oder 28. Juni. – Szklenar: *Beiträge*, S. 227, Anm. 15.
38 Röck: *Tagebuch, Bd. I*, S. 189.
39 Beispielsweise der große Essay von Ignaz Zangerle im ersten „Brenner"-Jahrbuch nach 1945: I. Z.: Die Bestimmung des Dichters. In: Der Brenner, 16. Folge, 1946, S. 112–199. Alfred Doppler: „*Die Bestimmung des Dichters*" erscheint somit als Ergebnis intensiver Gespräche zwischen Ficker und Zangerle, wobei Trakl als Unterpfand für die ästhetische Konzeption des späten „Brenner" steht. – A. D.: Georg Trakl als Vorbild für die Bestimmung des Dichters im „Brenner" nach 1945. In: Untersuchungen zum Brenner. Salzburg 1981, S. 122–129.
40 Vgl. Otto Basils Attacken gegen die „Trakl-Kirche" im Einleitungskapitel, S. 8ff.
41 W. Methlagl: Hans Limbach. „Begegnung mit Georg Trakl". Zur Quellenkritik. In: Mitteilungen aus dem Brenner-Archiv, Nr. 4, 1985, S. 3–47.
42 L. v. Ficker hatte das Buch „Sören Kierkegaard und die Philosophie der Innerlichkeit" von Theodor Haecker Anfang Dezember 1913 zugesandt bekommen. Er empfand es als Sensation und dürfte es Trakl zum Lesen gegeben haben. – Vgl. Methlagl: *Quellenkritik*, S. 44, Anm. 26, und Sauermann: *Authentizität*, S. 6f.
43 TB Röck, Mappe I, Blatt 9.
44 Brief Grete Langens ohne Datum und Adresse aus Berlin an Erhard Buschbeck (wahrscheinlich 1917). – In: Weichselbaum (Hrsg.): *Androgynie*, S. 221.
45 TB Röck, Mappe I, Blatt 15.
46 Vgl. Heinz Lunzer: Karl Kraus und der „Akademische Verband", S. 154ff. – Von Mai 1910 bis Juni 1912 veranstaltete der Verband insgesamt 11 Kraus-Lesungen. Trakl war zu dieser Zeit meistens in Wien.
47 Den (nicht erhaltenen) Brief an Kraus schrieb Trakl in der zweiten Julihälfte 1910 nach den ersten beiden Wiener Lesungen von Karl Kraus am 3. Mai und 3. Juni.
48 Gerald Stieg: Der Brenner und Die Fackel. Ein Beitrag zur Wirkungsgeschichte von Karl Kraus. Salzburg 1976 (= Brenner-Studien Bd. III), S. 30.
49 Am 16. Jänner 1913 und 14. Jänner 1914.
50 „Karl Kraus, der Mensch", mit Beiträgen von K. B. Heinrich, C. Dallago und L. v. Ficker.
51 Röck schrieb für Fr., 16. 8., in sein Tagebuch: *Heute kam Karl Kraus hierher;* für Sa., 24. 8. notierte er: *nm* [= nachmittags] *Sander besucht mich, lad ihn zu Kraus ein, geht nicht.* (Röck: *Tagebuch, Bd. I,* S. 166f.) Es ist nicht sehr wahrscheinlich, dass Kraus noch am Abend abgereist ist.
52 Röck: *Tagebuch, Bd. I,* S. 166.
53 Die Fackel, Nr. 360/362, vom 7. November 1912. (auch: Erinnerung, 1966, S. 7.)

54 Basil: *Georg Trakl*, S. 113.
55 Briefe an Sidonie von Nádherný I, 83. Zitiert nach: Gerald Stieg: Der Brenner, S. 270.
56 L. v. Ficker: Aus einem Brief an Werner Meyknecht, 1934. In: Ficker: *Denkzettel und Danksagungen*, S. 119f.
57 Ebd., S. 120.
58 Zwerschina: *Chronologie*, S. 23-33.
59 Personalverordnungsblatt Nr. 34 vom 25. IX. 1912 (II/681).
60 Wahrscheinlich vom 29. 9. bis 5. 10. 1912. Zwerschina: *Chronologie*, S. 120.
61 Röck: *Tagebuch, Bd. I*, S. 191.
62 Ebd., S. 192.
63 Der Brenner, Jg. III, H. 2, S. 89.
64 Möglicherweise hat Trakl der Karikatur den Titel „Der böse Priester" gegeben, oder dieser stammt von Röck selbst; in seinem Tagebuch hat er ihn jedenfalls unter Anführungszeichen gesetzt. – Vgl. Szklenar: *Chronologie*, S. 229.
65 Vgl. Sauermann: *Die Widmungen*, S. 82.
66 Röck: *Tagebuch, Bd. I*, S. 192.
67 Der Bescheid des Ministeriums vom 23. 10. 1912 ist von Minister Trnka unterschrieben; er wurde an Trakls Salzburger Adresse geschickt. Den Brief an Ullmann konnte Trakl daher frühestens am 25. 10. 1912 verfassen. (HKA: etwa 24. X. 1912)
68 Am 29. Oktober (II/692) und 14. November 1912 (II/694). Im ersten Fall ergänzte Trakl das briefliche Ansuchen sicherheitshalber mit einem telegraphischen Gesuch (II/693).
69 Vgl. die Referatsbogen des Ministeriums für öffentliche Arbeiten über die Gewährung des Aufschubs (II/693) bzw. über die Gewährung eines weiteren Aufschubs (II/695). Das Ministerium sah *keine zwingende Veranlassung gegeben,* wegen einer raschen Übersetzung Trakls in die Reserve beim Kriegsministerium zu intervenieren.
70 Abreisedatum: 3. 12. 1912. Als Ziel ist Salzburg angegeben. – Meldezettel der Stadt Innsbruck. (Kopie). Akten des Städtischen Meldeamtes (Landesevidenzstelle) im Innsbrucker Landhaus. – Da Trakl mit Sicherheit bereits am 30. 11. 1912 aus Salzburg eine Karte an Erhard Buschbeck in Wien schrieb, dürfte es sich um ein von der Quartiergeberin erfundenes Abreisedatum handeln.
71 Vgl. E. Sauermann: Unbekannte Dokumente zu Georg Trakl aufgefunden. In: Mitteilungen aus dem Brenner-Archiv, Nr. 7, 1988, S. 59–68. – Solche Dienstbeschreibungen gab es in zweifacher Ausfertigung: „Makularpare" waren eine Art Entwurf und verblieben beim jeweiligen Truppenkörper, „Reinpare" gingen als Reinschrift an das Kriegsministerium, waren also für Aktivierungen, Beförderungen und dgl. ausschlaggebend.
72 Also auf dem „Reinpare", allerdings ohne dass seine konzeptartigen Anmerkungen tatsächlich „ins Reine" geschrieben worden wären.
73 Diese „Information" wurde Schasching entweder zugetragen, oder er stellte selbst Nachforschungen an. Dass sich der Vorwurf des „Privatisierens" ausschließlich auf Anfang Oktober bezieht, wie E. Sauermann annimmt, geht aus dieser Eintragung nicht hervor.
74 Am 22. April 1913. Vgl. Sauermann: *Unbekannte Dokumente*, S. 66.
75 Ebd., S. 67.
76 Der Ruf, H. 3 vom 1. 11. 1912 („Trompeten"), und H. 4 vom 1. 5. 1913 („Im Dorf").
77 Die Hilfestellung betraf vor allem Korrekturen der „Drei Blicke in einen Opal". Vgl. die Briefe an Buschbeck I/489, I/490 und I/492.
78 Neudatierung: wahrscheinlich am 6. 10. 1912 an Buschbeck in Salzburg. – Vgl. Sauermann: *Chronologie,* S. 213.
79 In zwei Briefen von Anfang November kündigte Trakl die Zusendung per Post an (I/491 und I/492), kurze Zeit später stellte er in Aussicht, die Gedichte persönlich nach Wien mitzunehmen, da er der Meinung war, die Stelle im Arbeitsministerium bereits am 1. Dezember antreten zu können (I/493). Nachdem sich der Dienstantritt um vier Wochen verschoben hatte, teilte er Buschbeck am 30. 11. 1912 aus Salzburg mit, dass er das Manuskript (*die Gedichte*) in *3 bis 4 Tagen* erhalten werde. (I/496)
80 Vgl. Zwerschina: *Chronologie*, S. 40. – Am 27. 11. konnte sich Trakl noch nicht in Salzburg aufhalten, da er an diesem Tag abends bei Ficker das Gedicht „Die junge Magd" vorlas. (Röck: Tagebuch, Bd. I, S. 168)

81 Röck erwähnt Heinrich erstmals in der Eintragung vom 13. 12.: *abds (zum erstenmal mit Trakl) beim Dollinger; noch Weinsitzung in Dr. Heinrichs Zimmer bis 3 Uhr früh.* (Röck: *Tagebuch, Bd. I*, S. 169.) Bei Szklenar (*Beiträge*, S. 228) ist eine ähnlich lautende Eintragung mit 14. 12. datiert, ergänzt durch ein offenkundiges Echo auf den Kraus-Aphorismus: *Trakl zu früh geboren: in bezug auf den Schlaf aller Nächte: zu früh erwacht.* Da Heinrich aber bereits am 12. 12. an Buschbeck wegen der Herausgabe der Gedichte Trakls schrieb und sich dabei auch in *Herrn Trakl's Namen* an ihn wandte (II/684f.), muss dieser schon vorher in Innsbruck gewesen sein. Ficker kündigte er einen „Montag"-Abend als Tag der Ankunft an; das war der 9. Dezember.
82 Heinrich, K. B.: Briefe aus der Abgeschiedenheit. In: Der Brenner, III. Jg., H. 11 v. 1. 3. 1913, S. 508–516, hier S. 508.
83 Erinnerung, 1966, S. 102.
84 Es handelte sich um die Gedichte „Abendlicher Reigen" und „Der Schatten". Buschbeck hatte bereits vorher „Die drei Teiche in Hellbrunn" aus dem Manuskript genommen. – Vgl. Zwerschina: *Chronologie*, S. 42.
85 Unterschrieben von Otto Friedrich und Korfiz Holm (II/687f.).
86 Szklenar: *Beiträge*, S. 230.
87 Bereits am 1. April hatte Trakl von Salzburg aus den Freund um die Rücksendung der Gedichte an die Adresse Fickers gebeten, ohne vom Angebot des Kurt Wolff Verlages etwas zu wissen. Er wollte sie bei einem anderen, nicht näher bezeichneten Verlag einreichen (I/507f.)
88 Vgl. Zwerschina: *Chronologie*, S. 45.
89 Röck: *Tagebuch, Bd. I*, S. 172.
90 Die Sammlung hatte aber gar nicht *ursprünglich* diesen Titel, sondern dieser dürfte auf eine Anregung von K. B. Heinrich zurückgehen, als dieser die Gedichtsammlung für den Langen-Verlag im Jänner 1913 lektorierte.
91 Vgl. Verlags-Vertrag, § 1: *Herr Georg Trakl übergibt das ausschließliche Vertragsrecht für alle Ausgaben seiner „Gedichte" der Firma Kurt Wolff Verlag aus Leipzig.* (II/687)
92 Vgl. Zwerschina: *Chronologie*, S. 45.
93 Daneben gab es drei verschieden gestaltete gebundene Ausgaben. – Vor Trakls Gedichten waren in der Reihe erschienen: 1. F. Werfel: „Die Versuchung"; 2. W. Hasenclever: „Das unendliche Gespräch"; 3. F. Kafka: „Der Heizer"; 4. F. Hardekopf: „Der Abend"; 5. E. Hennings: „Die letzte Freude"; 6. C. Ehrenstein: „Klagen eines Knaben".
94 Frau des Mitschülers Robert Vian.
95 Der Brenner, Jg. IV, H. 1 vom 1. 10. 1913, S. 47.
96 Vgl. Verlags-Vertrag, § 8 (II/688). Eine zweite Auflage erschien mit leichten Varianten in Orthographie und Zeichensetzung 1917. Die erste Auflage wurde in Leipzig gedruckt (Poeschel & Trepte), die zweite in Darmstadt (L. C. Wittich'sche Hofbuchdruckerei).
97 Szklenar: *Beiträge*, S. 228, Anm. 28, und Röck: *Tagebuch, Bd. I*, S. 172.
98 Am 18. 12. 1912 schrieb Buschbeck an Trakl: *Wir sehen uns ja bald bei Meister Hoffinger.* (II/751) Damit war das Lokal „Münchener Hof" in Salzburg gemeint. Bei Röck ist zwischen 17. 12. 1912 und 3. 1. 1913 keine Eintragung Trakl betreffend zu finden. Die Handschriften zu „Helian" belegen ebenfalls einen solchen Aufenthalt. (Zwerschina: *Chronologie*, S 183ff.)
99 Im Referatsbogen über die Entlassung heißt es, dass er *an diesem Tage*, also am 31. Dezember 1912, den Dienst hätte antreten sollen (II/697). Also hat er ihn nicht angetreten, sondern nur den Amtseid geleistet.
100 In Frage kommen entweder ein Hotel oder das Quartier eines Freundes (Buschbeck, Schwab); sein Bruder Gustav musste zwar in Wien auch eine Wohnung haben, aber es gibt nirgends einen Hinweis, dass Trakl sich jemals bei ihm aufgehalten hat.
101 Buschbeck schickte sie am 5. Jänner von Salzburg ab (II/752).
102 Es ist unwahrscheinlich, dass Trakl bei diesem kurzen Aufenthalt ein Typoskript des „Helian" hergestellt hat, wie Zwerschina annimmt. (Zwerschina: Chronologie, S, 184) Es muss bereits vor seiner Abreise von Salzburg nach Wien Ende Dezember geschrieben worden sein.

103 Röck: *Tagebuch, Bd. I*, S. 169.
104 Szklenar: *Beiträge*, S. 228, Anm. 28, und Röck: *Tagebuch, Bd. I*, S. 172.
105 Vgl. Zwerschina: *Chronologie*, S. 185.
106 Der Brenner, Jg. IV, H. 9 vom 1. Februar 1913, S. 386–389.
107 Vgl. Adrien Finck: Über Trakl und Verlaine. In: Colombat (Hrsg.): *Frühling der Seele*, S. 49–64.
108 Margarete Langen: „Helians Schicksalslied". Darin besingt sie den *Tag voller Freude* nach dem *heiligen Tod*, der *jauchzend* begrüßt werden soll: *an solchem Tag will ich Dich frein!* – Veröffentlicht in: Rusch/Schmidt: Voraussetzungssystem, S. 161. Nach G. Kleefeld enthält das Gedicht einen Traum von *einer androgynen Fusion*. In: Kleefeld: *Mysterien*, S. 131.
109 100 Jahre Straßenbahnen in Innsbruck 1891–1991. Festschrift der Innsbrucker Verkehrsbetriebe AG, Innsbruck 1991, [S. 9].
110 Röck: *Tagebuch, Bd. I*, S. 170. Trakls Postadresse war in diesem Monat Innsbruck-Muehlau 102 (I/499), also bei L. v. Ficker.
111 Dr. Paul Stefan vom „Akademischen Verband" wollte im Frühjahr einen Almanach „Österreichische Kunst" herausgeben. Trakl stellte dafür das Gedicht „Delirien" zur Verfügung. Der Plan wurde nicht realisiert. (II/752)
112 Karl Minnich heiratete am 12. 9. 1912 „die Morwitzer" in der Innsbrucker Hofkirche. – Verzeichnis der Briefe und Postkarten Buschbecks an A. Moritz, S. 9. – Handschriftensammlung der Wienbibliothek im Rathaus, H.I.N. 242.059, Kopie in der GTFG.
113 Möglicherweise hat sich Trakl Anfang Februar ohne Wissen der Familie doch ein paar Tage in Eugendorf aufgehalten. Ein Brief Fickers an Trakl (erhalten ist nur der Umschlag) wurde jedenfalls von Salzburg an eine Oberndorfer Apotheke weitergeleitet, wo Trakl kurzfristig gearbeitet hat (II/572); er wurde allerdings wieder nach Salzburg zurückgeschickt.
114 Am wahrscheinlichsten ist, dass größere Kredite fällig waren. Vgl. Grundbuch der Stadt Salzburg, Innere Stadt, EZ 58.
115 Vgl. Hanisch / Fleischer: *Im Schatten*, S. 44.
116 Ebd.
117 Adaptierungsplan des Stadtbaumeisters Franz Wagner vom 8. Mai 1914. – AStS.
118 Käufer war das Ehepaar Otto und Rosa Schwarz. – Grundbuch der Stadt Salzburg, Innere Stadt, EZ 57, EZ 58 und EZ 665.
119 K. B. Heinrich: Briefe aus der Abgeschiedenheit II. Die Erscheinung Georg Trakls. In: Der Brenner, Jg. III, H. 11 vom 1. März 1913, S. 508–516, hier S. 510. (Auch: Erinnerung, 1966, S. 101f.)
120 Persönlich schätzte allerdings Ficker K. B. Heinrich später immer weniger. In einem Brief an Theodor Haecker vom 19. 12. 1914 nannte er ihn einen *außerordentlich begabten Gauch* und meinte: *An mir und anderen, die er leichthin Freunde nannte, hat er recht gewissenlos gehandelt [...] Aber dieser Mensch gibt einem doch hin und wieder zu denken. Meine Witterung war immer gegen ihn und doch nahm ich ihn bisweilen in Schutz, gegen Dallago, z. B., der ihn sofort als Windbeutel bezeichnete. Kraus hinwiederum läßt nichts auf ihn kommen. Nun soll er ja gar in den Krieg gezogen sein. Mir scheint das alles grotesk.* – In: L. v. Ficker: *Briefwechsel 1914–1925*, S. 69.
121 Heinrich: *Abgeschiedenheit II*, S. 515f., bzw. Erinnerung, 1966, S. 110.
122 Ebd., S. 514f., bzw. Erinnerung, 1966, S. 109.
123 Vgl. Ritzer, S. 103.
124 Brief K. B. Heinrichs aus Igls an Ficker vom 19. 2. 1913. – In: Ficker: *Briefwechsel 1909–1914*, S. 118.
125 Richard Detsch: Die Beziehungen zwischen Karl Borromaeus Heinrich und Georg Trakl. In: Modern Austrian Literature, Bd. 16, 1983, H. 2, S. 83–104, hier S. 84. Die weiteren Hinweise folgen dieser ausführlichen Darstellung.
126 Sowohl zeitlich als auch thematisch passt dazu eine längere, kommentierende Tagebucheintragung K. Röcks vom 27. Jänner 1913 mit dem Titel „Die Schwester", wobei er *hier freilich vorzüglich an Trakls Schwester* dachte. (TB Röck, Mappe II, Blatt 10) Röck war im Jänner 1913 häufig mit Trakl zusammen (Vgl. Röck: *Tagebuch, Bd I.*, S. 169–171); es ist daher anzunehmen, dass Gesprächsinhalte in diese Aufzeichnung eingeflossen sind:

Die Schwester, nämlich die des Anderen (zugleich des Freundes) ist das schrecklichste. Wie sehr zerstört dies alle Illusion dem Manne, dass sie des anderen Schwester ist. Welcher unzüchtige psychische Anteil des Bruders an der Schwester; welche elende Abhängigkeit vom Bruder: sie wird den männlichsten Bewertungen unterworfen. [...] Welche gemeine Reduktion des Heiratenden auf den Mann. Auf seine rein männliche Funktion, wenn er sie heiratet: denn der Bruder war ja schon das Ideal der Schwester geworden und noch dazu ein geschlechtsfeindliches. Die Schwester: ist die Hysterin: denn zwischen Bruder und Schwester ist unterdrücktes Geschlechtsgefühl. Es ist schon psychische Inzucht. [...] Der Bruder der Schwester (der jüngeren Schwester) ist feinster Kuppler: [...] Die Schwester ist notwendig nahestehend der Dirne; ist nie Frau, Person, Kameradin, Gattin, wie die einzige Tochter (die Tochter) Nie wird ihr der Mann etwas sein: weil er erst den Bruder verdrängen müßte aus ihrer Psyche. [...] Die Schwester ist hysterisch und wird einigermaßen verkauft. [...] Welch schändliche Okkupation der Schwester überhaupt! Verlorenstes Verhältnis, Verhältnis des Untergangs. Verhältnis für Märchen und Untergangs-Mythen: Märchen sind Träume, geheimste Wirklichkeiten: sie drohen was die Wirklichkeit ist: in der Auflösung wird alles wieder Märchen. Da erfüllen sich Märchen. Am Tage. Trakl. [...] – Röck gibt ein persönliches Erlebnis als Anlass für diese Eintragung an. Im chronologischen Tagebuch heißt es: *Mich an Frl. Folkmann [ev. Folkmuth?] als an slawischem Typ illusioniert. Autosuggestion, der Seele, im Banne Trakls.* (Karl Röck: Tagebuch, Bd I, S. 171) In der zitierten Aufzeichnung nimmt er Bezug auf einen Bekannten namens Folkmuth und dessen Schwester. Was ist hinsichtlich Trakls daran bemerkenswert?

1. Die Behauptung einer existenziell bedingten Schuld eines Bruders gegenüber einer jüngeren Schwester unter Einbeziehung von Gedanken Otto Weiningers.
2. Deren zerstörerische Wirkung auf eine Ehe der Schwester. (Im Garnisonsspital in Krakau gab er an, dass seine jüngste Schwester an *Hysterie* leide. II/729) – Das Thema „Hysterie" war allerdings um 1900 weit verbreitet; die ästhetische Seite hysterischer Ausdrucksformen faszinierte auch Literaten und bildende Künstler. Vgl. Patrick Werkner: Frauenbilder der Wiener Moderne und ihre Rezeption heute. In: Amann / Wallas: Expressionismus, S. 144–148.
3. Der Gedanke des Verkaufs der Schwester an einen Mann: Trakl gab seine Zustimmung zur Eheschließung Gretes im Hinblick darauf, dass Arthur Langen das weitere Musikstudium seiner Schwester finanziert. Dass diese „Geschäftsehe" scheiterte, muss ihn tief getroffen haben.
4. Die Darstellung dieses Verhältnisses *des Untergangs* im Märchen: Trakl hat sich zweimal auf Märchen mit der Bruder-Schwester-Thematik bezogen: Er lobte Buschbeck gegenüber Brunetti-Pisanos Oper „Das klagende Lied" (abgeschlossen 1908), eine Variation des Grimm'schen Märchens „Der singende Knochen" (vgl. 2. Kap., Fußnote 154f.) und bezog sich in einer Widmung an Grete (ebenfalls 1908) möglicherweise auf ein Märchen aus den 1001 Nacht (I/466), das ebenfalls eine tragisch verlaufende Bruder-Schwester-Beziehung zum Inhalt hat.

127 Trakl hat diese Fassung in Salzburg mit Schreibmaschine geschrieben und wahrscheinlich am 17. Februar an K. B. Heinrich nach Igls geschickt (II/190f.).
128 Ficker: *Briefwechsel 1909–1914*, S. 118.
129 Am 20. 2. 1913 schrieb K. B. Heinrich an Ficker, dass sein zweiter „Brief aus der Abgeschiedenheit" bereits fertig sei. (II/768)
130 Röck: *Tagebuch*, Bd. I, S. 171.
131 K. B. Heinrich: Vom toten und lebendigen Bewusstsein. In: Der Brenner, Jg. IV, H. 12 vom 15. März 1914, S. 532–540.
132 Bei einem Hochwasser bzw. einer Übersiedlung der Apotheke sind mögliche Hinweise verloren gegangen. (Auskunft Mag. pharm. Karoline Müller, Apotheke „Zur Mariahilf" in Oberndorf bei Salzburg.) Einziger Hinweis bleibt der bereits erwähnte mehrfach umadressierte Briefumschlag (II/572).
133 Ob Georg Trakl bei seinen Innsbruck-Aufenthalten nach dem 1. April 1913 bis zum Sommer immer auf der Hohenburg gewohnt hat, ist etwas unsicher deswegen, weil L. v. Ficker Ende Juni bei Trakl anfragte, ob ein *Paket hellen Lodenstoffes* in der Loggia (also in Mühlau) von ihm zurückgelassen worden sei. (II/763) Im selben Brief weist Ficker darauf hin, dass seine Kinder (Florian und Birgit, fast vier bzw. zwei Jahre alt) fast täglich nach ihm fragten, was eine nähere Bekanntschaft voraussetzt. Trakl schrieb an Florian auch Karten.
134 Ficker: *Briefwechsel 1909–1914*, S. 336.

135 In der HKA (II/727) wird dieses Dokument Nr. 155 im Juni 1914 eingeordnet, was mit den Briefen von Karl Hauer schwer in Übereinstimmung zu bringen ist.
136 Ausstellungsdatum: 9. Mai 1913 (II/709).
137 Mitteilung Paula v. Ficker an Walter Methlagl. – Vgl. Methlagl: *Brenner-Gespräche*, S. 17f.
138 Ficker: *Briefwechsel 1926–1939*, S. 57.
139 Röck: *Tagebuch, Bd. I*, S. 238.
140 Röck: *Tagebuch, Bd. I*, S. 240. – Röck datierte dieses Ereignis ungenau auf *anfangs Juli*, doch dürfte diese Datierung ein Irrtum sein, denn ein Innsbrucker Aufenthalt um diese Zeit ist sonst nirgends belegbar.
141 Vgl. Sieglinde Klettenhammer / Erika Wimmer-Webhofer: Aufbruch in die Moderne. Die Zeitschrift „Der Brenner" 1910-1915. Innsbruck 1990, S. 157.
142 Georg Trakl: Karl Kraus. In: Der Brenner, Jg. III, H. 18 vom 15. Juni 1913, S. 840. (I/123)
143 Röck: *Tagebuch, Bd. I.*, S. 238ff.
144 Erwin Mahrholdt: Der Mensch und Dichter Georg Trakl. In: Erinnerung an Georg Trakl. Innsbruck 1926, S. 21–82, hier: S. 49.
145 Röck: *Tagebuch, Bd. I*, S. 240.
146 Methlagl: *Mahrholdt*, S. 83.
147 Vgl. dazu: Walter Methlagl: „Versunken in das sanfte Saitenspiel seines Wahnsinns…". Zur Rezeption Hölderlins im „Brenner" bis 1915. In: Untersuchungen zum Brenner, S. 35-69. / Bernhard Böschenstein: Hölderlin und Rimbaud. Simultane Rezeption als Quelle poetischer Innovation im Werk Georg Trakls. In: Salzburger Trakl-Symposion, S. 9–27. Ders.: Im Zwiegespräch mit Hölderlin: George, Rilke, Trakl, Celan. In: B. B.: Von Morgen nach Abend. Filiationen der Dichtung von Hölderlin zu Celan. München 2006, S. 78–92. – Böschenstein meint, dass Hölderlin für Trakl *ein leicht verwischtes Selbstbildnis, das aus zeitlichen Tiefen ausgegraben wird*, gewesen sei. / Andreas Rohregger: Trakl und Hölderlin. (Dipl. Arbeit, masch.), Innsbruck 1989.
148 In einem Brief an L. v. Ficker vom 1. Juli 1913 meinte er über Trakl anlässlich des Gedichtes „Unterwegs", dessen Zeile *ins Knie bricht* für ihn alles konzentriere: *Aber es spürt sich hier heraus, daß es ein Unterschied ist, ob etwas Starkes ins Knie bricht oder etwas, das beständig schwankt und wankt.* – In: Ficker: Briefwechsel 1909–1914, S. 169f. – Ficker meinte später, dass Dallago ihn *gegen Trakl zu beeinflussen* versucht habe. In: Ficker: *Briefwechsel 1926–1939*, S.69.
149 Methlagl: „*Versunken…*", S. 54.
150 Methlagl: „*Versunken…*", S. 54.
151 In einem Brief an Buschbeck nach Salzburg von Ende Mai / Anfang Juni fragte er, ob seine Schwester Gretl zu Hause sei (I/517). Buschbecks Antwort vom 7. Juni: *Deine Schwester sah ich nicht hier.* (II/755) Am 10. Juni schrieb Buschbeck an Moritz in Wels, dass er sich auf die baldige Ankunft Trakls freue. (II/705)
152 In einem Kartenbrief vom 4. April 1913 schrieb Buschbeck aus Wien an Moritz in Wels: *Ich habe Wien satt, ganz gründlich satt und den ganzen Betrieb dazu und was so heißt.* – Handschriftensammlung der Wienbibliothek im Rathaus, H.I.N. 242.205. Am 4. Oktober schrieb er ihm von Salzburg aus: *Ich betrachte die Jahre und das Leben, das diese Jahre dort* [= Wien] *brachten, als abgeschlossen.* – Handschriftensammlung der Wienbibliothek im Rathaus, H.I.N. 242.208.
153 Brief Buschbecks aus Salzburg an A. Moritz vom 10. 6. 1913. – Handschriftensammlung der Wienbibliothek im Rathaus; H.I.N. 242.207.
154 Ausgelöst wurde dieses pauschale Lob durch Trakls Zusendung des Gedichtes „Stundenlied" (II/763, Anm. 34)
155 Der Poststempel zeigt das Datum 17. VII. 13 VII (= 7 Uhr morgens); also wird die Karte am Vorabend geschrieben worden sein.
156 E. Buschbeck gab immer wieder Buchempfehlungen ab. Am Ende einer Karte an A. Moritz v. 12. 10. 1908 meinte er: *So, jetzt ist diese schöne Karte fast in ein buchhändlerisches Börsenblatt ausgeartet.* – Handschriftensammlung der Wienbibliothek im Rathaus, H.I.N. 242.120.
157 Lucka, Emil: Die drei Stufen der Erotik. Berlin 1913.
158 Basil: *Georg Trakl*, S. 71. Das ist auf Grund der biographischen Situation beider höchst unwahrscheinlich: Buschbeck hatte 1912 seine aktivste Phase im „Akademischen Verband" und war daher kaum in Salzburg: Grete musste die Entscheidung des Vormundschaftsgerichtes abwarten und heiratete dann im Juli. Die

Briefe Gretes, die sich auf diese „Affäre" beziehen könnten, sind alle mit G. L. (= Grete Langen) unterschrieben.

159 Arthur Langen hatte 1912 im Brief an das Vormundschaftsgericht in Salzburg, in dem er Klage gegen die Vormünder Gretes, die Mutter und Wilhelm, führte (vgl. Kap. 3) als Adresse Kurfürsten-Oper, Berlin, Nürnbergerstr. 70/71 angegeben. Diese Oper wurde 1911 eröffnet und existierte unter diesem Namen bis 1913; am 4. Februar dieses Jahres musste der zweite Direktor aus finanziellen Gründen (Überschuldung) aufgeben. Eine „Deutsche-Künstler-Sozietät" übernahm das Haus im Sommer, das unter dem Namen „Deutsches Künstler-Theater" weitergeführt wurde. Gerhart Hauptmann führte bei der ersten Inszenierung („Wilhelm Tell") Regie. Arthur Langen wird bei diesem Wechsel vom Musik- zum Sprechtheater seinen Posten verloren haben. – Vgl. Geschichtslandschaft Berlin. Tiergarten, Teil I: Vom Brandenburger Tor zum Zoo. Berlin 1989, S. 366-369.

160 Es handelt sich um vier Mitteilungen unterschiedlicher Länge, drei davon wahrscheinlich in Salzburg geschrieben, eine aus Berlin. Die Anrede ist *Lieber Erhard* oder *L. E.*, die Unterschrift *G. L.*(= Grete Langen) oder *Grete*. Sie gebrauchte die Du-Form. – In: Weichselbaum (Hg.): *Androgynie*, S. 216f.

161 Ein Zusammenhang mit Buschbecks folgender Mitteilung an A. Moritz in Wels ist nicht ganz auszuschließen: *Der Sommer brachte etwas sehr Bewegtes, nicht immer Glückliches, zumindest wertvolle Erfahrung: 'Nur dort ist Glück, wo ganze Hingabe ist, die Hingabe seines eigenen Selbst bringt Glück. Wehe aber, wenn bei Zweien der eine nimmt u. der andere gibt, wenn nicht beide geben. Das ist dann die Hölle. Der Himmel, den zwei sich bauen, muß von der Hingabe beider getragen werden. Sonst fällt er grausam ein.* – Kartenbrief Buschbecks an A. Moritz vom 4. 10. 1913. – Handschriftensammlung der Wienbibliothek im Rathaus, H.I.N. 242.208.

162 Buschbeck berichtete davon aus Salzburg an A. Moritz beispielsweise am 5. Juli 1908: *Bahr war auch in Venedig auf dem Lido in einem wunderbaren Badekostüm. Die Mildenburg ist immer am Rande des Wassers, den Blick hinaus aufs Meer in einem Lehnsessel gesessen. Scheinbar kränkelnd. Bahr hupfte und sprang im Sand herum – als wäre er ein Jüngling.* – Handschriftensammlung der Wienbibliothek im Rathaus, H.I.N. 242.186.

163 Die erste Fassung ist nicht erhalten. Eine korrigierte Niederschrift gibt es aus der zweiten Märzhälfte 1914. – Vgl. Zwerschina: *Chronologie*, S. 206.

164 Die Pforte. Eine Anthologie Wiener Lyrik. Heidelberg (November) 1913, S. 76-80. („Die Verfluchten", „Kindheit", „Untergang", „Ein Frühlingsabend", „Entlang" und „Sonja")

165 Nummer vom 22. September. – Vgl. Klettenhammer: *Zeitungen und Zeitschriften*, S. 45.

166 R. Müller: Karl Kraus oder Dalai Lama, der dunkle Priester. Eine Nervenabtötung. In: Torpedo. Monatsschrift für großösterreichische Kultur und Politik. Heft vom 1. April 1914. Dazu Gerald Stieg: Diese Attacke war eine *radikale Verneinung von Kraus' Autorität – auch in stilistischen Fragen! – und der sie unterstützenden Metaphorik, die auch in der Brenner-Rundfrage Triumphe gefeiert hatte.* – In: G. S.: *Der Brenner und die Fackel*, S. 302f.

167 Auf einer Wanderung in der Toskana im Februar 1914 stellte er Überlegungen zum Thema „Antisemitismus und die notwendige Rassentrennung" an . Er wollte darüber eine Broschüre schreiben. – Karte Buschbecks an A. Moritz aus Florenz vom 17. 2. 1914. Handschriftensammlung der Wienbibliothek im Rathaus, H.I.N. 242.209. Er arbeitete offenbar auch an einer solchen Broschüre, veröffentlichte sie aber nicht: [...] *schließlich hielt mich – innerlich – doch manches davor zurück.* – Brief Buschbecks an A. Moritz aus Dresden vom 19. 12. 1914. – Handschriftensammlung der Wienbibliothek im Rathaus, H.I.N. 242.211.

168 Der Protest erschien als „Feststellung" im Brenner, Jg. IV, H. 3 vom 1. 11. 1913, S. 141.

169 Es handelte sich um Sonderdrucke der Gedichte „Kaspar Hauser Lied" und „Sebastian im Traum"; letzteres versah er auch mit einer persönlichen Widmung.

170 Hanisch / Fleischer: *Im Schatten*, S. 65.

171 E. Sauermann: Unveröffentlichte Autographen Georg Trakls. In: Mitteilungen aus dem Brenner-Archiv Nr. 3, 1984, S. 61f.

172 Röck: *Tagebuch, Bd. I*, S. 245f.

173 Afra war in einem Bordell in Ulm tätig. Bei Unruhen in der Stadt soll der Bischof dort Zuflucht genommen und sie während eines langen Aufenthaltes zum Christentum bekehrt haben. – Nach K. Röck: *Tagebuch, Bd. III*, S. 83.

174 Röck: *Tagebuch, Bd. III*, S. 82.

175 Vermutlich am 17. 12. 1913. Vgl. Sauermann: *Die Widmungen*, S. 94.
176 Der Brenner, Jg. IV, 1913/14, H. 1 vom 1. 10. 1913, S. 18-20.
177 Szklenar: *Beiträge*, S. 231. – Eintragung Röcks vom 23. oder 26. 10. 1913.
178 Vgl. E. Sauermann: Zur Datierung und Interpretation von Texten Georg Trakls. Die Fehlgeburt von Trakls Schwester als Hintergrund eines Verzweiflungsbriefes und des Gedichtes „Abendland". Innsbruck 1984, S. 25. Sauermann nimmt an, dass bei diesem Aufenthalt das Kind gezeugt wurde, das zur Fehlgeburt führte. Belege dafür fehlen.
179 Oskar Kokoschka, in: Schneditz, Wolfgang: Georg Trakl in Zeugnissen der Freunde. Salzburg 1951, S. 106–108, hier S. 107.
180 E. Sauermann: Oskar Kokoschka und Georg Trakl – „Malerei und Dichtung in mystischer Vereinigung". In: Der Kunsthistoriker. Mitteilungen des österreichischen Kunsthistorikerverbandes, Jg. IV, 1987, S 29–34.
181 In einem Brief vom 4. 1. 1913 an Buschbeck (I/499) erwähnte Trakl eine *Franziska Kokoschkas*, die im Haus Ludwig v. Fickers gehängt sein soll. Dabei handelte es sich höchstwahrscheinlich um ein Plakat, mit dem der „Akademische Verband" für eine Wedekind-Woche in Wien warb. Als Grundlage wurde eine Kreidelithographie Oskar Kokoschkas verwendet, die die Schauspielerin Helene Ritscher darstellt. Wedekind sollte im Verlauf der Woche „Franziska. Ein modernes Mysterium" lesen. (Vgl. II/865f.) – In ähnlicher Weise erinnert auch Arnold Schönbergs Bild „Der rote Blick" an die Maltechnik von Kokoschka oder Richard Gerstl. Vgl. W. J. Schweiger: Der junge Kokoschka, S. 213ff.
182 Original heute in der GTFG Salzburg. Ludwig v. Ficker schenkte es 1927 der Malerin Hildegard Jone als Dank für die Arbeit ihres Mannes, des Bildhauers Josef Humplik, der die Bronzeplatte auf dem Grab Trakls in Mühlau unentgeltlich gestaltet hatte. Nach ihrem Tod 1963 hing es zunächst bei Prof. Franz Seyr, von dort kam es für den geplanten Gedenkraum an den Dichter nach Salzburg.
183 Nach einer Mitteilung Fickers. Basil: *Georg Trakl*, S. 141.
184 Vgl. H. Weichselbaum: „Eine Maske mit drei Löchern". Zu Georg Trakls Selbstporträt. In: Mitteilungen aus dem Brenner-Archiv Nr. 31, 2012, S. 37-43.
185 Schneditz: Georg Trakl in Zeugnissen der Freunde. Salzburg 1951, S. 107f.
186 Ficker: *Briefwechsel 1914-1925*, S. 43.
187 Szklenar: *Beiträge*, S. 232.
188 Da Trakl diese Reihenfolge nur noch ungefähr wissen konnte und einiges auch von Röck ergänzt wurde, wird dieses Verzeichnis als „relative Chronologie" bezeichnet.
189 Erinnerung, 1966, S 228.
190 Allgemeiner Tiroler Anzeiger Nr. 286 vom 13. XII. 1913, S. 2. (II/718f.); Innsbrucker illustr. Neueste Nachrichten Nr.12 vom 14. XII. 1913, S. 5. (II/720f.)
191 Der Brenner, Jg. IV, H. 7 vom 1. 1. 1914, S. 336-338. (II/721) Im Allgemeinen Tiroler Anzeiger war von *monotonen gebethaften Zwischensprachen* zu lesen.
192 Zu Problemen der Datierung vgl. Zwerschina: *Chronologie*, S. 166f. und Sauermann: *Chronologie*, S. 217.
193 Es ist zwar in Röcks Tagebuch keine Eintragung zu finden, die auf einen solchen Aufenthalt Trakls hinweist, doch fehlt auch ein Hinweis auf einen Aufenthalt in Salzburg. Am 22. 12. war er mit großer Wahrscheinlichkeit noch in Innsbruck. Noch vor dem 11. 1. 1914 schrieb er aus Innsbruck an K. B. Heinrich.
194 „Die Sonne", „An einen Frühverstorbenen", „Anif", „An die Verstummten", „Geburt II" und „Abendland".
195 Da in seinem Bericht auch Gespräche über einen „Gedichtvortrag" Trakls erwähnt sind, ist eine Nähe zur Vorlesung vom 10. Dezember 1913 wahrscheinlich.
196 J. Georg Oberkofler: Georg Trakl – Eine Erinnerung. In: Erinnerung, 1966, S. 131f.
197 Bezeugt in: Joseph Georg Oberkofler: Georg Trakl. Eine Erinnerung. In: Tiroler Nachrichten, 19. Jg., Nr. 253 vom 31. X. 1964, S. 8.
198 Vgl. Methlagl: *Quellenkritik,* S. 41, und Sauermann: *Zur Authentizität*, S. 36.
199 Mitgeteilt von Methlagl in: *Brenner-Gespräche*, S. 60.
200 Methlagl: Karl Röcks autobiographischer Bericht, S. 68–71.
201 Szklenar: *Beiträge*, S. 232.
202 Methlagl: Karl Röcks autobiographischer Bericht, S. 70.
203 Methlagl: Mahrholdt, S. 83.

204 Methlagl: *Karl Röcks autobiographischer Bericht*, S. 70.
205 R. D. Schier hebt den zitathaften Charakter dieses Textes hervor und wendet sich gegen ein Verständnis als verkappte Biographie: *Im vorliegenden Fall sind die zitathaft beschworenen Verbindungen die Motive des Wahnsinns, der Schuld, der Verzweiflung usw., die nicht nur Trakls Biographie bestimmen, sondern vor allem Entsprechungen zwischen den einzelnen Dichterschicksalen* [gemeint sind Nietzsche, Büchner, Lenz, Hölderlin und Trakl] *aufdecken.* – Vgl. Rudolf Dirk Schier: Büchner und Trakl. Zum Problem der Anspielungen im Werk Trakls. In: PMLA (= Publications of the Modern Language Association of America) 87, 1972, S. 1052-1064, hier S. 1062.
206 Büchners Novelle erschien nach der neuesten Ausgabe der Insel-Bücherei von 1913 im Brenner, Jg. IV, H. 13 vom 1. April 1914, S. 580-608.
207 K. B. Heinrich: Confiteor. In: Der Brenner, III. Jg., H.14 (15.4.1913), S. 624–644, hier S. 636.
208 Inhaltlich zitiert in: E. Sauermann: *Datierung*, S. 33. In Fickers „Briefwechsel 1909-1914" fehlt dieser Brief.
209 Trakls Brief an Heinrich vom 19. 3. 1914 aus Berlin ist an die Adresse „Innsbruck-Mühlau" gerichtet; diese wurde gestrichen und durch „Gasthof Dollinger Tirol" ersetzt. (II/608)
210 Szklenar: *Beiträge*, S. 232, und Röck: *Tagebuch, Bd. I*, S. 180.
211 Röck: Tagebuch, Bd. I, S. 180. Im Brief vom 19. 3. 1914 aus Berlin spricht Trakl Heinrich erstmals mit „Du" an.
212 Vgl. Sauermann: *Datierung*, S. 33f.
213 Szklenar: *Beiträge*, S. 233.
214 Die Tagebucheintragung vom 21. 4. 1914 lautet: *Wollte Trakl bei der Rose treffen (wegen der Anordnung seines 2. Buches). Höre aber, daß er in Berlin ist und daß er sein Gedichtbuch (durch die Prosastücke in 3 Teile gegliedert) bereits eingeschickt habe.* – Szklenar: *Beiträge*, S. 232.
215 E. Sauermann hat nachgewiesen, dass *sämtliche Stellen, in denen die „Schwester" oder das „Geschlecht"* ('genus' in der jedenfalls naheliegenden Bedeutung 'Geschwister') *in einem negativen Kontext (oft 'Verwerflichkeit') stehen, aus den Dichtungen von Anfang 1914 stammen.* – In: Sauermann: *Datierung*, S. 50ff. – Das legt den Schluss nahe, dass Trakl eine Schwester Grete, die ein Kind erwartete, nicht positiv sehen konnte.
216 Angabe nach Sauermann: *Datierung*, S. 20.
217 In einem Brief von G. Langen aus Berlin an einen Herrn Kalmàr in Wien von Frühjahr 1913 meinte sie über ihre Verfassung: *Sie würden mich kaum wieder kennen. Ich war über ein Jahr krank und bin sehr mager geworden.* – Im selben Brief klagte sie auch über ihre Einsamkeit in Berlin; sie trage diese *mit größter Unzufriedenheit, weil sie nicht gewollt ist.* – Unveröffentlicht. Handschriftensammlung der Wienbibliothek im Rathaus, H.I.N. 147.204. Laut Inventarbuch ist der Brief an Josef Kalmàr gerichtet.
218 Vgl. Sauermann: *Unveröffentlichte Autographen*, S. 61f.
219 Die drei Gedichte sind: 1. Der Zweizeiler: *Georg Trakl erlag im Krieg von eigener Hand gefällt. / So einsam ist es in der Welt. Ich hatt ihn lieb.* 2. Das Gedicht „Georg Trakl". 3. Das Gedicht „Mein Lied. Meinem gefallenen, lieben Krieger Georg Trakl." – Alle abgedruckt in: Diana Orendi-Hinze: Frauen um Trakl. In: *Untersuchungen zum Brenner*, S. 381–388, hier S. 385ff.
220 Ebd., S. 386.
221 Vom 13.–18. Juli. – Vgl. Sauermann: Unbekanntes Telegramm Else Lasker-Schülers an Georg Trakl. In: Mitteilungen aus dem Brenner-Archiv Nr. 1, 1982, S. 57f. (II/860). Das Telegramm dürfte am 20. Juli abgeschickt worden sein.
222 Ebd.
223 L. v. Ficker datierte auf *Wien, Ende November 1913*, die Herausgeber der HKA hielten sich weitgehend daran (I/529f. und II/604f.). E. Sauermann datierte den Brief mit 1./2. 4. 1914: E. S.: *Datierung*, S. 20–24, und E. S.: *Unveröffentlichte Autographen*, S. 61f. – Ein letzter „Beweis" fehlt auch dafür, doch ist ein hoher Grad von Wahrscheinlichkeit bei Trakl in Datierungsfragen schon sehr viel. Die folgenden Angaben stützen sich auf einzelne Ergebnisse der chronologischen Nachforschungen Sauermanns.
224 Scheidungsurteil des Königlich Preußischen Landgerichts III in Berlin vom 28. März 1916. Kläger: Artur[!] Langen (Verlagsbuchhändler); Beklagte: Margarete[!] Langen, geborene Trakl. – Signatur: Standesamt Charlottenburg-Wilmersdorf, Berlin, Sammelakte zur Heirat 486/1912, d. d. 17. Juli 1912. – Die Kenntnis dieses Dokumentes verdankt der Vf. Frau Dr. Marty Bax, Amsterdam.
225 Richard Buhlig (1880-1952) war ein in Chicago geborener Sohn deutscher Auswanderer. Er hielt sich für die Ausbildung zum Pianisten in Wien auf, später in Berlin, gab Konzerte und betätigte sich als

Klavierlehrer. Er wechselte mehrfach den Wohnsitz zwischen den USA und Europa, interessierte sich für zeitgenössische Musik und regte beispielsweise John Cage an, sich mit Arnold Schönberg zu beschäftigen.
226 Sauermann: *Datierung*, S. 26f.
227 Scheidungsurteil vom 28. März 1916.
228 Als „*Tatbestand*" wird im Scheidungsurteil auch angeführt, dass Margarete Langen *mit dem Schriftsteller von Ficker im Herbst und Frühjahr 1915 und schon vorher geschlechtlich verkehrt habe*. Dies wird jedoch nicht als Entscheidungsgrund angeführt; Ludwig v. Ficker war beim Prozess auch nicht anwesend und konnte sich daher dazu nicht äußern.
229 L. v. Ficker hat diesen Brief auf Ende November 1913 datiert (I/529f.) und mit den beiden Briefen, in denen Trakl über die Fehlgeburt der Schwester berichtete, in Zusammenhang gebracht (vgl. II/605). Wenn man nun die Datierung auf Anfang April verlegt, so ergibt sich eine gewisse Schwierigkeit, diesen Zusammenhang zu begründen. Aus den beiden Briefen an Heinrich und Ficker zehn bzw. zwölf Tage vorher spricht zwar die Trauer über den Zustand der Schwester, sie sind jedoch, verglichen mit dem zitierten Brief, in einem gefassten Ton gehalten. Es müssen sich also tatsächlich *so furchtbare Dinge* ereignet haben, dass selbst die Fehlgeburt (oder die Folgen davon) für Trakl noch leichter zu verkraften gewesen sind. Folgende Erklärungsversuche hält der Vf. für unwahrscheinlich: Sauermann ordnet diese Erschütterung in die Inzest-Theorie ein: Grete habe ihm erst später gesagt, dass das Kind von ihm gewesen sei (*Datierung*, S. 24) Abgesehen von der grundsätzlichen Fragwürdigkeit der Inzest-Theorie bedarf diese Erklärung mancher Hilfskonstruktion (Zeitpunkt der Zeugung?) und bleibt spekulativ. Sie ist auch psychologisch schwer nachvollziehbar: Hätte Trakl tatsächlich in einem realen Inzestverhältnis mit Grete gelebt, wie hätte es ihn plötzlich derart überraschen und erschüttern können, dass das auch biologische Folgen haben kann? Auch die Annahme, Grete habe ihm gesagt, dass die Fehlgeburt auf den Drogenkonsum zurückzuführen sei (*Datierung*, S. 25), hat nicht allzu viel für sich: Drogenerfahrenen wie Georg wird diese Gefahr auch bekannt gewesen sein. Bezweifelt man, dass der Vater des verloren gegangenen Kindes nicht der Ehemann war, dann ergeben sich mehrere Möglichkeiten.
230 Der Kontakt mit K. B. Heinrich, der gerade in der Zeit vor dem Berlin-Aufenthalt Trakls besonders intensiv gewesen ist, erscheint nachher wie abgebrochen. Das einzige erhaltene schriftliche Dokument aus der späteren Zeit, ein Gruß Trakls auf einer Postkarte aus Krakau, geht auf eine Anregung von Karl Kraus in Wien zurück, der K. B. Heinrich schätzte. Ficker hatte sie aus Wien mitgenommen, Trakl unterschrieb ohne die Emphase früherer Mitteilungen: *Herzliche Grüße aus dem Spital in Krakau. Georg T.* (I/545) Trakl hielt sich nicht an die Anordnung der Gedichte im Band „Sebastian im Traum", wie Heinrich sie vorgeschlagen hatte, und machte auch von dessen Briefentwürfen an die „Deutsche Schillerstiftung" und nach Albanien keinen Gebrauch. Der Kontakt Heinrichs zu Ficker brach ebenfalls ab. Am 8. Juni 1914 beklagte sich Heinrich brieflich bei ihm wegen seines *Stillschweigens*; am 18. Juni schrieb er ihm nochmals wegen finanzieller Verpflichtungen. Die nächste Mitteilung stammt dann erst von Anfang 1923. (Unveröffentlichte Briefe im FBA) – Ende 1914 schloss sich Ficker in einem Brief an Theodor Haecker dem negativen Urteil Dallagos über K. B. Heinrich an (Ficker: *Briefwechsel 1914–1925*, S. 69), Haecker bestätigte ihn darin mit einem Hinweis auf Informationen, die er von Ludwig Heinrich, dem Bruder von K. B. Heinrich, erhalten hatte (ebd., S. 75).
231 August Brunetti-Pisano erhielt 1923 10.000,- Mark von der „Deutschen Schillerstiftung" als einmalige Zuwendung (SM, nicht inventarisiert). Die Anregung dazu war von einem Herrn Hlawna ausgegangen, der mit dem Salzburger Lehrer Franz Hlawna identisch sein dürfte, der die „Pan"-Anthologie „Salzburg" rezensiert und einen Nachruf auf Trakl verfasst hat. Es ist daher nicht auszuschließen, dass auch Trakl aus dieser Richtung angeregt worden war (vgl. auch II/722, Anm. 29).
232 Der im Juni 1914 in einem Brief an Adolf Loos erwähnte Albanien-Plan (I/539) hängt nicht unmittelbar mit diesem Schreiben zusammen.
233 Szklenar: *Beiträge*, S. 232.
234 Vgl. Zwerschina: *Chronologie*, S. 49–57.
235 Phoebus. Monatsschrift für Aesthetik und Kritik des Theaters, Jg. 1, H. 3, (Juni 1914), S. 135.
236 Vgl. Klettenhammer: *Unbekanntes Puppenspiel* , S. 51f.
237 Sauermann: *Datierung*, S. 26.
238 Hans Limbach: Begegnung mit Georg Trakl. In: Erinnerung, 1966, S. 127–135.

239 Sauermann: *Datierung*, S. 26.
240 Ficker: *Denkzettel und Danksagungen*, S. 99.
241 Vgl. Walter Methlagl: Der Freund der Dichter. In: Die Furche, vom 23. 3. 1968. – L. v. Ficker hat sich W. Methlagl gegenüber in dem Sinne geäußert, dass diese Zeilen auf ihn zu beziehen seien. – Vgl. Methlagl: *Brenner-Gespräche*, S. 76.
242 Zur Datierung vgl. Sauermann: *Datierung*, S. 26.
243 Dabei dürfte es sich um K. B. Heinrich gehandelt haben, der sich immer noch in Berlin aufhielt. Am 11. 5. 1914 schrieb er einen Brief an L. v. Ficker. Adresse: Berlin-Wilmersdorf, Pension Grube, Berlinerstr. 8. (Unveröffentlichter Brief, FBA)
244 Szklenar: *Beiträge*, S. 233.
245 Eintragung vom 26.10.1913. – TB Röck, Mappe II, Blatt 32.
246 Aus den Tagebüchern Erwin Mahrholdts. – Methlagl: *Mahrholdt*, S. 83.
247 Szklenar: *Beiträge*, S. 233.
248 Seit dem Anfang der niederländischen Kolonialherrschaft war eine Menge Ausländer im Dienst der Kompanie, später der Kolonialarmee des Staates. Die Ausländer meldeten sich in der Stadt Harderwijk und wurden dort einberufen. Manche sind in Indonesien geblieben. Zwischen 1900 und 1914 versuchte die Niederländische Regierung Ostindiens junge Männer für den *Militair Pharmaceutische Dienst* zu gewinnen, indem ihnen u.a. der Ersatz der Studienkosten versprochen wurde, wenn sie sich für fünf Jahre verpflichteten. Vielleicht wusste Trakl davon. – Auskünfte von D. Th. Stevens, Historisches Seminar der Universität Amsterdam, und Prof. Dr. C. Fasseur, Faculteit der Letteren, Rijks Universiteit Leiden. – Als Vorbild kommt A. Rimbaud in Frage, der sich 1876 zur niederländischen Kolonialarmee meldete, dann jedoch desertierte und nach Frankreich zurückkehrte.
249 Vgl. die Darstellung II/857. Eine Szene aus Karl Kraus' „Die letzten Tage der Menschheit" (IV. Akt, 42. Szene) bezieht sich auf diese Aktion.
250 Ficker: *Briefwechsel 1909–1914*, S. 231f.
251 Ebd., S. 234.
252 100.000 Kronen entsprechen 2014 einem Betrag von ca. € 550.000,–.
253 Ficker: *Briefwechsel 1914–1925*, S. 9.
254 Ficker berichtete darüber im letzten „Brenner", 18. Folge, 1954, S. 236f.
255 Ficker: *Briefwechsel 1914–1925*, S. 15.
256 Ficker: *Briefwechsel 1914–1925*, S. 53. – Die Postkarte stammt vom 28. 11. 1914. Wittgenstein versah noch Kriegsdienst auf dem Weichselschiff „Goplana".
257 Erstveröffentlichung in „Die Zeit", Nr. 18, vom 28. April 1989, S. 14. – Sauermann datiert den Brief auf 30. Juli 1914. In: E. S.: *Chronologie*, S. 223.
258 Ficker hat davon nicht direkt berichtet. Mahrholdt scheint aber die entsprechenden Informationen von ihm gehabt zu haben (Erinnerung, 1926, S. 52). Alle weiteren Darstellungen stützen sich darauf. – Vgl. dazu: E. Sauermann: Zur Trakl-Rezeption oder Über den Zusammenhang zwischen Geld und Moral. In: Mitteilungen aus dem Brenner-Archiv, Nr. 11, 1992, S. 105f.
259 Brief Max v. Esterles an Ficker vom 27. 7. 1914. Teilweise veröffentlicht in: Ficker: *Briefwechsel 1914–1925*, S. 451.
260 Vgl. E Sauermann: Trakls Salzburg-Aufenthalte im Sommer 1914. In: Mitteilungen aus dem Brenner-Archiv, Nr. 10, 1991, S. 111–113.
261 Haupt-Grundbuchblatt (II/699f.), und Sauermann: Unbekannte Dokumente, S. 67.
262 Auskunft Dr. Tepperberg vom Österreichischen Staatsarchiv/Kriegsarchiv Wien.
263 Unterabteilungs-Grundbuchblatt. – SLA, Evidenzreferat, Grundbuchblätter 1887. Trakl konnte sich damit zusätzlich Gegenstände / Material für den Kriegseinsatz anschaffen, beispielsweise einen Gummimantel, dessen Qualität ihm dann aber nicht entsprach. – Vgl. Methlagl: *Marholdt*, S. 83.
264 Auskunft E. Sauermann
265 Erwin Mahrholdt berichtete diese – von Ficker dann gestrichene – Episode. – Druckfahnen von Erwin Mahrholdts Beitrag zum Erinnerungsband von 1926: „Der Mensch und Dichter Georg Trakl". FBA 70/8-1.
266 Zwerschina: *Chronologie*, S. 194.

267 Da Karl Röck in seinem Tagebuch mehrere Treffen mit Trakl festhält, wird dieser bei Ficker gewohnt haben.
268 Röck: *Tagebuch, Bd. I*, S. 249.
269 Szklenar: *Beiträge*, S. 233f.
270 Arthur von Wallpach zu Schwanenfeld (1866-1946). Mitarbeiter des „Brenner". Mehrere Begegnungen mit Georg Trakl, der das Gedicht „In ein altes Stammbuch" in das Wallpach-Stammbuch eingetragen hat. Zu Fragen der Datierung vgl. E. Sauermann: Verschollene Handschrift eines Gedichts von Georg Trakl aufgefunden. In: Mitteilungen aus dem Brenner-Archiv, Nr. 1, 1982, S. 44–49.
271 Szklenar: *Beiträge,* S. 234.
272 Der Arbeitgeber des Vaters, Carl Steiner, stammte von dort; Galizien gehörte zu Trakls „russischen Phantasien".
273 Ficker: Georg Trakl, 1919. In: *Denkzettel und Danksagungen*, S. 31–33.
274 Ficker: Der Abschied, 1926. In: *Denkzettel und Danksagungen*, S. 80–101, hier S. 80.
275 Ficker: Das Vermächtnis Georg Trakls. In: Der Brenner, 18. Folge, 1954, S. 248–269, hier S. 251.
276 Ficker: Der Abschied 1926. In: *Denkzettel und Danksagungen*, S. 80.
277 Am ehesten kommt Wilhelm in Frage, obwohl ungewiss ist, ob er zu dieser Zeit nicht schon in München wohnte; im November lebte er in einer Münchner Pension. (II/736, 738 und 740) Fritz war mit Sicherheit im Krieg, Gustav war möglicherweise noch nicht einberufen.
278 Krzysztof Lipinski: Mutmaßungen über Trakls Aufenthalt in Galizien. In: *Untersuchungen zum Brenner*, S. 389-397, hier S. 390. – Die in diesem Beitrag zusammengestellten Daten und Dokumente bilden die Grundlage für die folgende Darstellung.
279 Johann Adam Stupp: Neues über Georg Trakls Lazarettaufenthalte und Tod in Galizien. In: Südostdeutsche Semesterblätter, H. 19, 1967, S. 32–39, hier S. 37.
280 Lipinski: *Mutmaßungen*, S. 391. – Der Bericht stammt aus der Frankfurter Zeitung vom 7. 10. 1914.
281 L. v. Ficker: Der Abschied. In: Erinnerung, S. 195-218, hier S. 200.
282 Mr. Rawski-Conroy berichtete darüber 1954 in einem Gedenkblatt der Österreichischen Apothekerzeitung. Zitiert in: Erinnerung, 1966, S. 201.
283 Erinnerung, 1966, S. 201.
284 Heinz Klier: Als Militär-Apotheker an der Front. In: Salzburger Volksblatt, Nr. 295, vom 28. 12. 1914, S. 3.
285 Franz Fühmann: Der Sturz des Engels. Erfahrungen mit Dichtung. Hamburg 1982, S. 17f.
286 Zitiert nach: Lipinski: *Mutmaßungen*, S. 393.
287 Heinz Klier: Als Militär-Apotheker an der Front. In: Salzburger Volksblatt, Nr. 295 vom 28. 12. 1914, S.3.
288 Brief E. Buschbeck aus Dresden v. 19. 12. 1914 an A. Moritz. – Handschriftensammlung der Wienbibliothek im Rathaus, H.I.N. 242.211.
289 Erinnerung, 1966, S. 201f.
290 Zwerschina: *Chronologie*, S. 179f.
291 Erinnerung, 1966, S. 193f.
292 Ebd., S. 202.
293 Brief vom 3.12.1914 an Samuel Limbach, Vater von Hans Limbach. – In: Ficker: *Briefwechsel 1914–1925*, S. 56f.
294 Selbst wenn man annimmt, Trakl habe unter psychotischen Störungen (Untergangsstimmung; Gefühl des Verfolgtwerdens; Depersonalisation; Angst, wahnsinnig zu werden) gelitten, bleibt die Tatsache bestehen, dass keine Denkstörung nachgewiesen werden kann: *Bei einem Menschen, der bis zuletzt klar, zusammenhängend, einsichtsvoll denkt und großartig dichtet, darf man eine solche manifeste Geisteskrankheit nicht annehmen.* – Gaetano Benedetti: Ein Schicksal der radikalen Verzweiflung. Festvortrag am 2. 2. 1976 im Trakl-Haus in Salzburg. Broschüre der GTFG.
295 Margarete Langen berichtete später Ficker in einem Brief davon. Es fehlte ihr offenbar das nötige Geld, um ihren Bruder in Krakau zu besuchen. – Vgl. Ficker: *Briefwechsel 1914–1925*, S. 31f.
296 Ficker: Der Abschied. In: Erinnerung, 1966, S. 195–219.
297 Ebd., S. 202
298 Ebd., S. 200.
299 Ebd., S. 204.
300 Ebd., S.202.
301 Ebd.

302 Ebd., S. 204.
303 In einem Briefentwurf Fickers an den Bankangestellten und Schriftsteller Karl Emerich Hirt (1866–1963), der für einen patriotischen Abend am 2. 12. 1914 in Innsbruck Kriegsgedichte Trakls haben wollte, ist folgender Hinweis zu finden: *Es ist wahr – er hat ein „Kriegslied" geschrieben, aber er hat es eine Woche vor seinem Tode, als ich zu ihm nach Krakau geeilt war, vor meinen Augen zerknittert und zerrissen. So streng ging er mit sich ins Gericht.* – In: Ficker: *Briefwechsel 1914–1925*, S. 49ff. – Der Redaktion der „Reichspost" in Wien soll Trakl ein „Kriegslied" angekündigt haben. Im Nachruf auf Georg Trakl heißt es: *Vor wenigen Tagen kündigte uns Trakl, der bei der Nordarmee stand, auf einer Feldpostkarte ein „Kriegslied" an. Das Gedicht kam nicht. Gestern aber erhielten Wiener Freunde die erschütternde Nachricht, daß Georg Trakl in einem Krakauer Garnisonsspital gestorben ist.* – Reichspost, Nr. vom 15. 11. 1914.
304 Gedichte von Johann Christian Günther. Hrsg. v. Berthold Litzmann. Mit Günthers Bildniß. Leipzig: Philipp Reclam jun. o. J. (= Universal Bibliothek 1295/96) – Vgl.: Sauermann: Trakl-Lektüre aufgefunden. In: Mitteilungen aus dem Brenner-Archiv Nr. 7, 1988, S. 58f.
305 S. 1-32 bzw. S. 173–184. Vgl. Sauermann: *Trakl-Lektüre*, S. 58.
306 Erinnerung, 1966, S. 205.
307 Zitiert nach Sauermann: *Trakl-Lektüre*, S. 59.
308 Erinnerung, 1966, S. 208.
309 Erinnerung, 1966, S. 209.
310 Nach Angaben Margarete Langens in einem Brief an Ficker (wahrscheinlich von Oktober 1914) existierte ein aus der Sicht des Verlagsvertreters *mißlungenes Probeexemplar*, das Grete *gar nicht so schlecht* fand. – Ficker: *Briefwechsel 1914-1925*, S. 32.
311 II/22, und Sauermann: Trakls Tod in den Augen Ludwig v. Fickers. In: Mitteilungen aus dem Brenner-Archiv Nr. 5, 1986, S. 52. Else Lasker-Schüler hat die Karte ihren eigenen Angaben nach am 13. November erhalten: *Ich wäre sofort gekommen, so wahr ich Jussuf bin. Das wissen Sie doch.* (Vgl. Ficker: *Briefwechsel 1914–1925*, S. 40f.)
312 Ficker: *Briefwechsel 1914-1925*, S. 29.
313 Veröffentlicht in: Ficker: *Briefwechsel 1914-1925*, S. 462f.
314 Erschienen im Brenner-Jahrbuch 1915, Jg. V, 1915, S. 13f.
315 Bei den Änderungen konnte er sich nur auf die 1. Fassung von „Traum des Bösen" beziehen, denn die zweite Fassung ist eine handschriftliche Variante in einem Band „Gedichte", den er Franz Zeis in Wien geschenkt hat (II/73); sie ist allerdings ein Hinweis auf seine Unzufriedenheit mit der gedruckten Fassung.
316 Theodor Spoerri vermutet, dass Trakl *ebenso absichtlich wie früher auf der Schneide zwischen Tod und Leben balancierend, es mit passiver Ergebenheit dem Zufall, Schicksal oder einfach einem anderen es überließ, an welches Ufer es ihn verschlagen würde.* – In: Spoerri: *Strukturen*, S. 35.
317 Mathias Roth war *verstört vom plötzlichen Ableben seines Herrn* (II/740) nach Innsbruck gekommen. Dort dürfte zwischen ihm und L. v. Ficker am 12. November 1914 ein Gespräch geführt worden sein. Am 16. November schrieb ihm Roth einen Brief aus dem Reservespital Nr. 2 in Hall, wohin er abkommandiert worden war. – Vgl. II/737f., und: Erinnerung, 1966, S, 221-223.
318 Möglicherweise wirkte wegen der vorherigen unregelmäßigen Einnahme oder der erzwungenen Abstinenz eine sonst für ihn „normale" Dosis tödlich. Einen „Beweis" im strengen Sinn wird es für Trakls selbstmörderische Absicht wohl nie geben können (Abschiedsbrief o. Ä.). Die Bemerkung in der Krankengeschichte, dass er *nachts gewöhnlich schlaflos* (II/730) war, gibt einer anderen Interpretation immer noch einen, wenn auch sehr geringen Spielraum. Die Indizien sprechen jedoch ziemlich deutlich für einen Suizid, und die Interpretation der Zeitgenossen unmittelbar nach Trakls Tod, insbesondere die Fickers, gehen ebenfalls in diese Richtung.
319 Ficker: *Briefwechsel 1914–1925*, S. 47.
320 Erinnerung, 1966, S. 221.
321 Ebd., S. 222, und Ficker: *Briefwechsel 1914–1925*, S. 47.
322 Todesanzeige des k.u.k. Garnisonsspitals Nr. 15 in Krakau vom 4. 11. 1914, unterschrieben vom Spitalskommandanten. Unveröffentlicht. – SLA, Evidenzreferat, Grundbuchblätter 1887.
   Im Totenschein vom 29. Juli 1924 (II/733) ist dieselbe Todesursache eingetragen.
323 Auf der „Todesanzeige" des Garnisonsspitals vom 4. 11. 1914 (SLA, Evidenzreferat, Grundbuchblätter 1887) ist dieses Beerdigungsdatum angeführt, ebenso im „Sterberegister der Stadt Krakau" (II/732). Der „Toten-

schein" von 1924 (II/733) führt den 6. 11. 1914 als Tag der Beerdigung an. Wegen der zeitlichen Nähe der Dokumente „Todesanzeige" und „Sterberegister" zum (gesicherten) Todesdatum hält der Vf. das darin angegebene Begräbnisdatum für zutreffender. – Für den 5. 11. als Begräbnisdatum spricht auch die Feststellung, dass Ludwig Wittgenstein am 6. 11. auf einer Feldpostkarte L. v. Ficker berichtet hat, dass er am Tag zuvor, also am 5. 11., *nachts* in Krakau angekommen sei und *heute früh*, also am 6. 11. morgens, erfahren habe, dass Trakl tot sei (Ficker: Briefwechsel 1914–1925, S. 35). Wäre das Begräbnis erst am 6. 11. gewesen, hätte Wittgenstein daran teilnehmen können, was nicht der Fall war; also wird es bereits stattgefunden haben.

324 Ficker: *Briefwechsel 1914–1925*, S. 47.
325 Ebd., S. 35.
326 Ebd., S. 38.
327 Ebd., S. 38, 48 und 463.
328 Brief Arthur Langens an L. v. Ficker vom 6.XI.1914. Veröffentlicht in Rusch/Schmidt: *Voraussetzungssystem*, S. 160f.
329 In einer Anmerkung der „Todesanzeige" vom 4. 11. 1914 des Garnisonsspitals heißt es zwar: *Die Angehörigen des Verstorbenen wurden verständigt*, doch dürfte diese Verständigung entweder nicht erfolgt oder untergegangen sein. – SLA, Evidenzreferat, Grundbuchblätter 1887.
330 Brief E. Buschbeck v. 19. 12. 1914 aus Dresden an A. Moritz. – Handschriftensammlung der Wienbibliothek im Rathaus, H.I.N. 242.211.
331 Ficker: *Briefwechsel 1914–1925*, S. 37.
332 Ebd., S. 39f.
333 Brief Wilhelm Trakls an L. v. Ficker vom 16. 11. 1914. – In: Ficker: *Briefwechsel 1914–1925*, S. 40f.
334 Ebd., S. 44f.
335 Brief Wilhelm Trakls an Ludwig v. Ficker vom 16.11.1914. – In: Ficker: *Briefwechsel 1914–1925*, S. 45 und 48.
336 Auch Freunde waren zunächst dieser Meinung. So reagierte K. B. Heinrich auf eine Mitteilung Fickers erstaunt: *Es war mir nicht bekannt, daß sich unser Freund selbst nach Mühlau heimgewünscht hat, aber ich freue mich, es erfahren zu haben.* (Unveröffentlichter Brief K. B. Heinrichs aus Pasing/München an L. v. Ficker von Anfang 1923. FBA) Erhard Buschbeck empfand es zwar als unwesentlich, wo das Grab Trakls letztlich sein werde, meinte aber, dass er es *natürlich verstehen würde, wenn seine* [Trakls] *Angehörigen es als schmerzlich empfänden, wenn so seine Gebeine an Salzburg vorüberfahren würden*. (Unveröffentlichter Brief E. Buschbecks aus Wien an L. v. Ficker vom 10. 9. 1923. FBA)
337 Brief L.v.Fickers an Friedrich Markus Huebner v. 5. 12. 1914. Kopie im FBA. Zitiert nach: Sauermann: Das Trakl-Grab. In: Mitteilungen aus dem Brenner-Archiv Nr. 32, 2013, S. 101–129, hier S. 103.
338 Ebd., S. 107.
339 Brief Ludwig Wittgensteins an Ludwig v. Ficker vom 13. 2. 1915. – In: Ficker: *Briefwechsel 1914–1925*, S. 90.
340 Ludwig Ficker[!]: Für Georg Trakls Grab. In: Der Brenner, VII. Folge, Bd. 2, S. 226–229.
341 Eine ausführliche Darstellung der Aktion auf Grundlage der Korrespondenz Ludwig v. Fickers mit dem Schwarzen Kreuz findet sich bei: Hans Szklenar: Die Überführung Georg Trakls von Krakau nach Mühlau. In: Untersuchungen zum Brenner, S. 398–409.
342 Ebd., S. 407.
343 Ludwig Ficker: Die Heimführung Trakls. In: Der Brenner, IX. Folge, 1925, S. 280–286, hier S. 280.
344 Diese Tafel befindet sich heute in der GTFG Salzburg.
345 Erstveröffentlichung in: Der Brenner, IX. Folge, 1925, S. 280–283.
346 Röck: *Tagebuch, Bd. I*, S. 370.
347 Am 25. Oktober 1925 im Sanatorium Eggerth, Franz-Joseph-Straße 11, Salzburg. Alter: 72 Jahre, Todesursache: Bauchfellentzündung, Herzlähmung. Ihr Nachlass bestand aus drei Zimmereinrichtungen, Kleider und Wäsche, ein wenig Bargeld und beinahe wertlos gewordenen Wertpapieren. – Verlassenschaftsakt im Bezirksgericht Salzburg vom 2. 2. 1926, AZ: A 1, 609/25.
348 Der Entwurf dazu stammt von dem Wiener Bildhauer Josef Humplik, der ihn kostenlos zur Verfügung gestellt hat; er gestaltete auch eine Trakl-Büste. – Vgl. Sauermann: *Trakl-Grab*, S. 107.
349 Undatierter Brief Grete Langens (wahrscheinlich Nov./Dez. 1914) aus Salzburg an Erhard Buschbeck. In: Weichselbaum (Hg.): *Androgynie*, S. 218.

350 Else Lasker-Schüler bat Ficker in einem Brief vom Dezember 1914 um Unterstützung für Grete Langen, obwohl sie mit ihr üble Erfahrungen gemacht hatte: *Aber ich bitte Sie im Interesse Ihres Freundes, der Frau Langen beizustehn, Ihnen will ich sie nicht verekeln.* – Ficker: *Briefwechsel 1914–1925*, S.61f.
351 In einem undatierten Brief (wahrscheinlich Spätsommer 1915) an Erhard Buschbeck bezeichnete sie sich als *geschiedene Frau*. In: Weichselbaum (Hg.): *Androgynie*, S. 219.
352 In: Weichselbaum (Hg.): *Androgynie*, S. 222.
353 Laut Sterbeurkunde. Auskunft von Frau Dr. Marty Bax, Amsterdam.
354 Laut Recherchen von Frau Dr. Marty Bax, Amsterdam.

ABBILDUNGSNACHWEIS

Adalbert-Stifter-Institut des Landes Oberösterreich, Linz: S. 49.
Antiquariat Christian Weinek, Salzburg: S. 92, 121.
Archiv der Stadt Wiener Neustadt, S. 11 (o.).
Engel-Apotheke, Salzburg: S. 47, 48 (u.).
Evangelisches Pfarramt, Salzburg: S. 32.
Forschungsinstitut Brenner-Archiv, Innsbruck: S. 110 (u.), 112 (o.), 113, 114, 130, 142, 145, 146, 147, 149, 150, 151, 152, 155, 159, 162, 168, 169, 170, 173, 174, 175, 178 (l.).
Georg-Trakl-Forschungs- und Gedenkstätte, Salzburg: S. 10, 11 (u.), 14, 15, 18, 19, 22 (u.), 23, 24, 25, 26, 27, 28, 29, 34, 36, 37, 38, 41, 42, 44, 45, 48 (o.), 54, 59, 63, 71, 74, 75, 80, 82, 84, 85, 88, 99, 101, 102, 107 (u.), 109, 112 (u.), 117, 120, 125, 127, 128, 129, 131, 132, 148, 160, 165, 172, 177, 178 (r.), 179.
Museum of Modern Art, New York: S. 148.
Nationalbibliothek Wien, Bildarchiv: S. 67.
Otto Müller Verlag, Salzburg: S. 18, 33, 40.
Salzburger Landesarchiv: S. 176.
Salzburger Landestheater: S. 52.
Salzburg Museum (ehem. Museum Carolino Augusteum): S. 16, 17, 20, 22 (o.), 30, 39, 96, 135, 157, 158, 161, 164.
Sammlung Sieglinde Teufelberger, Wels: S. 70, 79 (o.), 141.
Lotte Tobisch-Labotyn, Wien: S. 81, 83.
Sammlung Peter Walder-Gottsbacher: S. 107 (o.), 110 (o.), 111, 136.
Wienbibliothek im Rathaus, Handschriftensammlung: S. 79 (u.).

LITERATURVERZEICHNIS:

Die in den Anmerkungen verwendeten Kurztitel sind *kursiv* gesetzt.

I. PRIMÄRLITERATUR:

Trakl, Georg: Dichtungen und Briefe. Hrsg. v. Walther Killy und Hans Szklenar. 2 Bände (im Text zitiert mit I bzw. II), 2., erg. Auflage, Salzburg 1987. (= Historisch-kritische Ausgabe, HKA)
Trakl, Georg: Sämtliche Werke und Briefwechsel. Hrsg. v. Eberhard Sauermann und Hermann Zwerschina. Innsbrucker Ausgabe (ITA). Bd. I-IV. Basel/Frankfurt 1995ff. (= Historisch-kritische Ausgabe mit Faksimiles der handschriftlichen Texte Trakls. Die Bände V [Briefwechsel] und VI [Dokumente] waren bei Erscheinen dieser Biographie noch nicht lieferbar.)
Trakl, Georg: *Aus goldenem Kelch*. Die Jugenddichtungen. Salzburg 1939.
Trakl, Georg: *Nachlaß und Biographie*. Gedichte, Briefe, Bilder, Essays. Hrsg. v. Wolfgang Schneditz. Salzburg 1949.
Hauer, Karl: Von den fröhlichen und unfröhlichen Menschen. Gesammelte Essays. Wien, Leipzig 1910.
Nietzsche, Friedrich: Werke in zwei Bänden. München 1967.
Salzburg. Ein literarisches Sammelwerk. Hrsg. v. den jungen Mitgliedern der Literatur- und Kunstgesellschaft „Pan". Salzburg 1913.

Streicher, August: Das Märchen vom Glück. Roman. Leipzig 1897.
Streicher, August: *Menschwerdung*. Schauspiel in 4 Akten. Berlin 1899.
Streicher, Gustav: Die Macht der Toten: Monna Violanta / Hofnarr und Fürst. Zwei Versspiele. Salzburg 1910.
Streicher, Gustav: Traumland. Märchendrama in drei Akten. Weimar 1913.
Weininger, Otto: *Geschlecht und Charakter*. Eine prinzipielle Untersuchung. München 1980. (= Nachdruck der 1. Auflage, Wien 1903)

II. SEKUNDÄRLITERATUR:

Basil, Otto: Trakls Vorläufer und Nachläufer. – In: Wort in der Zeit, H. 10, 1959, S. 3-11.
Basil, Otto: *Georg Trakl* in Selbstzeugnissen und Bilddokumenten. Reinbeck b. Hamburg 1965 (= rowohlts monographien 106)
Baumgartl, Karl E.: Gustav Streicher. – In: Oberösterreichische Männergestalten aus dem letzten Jahrhundert. Hrsg. v. Eduard Straßmayr. Linz 1926, S. 152-157.
Böschenstein, Bernhard: *Hölderlin und Rimbaud*. Simultane Rezeption als Quelle poetischer Innovation im Werk Georg Trakls. – In: Salzburger Trakl-Symposion, S. 9-27.
Böschenstein, Bernhard: Von Morgen nach Abend. Filiationen der Dichtung von Hölderlin zu Celan. München 2006.
Benedetti, Gaetano: *Ein Schicksal* der radikalen Verzweiflung. Festvortrag am 2. Februar 1976 im Trakl-Haus in Salzburg. Broschüre der GTFG.
Bondy, Barbara: „Ein Kind wie wir anderen auch…" Unterhaltung mit dem Bruder Georg Trakls. – In: Die neue Zeitung, Nr. 28 vom 2. 2. 1952, S. 9.
Brunner, Felix: *Der Lebenslauf* und die Werke Georg Trakls. Phil. Diss. (masch.), Wien 1932.
Buschbeck, Erhard: *Georg Trakl*. Berlin 1917.
Buschbeck, Erhard: *Ersehnte Weite*. Hrsg. v. Hans Weichselbaum. Salzburg 2000. (= Salzburg Bibliothek, Bd. 6)
Colombat, Rémy u. Gerald Stieg (Hg.): *Frühling der Seele*. Pariser Trakl-Symposion [1987]. Innsbruck 1995. (= Brenner-Studien, Bd. XIV)
Csúri, Károly (Hg.): *Georg Trakl und die literarische Moderne*. Tübingen 2009. (= Untersuchungen zur deutschen Literaturgeschichte, Bd. 136)
Daviau, Donald G.: Der Mann von Übermorgen. Hermann Bahr 1863-1934. Wien 1984.
Demmer, Ilse: Georg Trakl. Phil. Diss. (masch.), Wien 1933.
Detsch, Richard: Die Beziehungen zwischen Carl Dallago und Georg Trakl. – In: Untersuchungen zum „Brenner", Innsbruck 1981, S. 158-176.
Detsch, Richard: Die Beziehungen zwischen Karl Borromäus Heinrich und Georg Trakl. – In: Modern Austrian Literature 16, 1983, H. 2, S. 83-104.
Doppler, Alfred: Georg Trakl als Vorbild für die Bestimmung des Dichters im „Brenner" nach 1945. – In: Untersuchungen zum „Brenner". Salzburg 1981, S. 122-129.
Doppler Alfred: Die Erstveröffentlichungen Trakls von 1906-1913 in Tageszeitungen und Zeitschriften. – In: Georg Trakl. Text + Kritik, H. 4/4a, 4. erw. Auflage. München 1985, S. 79-100.
Doppler, Alfred: *Die Lyrik Georg Trakls*. [14] Beiträge zur poetischen Verfahrensweise und zur Wirkungsgeschichte. Salzburg 2001. (= Trakl-Studien XXI)
Eberling-Winkler, Renate: „Entweder Bettler oder König!". *August Brunetti-Pisano* (1870-1943). Ein Salzburger Komponist. Salzburg 2010. (= Schriftenreihe des Salzburg Museum, Bd. 23)
Egger, Patrick P.: *Trakl und Rimbaud*. Ein Beitrag zur stilistischen Entwicklung Georg Trakls (Dipl.-Arbeit, masch.) Innsbruck 1989.
Erinnerung an Georg Trakl. 1. Auflage, Innsbruck 1926, und 3. erweiterte Auflage, Salzburg 1966.
Ficker, Ludwig von: *Denkzettel und Danksagungen*. Aufsätze und Reden. Hrsg. v. Franz Seyr, München 1967.
Ficker, Ludwig von: *Briefwechsel 1909-1914*. Hrsg. v. Ignaz Zangerle, Walter Methlagl, Franz Seyr, Anton Unterkircher, Innsbruck 1986. (= Brenner-Studien, Band VI)
Ficker, Ludwig von: *Briefwechsel 1914-1925*. Hrsg. v. Ignaz Zangerle, Walter Methlagl, Franz Seyr, Anton Unterkircher, Innsbruck 1988. (= Brenner-Studien, Band VIII)
Ficker, Ludwig von: *Briefwechsel 1926-1939*. Hrsg. v. Ignaz Zangerle, Walter Methlagl, Franz Seyr, Anton Unterkircher. Innsbruck 1991 (= Brenner-Studien, Band IX)

Finck, Adrien: Trakl in Frankreich. – In: Trakl-Forum 1987. Hrsg. v. Hans Weichselbaum, Salzburg 1988 (= Trakl-Studien XV), S. 118-129.

Finck, Adrien: *Über Trakl und Verlaine*. – In: „Frühling der Seele". Pariser Trakl-Symposion [1987] Innsbruck 1995 (= Brenner-Studien, Bd. XIV), S. 49-63.

Fischer, Friedrich Johann: *Die Trakl-Handschriften* im Salzburger Museum Carolino Augusteum. Jahresschrift 4, 1958, S. 147-168.

Fischer, Friedrich Johann: *Die Abstammung* und Herkunft Georg Trakls. – In: Anzeiger der Österreichischen Akademie der Wissenschaften. Phil.-hist. Klasse 97, 1960, Nr. 5, S. 25-29.

Fühmann, Franz: *Der Sturz des Engels*. Erfahrungen mit Dichtung. Hamburg 1982.

Ganzinger, Kurt: *Das Pharmaziestudium* an der Wiener Universität von der Mitte des 19. Jahrhunderts bis zur Reform von 1922. – In: Österreichische Apotheker Zeitung, 19. Jg., Nr. 19 vom 8.5.1965, S. 316-338.

Gerhartl, Gertrud: *Wiener Neustadt*. Geschichte, Kunst, Kultur, Wirtschaft. 2. erw. Auflage. Wien 1993.

Grimm, Reinhold: Zur Wirkungsgeschichte Maurice Maeterlincks in der deutschsprachigen Literatur. – In: Revue de Littérature comparée, 33. Jg., 1959, S. 535-544.

Grimm, Reinhold: Georg Trakls Verhältnis zu Rimbaud. – In: Zur Lyrik-Diskussion. Hrsg. v. R. Grimm. Darmstadt 1966, S. 271-313. (= Wege der Forschung 61)

Gumtau, Helmut: Georg Trakl. Berlin 1975. (= Köpfe des 20. Jahrhunderts 82)

Hanisch, Ernst / **Fleischer**, Ulrike: Im Schatten berühmter Zeiten. Salzburg in den Jahren Georg Trakls (1887-1914). Salzburg 1986 (= Trakl-Studien XIII)

Hanisch, Ernst: Salzburg und Georg Trakl. – In: Trakl-Forum 1987. Hg. v. Hans Weichselbaum. Salzburg 1988 (= Trakl-Studien XV), S. 37-47.

Jehl, Dominique: Trakl et Baudelaire. – In: „Frühling der Seele". Pariser Trakl-Symposion. [1987]. Innsbruck 1995 (= Brenner-Studien, Bd. XIV), S. 9-20.

Kemper, Hans-Georg: Nachwort zu: Georg Trakl: Werke, Entwürfe, Briefe. Hrsg. v. H. G. Kemper und F. R. Max. Stuttgart 1984. (= Reclams Universal-Bibliothek Nr. 8251)

Kleefeld, Gunther: Das Gedicht als *Sühne*. Untersuchungen zur Beziehung von Poesie und Psychose bei Georg Trakl. Tübingen 1985. (= Studien zur deutschen Literatur, Bd. 87)

Kleefeld, Gunther: *Mysterien* der Verwandlung. Das okkulte Erbe in Georg Trakls Dichtung. Salzburg 2009. (= Trakl-Studien, Bd. XXIV)

Klettenhammer, Sieglinde: *Unbekanntes Puppenspiel* „Kaspar Hauser" von Georg Trakl. – In: Mitteilungen aus dem „Brenner"-Archiv, Nr. 1, 1982, S. 50-56.

Klettenhammer, Sieglinde: Hans Limbach als Schriftsteller und Brenner-Leser. – In: Mitteilungen aus dem „Brenner"-Archiv, Nr. 5, 1986, S. 38-49.

Klettenhammer, Sieglinde: Georg Trakl in *Zeitungen und Zeitschriften* seiner Zeit. Kontext und Rezeption. Innsbruck 1990. (= Innsbrucker Beiträge zur Kulturwissenschaft, Germanistische Reihe, Band 42)

Klettenhammer, Sieglinde: *Drei bisher unbekannte frühe journalistische Arbeiten* von Georg Trakl. – In: Mitteilungen aus dem „Brenner"-Archiv, Nr. 9, 1990, S. 10-19.

Klettenhammer, Sieglinde / Wimmer Webhofer, Erika: *Aufbruch* in die Moderne. Die Zeitschrift „Der Brenner" 1910-1915. Innsbruck 1990.

Lipinski, Krysztof: *Mutmaßungen* über Georg Trakls Aufenthalt in Galizien. – In: Untersuchungen zum „Brenner". Festschrift für Ignaz Zangerle zum 75. Geburtstag. Hrsg. v. Walter Methlagl, Eberhard Sauermann u. Sigurd Paul Scheichl. Salzburg 1981, S. 389-397.

Lunzer, Heinz: *Karl Kraus und der Akademische Verband* für Literatur und Musik in Wien. – In: Karl Kraus – Ästhetik und Kritik. Beiträge des Kraus-Symposiums Poznán. Hrsg. v. Stefan Kaszynski und Sigurd Paul Scheichl. München 1989, S. 141-178.

Mahrholdt, Erwin: Der Mensch und Dichter Georg Trakl. – In: Erinnerung an Georg Trakl. Innsbruck 1926, S. 21-82.

Matt, Peter von: Die Dynamik von Trakls Gedicht. Ich-Dissoziation als Zerrüttung der erotischen Identität. – In: Expressionismus – sozialer Wandel und künstlerische Erfahrung. Hrsg. v. Horst Meixner und Silvio Vietta. München 1982, S. 58-72.

Methlagl, Walter: „Der Brenner". Leben und Fortleben einer Zeitschrift. (= Sonderheft der „Nachrichten aus dem Kösel-Verlag", 1965)

Methlagl, Walter: *Brenner-Gespräche*. Aufgezeichnet in den Jahren von 1961 bis 1967. Manuskript im FBA, 87 S.
Methlagl, Walter: „*Versunken* in das sanfte Saitenspiel seines Wahnsinns…" Zur Rezeption Hölderlins im „Brenner" bis 1915. – In: Untersuchungen zum „Brenner". Festschrift für Ignaz Zangerle. Hrsg. v. Walter Methlagl, Eberhard Sauermann u. Sigurd Paul Scheichl. Salzburg 1981, S. 35-69.
Methlagl, Walter: *Karl Röcks autobiographischer Bericht* über die Tage der Kraus-Vorlesung in Innsbruck am 14. Jänner 1914. – In: Mitteilungen aus dem „Brenner"- Archiv, Nr. 7, 1988, S. 68-71.
Methlagl, Walter: Hans Limbach: „Begegnungen mit Georg Trakl". Zur *Quellenkritik*. – In: Mitteilungen aus dem „Brenner"-Archiv, Nr. 4, 1985, S. 3-47.
Methlagl, Walter: Ludwig von Ficker und Georg Trakl in Wittgensteins „Geheimen Tagebüchern". – In: Mitteilungen aus dem „Brenner"-Archiv, Nr. 4, 1985, S. 78-80.
Methlagl, Walter: Aus den Tagebüchern Erwin *Mahrholdt*s. – In: Mitteilungen aus dem „Brenner"- Archiv, Nr. 8, 1989, S. 82-84.
Methlagl, Walter: *Nietzsche und Trakl*. Zur bleibenden Erinnerung an Eduard Lachmann. – In: „Frühling der Seele". Pariser Trakl- Symposion [1987]. Innsbruck 1995 (= „Brenner"-Studien, Bd. XIV), S. 81-121.
Metzner, Ernst Erich: Zur Datierung und Deutung einiger Trakl-Texte der letzten Lebensphase. – In: Euphorion 69, 1975, S. 69-85.
Muschg, Walter: Von Trakl zu Brecht. München 1961.
Neumann, Erich: Georg Trakl. Person und Mythos. – In: E.N.: Der schöpferische Mensch. Zürich 1959, S. 247-310.
Orendi-Hinze, Diana: *Frauen um Trakl*. – In: Untersuchungen zum „Brenner". Festschrift für Ignaz Zangerle. Hrsg. v. Walter Methlagl, Eberhard Sauermann und Sigurd Paul Scheichl. Salzburg 1981, S. 381-388.
Pflagner, Margit: Georg Trakl und das alte Ödenburg. – In: Begegnungen mit dem Burgenland. Das Grenzland in der Literatur. Wien 1971.
Praehauser, Ludwig: „*Pan*". Unverbindliche Erinnerungen. – In: Der Pegasus. Salzburger Dichteralmanach 1952. Salzburg 1951, S. 219-231.
Preisendanz, Wolfgang: *Auflösung und Verdinglichung* in den Gedichten Georg Trakls. – In: Immanente Ästhetik – Ästhetische Reflexion. Lyrik als Paradigma der Moderne. München 1966, S. 227-261.
Röck, Karl: *Tagebuch* 1891-1946. 3 Bände. Hrsg. u. erläutert von Christine Kofler. Salzburg 1976. (= „Brenner"-Studien, Sonderbände 2-4)
Rohregger, Andreas: *Trakl und Hölderlin*. (Dipl.-Arbeit, masch.), Innsbruck 1989.
Rusch, Gebhard / **Schmidt**, S. J.: Das *Voraussetzungssystem* Georg Trakls. Braunschweig/Wiesbaden 1983. (= Konzeption Empirische Literaturwissenschaft 6)
Rusch, Gerhard / **Schmidt**, S. J.: Georg Trakl – welcher? Literaturgeschichtsschreibung als Konstruktionsarbeit. – In: Georg Trakl. Text + Kritik, H. 4/4a, 4. erw. Auflage. München 1985, 101-109.
Saas, Christa: Georg Trakl. Stuttgart 1974 (= Sammlung Metzler 124)
Salzburger Trakl-Symposion. Hrsg. v. Walter Weiss und Hans Weichselbaum. Salzburg 1978. (= Trakl-Studien, Band IX)
Sauermann, Eberhard: *Die Widmungen* Georg Trakls. – In: Salzburger Trakl- Symposion, S. 66-100.
Sauermann, Eberhard: Zur *Datierung* und Interpretation von Texten Georg Trakls. Innsbruck 1984. (= Innsbrucker Beiträge zur Kulturwissenschaft, Germanistische Reihe 23)
Sauermann, Eberhard: Der Entwicklungsgedanke in der Trakl-Forschung. – In: Euphorion 80, 1986, H. 4, S. 403-416.
Sauermann, Eberhard: *Unbekanntes Telegramm* Else Lasker-Schülers an Georg Trakl. – In: Mitteilungen aus dem „Brenner"-Archiv, Nr. 1, 1982, S. 57f.
Sauermann, Eberhard: *Unbekannte Widmungen* Trakls. – In: Mitteilungen aus dem „Brenner"- Archiv, Nr. 2, 1983, S. 62f.
Sauermann, Eberhard: *Unveröffentlichte Autographen* Georg Trakls. – In: Mitteilungen aus dem „Brenner"-Archiv, Nr. 3, 1984, S. 61f.
Sauermann, Eberhard: *Trakls Widmung an Gretl* oder Das Märchen von Bruder und Schwester. – In: Mitteilungen aus dem „Brenner"- Archiv, Nr. 3, 1984, S. 58-60.
Sauermann, Eberhard: *Zur Authentizität* in der Trakl-Rezeption – In: Mitteilungen aus dem „Brenner"-Archiv, Nr. 5, 1986, S. 3-37.
Sauermann, Eberhard: *Trakls Tod* in den Augen Ludwig von Fickers. – In: Mitteilungen aus dem „Brenner"-Archiv, Nr. 5, 1986, S. 50-62.

Sauermann, Eberhard: Zur Datierung von Dichtungen Trakls. – In: Mitteilungen aus dem „Brenner"- Archiv, Nr. 6, 1987, S. 54f.
Sauermann, Eberhard: *Oskar Kokoschka* und Georg Trakl – „Malerei und Dichtung in mystischer Vereinigung". – In: Der Kunsthistoriker. Mitteilungen des Österreichischen Kunsthistorikerverbandes, Jg. IV, 1987, S. 29-34.
Sauermann, Eberhard: *Unbekannte Dokumente* zu Georg Trakl aufgefunden. – In: Mitteilungen aus dem „Brenner"-Archiv, Nr. 7, 1988, S. 59-68.
Sauermann, Eberhard: Trakl-Lektüre aufgefunden. – In: Mitteilungen aus dem „Brenner"-Archiv, Nr. 7, 1988, S. 58f.
Sauermann, Eberhard: Die *Chronologie* der Briefe Trakls. – In: editio 4/1990, S. 205-229. (= Sonderdruck Internationales Jahrbuch für Editionswissenschaft, Hrsg. v. Winfried Woesler, Tübingen)
Sauermann, Eberhard: Trakls Salzburg-Aufenthalte im Sommer 1914. – In: Mitteilungen aus dem „Brenner"-Archiv, Nr. 10, 1991, S. 111-113.
Sauermann, Eberhard: *Neues* zu Trakls „Fata morgana" und „Abhandlung über den 3. März". – In: Mitteilungen aus dem „Brenner"-Archiv, Nr. 10, 1991, S. 107-111.
Sauermann, Eberhard: Zur Trakl-Rezeption oder Über den Zusammenhang zwischen Geld und Moral. – In: Mitteilungen aus dem „Brenner"-Archiv, Nr. 11, 1992, S. 105f.
Sauermann, Eberhard: *Frühe Besprechungen* von Gedichten Georg Trakls aufgefunden. – In: Mitteilungen aus dem „Brenner"-Archiv, Nr. 11, 1992, S. 101-105.
Sauermann, Eberhard: Das *Trakl-Grab*. – In: Mitteilungen aus dem „Brenner"-Archiv, Nr. 32, 2013, S. 101-129.
Schier, Rudolf Dirk: *Büchner und Trakl*. Zum Problem der Anspielungen im Werk Georg Trakls. – In: PMLA (= Publications of the Modern Language Association of America) 87, 1972, S. 1052-1064.
Schneditz, Wolfgang: Georg Trakl in Zeugnissen der Freunde. Salzburg 1951.
Schorske, Carl E.: Wien – Geist und Gesellschaft im Fin de Siècle. Frankfurt/M. 1982.
Schweiger, Werner J.: Der junge Kokoschka. Leben und Werk. 1904-1914. Wien 1983.
Spoerri, Theodor: Georg Trakl. *Strukturen* in Persönlichkeit und Werk. Eine psychiatrisch-anthropographische Untersuchung. Bern 1954.
Stark, Klaus: Die *Krise* Georg Trakls. Diss.med., Tübingen 1989.
Stieg, Gerald: *Der Brenner und Die Fackel*. Ein Beitrag zur Wirkungsgeschichte von Karl Kraus. Salzburg 1976. (= „Brenner"-Studien, Band III)
Stupp, Johann Adam: Neues über Georg *Trakls Lazarettaufenthalte* und Tod in Galizien. – In: Südostdeutsche Semesterblätter 17/18, (München) 1967, S. 31-41.
Szklenar, Hans: *Ein vorläufiger Bericht* über den Nachlaß Georg Trakls. – In: Euphorion 54, 1960, S. 295-311.
Szklenar, Hans: *Beiträge* zur Chronologie und Anordnung von Georg Trakls Gedichten auf Grund des Nachlasses von Karl Röck. – In: Euphorion 60, 1966, S. 222-262.
Szklenar , Hans: *Die Überführung Georg Trakls* von Krakau nach Mühlau. – In: Untersuchungen zum „Brenner", Salzburg 1981, S. 389-409.
Szklenar, Hans: Georg Trakl. Ein biographischer Abriß.- In: Georg Trakl. Text + Kritik, H. 4/4a, 4. erw. Auflage. München 1985, S.110-112.
Ullmann, Ludwig: *Heimat in der Fremde*. Ein Buch der Erinnerung und der Gegenwart. (Abgeschlossen 1948 in New York). Manuskript in der Dokumentationsstelle für österreichische Literatur im Literaturhaus Wien.
Watteck, Nora: Die Mutter des Dichters Georg Trakl. Manuskript in der GTFG.
Weichselbaum, Hans (Hrsg.): *Androgynie* und Inzest in der Literatur um 1900. Salzburg 2005 (= Trakl-Studien, Bd. XXIII); darin: H. W.: Inzest bei Georg Trakl – ein biographischer Mythos?, S. 43-59.
Weichselbaum, Hans (Hrsg.): „Eine Maske mit drei Löchern." Zu Georg Trakls Selbstporträt. In: Mitteilungen aus dem „Brenner"-Archiv, Nr. 31, 2012, S. 37–43.
Weichselbaum, Hans (Hrsg.): Trakl-Echo. Poetische Spuren aus 100 Jahren. Innsbruck 2013 (= Edition Brenner-Forum, Bd. 8).
Zuberbühler, J.: „Der Tränen nächtige Bilder". Georg Trakls Lyrik im literarischen und gesellschaftlichen Kontext seiner Zeit. Bonn 1984.
Zweig, Stefan: Verlaine. Berlin u. Leipzig 1905.
Zwerschina, Hermann: Die *Chronologie* der Dichtungen Georg Trakls. Innsbruck 1990. (= Innsbrucker Beiträge zur Kulturwissenschaft, Germanistische Reihe 41)

PERSONENREGISTER

Altenberg, Peter, * 1859 Wien, † 1919 Wien, Schriftsteller. 1913 zusammen mit Trakl in Venedig. S. 90.
Amtmann, Irene, * 1887 Wien, seit 1915 verheiratet mit Ludwig Ullmann, seit 1910 mit Trakl bekannt. S. 70, 83, 94, 105, 192.
Astner, Carl, Sänger, 1903–1906 Direktor des Salzburger Stadttheaters. S. 50, 52.
Aumüller, Heinrich, * 1841 Salzburg, † 1913 Traunstein/Bayern, 1863–1903 Pfarrer der evangelischen Kirchengemeinde in Salzburg. S. 18, 32, 34.
Bahr, Hermann, * 1863 Linz, † 1934 München, Schriftsteller. 1909 flüchtige Bekanntschaft mit Trakl. S. 61, 76, 87, 99, 117, 138, 142, 148, 187, 193, 208.
Brecka-Stiftegger, Hans, * 1885 Wien, † 1954 Zelking/N.Ö., 1908–1928 Redakteur der Wiener „Reichspost". Mit Trakl 1913 flüchtig bekannt. S. 143f.
Breitner Burghard (Pseudonym: Bruno Sturm), * 1884 Salzburg, † 1956 Salzburg, Schriftsteller, Arzt, Universitätsprofessor. Mitglied des „Pan" Salzburg. S. 81, 86.
Bruce Elizabeth (= Bessie Loos), * 1883 London, Revuetänzerin, seit 1905 in Wien. Bekanntschaft mit Trakl 1913. S. 142, 147.
Beck, Georg, Salzburg, Juwelier, Taufpate Trakls S. 18.
Benedikt Heinrich, * 1886 Wien, † 1981 Wien, Historiker an der Universität Wien. Mitschüler Trakls in der Unterstufe. S. 33.
Boring, Marie, * 1862 Avolsheim/Elsaß, † 1940 Avolsheim. Gouvernante in der Familie Trakl. S. 20, 27, 29, 182.
Bruckbauer, Franz, * 1884, † 1963, Salzburg, Mitschüler Trakls und Mitglied der Gruppe „Minerva". S. 39, 44f., 54, 73, 185, 189.
Brunetti-Pisano, August, * 1870 St. Gilgen, † 1943 Salzburg, Lehrer und Komponist. Klavierlehrer in der Familie Trakl. S. 30, 55, 76, 80f., 95, 99, 184, 187, 191, 194f., 197f., 206, 211.
Buschbeck, Erhard, * 1889 Salzburg, † 1960 Wien, leitendes Mitglied des „Akademischen Verbandes", Mitherausgeber der Zeitschrift „Der Ruf", 1918–1960 in leitenden Stellungen am Burgtheater in Wien. Mit Trakl seit der Volksschulzeit bis Sommer 1913 befreundet. S. 28, 31f., 37f., 42, 46, 48f., 51, 58, 60f., 65, 68, 70ff., 89ff., 96, 99, 101, 104f., 107ff., 114, 116, 119ff., 123ff., 135ff., 138ff., 146ff., 167, 174, 176, 179, 182, 184ff., 191, 193ff., 201ff., 213, 215f.
Buhlig, Richard, * 1880 Chicago, † 1952 Los Angeles. Pianist und Klavierlehrer. Unterrichtete Margarethe Langen-Trakl in Berlin. S. 156f., 211.
Chën Lin, Amoy (Xiamen), Brieffreund in Trakls Schulzeit. S. 22, 183.
Dallago, Carl, * 1869 Borgo/Suganatal, † 1949 Innsbruck, Philosoph, ständiger Mitarbeiter des „Brenner" bis 1926. S. 62, 111, 115, 138, 151f., 159, 162, 175, 203, 205, 207, 211.
Däubler, Theodor, * 1876 Triest, † 1934 St. Blasien/Schwarzwald, Schriftsteller. Bekanntschaft mit Trakl seit Ende 1912. S. 162.
Esterle, Max von, * 1870 Cortina d'Ampezzo, † 1947 Bezau/Vlbg, Maler, Karikaturist und Kunstkritiker. Seit 1912 mit Trakl bekannt. S. 111, 117, 119f., 148, 152, 157, 163, 212.
Ficker, Cäcilie von (Cissi), geb. Molander, * 1875 Göteborg, † 1960 Innsbruck, seit 1908 mit L. v. Ficker verheiratet. S. 26, 111, 143, 145, 160, 165, 183.
Ficker, Julius von, Ritter von Feldhaus, Professor für Rechtsgeschichte in Innsbruck. Vater von L. v. Ficker. S. 136.
Ficker, Ludwig von, * 1880 München, † 1967 Innsbruck, 1910–1954 Herausgeber der Zeitschrift „Der Brenner". Mit Trakl seit 1912 bekannt und befreundet. S. 23, 41, 50, 55, 69, 72, 108ff., 112, 115, 117f., 120, 123f., 125f., 129ff., 134, 136, 138ff., 143ff., 149ff., 165ff., 182f., 186ff., 198ff.
Ficker, Rudolf von, Prof., Dr.phil., * 1886 München, † 1954 Igls/Innsbruck, Musikwissenschaftler. S. 130, 134, 145f.
Friedheim, Carl, 1903–1906 Oberregisseur am Salzburger Stadttheater. S. 53, 187f.
Geipel, Maria Margarete (Mitzi, Mizzi), * 1882 Salzburg, † 1973 Salzburg, geb. Trakl, 1903 kurze Ehe mit Wilhelm Geipel in Graz. Schwester Trakls. S. 16, 19, 21f., 29, 42, 59, 68ff., 88, 102, 146, 157, 160, 163, 179, 182, 184, 190f., 196.
Glaser, Hans, * 1877 Schönberg/Mähren, † 1960 Salzburg, Redakteur und (seit 1909) Miteigentümer des „Salzburger Volksblattes". S. 60.

Görner, Karl Ritter von, Dr. phil., * 1864 Budweis, † 1924 Linz, 1892–1920 Redakteur der Linzer „Tages-Post". S. 57.
Götz, Valentine, * 1841 Cista/Böhmen, † 1870 Wiener Neustadt, erste Frau von Tobias Trakl und Mutter Wilhelm Trakls. S. 9, 11.
Greinz, Hugo, * 1873 Innsbruck, † 1946 Salzburg, Schriftsteller, 1906 Redakteur der Wiener „Zeit". S. 56.
Gurschner, Gustav, * 1873, † 1970, Wien, Bildhauer, Medailleur und Militärfachmann, S. 161.
Halick, Anna, * 1821 Wien-Alservorstadt, geb. Schod, Großmutter Trakls mütterlicherseits. S. 10.
Halick August, * 1809 Prag, † 1898 Wiener Neustadt, Soldat, Fabrikbeamter, Großvater Trakls mütterlicherseits. S. 10.
Hallick, Agnes, * 1862 Wiener Neustadt, † 1954 Salzburg, Tante Trakls. S. 14, 29, 196.
Hauer, Karl, * 1875 Gmunden, † 1919, Schriftsteller, Buchhändler und Antiquar, Mitarbeiter der „Fackel". Seit 1911 mit Trakl bekannt. S. 23, 95ff., 99, 104, 135, 181, 207.
Heinrich, Karl Borromaeus, Dr.phil., * 1884 Hangenham/Bayern, † 1938 Einsiedeln, Schriftsteller, 1912/13 Lektor im Verlag Albert Langen München. Bekanntschaft mit Trakl seit Dezember 1912, S. 98, 124f., 130ff., 144, 153ff., 160, 170, 178, 204ff., 209ff.
Hermann, Friedrich, Ödenburg, Kaufmann, Taufpate von Fritz Trakl. S. •.
Hinterhuber, Carl, Mr. pharm., * 1845 Salzburg, † 1922 Salzburg, Apotheker, Vorgesetzter Trakls. S. 48, 64, 95.
Hlawna, Franz, Salzburg, Lehrer. S. 100, 199, 211.
Humplik, Josef, * 1888 Wien, † 1958 Wien, Bildhauer, verheiratet mit Hildegard Jone. S. 209, 216.
Kalmár, Karl von, * 1887 Roznawa, † 1958 Wien, Bankbeamter. Jugendfreund Trakls. S. 38, 40f., 65, 72, 76, 78, 210.
Klier, Heinz, Mr. pharm., * 1884 Oberndorf, † 1951 Salzburg. Apotheker. Mit Trakl im Krieg. S. 167.
Kokoschka, Oskar, * 1886 Pöchlarn, † 1980 Montreux. Bekanntschaft mit Trakl (wahrscheinlich 1913). S. 73f., 90, 148f., 162, 175, 193, 209.
Kraus, Karl, * 1874 Jicin/Böhmen, † 1936 Wien. Bekanntschaft mit Trakl ab Sommer 1912. S. 32, 46, 69, 87, 90, 93, 97, 104, 116ff., 123, 126, 135ff., 140, 142ff., 147, 150, 152f., 155, 160, 162, 170, 175, 197, 201, 203, 211.
Langen, Arthur, * 1858 Berlin, † 1927 Solingen, in zweiter Ehe mit Margarethe Trakl verheiratet, 1911/12 Mitarbeiter der „Kurfürsten-Oper" Berlin, dann im Verlagswesen tätig. S. 101ff., 155, 157, 176, 184, 199f., 206, 208, 211, 215.
Langen-Trakl, Margarethe Jeanne (Grete, Gretl), * 1891 Salzburg, † 1917 Berlin, geb. Trakl, 1912–1916 verheiratet mit Arthur Langen. Schwester Trakls. S. 13f., 19, 27ff., 42f., 53ff., 65f., 70 77ff., 84ff., 88f., 101ff., 116, 124, 130, 138, 141f., 147f., 154ff., 160, 170, 173, 176f., 179, 181f., 184, 186, 188, 191f., 194, 196, 198, 200, 202, 205f., 208, 210f., 214, 216.
Lasker-Schüler, Else, * 1869 Wuppertal, † 1945 Jerusalem, Bekanntschaft mit Trakl seit März 1914. S. 137, 155, 162, 172, 175ff., 188, 210, 214, 216.
Leitgeb, Josef, Dr. jur., * 1897 Bischofshofen, † 1952 Innsbruck, Lehrer und Schriftsteller. S. 178.
Limbach, Hans, * 1887 Dharwar/Indien, † 1924 Luzern, Schriftsteller und Philosoph. 1914 Bekanntschaft mit Trakl. S. 98, 151f., 184, 213.
Loos, Adolf, * 1870 Brünn, † 1933 Wien, Architekt. Mit Trakl seit 1913 bekannt. S. 90, 131, 135, 138ff., 145, 147, 148, 161ff., 168, 212.
Mayer, Franz, Salzburg. S. 153.
Mell, Roman Albert, * 1886 Salzburg, Schriftsteller und Kritiker. Mitschüler Trakls. S. 87, 193.
Michel, Robert, * 1876 Chaberice/Böhmen, † 1957 Wien, Offizier, Schriftsteller, Lehrer, Mitarbeiter des „Brenner". S. 134, 149f., 154, 156.
Minnich, Karl, Dr. jur., * 1886 Salzburg, † 1964 Wien, Rechtsanwalt. Schul- und Studienfreund Trakls. S. 28, 37f., 70ff., 77, 79, 87, 89f., 107, 129, 131, 142, 192, 194, 205.
Morawitz, Marie, * 1867 Steyr, † 1931 Salzburg, ab 1908 Inhaberin der Buchhandlung Eugen Richter (= Eugen Richter's Nachflg.) in Salzburg. S. 42, 93, 99, 127.
Moritz, Anton, Dr. jur., * 1885 Wels, † 1976 Wels, Beamter, Schul- und Studienfreund Trakls. S. 28, 30, 38, 43, 46, 62, 65, 72, 77ff., 87, 90, 183ff., 189ff., 195f., 205, 207f., 213, 215.
Müller, Gustav, Mr. pharm., * 1886 Oberndorf, † 1953 Oberndorf, Apotheker, Mitschüler Trakls, kurze Zeit sein Arbeitgeber. S. 42, 134.
Müller, Robert, * 1887 Wien, † 1924 Wien, Schriftsteller, führendes Mitglied des „Akademischen Verbandes". 1913 Bekanntschaft mit Trakl. S. 90, 92f., 108f., 140f., 143, 201.

Murska, Bertha, Wien, Bekannte Gustav Trakls. S. 65.
Neugebauer, Hugo, Dr., * 1877 Michelsdorf bei Landskron/Böhmen, † 1953 Barwies/Tirol, 1910–1913 Mitarbeiter des „Brenner". S. 113.
Oberkofler, Josef Georg, Dr. jur., * 1889 St. Johann/Südtirol, † 1962 Innsbruck, Schriftsteller und Journalist, Mitarbeiter des „Brenner", seit 1913 Bekanntschaft mit Trakl. S. 151, 209f.
Obermayer, Franz-J., * 1889 Wien, † 1932 Wien, Journalist, Mitglied des „Akademischen Verbandes". Mit Trakl seit 1911 bekannt. S. 91, 193.
Petter, Valerie, * 1881 Wien, † 1963 Wien, Malerin, später verheiratet mit Franz Zeis. S. 140.
Pillwax, Victor, Wien, Beamter im Ministerium für öffentliche Arbeiten. S. 128.
Plahl, Friedrich, Dr. med., Kitzbühel. Gleichzeitig mit Trakl im Krieg. S. 168.
Pokorny, Johann, siehe Hans Weber-Lutkow.
Praehauser, Ludwig, * 1877 Salzburg, Lehrer und Schriftsteller, Mitglied des „Pan" Salzburg. 1911 Bekanntschaft mit Trakl. S. 97f.
Rauterberg, Erich von, * 1878 Reichenberg/Böhmen, † 1942 Seekirchen/Salzburg, verheiratet mit Hermine R., geb. Trakl, Bahnbeamter. Schwager Trakls. S. 98, 144, 192, 196.
Rauterberg, Hermine von (Mia, Minna), * 1884 Salzburg, † 1950 Salzburg, geb. Trakl, verh. mit Erich v. R., Schwester Trakls. S. 13, 17, 19, 29, 55, 65f., 76, 181, 184, 191f., 196.
Reiter, Josef, * 1861 Braunau/Inn, † 1939 Bayerisch Gmain, Komponist und Direktor des Mozarteums. S. 80.
Rheinhardt, Emil Alphons, * 1889 Wien, † 1945 Dachau, Schriftsteller, führendes Mitglied des „Akademischen Verbandes". 1913 Bekanntschaft mit Trakl. S. 90.
Röck, Karl (Pseudonym: Guido Höld), * 1883 Imst, † 1954 Innsbruck, Beamter, Mitarbeiter des „Brenner". Seit Mai 1912 mit Trakl befreundet. S. 98, 104, 109, 112ff., 119ff., 125f., 128ff., 133, 136f., 144ff., 149, 152ff., 157f., 160, 164, 168, 181f., 184ff., 189, 194, 198, 201ff., 213.
Roth, Mathias, * 1882 Bad Goisern, † 1965 Hallstatt, Bergarbeiter. Trakls Bursche im Krieg. S. 170f., 174f., 214.
Saillard, Jeanne, Paris. Wahrscheinlich 1891/92 Kindermädchen in der Familie Trakl. S. 13, 182.
Sauer, August, * 1855 Wiener Neustadt, † 1926 Prag. Seit 1892 Literaturhistoriker an der deutschen Universität Prag. S. 163.
Schallner, Maximilian, erster Ehemann von Maria Trakl. S. 10.
Schasching, Ludwig, Mr. pharm., Innsbruck, Militärbeamter. Vorgesetzter Trakls im Garnisonsspital Innsbruck. S. 118, 122f., 203.
Schinagl, Gertraud, Salzburg, Hebamme der Familie Trakl. S. 18.
Schmid, Paula, * 1889 München, † 1966 Innsbruck, ab 1914 verheiratet mit Rudolf v. Ficker. S. 145, 147, 160.
Schmidt, Adolf, * 1887 Salzburg, † 1959 Salzburg, Architekt. Mitschüler Trakls und Mitglied der Gruppe „Minerva". S. 38, 44, 46, 186.
Schoßleitner, Karl, * 1888 Cavalese, † 1959 Salzburg, Schriftsteller. S. 45, 75, 100f., 199, 201.
Schullern, Heinrich von (Pseudonym: Paul Ebenberg), * 1865 Innsbruck, † 1955 Innsbruck, Arzt und Schriftsteller. Lebte 1890-1904 in Salzburg, Mitarbeit im „Pan". S. 53, 95, 99.
Schwab, Franz, Dr. med., * 1886 Taxenbach, † 1956 Salzburg. Arzt. Schul- und Studienfreund Trakls. S. 38, 70f., 89, 101, 130, 139f., 146f., 167f., 192, 205.
Seebach, Hans (= Hans Demel), * 1872 Salzburg, † 1931 Salzburg, Lehrer, Schriftsteller und Kritiker. S. 58, 95, 100, 189.
Seiler Mathias, * Rust, † Wiener Neustadt, verheiratet mit Margarete S., Kaufmann. Taufpate mehrerer Geschwister Trakls. S. 13, 181.
Stefan, Paul (= Paul Stefan Grünfeld), Dr. jur., * 1879 Brünn, † 1943 (?) New York, Schriftsteller und Redakteur, führendes Mitglied des „Akademischen Verbandes". S. 104, 205.
Steiner, Carl, * 1839 Tarnow/Galizien, † 1901 Salzburg, Kaufmann, Geschäftspartner von Tobias Trakl S. 13, 17, 20, 181, 213.
Steurer, Josef Anton, * 1889 Bruneck, † 1965 Innsbruck, Beamter, Schriftsteller und Kritiker. S. 150.
Streicher, Gustav (= August Streicher), * 1873 Auerbach bei Uttendorf/OÖ., † 1915 Bad Hall/OÖ., Schriftsteller. Mit Trakl wahrscheinlich seit 1904 befreundet. S. 23, 43, 49ff., 55ff., 70, 72, 80, 91, 97, 111, 135, 181, 187, 189f., 192ff., 197, 201.
Sylvester, Julius, Dr. jur., * 1854 Wien, † 1944 Zell/Wallersee, Rechtsanwalt und Politiker. S. 144, 146.

Trackel, Georg, * 1795 Ödenburg/Sopron, „Wirtschaftsbürger". Großvater Trakls väterlicherseits. S. 8.
Trackel, Katharina, * 1797 Ödenburg/Sopron, geb. Tremmel, verw. Laitner. Großmutter Trakls väterlicherseits. S. 8.
Trackl, Gustav, * 1878 Wiener Neustadt, † 1879 Wiener Neustadt. Frühverstorbener Bruder Trakls. S. 11ff.
Trakl, Friedrich (Fritz), * 1890 Salzburg, † 1957 Salzburg, Offizier. Bruder Trakls. S. 8, 18, 181, 196.
Trakl, Grete, siehe Margarethe Langen-Trakl.
Trakl, Gustav Mathias, * 1880 Salzburg, † 1944 Salzburg, Kaufmann, Bruder Trakls. S. 16, 19, 65, 181f., 184, 191, 196, 205, 213.
Trakl, Hermine, siehe Hermine von Rauterberg.
Trakl, Maria, * 1852 Wiener Neustadt, † 1925 Salzburg, geb. Halik, gesch. Schallner, zweite Frau von Tobias Trakl. Mutter Trakls. S. 10f., 88, 175.
Trakl, Mitzi, siehe Maria Geipel.
Trakl, Tobias, * 1837 Ödenburg/Sopron, † 1910 Salzburg, Kaufmann. Vater Trakls. S. 8ff., 13, 20, 40, 84, 103, 180ff., 184, 195ff.
Trakl Wilhelm, * 1868 Wiener Neustadt, † 1939 Wiener Neustadt, Kaufmann. Halbbruder Trakls. S. 8f., 12, 19, 22, 30, 65, 84f., 88, 95, 101f., 129, 131, 146, 156, 176f., 179f., 191, 196f., 200, 208, 213, 215.
Traut, Anton, * 1875 Bozen, † 1921 Innsbruck, Kaufmann. Mit Trakl in Innsbruck bekannt. S. 119.
Troll-Borostyáni, Irma von, * 1847 Salzburg, † 1912 Salzburg, Schriftstellerin, Mitglied des „Pan" Salzburg. S. 96, 99, 198.
Ullmann, Ludwig, * 1887 Wien, † 1959 New York, Journalist, leitendes Mitglied des „Akademischen Verbandes", Mitherausgeber der Zeitschrift „Der Ruf". Seit 1910 Bekanntschaft mit Trakl. S. 30, 80, 82f., 90ff., 100, 104, 119, 121, 130, 140, 143, 192, 199, 203.
Vonwiller, Oskar. * 1886 Wien, † 1936 Bern, Schriftsteller und Maler. Mitschüler Trakls. S. 109, 119, 160, 186, 201.
Walden, Herwarth, * 1878 Berlin, † 1941 (?) UdSSR, Herausgeber der Zeitschrift „Der Sturm". S. 155.
Weber-Lutkow, Hans, Pseudonym für Johann Pokorny, * 1861 Lemberg (L'viv), † 1931 Lowce b. Jaroslau (Galizien). Jurist und Schriftsteller. 1896–1911 Richter am Bezirksgericht Wildshut. 1911 Bekanntschaft mit Trakl. S. 97f.
Werfel, Franz, * 1890 Prag, † 1945 Beverly Hills/Calif., Schriftsteller, 1912-1915 Lektor beim Kurt Wolff Verlag Leipzig. S. 126.
Wittgenstein, Ludwig, * 1889 Wien, † 1951 Cambridge, Philosoph, Förderer des „Brenner". S. 118, 162f., 173, 175, 177, 179, 212, 215.
Wolff, Kurt, * 1887 Bonn, † 1963 Ludwigsburg, Begründer des gleichnamigen Verlages in Leipzig. S. 126, 135, 141, 154, 158, 172, 175f., 197, 204.
Zeiller, Othmar, * 1868 St. Virgil/Enneberg (Südtirol), † 1921 Innsbruck, Bildhauer, Bekanntschaft mit Trakl im Umfeld des „Brenner". S. 146.
Zeis, Franz, * 1881 Wien, † 1953 Wien, Ingenieur, Schriftsteller, Mitglied des „Akademischen Verbandes". 1913 Bekanntschaft mit Trakl. S. 71, 129, 139f., 144, 146, 214.
Zweig, Stefan, * 1881 Wien, † 1942 Petropolis/Brasilien. S. 61, 83, 87.

DANK

Zu danken ist allen Personen und Institutionen, die schon für die Ausgabe von 1994 mit Materialien oder Auskünften behilflich waren; für diese Ausgabe gilt der Dank zusätzlich Frau Dr. Marty Bax (Amsterdam) und Herrn Mag. Volker Toth (Salzburg).